Culture *fiches*

Les grandes œuvres de la littérature française

Muriel Gutleben

ellipses

La collection Culture fiches

Les grandes œuvres de la littérature française. Muriel Gutleben

Orthographe – règles et pratique : les 100 fautes les plus courantes. Anne-Claire Gignoux

Panorama des grandes religions – Textes, croyances, figures et cultes. Anne Boquel et Etienne Kern

Les grandes œuvres de l'histoire du cinéma. Nathalie Laurent

Les grands poèmes. Stéphane Labbé

Les grands personnages de la littérature française. Michèle Granier

Les grands auteurs de la littérature française. Danièle Jaines et Isabelle Albertini

ISBN 978-2-7298-4080-8

32, rue Bargue 75740 Paris cedex 15

www.editions-ellipses.fr

Table des matières

Le Moyen Âge

Le Moyen Âge est une très vaste période, que les historiens situent de la chute de l'Empire romain d'Occident en 476 à la prise de Constantinople par les Turcs en 1453 ou à la découverte de l'Amérique en 1492.

Repères

On parle de « haut Moyen Âge » du Ve au Xe siècle : les cultures gallo-romaine et franque fusionnent sous l'égide de la royauté franque et le christianisme se répand en Europe. En l'an 800, Charlemagne fonde son empire, réalise l'unité autour de l'Église et encourage le développement intellectuel et artistique : c'est la « Renaissance carolingienne ». Mais les divisions territoriales affaiblissent le royaume et la féodalité prend le pas sur la monarchie.

Du Xe au XIIIe siècle, période du « Moyen Âge classique », l'Église s'unit au pouvoir temporel pour asseoir sa puissance, et les Croisades (1090-1270) témoignent de la ferveur religieuse d'une époque autant que de la volonté d'expansion de l'Occident. La monarchie tente de restaurer sa puissance, tandis que dans les villes la bourgeoisie s'enrichit et acquiert une importance nouvelle. Les premières universités voient le jour au XIIIe siècle, diffusent l'enseignement de la philosophie et de la théologie et favorisent l'émergence d'une élite intellectuelle.

On parle pour les XIVe et XVe siècles du « bas Moyen Âge ». Cette époque est marquée par l'émergence de l'idée de nation et par la « guerre de Cent Ans » qui a opposé la France et l'Angleterre de 1337 à 1453. Le schisme d'Occident (séparation des Églises catholique et orthodoxe) affaiblit la chrétienté, et Constantinople tombe en 1453 aux mains des Turcs. L'Europe se prépare à la Renaissance.

La naissance de la littérature française

Le Moyen Âge littéraire s'ouvre avec la *Cantilène de Sainte Eulalie*, à la fin du IXe siècle, pour s'achever à l'orée du XVIe siècle avec la naissance du mouvement humaniste*. Ces cinq siècles voient s'épanouir différents courants.

Les chansons de gestes

Les plus anciennes datent de la fin du XIe siècle. Ces œuvres narratives apparentées à l'épopée*, écrites en vers et assonancées renvoient à des événements et à des personnages historiques qu'elles métamorphosent et transfigurent. Les chansons de gestes*, destinées à l'origine à être récitées devant un public, se transforment à partir du XIIe siècle : les épisodes sont multipliés et développés, le romanesque se substitue à l'épique, et au XVe siècle, la chanson de geste devient le roman en prose.

La veine courtoise et la veine satirique

Le public aristocratique de la seconde moitié du XIIe siècle se détourne de l'univers rude de la chanson de geste : le roman antique, qui remet au goût du jour les légendes mythologiques, plaît par ses récits d'exploits guerriers, mais aussi par l'usage du merveilleux et la place qu'y occupent les aventures galantes. À cette influence s'ajoute celle du roman celtique, avec son goût du féerique, et celle des troubadours, héritiers du raffinement oriental, et qui savent accorder à la femme et à l'amour une place essentielle. Ainsi s'élabore le code de l'amour courtois, qui place au sommet de sa hiérarchie la Dame inaccessible.

Le développement de la bourgeoisie favorise par ailleurs l'éclosion d'une littérature populaire à tendance satirique*, souvent réaliste*, quelquefois moraliste. Elle prend une forme volontiers narrative, avec des œuvres comme le *Roman de Renart*, ou les recueils de fabliaux grivois, comiques ou moraux qui se développent au XIIIe et au XIVe siècles.

Le théâtre médiéval

Le théâtre prend ses racines dans la liturgie, sous la forme de représentations sacrées données par les religieux au moment des grandes fêtes. L'importance croissante des éléments profanes et comiques dans ces représentations pousse l'Église à les interdire, et le théâtre comique se différencie du théâtre religieux. Celui-ci, joué sur le parvis des églises est constitué par les mystères, inspirés par l'Ancien Testament, et les miracles tirés de la vie des saints. Le théâtre comique quant à lui s'affirme surtout au XVe siècle, en particulier avec le genre de la farce, à l'origine intermède comique inséré pendant les entr'actes des pièces sérieuses, d'inspiration populaire.

La poésie

La poésie médiévale est d'abord une poésie lyrique* au sens propre, c'est-à-dire musicale. Composée et chantée par les jongleurs et les ménestrels, elle devient au milieu du XIIe siècle le mode d'expression privilégié de l'amour courtois : trouvères au Nord, troubadours en pays d'oc évoquent des sentiments délicats dans leurs chansons d'amour ou de croisade, leurs rotrouenges ou leurs pastourelles destinées à un public raffiné. Au XIIe siècle cependant, le lyrisme trouve une voix plus personnelle chez des poètes bourgeois qui recourent au réalisme, à la satire, à l'humour autant qu'à la confidence. Ces deux tendances se retrouvent dans la poésie du XIVe et du XVe siècle, s'incarnant dans la grâce aristocratique d'un Charles d'Orléans et dans l'humanité d'un Villon.

Fiche 1

La Chanson de Roland ou l'épopée glorieuse (XIe siècle)

L'histoire et la légende

Les épisodes de *la Chanson de Roland* se rattachent à des faits historiques : en 778, le roi Charles, allié de chefs maures contre d'autres musulmans, conquiert Pampelune et assiège Saragosse. Rappelé dans son royaume, il précède son arrière-garde, que des pillards attaquent dans les défilés pyrénéens. Roland (personnage attesté dans le document historique) est présenté dans la *Chanson*, datée de la fin du XIe siècle, comme neveu d'un roi devenu empereur, les attaquants deviennent des Infidèles. La dimension humaine du récit est soulignée par la création du personnage d'Olivier, l'ami de Roland, et par l'épisode de la trahison de Ganelon, beau-père du héros. De l'histoire, on passe à l'épopée, mélange sans doute de récits oraux anciens et de l'œuvre d'un poète, Turoldus.

Les articulations du récit

Marsile, chef sarrasin, tente par la ruse de convaincre Charlemagne de lever le siège qu'il tient devant Saragosse depuis sept ans.

Roland encourage son oncle à résister, tandis que Ganelon prône le compromis. Sur l'avis de Roland, il sera désigné pour se rendre chez Marsile, et sa rancune le pousse à la trahison. Sur le chemin du retour, Ganelon désigne Roland comme chef de l'arrière-garde : il accepte la périlleuse mission et refuse de garder plus de vingt mille hommes. Tandis que les Français rejoignent leur terre, quatre cent mille païens se lancent à la poursuite de l'arrière-garde. Malgré le danger, Roland, à Roncevaux, refuse de sonner du cor pour demander secours à Charlemagne. Ce n'est qu'en voyant le carnage qu'il se résout à le faire, mais il ne peut empêcher la mort d'Olivier et succombe à son tour. Charlemagne revient et triomphe des païens ; de retour en France, où il ramène les corps des héros, il châtie Ganelon.

Un univers épique et merveilleux

La grandeur

La *Chanson de Roland* met en scène des personnages hors du commun : Charlemagne y est présenté comme un sage et un conquérant, un homme à la longévité extrême, puisqu'il est âgé de deux cents ans. Roland, doté d'une force extraordinaire, méprise la mort et la souffrance. Ce caractère surdimensionné s'inscrit dans les procédés de l'épopée*, comme l'évocation hyperbolique des armées et des batailles ; le nombre des soldats est précisé : cent mille hommes sont battus par les vingt mille soldats de Roland ; l'armée de Marsile les suit, annoncée par « sept mille clairons ». Les Français, de vingt mille, se retrouvent à soixante, puis à trois, contre quarante mille, et Roland est bientôt seul. Aux récits de batailles succèdent les récits de combats singuliers : accumulations, redondances, hyperboles, précision cruelle des scènes de violence donnent leur force à ces passages.

À cette grandeur, qui est celle de le chanson de geste*, s'ajoute le merveilleux* : la mort des héros s'accompagne de prodiges, comme la mort du Christ, et ce sont les saints Raphaël, Michel et Gabriel en personne qui viennent recueillir l'âme de Roland.

L'enseignement de la Chanson de Roland

Comme la plupart des textes épiques, la *Chanson de Roland* prône un certain nombre de valeurs morales, idéologiques et religieuses. L'épisode de la mort d'Olivier suggère une apologie de l'amitié, tandis que la mort d'Aude, la fiancée de Roland, valorise, plus discrètement, la fidélité amoureuse. On trouve en bonne place l'idée de l'honneur, familial, féodal ou national. Les héros enfin ne voient jamais faiblir leur foi, et le triomphe final de Charlemagne est celui du monde chrétien.

À retenir

- une forme marquée par l'origine orale de l'épopée : versification, assonances (ou rimes) et procédés rythmiques.
- une écriture épique : des héros surdimensionnés, des procédés d'agrandissement (hyperboles, énumérations, accumulation).
- un contenu idéologique : culte de l'honneur personnel et communautaire, respect des principes féodaux, affirmation de la foi religieuse.

La parole à l'œuvre

“ *Le comte Roland se couche sous un pin : vers l'Espagne il a tourné son visage. De bien des choses lui vient le souvenir : de tant de terres qu'il a conquises, le baron, de douce France, des hommes de son lignage, de Charlemagne, son seigneur, qui l'a nourri [...] . Il a offert à Dieu son gant droit. Saint Gabriel l'a pris de sa main. Sur son bras, il tient sa tête inclinée ; les mains jointes, il est allé à sa fin. Dieu lui envoie son ange chérubin et saint Michel du Péril ; avec eux y vint saint Gabriel. Ils portent l'âme du comte en paradis.* (laisse CLXXVI)

Fiche 2

Tristan et Iseut ou le roman de l'amour fou (XIIe siècle)

Les origines du roman

Les nombreux épisodes qui composent le roman ne figurent jamais au complet dans un seul manuscrit : les différents textes proviennent donc probablement non d'un roman originel, mais de plusieurs sources qui reprennent un même thème, inspiré d'un canevas légendaire traditionnel. Les manuscrits principaux qui retracent l'histoire de Tristan et Iseut sont le roman de Béroul, vraisemblablement composé entre 1150 et 1190, et le *Tristan* de Thomas, écrit en 1173. D'autres œuvres reprennent des parties du roman, comme la *Folie Tristan*, dont il existe deux manuscrits, et le *Lai du Chèvrefeuille*, écrit par Marie de France entre 1160 et 1170.

L'intrigue

Tristan de Loonois, neveu du roi Marc de Cornouailles, est accueilli à la cour de son oncle. Il délivre le pays du Morholt, un géant sanguinaire. Mais blessé, il s'embarque sur un esquif qui dérive vers la côte d'Irlande, où il est recueilli et guéri par la reine, sœur du Morholt et mère d'Iseut. Revenu à Tintagel, il repart en quête d'une épouse pour le roi et conquiert Iseut la blonde en tuant un dragon. Sur le chemin du retour, les jeunes gens boivent par erreur un philtre d'amour. Loyaux, ils tentent en vain de résister à leur passion, et, trahis, sont surpris et condamnés par le roi. Tristan sauve Iseut et ils s'enfuient, mais le remords les pousse à se séparer. Iseut retourne auprès du roi, Tristan s'exile et épouse, en Bretagne, Iseut aux Blanches Mains. Il reviendra vers Iseut la Blonde lui faire savoir sa fidélité ; plus tard, blessé mortellement, il demande à la revoir. Iseut suit le messager, mais elle arrive trop tard: trompé par son épouse qui annonce une voile noire, pensant qu'elle ne viendrait pas, Tristan est mort, Iseut ne peut lui survivre. Le roi Marc pardonne l'outrage et fait inhumer les amants dans deux sépultures voisines : de celle de Tristan s'élance miraculeusement une ronce qui rejoint celle d'Iseut, symbolisant leur union par-delà la mort.

L'originalité de l'œuvre

La représentation de l'amour constitue l'une des caractéristiques du roman, qui s'efforce d'en proposer l'analyse. La passion apparaît comme une fatalité tragique, concrétisée par le philtre, et contre laquelle les amants, en proie au remords, luttent en vain. Se dessine également la conception d'un amour tout-puissant, puisqu'il résiste aux exigences de la morale et à l'exil, et parvient à transcender la mort, mais aussi destructeur, puisqu'il ne peut aboutir qu'à la mort. Cette vision s'inscrit en faux par rapport à la tradition courtoise, dont les héros sont grandis et comblés par le désir amoureux et les épreuves de la *fin'amor*, et à laquelle une version ultérieure, le *Tristan* en prose (1230), est plus fidèle. Par ailleurs, on trouve dans ce texte les ingrédients de l'action romanesque : combats contre des créatures monstrueuses, aventures héroïques, trahisons, fuites spectaculaires, déguisements et châtiments exemplaires, qui tendent à la moralisation de l'oeuvre.

À retenir

- Une œuvre héritée de la tradition et de la légende.
- Une importance nouvelle accordée à l'amour et à la femme.
- L'expression de la fatalité de la passion.
- Le souci d'analyse psychologique.
- Les péripéties du roman d'aventure.

La parole à l'œuvre

L'ermite Ogrin les exhorte longuement et leur conseille de se repentir. Il leur répète souvent les prophéties de l'Écriture et leur rappelle souvent l'heure du jugement. À Tristan, il dit avec rudesse : « Que feras-tu ? Réfléchis ! » – « « Sire, j'aime Iseut de façon si étonnante que je n'en dors ni ne sommeille. Ma décision est toute prise : j'aime mieux, avec elle, être mendiant et vivre d'herbes et de glands que d'avoir le royaume du roi Otran. Je ne veux pas entendre parler de l'abandonner, car je ne le puis. »

Tel est notre amour : je ne puis, sans vous, éprouver de douleur ; vous ne pouvez, sans moi, mourir, et je ne puis, sans vous, périr [...]. Je vois votre mort devant moi, et je sais bien que je dois mourir bientôt.

Fiche 3

Le Roman de Renart ou le triomphe de l'esprit (fin du XIIe siècle)

L'origine du *Roman de Renart*

L'œuvre est constituée de vingt-sept récits indépendants, les « branches », poèmes narratifs en octosyllabes rimés, qui racontent de manières très différentes les aventures de Renart le goupil. Les récits, produits par une vingtaine d'auteurs, connus, comme Pierre de Saint-Cloud, ou anonymes, se rattachent à des contes populaires, que l'on retrouve dans diverses traditions européennes, mais aussi à des sources littéraires, comme les *Fables* de Phèdre ou d'Ésope et l'*Ysengrinus* de Nivard. Le *Roman de Renart* est donc un texte composite dont la rédaction s'étend du douzième à la fin du XIIIe siècle.

Des aventures multiples

Les épisodes qui la composent évoquent généralement les luttes entre des animaux fort semblables à des hommes, et mettent quelquefois en scène des êtres humains, paysans et seigneurs, pèlerins et moines, dont le quotidien est peint avec le goût du détail réaliste*. On y retrouve des situations de la vie médiévale dans les différentes couches de la société, et le fil conducteur est le thème de la ruse, qui parcourt l'œuvre. L'enseignement qui s'en dégage est la supériorité de la fourberie et de l'intelligence, incarnées dans Renart, sur la force brutale représentée le plus souvent par le loup Ysengrin. Le monde animal rassemble les caractéristiques sociales et psychologiques de la société et des hommes : chaque personnage illustre un trait de caractère (Couard le lièvre) ou assume une fonction sociale (Noble le lion). C'est donc un tableau de l'humanité que propose le *Roman de Renart*, soulignant la revanche du peuple, alerte et spirituel, sur une noblesse puissante et brutale.

La portée de l'œuvre

Une oeuvre parodique

C'est la littérature aristocratique qui est visée le plus souvent par la parodie*. Comme les héros des chansons de gestes ou des romans de chevalerie, les animaux guerroient héroïquement et s'affrontent en duel, païens et chrétiens se massacrent, sous la conduite du chameau et du lion. Les procédés de l'épopée* se retrouvent :

récits de batailles et de combats singuliers, hyperboles, dénombrements accumulatifs, qui donnent à ces épisodes une tonalité burlesque*.

La satire sociale*

Le *Roman de Renart* s'en prend à la brutalité et à l'injustice des seigneurs, comme à la paresse, à l'ignorance et à la cupidité des moines des ordres mendiants. Les pratiques judiciaires sont également visées, et l'hypocrisie de ceux qui, pour échapper à la justice, endossent la défroque du croisé ou du pèlerin.

La peinture psychologique

À travers les animaux, ce sont des types humains que les auteurs ont su représenter avec humour. On retrouve ainsi Ysengrin, stupide et puissant, Pinte la poule, bavarde et futile, et bien sûr Renart, intelligent et dépourvu de scrupules, digne ancêtre du Renard de La Fontaine auquel il a transmis son nom.

À retenir

- Une œuvre mêlant influences savantes et traditions populaires.
- Une satire sociale.
- Une œuvre parodique.
- La représentation de types humains.
- Une peinture réaliste* de la société du temps et de ses travers.

La parole à l'œuvre

“ *Renart se voit entrepris, de toutes parts lié et pris ; mais il ne peut trouver de ruse pour en réchapper. Il n'est pas question qu'il s'échappe sans une très grande astuce. Quand il vit dresser la potence, il fut plein de tristesse et dit au Roi : « Beau gentil Sire, laissez-moi donc un peu parler. Vous m'avez fait lier et prendre, et maintenant vous voulez me pendre sans forfait. Mais j'ai commis de grands péchés dont je suis fort accablé : maintenant je veux m'en repentir. Au nom de la Sainte-Pénitence, je veux prendre la croix pour aller, avec la grâce de Dieu, au-delà de la mer. Si je meurs là-bas, je serai sauvé. Si je suis pendu, ce sera mal fait : ce serait une bien mesquine vengeance. Je veux maintenant me repentir. » Alors il se jette aux pieds du Roi. Le roi est pris d'une grande pitié.* (Branche I)

Fiche 4

Rutebeuf, *Le Miracle de Théophile* ou la mise en scène de la foi (1280)

Quelques mots sur l'auteur

Rutebeuf, né vers 1250, est mort en 1280. Poète, il vécut souvent dans la misère, comme en atteste son œuvre, marquée par la confidence personnelle (« Le Mariage Rutebeuf ») mais aussi par l'esprit satirique* (« Le Dit des Béguines ») et un humour souvent tourné vers l'autodérision (« La Pauvreté Rutebeuf »). Rutebeuf est aussi l'auteur, outre le *Miracle de Théophile*, et les poèmes, de récits et de fabliaux écrits en général dans le dialecte de l'Île-de-France.

L'intrigue

Un miracle est une pièce de théâtre dont l'intrigue est tirée de la vie d'un saint. Celle de la pièce de Rutebeuf est très simple, et s'apparente à une tradition ancienne, liée au culte marial, très en faveur au Moyen Âge, dont on retrouve aussi la représentation sur le tympan du Portail Sainte-Anne à Notre-Dame de Paris. Théophile, un moine, mal récompensé par l'évêque de sa piété et de ses services, vend par dépit son âme au diable qui lui en promet récompense. Mais en proie au remords, il prie la Vierge, qui intervient et reprend le pacte.

L'originalité de l'œuvre

Le *Miracle de Théophile* se caractérise par une action très mince. Le poète qu'est Rutebeuf place plutôt l'accent sur les récits et les confidences du personnage, empreintes de lyrisme, que sur l'aspect proprement dramatique*. Il joue pour ce faire sur l'alternance d'octosyllabes à rimes plates et de vers de quatre syllabes. L'intérêt de la pièce se trouve donc dans la peinture psychologique de Théophile, dans le passage de la tentation à l'hésitation, de la chute à la repentance, de l'amertume et de la détresse au bonheur de la grâce. L'intention de l'œuvre est essentiellement religieuse et morale : il s'agit à la fois de montrer à un public de fidèles les dangers de la tentation, et de mettre en scène la puissance et la bonté de la Vierge. Le désarroi s'exprime sur un ton personnel, qui rappelle les textes lyriques* de l'auteur. Mais c'est la piété de toute une époque que Rutebeuf est parvenu à exprimer, en particulier dans la prière à Notre-Dame, en même temps que son évocation des sentiments éprouvés par Théophile trouve une résonance universelle.

À retenir

- Un genre théâtral particulier au Moyen Âge : le miracle.
- Une œuvre paradoxalement plus volontiers narrative que dramatique.
- Un texte édifiant et profondément religieux, aux accents lyrique.
- Un portrait psychologique convaincant et humain.

La parole à l'œuvre

« *Hélas, chétif, dolent, que pourrai-je devenir*
Terre, comment me peux-tu porter et soutenir
Quand j'ai Dieu renié, et veux à celui tenir
Comme seigneur qui tous maux fait venir ? (v. 384-387)

Sainte reine belle,
Glorieuse pucelle,
Dame de grâce pleine
Qui tout bien nous révèle,
En besoin qui t'appelle
Délivré est de peine ;
Qui son cœur vous amène
Au perdurable règne
Il aura joie nouvelle,
Jaillissante fontaine
Et délectable et saine
À ton Fils me rappelle. » (v. 432-443)

Fiche 5

François Villon, *Le Testament* ou le chant de la bohême (1461)

Quelques mots sur l'auteur

François de Montcorbier, ou des Loges (les deux noms indiquent une provenance géographique) est né à Paris, vers 1431, vraisemblablement de famille modeste. Orphelin de père, il est élevé par le prêtre Guillaume de Villon, qui lui donnera son nom. Étudiant à la Sorbonne et maître ès arts en 1452, il préfère à la vie d'érudit la vie de « ribaud », et on le retrouve impliqué dans un meurtre en 1455, dans un vol en 1456. Il quitte alors Paris et mène une vie errante, de Blois, où Charles d'Orléans le protège, à la prison de Meung-sur-Loire, dont Louis XI le délivre. En 1461 il commence à rédiger le *Testament*. On le retrouve en prison à Paris en 1462, libéré, puis condamné à mort et gracié, mais chassé pour dix ans de Paris en 1463. À partir de cette date, on perd sa trace.

Outre le *Testament*, son œuvre majeure, Villon laisse à la postérité le *Lais* (1456) ou *Petit Testament*, des *Poésies diverses*, au nombre desquelles la célèbre « Ballade des pendus » (1457 à 1463), et sept « ballades en jargon ».

Le Testament

L'œuvre est constituée de deux parties. La première est consacrée à une méditation sur les grands thèmes lyriques* : le poète y déplore la perte de sa jeunesse, y évoque les tourments de l'amour et les angoisses de la mort. C'est dans cette partie que se trouve la « Ballade des Dames du Temps Jadis ».

Le second mouvement revêt les apparences d'un testament fictif, thème et forme déjà utilisés dans le *Lais* (legs). Villon y exprime ses dernières volontés. Les poèmes que l'on y trouve sont marqués, comme le « Testament du pauvre » par la tendresse humaine et filiale, par l'expression d'une foi sincère, par une tendance très caractéristique à l'humour noir et au goût du détail réaliste*, voire macabre.

Désireux de se justifier, et de laisser de lui-même une impression favorable, Villon s'en prend à ceux qui l'ont jugé et condamné, mais aussi à ses complices corrompus, et s'en remet à Dieu.

L'art du poète

Villon, familier de la poésie aristocratique, s'inscrit aussi dans le sillage d'un Rutebeuf, dont l'œuvre est marquée à la fois par le lyrisme, par le réalisme dans la peinture de la vie quotidienne, et par la recherche formelle. Ces caractéristiques se retrouvent également dans le *Testament*, dont il faut souligner à la fois la dimension personnelle, liée à la simplicité d'une expression sincère, et la dimension universelle, qui transparaît dans le traitement des grands thèmes lyriques. Une autre originalité de l'œuvre se trouve dans la juxtaposition de registres variés aussi divers que le registre tragique, lorsque Villon rappelle à ses « frères humains » la condition qui est la leur, le registre pathétique, le registre réaliste, l'ironie et l'humour. La langue utilisée est elle-même riche et variée, puisant aux lexiques et aux styles les plus divers. Villon joue sur la polysémie* des mots, multipliant dans ses textes les strates de signification. Héritier d'une tradition poétique, il confère aussi à son œuvre un caractère personnel en donnant aussi à ses poèmes l'aspect de prières, de méditations ou de parodies de textes juridiques, en rappelant des expériences vécues et en prenant à partie des personnages rencontrés. Les legs, sous forme de huitains, tantôt autonomes, tantôt parties d'une suite, sont entrecoupés de ballades*, et l'ensemble révèle un souci très moderne d'harmonie et de variété dans les formes, les rythmes et les mètres.

À retenir

- Le recours aux grands thèmes lyriques et le souci de la musicalité.
- La juxtaposition des registres.
- L'expression universelle de la condition humaine.
- L'exploitation des ressources multiples de la langue.

La parole à l'œuvre

“ *Bien sais, se j'eusse étudié*
Au temps de ma jeunesse folle,
Et à bonnes mœurs dédié,
J'eusse maison et couche molle.
Mais quoi ? Je fuyoie l'école,
Comme fait le mauvais enfant.
En écrivant cette parole,
A peu que le cœur ne me fend.
(XXVI)

Le XVIe siècle : Renaissance et humanisme

Quelques repères

La Renaissance

Divers événements et faits capitaux ont marqué le passage du Moyen Âge à la Renaissance. On s'accorde à citer parmi eux en 1453 la prise de Constantinople par les Turcs, suite à laquelle de nombreux textes antiques conservés à Constantinople sont redécouverts en Europe ; en 1492 la découverte de l'Amérique par Christophe Colomb ; en 1494 le début des guerres d'Italie, et bien sûr la découverte de l'imprimerie, à quoi il faut ajouter le développement des sciences et des techniques.

Ces bouleversements entraînent une évolution, voire une révolution intellectuelle : la Renaissance, largement inspirée de la Renaissance italienne du Quattrocento, que les Français découvrent lors des guerres d'Italie. Goût du raffinement et du savoir se développent alors, allant de pair avec la remise en question d'un enseignement scolastique sclérosé et trop subordonné à la théologie. Un mouvement se fait jour, qui prône le retour aux sources antiques et aux textes originaux, l'exercice de l'esprit critique et le développement de tous les aspects de l'individu : l'humanisme*. François Ier, roi de 1515 à 1547, est l'un des protecteurs les plus enthousiastes des humanistes : il fonde en 1530 le Collège de France, qui permet aux intellectuels d'échapper à l'autorité de la faculté de théologie de la Sorbonne, ouvre sa bibliothèque aux érudits, et accueille des artistes italiens, parmi lesquels Léonard de Vinci et Benvenuto Cellini.

La Réforme

La Réforme est née des abus de l'Église, et des aspirations à une spiritualité renouvelée, comme à une lecture plus personnelle et plus critique des textes sacrés.

En 1520-1521, Luther publie trois traités, dans lesquels il conteste l'autorité divine du Pape (*La Papauté de Rome*), affirme l'intelligibilité de l'Écriture à tous les croyants et défend le libre examen (*Appel à la noblesse chrétienne de la nation allemande sur l'amendement de l'État chrétien*) et met en cause la théorie de la transsubstantiation (*Traité de la liberté chrétienne et de la captivité babylonienne de l'Église*). Il dénonce le trafic des Indulgences et prône un retour aux enseignements évangéliques. En France, la tendance évangélique va dans le même sens : en 1530 Lefèvre d'Étaples propose de la Bible une traduction française condamnée par la Sorbonne. En 1534, l'affaire des placards éloigne François Ier des évangélistes, tandis que Calvin marque de son austérité l'esprit de la Réforme. Si celui-ci s'apparentait au départ à l'esprit humaniste, en particulier par son désir de revenir aux textes, il s'en éloigne désormais par son puritanisme. En réaction, l'Église catholique met en place la contre-réforme, avec en particulier la fondation de l'ordre des jésuites, et la réunion du concile de Trente, de 1545 à 1563.

Les guerres de religion

Les divergences doctrinales deviennent conflit ouvert, d'autant plus qu'après les règnes puissants de François Ier et Henri II l'autorité royale s'affaiblit. De 1562 à 1595, huit guerres, marquées par des épisodes sanglants comme la Saint Barthélémy (24 août 1572), déchirent le pays, jusqu'à ce qu'Henri IV, converti pour pouvoir accéder au trône en 1593, promulgue l'édit de Nantes qui garantit aux protestants la liberté de culte.

La littérature du XVIe siècle

Le temps de l'enthousiasme

La naissance de l'humanisme se caractérise par l'optimisme et la passion du savoir. Les progrès scientifiques et techniques, les découvertes, la résurgence de la culture antique, et la réhabilitation du corps et des sens qu'elle implique, débouchent sur l'ambition de réaliser l'épanouissement de l'homme complet. Le terme d'humanisme, s'il renvoie aux études classiques, ou humanités, suppose en effet aussi un système de pensée qui place l'homme en son centre. Cet homme, à la fois âme, esprit et corps, est appelé à devenir « plus homme » encore, selon le mot d'Érasme, grâce à la connaissance et à l'éducation. C'est dire la place que tiennent à cette époque les préoccupations d'ordre pédagogique.

Le courant esthétique

La seconde génération des humanistes témoigne d'une ambition moins dévorante, et d'un souci plus grand des formes et de l'harmonie. Les poètes de la Pléiade, notamment, s'efforcent d'offrir à la langue française le statut de langue littéraire, qui est celui du grec, de latin ou de l'italien. C'est l'époque où Ronsard et du Bellay renouvellent l'inspiration lyrique en ressuscitant les Anciens ou en imitant Pétrarque, et cherchent à systématiser l'effort de reviviscence de la langue.

L'âge de raison

Le XVIe siècle s'achève dans un climat moins euphorique qu'il n'avait commencé. La recherche de perfection formelle des membres de la Pléiade s'oriente vers le maniérisme ou les excès du baroque, tandis que Montaigne s'en éloigne, privilégiant la justesse de l'idée aux coquetteries de la forme. Par ailleurs, les guerres de religion contribuent largement à remettre en cause l'optimisme du début du siècle : les plumes engagées de Ronsard ou d'Aubigné dénoncent violemment les exactions des deux partis, tandis que Montaigne, à la recherche de la sagesse, limite les ambitions de la pensée humaniste.

Fiche 6

François Rabelais, *Gargantua* ou l'enthousiasme renaissant (1534)

Quelques mots sur l'auteur

Rabelais, né en 1494, suit tout d'abord une formation ecclésiastique, et se lie avec des humanistes comme Budé. De 1528 à 1530 il étudie dans diverses universités et en 1530 il s'installe à Montpellier où il étudie la médecine. Chargé de cours, il s'appuie sur les textes grecs d'Hippocrate et de Galien. En 1532, on le retrouve à Lyon où il publie *Pantagruel*, suivi en 1534 de *Gargantua*. Il attend 1546 pour publier le *Tiers Livre*. Entre-temps, Rabelais séjourne à Rome et à Turin. De retour en France, il enseigne et exerce la médecine et pratique des dissections. Le *Quart Livre* est publié en 1552 et les dernières années de Rabelais, mort en 1553 ou 1554, restent mystérieuses. En 1562 paraît le *Cinquième Livre*, attribué à Rabelais avec de grandes réserves.

Gargantua, une histoire de géants ?

La « vie très horrifique du grand Gargantua, père de Pantagruel » raconte chronologiquement la vie et les aventures du roi des Dipsodes, Gargantua. Après avoir évoqué son enfance et son éducation, Rabelais évoque l'aventure guerrière de la guerre Picrocholine, où s'illustre son héros, en compagnie de Frère Jean des Entommeures, et où Grandgousier, modèle du souverain humaniste, s'oppose au violent Picrochole. L'ouvrage s'achève sur la victoire de Grandgousier et l'utopie de l'Abbaye de Thélème.

Une œuvre emblématique

« La substantifique moelle »

Comme l'auteur lui-même nous y invite dans son Prologue, il faut chercher dans *Gargantua* autre chose qu'une épopée* comique, volontiers paillarde, souvent scatologique. Ce sont tous les domaines de la société qu'abordent, sous des dehors plus ou moins légers, les différentes parties de l'œuvre. Le gigantisme et les excès des personnages rendent compte de deux aspects essentiels de l'œuvre : l'appétit de connaissance et l'idée humaniste de la réhabilitation du corps, liée à la confiance en une nature qui témoigne de la générosité divine. C'est dans ce sens que doit s'entendre le message que Rabelais délivre dans les chapitres sur l'éducation.

Le programme pédagogique

Rabelais lui-même a probablement connu les méthodes d'éducation scholastiques, dont il caricature avec virulence la pesanteur et la frilosité. Dans le chapitre XXI de Gargantua, il stigmatise le mépris du corps, la paresse, le formalisme et l'absence d'esprit critique corollaires de cette pédagogie, qu'il associe métaphoriquement à l'absorption de nourritures indigestes. Il met ainsi en valeur, au chapitre XXIII, les vertus d'une éducation humaniste, celle que reçoit Gargantua de son précepteur Ponocrates (« laborieux », en grec). L'éducation humaniste, telle que la définit Rabelais, se caractérise par :

- le goût du travail et l'utilisation optimale du temps : souvent, deux activités sont menées de front simultanément ;
- la lecture intelligente et la réflexion personnelle sur les textes ;
- l'observation de la nature en relation avec les connaissances théoriques ;
- l'hygiène, voire l'élégance, et la pratique régulière et libre de jeux sportifs ;
- une alimentation saine, équilibrée, en relation avec les connaissances médicales ;
- la variété des connaissances, puisque le programme s'étend aux sciences, aux mathématiques, à la musique et au chant, mais aussi aux arts de la chevalerie, aux techniques artisanales et à la science des armes ;
- une pratique religieuse fondée sur une foi éclairée, qui n'exclut pas le savoir et l'intelligence.

L'homme nouveau, l'humaniste formé à cette école, ne néglige ni l'esprit, ni l'âme, ni le corps : c'est un homme complet. Mais la foi en l'homme qu'exprime Rabelais n'est pas en contradiction avec la foi chrétienne, et l'humaniste n'oublie pas de rendre grâce à Dieu « hautement et clairement ».

La sagesse politique

Dans les épisodes joyeux et épiques de la guerre Picrocholine, Rabelais propose une réflexion sur la guerre, et plus généralement, un portrait du bon prince en la personne de Grandgousier. Picrochole (« bile noire » en grec) apparaît comme un tyran assoiffé de conquêtes, brutal et ambitieux. Grandgousier au contraire, soucieux du bien-être de ses sujets, voit comme l'un de ses devoirs de souverain la gestion du royaume selon des principes qui se rapprochent de ceux de l'Évangile : solidarité, générosité, charité. Confronté au conflit, il tente d'abord de le résoudre par des voies diplomatiques, par le dialogue et la raison, mais il ne craint pas de prendre les armes pour défendre la liberté de ses sujets avec une armée organisée et disciplinée, qui n'oublie pas les principes de l'humanité.

Une écriture de l'enthousiasme et de l'excès

L'invention verbale

L'écriture de Rabelais se caractérise par le goût des mots. Rabelais emprunte à tous les domaines du langage et de l'activité des hommes : parlers régionaux, jargons professionnels, argot, langues anciennes ou étrangères participent de l'alchimie verbale de son œuvre. Il pratique avec bonheur le néologisme, joue à loisir sur les sons et les sens, explore les possibilités de cette langue neuve qu'est le français

Le comique

Le caractère plaisant de l'œuvre est essentiel. Rabelais joue sur toutes les formes et tous les degrés du comique : humour, farce, paillardise, jeux de mots, caricature, parodie s'inscrivent dans *Gargantua*. L'utilisation de ce registre fait sens dans le projet d'ensemble de l'œuvre : délivrer un message sérieux sous une forme plaisante, et dans le principe du carnavalesque, c'est-à-dire d'une écriture irrévérencieuse propre à décloisonner les genres, les systèmes et les idéologies.

L'écriture d'un humaniste amoureux de la vie

L'écriture de Rabelais s'applique à restituer la vie dans son intensité, dans sa truculence. C'est une écriture de l'excès, de l'hyperbole. Rabelais affectionne les énumérations vertigineuses, les accumulations soulignées par les allitérations. C'est aussi une écriture marquée paradoxalement par le réalisme autant que par la fantaisie : la peinture de la vie des paysans, la vérité des dialogues dans leur diversité, la description des lieux familiers à Rabelais témoignent de son talent d'observation. Par ailleurs, la place accordée au corps, à ses fonctions naturelles, rappelle que Rabelais était médecin. Au-delà du scatologique et du paillard, Rabelais enseigne magistralement que l'humaniste voit en l'homme tout l'homme. Cette œuvre marquée par la démesure, le mélange des registres et des langages, et la multiplicité des références reflète l'appétit de vivre et de savoir qui a été celui de son auteur, mais aussi de son époque.

À retenir

- Un programme d'éducation complet pour la formation d'un homme complet.
- Une réflexion politique proposant le modèle d'un souverain pacifique, néanmoins prêt à défendre ses sujets et soucieux de leur bien-être.
- Une utopie élitiste où coexistent dans l'harmonie liberté et responsabilité.
- Une foi renouvelée, alimentée par une lecture intelligente et personnelle des textes fondateurs, opposée à l'obscurantisme médiéval.
- Une écriture dynamique, associant comique, réalisme, réflexion et plaisir des mots.

“ La parole à l'œuvre

Mieux est de ris que de larmes écrire,
Pour ce que rire est le propre de l'homme (Prologue)

Après, en tel train d'étude le mit qu'il ne perdait heure quelconque du jour : ains tout son temps consommait en lettres et honnête savoir. (XXIII)

Je n'entreprendrai guerre que je n'ai essayé tous les arts et moyens de paix. (XXVIII)

Le temps n'est plus d'ainsi conquêter les royaumes, avec dommage de son prochain frère chrétien. Cette imitation des anciens Hercules, Alexandres, Hannibals, Scipions, Césars et autres tels, est contraire à la profession de l'Évangile, par lequel nous est commandé garder, sauver, régir et administrer chacun ses pays et terres, non hostilement envahir les autres [...] (XLVI)

En leur règle n'était que cette clause : Fay ce que voudras parce que gens libères, bien nés, bien instruits, conversant en compagnies honnêtes, ont par nature un aiguillon qui toujours les pousse à faits vertueux et retire de vice, lequel ils nommaient honneur. (LVII)

Fiche 7

Joachim du Bellay, *Les Regrets* ou le chant de l'exil (1558)

Quelques mots sur l'auteur

Du Bellay est né en 1522 dans une famille de guerriers et de diplomates angevins. Ses espérances militaires déçues, il se prépare par des études de droit à servir son cousin Jean du Bellay, évêque de Paris et diplomate. En 1547, il rencontre Ronsard à Poitiers et le suit au collège humaniste* de Coqueret. En 1549 il publie l'*Olive*, recueil de poèmes pétrarquistes, et la *Défense et Illustration de la Langue Française*. Après une longue maladie, lors de laquelle il s'est consacré à la lecture des poètes grecs et latins, il accompagne le cardinal du Bellay à Rome (1553-1557), avec l'enthousiasme d'un humaniste : la déception est rude, et du Bellay exprime dans les *Regrets* ses désillusions et sa nostalgie, tandis qu'il consacre à la Ville Éternelle le recueil des *Antiquités de Rome*. De retour en France, il tente de s'imposer à la cour d'Henri II et subit des revers de fortune. Il meurt en 1560.

Une œuvre nostalgique et amère

Le recueil des *Regrets* est composé de 191 sonnets*, écrits en Italie, à l'exception des quarante-deux derniers, postérieurs au retour. Le poète y évoque sa détresse, sa solitude devant une vie romaine très différente de celle qu'il avait rêvée. Il déplore la servilité des courtisans et la corruption des puissants, et critique amèrement la médiocrité de la vie de cour. Il exprime aussi sa nostalgie, regrettant de s'être fourvoyé dans une voie et dans un lieu qui lui demeurent étrangers. Il oppose enfin douloureusement à la futilité de son quotidien la richesse des ambitions d'humaniste auxquelles il a renoncé. La structure de l'œuvre suit une progression assez nette : les sonnets I à XXIV évoquent les sources d'inspiration et les amis restés en France, introduisant ainsi le thème de la nostalgie et de l'ennui. Les poèmes XXV à XXXVIII développent le thème élégiaque du regret, mêlant confidence personnelle et souvenirs littéraires. De XXXIX à L, le poète exprime la souffrance liée à la situation de dépendance dans laquelle il se trouve ; il se révolte contre le destin qui l'a conduit à cette position malheureuse et contraire à sa nature, et laisse libre cours à sa veine satirique* et à son amertume. Les textes suivants, de LI à LVI marquent une recherche de la résignation, inspirée du stoïcisme*, puis, de LVII à CXXVI, il caricature avec virulence la cour pontificale et la dangereuse séduction des romaines. Le voyage de retour est annoncé, et ses déceptions soulignées dans les sonnets CXXVIII à CXXXVIII. Revenu à Paris, du Bellay retrouve son ironie devant une cour aussi corrompue que la cour des Papes (CXXXIX à CXLIX), et clôt son recueil par des louanges adressées à ses amis poètes et à ses protecteurs.

Une œuvre originale

Du chant lyrique à la satire

Le recueil est marqué par un caractère personnel, intimiste, qui est celui de la confidence et de l'élégie*, alors que la poésie de la Pléiade apparaît souvent comme soumise à des conventions formelles et thématiques. Le poète blessé par une expérience malheureuse abandonne les thématiques amoureuse et philosophique, un peu artificielles, qui étaient les siennes dans ses premiers recueils pour exprimer plus volontiers des impressions vécues et des sentiments sincères : il entend moins ainsi donner à son chant une portée universelle que laisser libre cours à une mélancolie sombre qui préfigure la mélancolie romantique* : la nature se fait chez lui l'écho de la tristesse devant la fuite du temps, et il est l'un des premiers poètes de l'automne. Il juxtapose aussi dans *Les Regrets* les accents lyriques et les pointes acérées de la satire : s'il confie son accablement et ses doutes, à un moment où même l'inspiration créatrice semble l'abandonner, c'est sans indulgence qu'il brosse la caricature des « vieux singes de cour » (CL), ou qu'il ironise sur les sources d'inspiration du poète courtisan. Le recueil est ainsi empreint d'une coloration originale, où l'expression de la tristesse s'accompagne d'une intention critique, où à la mélancolie se mêle le dépit, et au pathétique un humour quelquefois grinçant.

Une écriture renouvelée

S'il demeure l'un des membres les plus actifs de la Pléiade, l'un des épigones les plus talentueux de Pétrarque, et le défenseur en titre de la langue française en tant que langue littéraire, du Bellay prend dans les *Regrets* quelque distance avec les choix formels de ses débuts. À la recherche de la sincérité, il s'éloigne des principes de la Pléiade, qu'il avait lui-même contribué à mettre en place : son écriture est moins nettement marquée par l'imitation des Anciens et les subtilités d'un pétrarquisme dont il stigmatise du reste les excès dès 1533 ; moins soucieux de virtuosité que d'authenticité, il use avec plus de modération des figures de rhétorique, en particulier des comparaisons et des métaphores chères à la poésie amoureuse. Souvent composés en alexandrins, avec un souci constant de régularité, ses poèmes témoignent pourtant d'une grande maîtrise ; toutes les ressources techniques du vers y sont exploitées : coupes, rejets, enjambements, diérèses* et synérèses*, jeux de sonorités leur confèrent une expressivité qui souligne la confidence. Le procédé de prédilection de du Bellay est l'antithèse*, sur laquelle sont construits nombre de ses sonnets : cette figure d'opposition lui permet de mettre en évidence ce qui le différencie des autres, et sa solitude, ou de mettre en balance le passé idéalisé et le présent malheureux. Nourri de culture antique en bon humaniste, il met au service de sa nostalgie un thème récurrent, celui d'Ulysse et de son périlleux voyage vers la terre natale. L'originalité de du Bellay est plus marquée cependant dans les sonnets satiriques que dans les sonnets élégiaques : il y introduit une familiarité étonnante et une peinture concrète et pittoresque de la vie romaine, souvent soulignées par des accumulations expressives.

À retenir

- Une œuvre placée sous le signe de l'inspiration personnelle, qui traduit l'amertume d'une ambition déçue.
- Un lyrisme qui n'exclut pas l'ironie et la satire.
- Une forme épurée qui n'exclut pas la virtuosité.
- Un souci très moderne de sincérité qui n'exclut pas la référence aux Anciens.

La parole à l'œuvre

“

Heureux qui, comme Ulysse, a fait un beau voyage
Ou comme cestui-là qui conquit la toison,
Et puis est retourné, plein d'usage et raison,
Vivre entre ses parents le reste de son âge !
Quand reverrai-je, hélas ! de mon petit village
Fumer la cheminée, et en quelle saison
Reverrai-je le clos de ma pauvre maison,
Qui m'est une province, et beaucoup davantage.
Plus me plaît le séjour qu'ont bâti mes aïeux
Que des palais romains le front audacieux ;
Plus que le marbre dur me plaît l'ardoise fine,
Plus mon Loire gaulois que le Tibre latin,
Plus mon petit Liré que le mont Palatin,
Et plus que l'air marin la douceur angevine.

(XXXI)

Fiche 8

Pierre de Ronsard, *Les Amours* ou l'invitation au plaisir (1552-1578)

Quelques mots sur l'auteur

Pierre de Ronsard est né en 1524 en Vendômois, dans une famille aristocratique et cultivée. En 1536, il devient page à la cour de François Ier, puis à la cour d'Écosse. A son retour, il séjourne en Allemagne auprès de son cousin l'humaniste* Lazare De Baïf. Après ces années brillantes, rendu presque sourd par une grave maladie, il renonce à ses ambitions et se retire sur ses terres, où il reçoit la tonsure, vivant ainsi de bénéfices ecclésiastiques. Il reprend alors l'étude des lettres anciennes et rejoint du Bellay au collège de Coqueret pour s'y former aux humanités. Chef de la Brigade, il publie en 1550 les *Quatre premiers livres d'Odes* inspirés de Pindare, qui feront de lui un poète célèbre. Le « prince des poètes » rassemble les meilleurs de ses amis, et la Brigade devient la Pléiade. En 1560 l'ensemble de ses œuvres est publié en quatre volumes : *Amours*, *Odes*, *Poèmes* et *Hymnes*. Ami du roi Henri II, il devient en 1558 poète officiel, conseiller et aumônier ordinaire du roi : aux poèmes personnels succèdent les poèmes de circonstance, dont Charles IX, roi en 1560, le récompensera aussi avec largesse. Face aux querelles religieuses, il s'engage dans le camp catholique et rédige les *Discours* (1562-1563). Ses dernières années sont assombries : son épopée, la *Franciade* (1572) est un échec, et le nouveau roi, Henri III (1574) lui préfère Desportes. Ronsard se retire et revient mélancoliquement à l'inspiration amoureuse, avec les *Sonnets sur la mort de Marie* et les *Sonnets pour Hélène*. Il meurt en 1585.

La composition des *Amours*

S'il a tenté dans des *Odes* de ressusciter le lyrisme* antique en se référant au poète latin Horace et aux grecs Pindare et Anacréon, comme le voulaient les érudits humanistes, Ronsard est aussi le chantre de la passion amoureuse, qu'il a déclinée à plusieurs reprises dans des textes harmonieux et personnels. Il suit en cela du Bellay, dont le recueil l'*Olive* est paru en 1549.

Les Amours de Cassandre (1552)

En 1545, Ronsard rencontre brièvement Cassandre Salviati lors d'une fête à Blois. La toute jeune fille, à peine entrevue, lui inspire un amour sans espoir, et un recueil de cent quatre-vingt-trois sonnets* encore très marqués par l'influence pétrarquiste. L'homonymie de sa destinataire avec la fille de Priam, le roi de Troie, permet en outre au poète de jouer avec galanterie de ses souvenirs littéraires d'érudit.

Les Amours de Marie (1555-1556)

En 1555, Ronsard tombe amoureux d'une jeune paysanne, Marie Dupin. Il lui dédie des poèmes plus familiers et plus personnels que les sonnets consacrés à Cassandre, s'attachant à y exprimer un sentiment plus authentique, que la passion très littéraire et un peu artificielle que lui avait inspirée la jeune italienne. Les poèmes destinés à Marie sont recueillis dans la *Continuation des Amours* dont ils occupent une moitié, et dans la *Seconde Continuation des Amours*. Si l'attachement du poète à la jeune fille dure jusqu'en 1558, le *Second Livre des Amours* (1560) atteste d'autres conquêtes. Cependant, lorsqu'en 1574 Ronsard écrit pour Henri II qui pleure sa maîtresse Marie de Clèves les sonnets *Sur la Mort de Marie*, le souvenir de Marie Dupin transparaît dans plus d'un texte.

Les Sonnets pour Hélène (1578)

Les cent trente sonnets que Ronsard publie après d'autres *Amours Diverses* constituent au départ une œuvre de commande. C'est en effet sur la demande de Marie de Médicis qu'il y célèbre l'une des filles d'honneur de la Reine, Hélène de Surgères, qui avait perdu son fiancé lors des guerres civiles. Ronsard fait l'éloge de sa beauté et de sa vertu, sans oublier de rappeler dans ce dernier recueil l'étendue de sa propre gloire, alors même que le nom d'Hélène l'autorise à se rapprocher d'Homère ; puis il se prend peut-être au jeu littéraire et confie sa tendresse et sa mélancolie dans une œuvre de la maturité où il renoue avec la veine pétrarquiste sans abandonner tout à fait l'inspiration personnelle.

Des variations virtuoses sur les thèmes lyriques

Du pétrarquisme subtil au lyrisme personnel

L'écriture des *Amours de Cassandre* apparente l'œuvre à l'écriture précieuse qui caractérise Pétrarque : traits spirituels, allusions mythologiques, archaïsmes, hyperboles, oxymores et périphrases, formules convenues (comme la célèbre métaphore qui associe la femme à la rose), donnent à la passion que chante ici le poète une allure conventionnelle, très littéraire et quelquefois absconse. Les *Amours de Marie* marquent le passage à une expression plus simple, qui témoigne de la volonté du poète d'être plus accessible, à la destinataire d'abord, de moindre culture que Cassandre, mais aussi au public. Enfin, l'expression de la mélancolie domine dans les *Sonnets pour Hélène* : le poète vieillissant évoque avec une lucidité quelquefois cruelle la fuite du temps, et renouvelle son invitation teintée d'épicurisme à jouir du temps présent.

Si le pétrarquisme retrouve la faveur des lecteurs, si le prénom d'Hélène comme celui de Cassandre invite à l'allusion mythologique, si l'expression demeure galante, les accents du dernier recueil des *Amours* sont bien ceux de la confidence.

Un souci constant de musicalité

Les poèmes de Ronsard étaient mis en musique : le soin de l'harmonie est donc une préoccupation constante du poète, et la régularité de la forme une nécessité, puisqu'une même mélodie devait pouvoir être utilisée sur plusieurs textes. Dès les *Amours de Cassandre*, Ronsard a ainsi proposé des modèles de sonnets réguliers. À l'emploi de l'octosyllabe et du décasyllabe il ajoute celui du « vers héroïque » l'alexandrin, plus solennel, qui se généralisera, et prône le premier l'alternance des rimes masculines et féminines (terminées par un e muet).

À retenir

- Une inspiration essentiellement lyrique.
- Une poésie humaniste soumise aux influences de l'antiquité et de la Renaissance italienne, en particulier de Pétrarque.
- L'évolution d'une poésie de commande à une écriture plus personnelle.
- La perfection de la forme et la recherche de la musicalité.

La parole à l'œuvre

“
Quand vous serez bien vieille, au soir, à la chandelle,
Assise au coin du feu, dévidant et filant,
Direz, chantant mes vers, en vous émerveillant :
« Ronsard me célébrait du temps que j'étais belle ! »
Lors, vous n'aurez servante oyant telle novelle,
Déjà sous le labeur à demi sommeillant,
Qui au bruit de Ronsard ne s'aille réveillant,
Bénissant votre nom de louange immortelle.
Je serai sous la terre, et, fantôme sans os,
Par les ombres myrteux je prendrai mon repos :
Vous serez au foyer une vieille accroupie,
Regrettant mon amour et votre fier dédain.
Vivez, si m'en croyez, n'attendez à demain :
Cueillez dès aujourd'hui les roses de la vie

Sonnets pour Hélène, II, XLIII

Fiche 9

Agrippa d'Aubigné, *Les Tragiques* ou les cruautés de la guerre (1576-1616)

Quelques mots sur l'auteur

Agrippa d'Aubigné, né en 1552 d'une famille aristocratique, est élevé dans un esprit humaniste et calviniste. Très tôt, en 1568, il s'engage dans les luttes civiles du côté protestant. Poète galant pourtant, il rencontre Diane Salviati, nièce de la Cassandre de Ronsard, dont il tombe amoureux, sans espoir puisque Diane est catholique. En 1573, il rejoint à Paris Henri de Navarre, dont il est écuyer. Il quitte la cour en 1576 pour reprendre le combat, mais, grièvement blessé à Casteljaloux en 1577, il se trouve immobilisé. C'est alors qu'il donne un premier jet des *Tragiques*, son œuvre majeure auprès de poésies, de pamphlets et d'ouvrages historiques. Esprit partisan, presque extrémiste, Agrippa d'Aubigné, déçu par l'abjuration d'Henri IV, et par l'Édit de Nantes qu'il juge insuffisant, se retire en Vendée, puis se réfugie à Genève jusqu'à sa mort, en 1636.

Les Tragiques, une œuvre de la démesure

La composition

Œuvre violente et délibérément manichéenne, ce long poème organisé en sept livres constitue à la fois une malédiction virulente lancée contre les catholiques et une glorification du martyre des protestants. Agrippa d'Aubigné y évoque d'abord les cruautés de la guerre, puis la corruption des princes et l'injustice des magistrats. Il chante ensuite les souffrances des protestants persécutés et peint l'horreur du fratricide. Enfin, le châtiment des coupables annonce la fin du monde et le Jugement Dernier.

L'inspiration

C'est une œuvre épique, souvent animée d'un souffle prophétique, et largement inspirée par la Bible. D'Aubigné y juxtapose le merveilleux, le satirique*, et un ton agressivement polémique, ne reculant ni devant l'injure, ni devant l'anathème. On y retrouve les procédés d'amplification chers à l'épopée*, la grandeur de scènes visionnaires, et le poème est porté par un mysticisme qui unit à la foi religieuse l'animisme* presque païen des humanistes* de la Renaissance. *Les Tragiques* sont une œuvre grandiose, outrancière, un appel indigné à une justice impitoyable, et un magistral exemple de littérature engagée*. Le texte se caractérise en outre par une écriture de l'excès et du contraste, une liberté dans les mots, les rythmes et les images, qui sont ceux du baroque*.

L'art du visionnaire

Agrippa d'Aubigné juxtapose dans les *Tragiques* des évocations d'un réalisme brutal, qui sont celles de la vie de son temps, et des visions apocalyptiques qu'il parvient à restituer avec une précision saisissante. Sous sa plume, les éléments s'animent, les morts ressuscitent, le paradis et l'enfer deviennent des réalités visibles et perceptibles. Les événements contemporains prennent, par la référence constante à l'univers biblique, une dimension mythique et universelle. À cette volonté de marquer les esprits, et de défendre un parti, correspond une écriture peu soucieuse d'équilibre et de régularité. Le poème est inclassable : il fait usage de toutes les ressources de la rhétorique, joue sur les antithèses, accumule les répétitions et les images pour marquer les esprits ; aux disharmonies de sa forme répondent les atrocités du monde, à la puissance de ses représentations répondent l'ardeur de la foi et la haine contre les bourreaux.

À retenir

- L'un des premiers exemples de littérature engagée.
- Un texte représentatif de l'esthétique baroque.
- Une œuvre marquée par l'inspiration biblique et une imagination visionnaire.
- La juxtaposition contrastée du réalisme et mysticisme.

La parole à l'œuvre

« *La terre ouvre son sein ; du ventre des tombeaux*
Naissent des enterrés les visages nouveaux :
Du pré, du bois, du champ, presque de toutes places
Sortent les corps nouveaux et les nouvelles faces.
Ici, les fondements des châteaux rehaussés
Par les ressuscitants promptement sont percés ;
Ici, un arbre sent des bras de sa racine
Grouiller un chef vivant, sortir une poitrine ;
Là, l'eau trouble bouillonne, et puis s'éparpillant,
Sent en soi des cheveux et un chef s'éveillant.
Comme un nageur venant du profond de son plonge,
Tous sortent de la mort comme l'on sort d'un songe. »

(VII, VV. 665-676)

Fiche 10

Michel de Montaigne, *Les Essais*, ou une promenade « à sauts et à gambades » (1580)

Quelques mots sur l'auteur

Né en 1533 dans le Périgord, Montaigne reçoit une formation humaniste – il apprend le latin avant même le français) avant d'étudier la philosophie et le droit. Il exerce diverses magistratures à Périgueux et Bordeaux, entre 1554 et 1570. C'est à cette époque qu'il se lie avec Étienne de La Boétie (1558) qui le familiarise avec le stoïcisme*. En 1571, Montaigne, alors conseiller au Parlement de Bordeaux, décide de se retirer sur ses terres, et de se livrer à l'étude : il commence dès 1572 la rédaction des *Essais*. Cette retraite est interrompue en 1774, lorsque Montaigne intervient le temps d'une mission dans la quatrième guerre de religion. En 1580, atteint de coliques néphrétiques, il entreprend un voyage dans les villes thermales de France, d'Allemagne et d'Italie. En 1581 il est élu maire de Bordeaux. Il sera réélu en 1583. Revenu à Montaigne, il consacre les dernières années de sa vie à la mise à jour de son œuvre, et meurt en 1592.

Le projet des *Essais*

Le titre de l'œuvre est en lui-même éloquent : il évoque à la fois l'« essai », c'est-à-dire l'exercice, des facultés naturelles (I, 26), et les « expériences » vécues (III, 13). C'est une œuvre vivante, sans cesse remaniée, complétée, précisée, à laquelle Montaigne travaille encore à sa mort, mêlant les faits et les notations concrètes aux notes des lectures les plus éclectiques et aux réflexions personnelles. La première édition, qui comporte deux Livres date de 1580, elle sera complétée en 1588 par l'adjonction du Livre III et des additions aux deux premiers. En 1595 paraît une édition posthume, elle-même complétée et corrigée par Montaigne avant sa mort.

Un autoportrait lucide

C'est à la première personne, et de manière très complète, que Montaigne parle de lui-même dans son œuvre. Il ne s'agit pas pour autant à proprement parler de confidences autobiographiques. Le dessein de Montaigne est plutôt de se livrer à une analyse objective de son être, et de partager avec son lecteur son cheminement vers la connaissance de soi.

Cette démarche passe par l'autoportrait, et la somme des expériences et des réflexions, qui deviennent aussi réflexions sur la nature humaine. L'image qu'il livre et sans complaisance, il insiste autant sur ses lacunes que sur ses capacités, et fait état aussi volontiers de ses aventures que de ses mésaventures : ce qu'il recherche est avant tout un effet de naturel, et l'impression qui se dégage de ce portrait est celle d'un homme qui, avec ses défauts et ses qualités, parvient à s'assumer dans la sérénité, et à dégager de sa vie un enseignement universel. Légitimant d'abord sa démarche novatrice du fait que son œuvre s'adresse à un cercle intime, il découvre cependant, et souligne, le caractère exemplaire de toute vie d'homme.

Une réflexion humaniste

Loin de se cantonner à l'anecdote ou à la compilation, Montaigne offre tout au long de son œuvre le fruit d'une réflexion multiple, sur tous les aspects de la vie, et il nourrit son œuvre de sa connaissance de son temps. La rencontre avec l'autre (il a vu à Rouen, en 1562, des indiens du Brésil) et ses voyages lui fournissent matière à s'interroger sur la relativité des coutumes et des systèmes (I, 31) et les usages étrangers (III, 9). L'idée du respect de la vie et de l'homme le conduit à analyser la cruauté humaine et à mettre en doute la légitimité de la torture (II), tandis qu'il consacre toute un chapitre du Livre I (28) à l'amitié, un autre (26) à l'exposé de ses idées sur l'éducation, thème de prédilection des humanistes.

C'est une pédagogie nouvelle, différente encore de celle de Rabelais, qu'il y prône. On est loin, en effet, de l'ambition encyclopédique qui animait Gargantua ; l'enseignement doit, selon Montaigne, s'adapter aux besoins de l'élève et progresser à son rythme. Le pédagogue, loin d'exiger quantité de connaissances littérales, forme avant tout son élève à l'exercice de la réflexion personnelle et de l'esprit critique, avec un enseignement digeste et indissociable de la vie même. Enfin, et en cela Montaigne rejoint Rabelais, l'éducation se consacre aussi bien à épanouir le corps que l'intelligence, dans un esprit moins jubilatoire que dans *Gargantua* : il s'agit en effet moins de jouir des plaisirs d'un corps bien entraîné que de savoir s'endurcir à la douleur, triste témoignage des misères du temps. Humaniste*, Montaigne ne l'est pas seulement dans sa réflexion pédagogique : sa conception d'une philosophie et d'une morale mises au service de l'homme en est la preuve. La vertu pour lui n'est pas un exercice d'ascèse, mais l'acceptation de principes qui aident à mieux vivre. Son éthique ne se nourrit pas de principes abstraits, mais de l'observation et de la connaissance d'une humanité imparfaite, mais dont Montaigne réaffirme sans cesse la dignité et la richesse, et en laquelle il ne cesse pas d'avoir confiance.

La recherche de la sagesse

Les réflexions diverses s'accompagnent dans les *Essais* d'une véritable et consciente interrogation philosophique, qui conduit Montaigne non à élaborer un système définitif – il est trop épris de liberté pour cela – mais à nuancer tout au long de sa vie ses positions jusqu'à trouver un mode de pensée personnel marqué par l'acceptation sereine de sa condition d'homme.

La première partie de sa vie est marquée par le stoïcisme*, qui lui révèle la puissance de la volonté sur les aléas de l'existence : son amitié avec La Boétie, lui-même adepte de cette école, ses lectures, en particulier Sénèque et Plutarque, sa propre expérience de la maladie et du deuil, et la tragédie des guerres civiles l'inclinent vers cette philosophie de la maîtrise de soi et de l'acceptation de la souffrance et de la mort. Aux tortures et aux faiblesses du corps, Montaigne oppose la fermeté de l'âme (II, 37) ; à la crainte devant la mort, il répond en se familiarisant avec l'idée de sa propre disparition. La philosophie n'est pas pour Montaigne affaire de théorie, mais de pratique, et c'est par un exercice constant, méthodique, qu'il entend, avec lucidité, apprivoiser ses faiblesses. Mais l'homme, créature faible, est démuni devant les orgueilleuses exigences des stoïciens, et Montaigne, vers 1576, s'oriente vers une conception plus souple et plus humble, le scepticisme*, qui l'engage à la lucidité.

Dans l'*Apologie de Raymond Sebond* (II, 12), qui constitue dans les *Essais* une enclave philosophique, Montaigne défend l'idée que la raison est insuffisante, qu'il est difficile à l'homme de rien connaître et d'accéder à la vérité, même s'il ne renonce pas radicalement à cette quête. Aux dogmes philosophiques il préfère le doute, et aux certitudes une vision relativiste, qui le conduit à prôner, avec une ouverture intellectuelle très moderne, l'indépendance d'esprit et la tolérance, en particulier en matière religieuse. En effet, s'il est impossible de prouver rationnellement l'existence de Dieu, les religions sont bénéfiques et la grâce indispensable. Mais la stérilité du doute systématique n'échappe pas à Montaigne : aussi le scepticisme n'est-il qu'une étape, essentielle mais temporaire, dans l'élaboration d'une philosophie qui lui est propre, et dont il souhaite qu'elle puisse aider à vivre. C'est à une sagesse personnelle qu'aboutit en effet la démarche philosophique de Montaigne. La réflexion y est intimement mêlée à l'expérience de la vie, et il s'en dégage un idéal de modération – bien éloigné de l'euphorie du début du siècle – et d'humilité qui préfigure déjà dans une certaine mesure celui de l'honnête homme du XVIIe siècle. L'un des soucis majeurs de Montaigne, et c'est aussi l'un de ses aspects les plus modernes, est celui de préserver sa liberté de mouvement et de pensée. Il affirme aussi le bonheur de vivre, plus que la nécessité d'accepter la mort, la confiance dans la nature, et la très humaniste conviction de la dignité de tout homme.

Montaigne : un homme, un style

Le caractère inclassable des *Essais*, étroitement lié au souci d'indépendance de l'auteur, est également en rapport avec les caractéristiques d'une écriture alerte, marquée par la spontanéité et la vivacité. Montaigne ne destine pas son œuvre à un public de lettrés, et ne s'enferme pas dans les impératifs de la composition, pas plus que dans les rigueurs du purisme. Il ne craint pas la digression et la fantaisie, juxtapose anecdotes et démonstrations, boude la rhétorique et soumet constamment l'écriture à la pensée, dans un rythme qu'il veut naturel et souple, à la recherche de l'expression la plus fidèle, comme le fera la doctrine classique. Conscient des ressources de la langue, il n'hésite pas à faire appel à des langages techniques, au parler populaire ou au gascon, et en bon humaniste se réfère en abondance à ses maîtres latins ; il use donc d'une langue souple et riche, volontiers relevée par des images familières, qui donnent à son propos une vie et une vigueur caractéristiques, la réflexion n'étant jamais prisonnière de l'abstraction, mais développée dans la spontanéité des idées qui s'enchaînent. Cependant, cette écriture vigoureuse n'en est pas moins exigeante : Montaigne se réfère à des modèles anciens, comme César ou Lucrèce, même s'il renonce à les atteindre, et porte sur ses écrits un regard critique souvent sévère.

À retenir

- Une œuvre originale, à mi-chemin au carrefour de l'autobiographie et de la philosophie.
- Une pédagogie moderne.
- Le souci de la tolérance et de l'indépendance d'esprit.
- Le portrait lucide d'un homme en devenir.
- Une philosophie pratique et un art de vivre sans dogmatisme.
- L'écriture d'un humaniste héritier des anciens et précurseur du classicisme*.
- Le refus des contraintes et de la rhétorique.
- La recherche de l'expressivité et de la spontanéité.

La parole au texte

“ *C'est ici un livre de bonne foi, lecteur. [...]Je veux qu'on m'y voie en ma façon simple, naturelle et ordinaire, sans contention et artifice : car c'est moi que je peins.* (« Au lecteur »)

Il est incertain où la mort nous attende : attendons la partout. (I, 20)

On ne cesse de criailler à nos oreilles, comme qui verserait dans un entonnoir ; et notre charge, ce n'est que redire ce qu'on nous a dit. Je voudrais qu'il [le précepteur] corrigeât cette partie, et que, de belle arrivée, selon la portée de l'âme qu'il a en main, il commençât à la mettre sur la montre, lui faisant goûter les choses, les choisir et discerner d'elle-même ; quelquefois lui ouvrant le chemin, quelquefois le lui laissant ouvrir. (I, 26)

Qu'il ne lui demande pas seulement compte des mots de la leçon, mais du sens et de la substance, et qu'il juge du profit qu'il en aura fait, non par le témoignage de sa mémoire, mais de sa vie. (I, 26)

Ce n'est pas une âme, ce n'est pas un corps qu'on dresse : c'est un homme [.] (I,26)

De toutes les opinions humaines et anciennes touchant la religion, celle-là me semble avoir eu plus de vraisemblance et plus d'excuse, qui reconnaissait Dieu comme une puissance incompréhensible, origine et conservation de toutes choses, toute bonté, toute perfection, recevant et prenant en bonne part l'honneur et la révérence que les humains lui rendaient, sous quelque visage, sous quelque nom et en quelque manière que ce fût [...]. (II, 12)

Chaque homme porte la forme entière de l'humaine condition. (III, 2)

J'aime l'allure poétique, à sauts et à gambades [...]. Mon style et mon esprit vagabondant de même : il faut avoir un peu de folie, qui [si l'on] ne veut avoir plus de sottise, disent et les préceptes de nos maîtres, et encore plus leurs exemples. (III, 9)

Mon opinion est qu'il faut se prêter à autrui et ne se donner qu'à soi-même (III, 10)

Pour moi donc, j'aime la vie et la cultive telle qu'il a plu à Dieu nous l'octroyer. [...] J'accepte de bon cœur, et reconnaissant, ce que nature a fait pour moi. (III, 13)

Le XVIIe siècle : du baroque au classicisme

Le « Grand Siècle » est pour la France un siècle de domination et de rayonnement, marqué par le règne de Louis XIV et la constitution de la doctrine classique*. Le lien est en effet manifeste, qui rattache à l'évolution politique vers la monarchie absolue l'évolution esthétique vers un art épris d'équilibre et de rigueur.

Quelques repères

L'établissement de la monarchie absolue

Le XVIIe siècle historique et politique commence en 1610, à la mort d'Henri IV. Marie de Médicis assure la Régence, puisque Louis XIII est âgé de neuf ans. Après plusieurs années troublées par les révoltes des féodaux, et une guerre de religion, Louis XIII, en 1624, confie le pouvoir à Richelieu qui seconde son autorité jusqu'à sa mort, en 1642, et s'attache à consolider l'autorité royale. Le règne de Louis XIII s'achève en 1643. À cette date, le futur Louis XIV n'a que cinq ans et c'est là encore la reine, Anne d'Autriche, qui se charge de la Régence avec l'aide de Mazarin. Face à la constitution par Richelieu, puis par Mazarin, d'un système propre à conférer au souverain le pouvoir absolu, la noblesse peu à peu privée de sa puissance tente la rébellion : c'est, de 1650 à 1652, la Fronde des Princes.

En 1661 Mazarin meurt, et le règne personnel de Louis XIV commence, préparé par le long travail des cardinaux. Ce système politique, qui rassemble tous les pouvoirs dans la main du monarque, repose sur des principes théologiques : le roi est le représentant de Dieu sur terre, et il n'est responsable de ses actes que devant Dieu, qui légitime sa puissance. La monarchie absolue est aussi monarchie de droit divin.

La cour du Roi-Soleil

La noblesse ne joue plus guère de rôle politique : lui sont réservées les charges militaires et ecclésiastiques. Louis XIV s'entoure de conseillers et de ministres issus d'une classe bourgeoise, riche, cultivée et industrieuse, dont sont issus Colbert, avec qui il réorganise l'administration, ou Louvois, grand capitaine. L'aristocratie, invitée à la cour, y est maintenue dans la dépendance, et finalement neutralisée, par un système de privilèges, tandis que le roi fait de Versailles le centre de la culture et de l'art. La première moitié du siècle avait été marquée par une vie culturelle et littéraire émanant des salons : l'hôtel de Rambouillet, le salon de Mademoiselle de Scudéry, parmi les plus célères, arbitrent les élégances et attirent les beaux esprits. La mise en place de la vie de cour ternit leur éclat : c'est désormais auprès du roi que convergent tous les créateurs, que se font et se défont les modes, et que s'élabore l'idéal de l'« honnête homme », dont la culture discrète, la modération, l'élégance et le courage font un modèle de vertu morale et sociale.

Le rayonnement de la France

Le faste dont aime à s'entourer Louis XIV, son goût du luxe et de l'art encouragent la production artistique dans tous les domaines. L'architecture connaît avec Perrault ou Mansart une période florissante. La sculpture est illustrée par Puget ou Coysevox, la peinture par Lebrun et Mignard, après Poussin et Le Lorrain. À la production culturelle s'ajoute la conquête militaire. Le traité de Westphalie, qui met fin à la guerre de Trente Ans, enrichit en 1659 la France de l'Alsace, la Paix des Pyrénées lui octroie le Roussillon. Les guerres de Dévolution et de Hollande se terminent avec l'annexion de la Flandre, en 1668 et de la Franche-Comté, tandis que Condé et Turenne font figure de héros. D'autres luttes encore opposent la France à l'Espagne et à l'Angleterre : mais le pays souffre de cette longue suite de guerres, et la guerre de Succession d'Espagne marque la fin de l'hégémonie française, avec la perte d'une part des colonies canadiennes.

Le XVIIe siècle littéraire

L'âge baroque *

L'esthétique qui imprègne la fin du XVIe et le début du XVIIe siècle arrive d'Espagne et d'Italie, et provient de la contre-réforme, avec le but de contrecarrer l'austérité protestante et d'illustrer avec profusion les manifestations de la spiritualité : c'est le courant baroque*, qui se caractérise par son goût du mouvement, de l'irrégulier (le mot vient du portugais *barroco* qui désigne une perle irrégulière) et du fantasque, par son écriture contrastée, par sa volonté de dire l'instabilité de la vie, les caprices de la fortune et la vanité des choses humaines. Illustré au siècle précédent par Agrippa d'Aubigné avec une sombre violence, le baroque du XVIIe siècle est représenté avec plus de légèreté par des poètes comme Théophile de Viau ou Saint-Amant, et surtout au théâtre avec la vogue de la tragi-comédie*, genre dans lequel s'illustrent Hardy, Rotrou ou même Corneille à ses débuts. Apprécié jusque vers la fin du règne de

Louis XIII, le baroque cède devant la tendance classique, en laissant cependant des traces dans tout le siècle.

*Le classicisme**

C'est en réaction contre le baroque que s'est constituée la doctrine classique, qui prône l'ordre et la régularité. Malherbe l'a définie, en insistant d'abord sur la pureté de l'expression. Contrairement aux principes de la Pléiade, qui visaient à enrichir la langue, Malherbe met l'accent sur la rigueur et la justesse, et soumet, suivant les jalons déjà posés par Montaigne, le style à la pensée. En poésie, le classicisme établit des impératifs stricts de métrique et de versification. Au théâtre s'imposent vers le milieu du siècle les règles et les bienséances, contre les licences baroques : les dramaturges respectent les unités de temps, de lieu et d'action, tandis que les scènes violentes ou choquantes sont proscrites, et remplacées par des récits, véritables morceaux de bravoure. Il n'est plus question de mélanger les genres ou de juxtaposer des registres éloignés, la tragédie revient aux personnages nobles et éloigne tout réalisme, tout en accordant beaucoup d'importance à la vraisemblance et à la cohérence psychologique.

La littérature : un art de société

En avançant dans le siècle, la littérature, de plus en plus, se conçoit comme un art pratiqué par et destiné à des « honnêtes gens » : elle est caractérisée par les préoccupations morales, par la volonté d'analyser et de peindre l'humanité. Le siècle s'ouvre sur les subtilités du courant précieux, les assauts d'esprit des poètes mondains qui dissertent à l'envi sur les méandres de la carte du Tendre, et définissent jusqu'à l'extrême détail le code de la galanterie. Descartes de son côté affirme la primauté de la raison et dit sa foi dans la grandeur de l'homme, incarnée par le « généreux », proche du héros cornélien. Vers le milieu du siècle s'impose une tendance plus réaliste, incarnée par la morale lucide de La Fontaine, le scepticisme indulgent de Molière, tous deux marqués par l'influence des libertins*. Mais le pessimisme janséniste* assombrit la fin du siècle, en affirmant l'irrémédiable faiblesse de l'homme soumis à ses passions, avec pour seules armes une raison et une volonté impuissantes. Les dernières années du Grand Siècle, comme celles du Roi Soleil, sont imprégnées d'une austérité contre laquelle se rebellera le XVIIIe siècle, tandis que des discordances se font entendre, qui préfigurent aussi la subversion des Lumières* : La Bruyère ose dénoncer l'injustice des grands et la misère des humbles et Fénelon va jusqu'à discuter le principe même de la monarchie absolue.

Fiche 11

René Descartes, *Le Discours de la Méthode*, ou la primauté de la raison (1637)

Quelques mots sur l'auteur

Descartes, né en 1596, fait des études classiques chez les jésuites. Très tôt, il s'intéresse aux mathématiques et à la musique ; après des études de droit, on le retrouve de 1616 à 1625 officier en Hollande et en Allemagne, où il réfléchit à une méthode universelle pour la recherche de la vérité, puis, après un retour en France, en Suisse et en Italie. Il séjourne à Paris de 1625 à 1629, avant de s'installer pour deux décennies en Hollande. En 1637 paraît le *Discours de la Méthode*, préface à des traités scientifiques. En 1641 il conteste l'autorité d'Aristote dans les *Méditations sur la philosophie première* ; accusé de blasphème, voire d'athéisme, il publie en 1644 les *Principes de la Philosophie*, suivis en 1649 du *Traité des Passions de l'âme*. Désormais célèbre, il est sollicité par la reine Christine de Suède, et il meurt à Stockholm en 1650.

Le *Discours de la Méthode*, une œuvre fondatrice

À une époque où les traités scientifiques et philosophiques étaient rédigés en latin, Descartes choisit d'écrire en français son *Discours de la méthode pour bien conduire sa raison et chercher la vérité dans les sciences*. Sa volonté d'être accessible se traduit également dans la netteté de construction de l'ouvrage.

Les origines de la méthode

Dans une première partie, il expose la démarche et les expériences qui l'ont conduit à mettre en place sa méthode : à la formation livresque, il oppose l'enseignement de la réalité et de la vie, « le grand livre du monde », et souligne la nécessité de se pencher aussi sur soi-même.

Les quatre règles

Il définit ensuite les règles de sa méthode ; après avoir fait « table rase » de ses connaissances, afin de libérer son esprit de l'autorité et des préjugés d'autrui, il formule les quatre principes qui guident la démarche scientifique : n'admettre pour vrai que ce qui est effectivement avéré, en rejetant les conclusions hâtives et les idées préconçues ; pratiquer l'analyse, afin de rendre simples et plus aisément solubles les problèmes complexes ; ordonner la réflexion de façon logique, en allant du plus simple au plus complexe ; autant dans l'analyse que dans la synthèse, vérifier la justesse du raisonnement par des dénombrements complets.

La morale provisoire

Aussi longtemps qu'il n'a pas de certitude, le philosophe agit selon une morale temporaire, qui consiste à se conformer aux usages civils et religieux du lieu où il se trouve et de se garder de tout excès ; à montrer fermeté et résolution dans ses actions et opinions ; à modifier ses désirs plutôt que de chercher à modifier le cours des événements, de façon à pouvoir se satisfaire du possible ; à consacrer sa vie à l'occupation qui lui convient le mieux, c'est-à-dire l'exercice de sa raison.

Preuves de l'existence de Dieu

Si toute pensée est soumise au doute, le doute quant à lui est certain, et avec lui la pensée, liée à l'existence et à l'âme. La présence dans la pensée imparfaite de l'idée de perfection suppose l'existence d'une source parfaite de cette idée : Dieu. L'existence de Dieu garantit pour Descartes l'adéquation entre la connaissance intellectuelle acquise par la raison et la réalité du monde.

L'« ordre des questions de physique »

L'explication du monde matériel exclut l'appel à des causes surnaturelles. Descartes isole radicalement dans cette partie la physique de la métaphysique, tout en affirmant que les lois qui régissent les corps et suffisent à en expliquer le fonctionnement font également partie du système créé par Dieu. C'est dans cette partie qu'il développe la théorie des « animaux-machines », en différenciant l'homme, doté d'une âme capable de dominer le corps, et les animaux dont le corps fonctionne de manière automatique.

La lutte pour le progrès de la connaissance

Selon Descartes, l'homme est capable par la connaissance de parvenir à la maîtrise de la nature. Dans la dernière partie de l'ouvrage, il invite les penseurs et les savants à collaborer dans l'optique d'une collaboration universelle dans la recherche de la vérité.

L'influence de la pensée cartésienne

L'exigence d'ordre et de clarté qui sous-tend la pensée de Descartes répond dans une certaine mesure aux exigences esthétiques et morales du classicisme*. La littérature d'idées, en particulier, a été marquée par les impératifs d'une structure rigoureuse, caractéristique chez un Bossuet, par l'affirmation de la puissance de la raison, réitérée par Boileau, et par une réflexion philosophique dont on retrouve certains aspects chez La Bruyère.

À la fin du siècle, l'esprit cartésien, rationnel et méthodique, entraînera les Modernes à mettre en doute la supériorité des Anciens et à se détourner de la création poétique, tandis que les philosophes du XVIIIe siècle s'inspireront largement de ses démarches.

À retenir

- La volonté de se dégager de toute autorité intellectuelle.
- Une progression méthodique de la réflexion applicable à la philosophie comme à la science.
- Une morale pratique.
- Des preuves de l'existence de Dieu qui n'entravent pas l'exercice de la raison.
- La confiance dans le progrès.

La parole à l'œuvre

“ *Car ce n'est pas assez d'avoir l'esprit bon, mais le principal est de l'appliquer bien.*

Les préceptes de la méthode :

Le premier était de ne recevoir jamais une chose pour vraie que je ne la connusse évidemment être telle ; c'est-à-dire d'éviter soigneusement la précipitation et la prévention, et de ne comprendre rien de plus en mes jugements que ce qui se présenterait si clairement et distinctement à mon esprit que je n'eusse aucune occasion de le mettre en doute.

Le second, de diviser chacune des difficultés que j'examinerais en autant de parcelles qu'il se pourrait et qu'il serait requis pour les mieux résoudre.

Le troisième, de conduire par ordre mes pensées, en commençant par les objets les plus simples et les plus aisés à connaître, pour monter peu à peu comme par degrés à la connaissance des plus composés [...] ;

Et le dernier, de faire partout des dénombrements si entiers et des revues si générales, que je fusse assuré ne rien omettre.

Je pense, donc je suis.

Fiche 12

Pierre Corneille, *L'Illusion comique* ou le théâtre magicien (1636)

Quelques mots sur l'auteur

Corneille est né en 1606 à Rouen, où il suit l'enseignement des jésuites et devient avocat. Il se consacre néanmoins à la poésie et au théâtre : sa première comédie, *Mélite* est jouée à Paris en 1629 avec succès. D'autres comédies lui succèdent, et Corneille s'essaie en 1631 à la tragi-comédie avec *Clitandre*, puis en 1635 à la tragédie avec *Médée*, inspirée de Sénèque. En 1636 il donne *L'Illusion comique*, juste avant *Le Cid* joué en 1637. Blessé par les critiques, ce n'est qu'en 1640 que Corneille fait jouer *Horace* et *Cinna*. En 1642, *Polyeucte* témoigne de son inspiration chrétienne, que Corneille confirmera plus tard en traduisant des psaumes et des hymnes. De l'échec de *Pertharite* (1651) au succès d'*Œdipe* (1659), Corneille se consacre à des réflexions sur le théâtre, consignées dans trois *Discours* publiés en 1660. Mais il est supplanté dans la faveur du public par Racine, dont la *Thébaïde* est jouée en 1664. En 1670, la confrontation entre son *Tite et Bérénice* et la *Bérénice* de son rival ne fait que souligner le succès du second. En 1674 il donne encore *Suréna*, accueilli sans enthousiasme, même si dans les dernières années de sa vie le public le redécouvre. Il meurt en 1684.

Un «étrange monstre »

Une « pièce capricieuse »

Pridamant, qui a chassé son fils Clindor, le recherche depuis dix ans. Son ami Dorante le conduit chez Alcandre, un mage tout-puissant. Celui-ci, malgré des dehors effrayants, rassure le père éperdu : son fils est vivant. Actuellement au service du fougueux Matamore, il a traversé depuis son départ maintes aventures et exercé divers métiers. L'art d'Alcandre permet à Pridamant de voir et d'entendre son fils : valet complaisant du soldat fanfaron, celui-ci est épris d'Isabelle, destinée par son père à Adraste et courtisée par Matamore. Adraste ne se trompe pas sur son véritable rival et menace Clindor. La suivante d'Isabelle, Lyse confirme les soupçons d'Adraste et lui propose son aide. Mais elle-même n'est pas insensible au charme de Clindor. Devant ces dangers, Pridamant s'inquiète, et encore une fois Alcandre le réconforte. Isabelle refuse explicitement d'obéir à son père et d'épouser Adraste. Furieux, Géronte, condamne cette insolence et rejette l'aide proposée par Matamore. Clindor de son côté fait des avances à Lyse : c'est pour sa fortune qu'il veut épouser Isabelle, et l'adultère a bien des charmes... Lyse hésite, puis se résout à aider néanmoins Adraste, qui accompagné de Géronte et de ses soldats, surprend les amants. Une bataille s'ensuit, et Adraste succombe, tandis que Clindor, au grand dam de Pridamant, est emprisonné. Isabelle désespérée songe au suicide : Lyse lui propose de séduire le geôlier et de faire évader Clindor, qui pour sa part se prépare à la mort et redit son attachement à Isabelle. À ce moment le geôlier le délivre : Clindor et Isabelle s'enfuient. Pridamant exprime son soulagement. Deux années ont passé, Pridamant a appris d'Alcandre la fortune de son fils. Mais Isabelle déplore l'infidélité de Clindor et lui tend un piège : croyant s'adresser à Rosine, épouse du Prince Florilame, il déclare en réalité son amour à Isabelle. Clindor promet de revenir à elle, et en effet refuse les avances de Rosine : mais ils sont surpris par Eraste, officier du mari jaloux : Clindor et Rosine sont tués, et Isabelle enlevée. Aux lamentations de Pridamant devant cette tragédie, Alcandre répond en rompant l'illusion : tout ce qu'il vient de voir est une pièce de théâtre, et Clindor est comédien !

Une structure à tiroirs

L'une des caractéristiques essentielles de la pièce est sa structure, qui fait intervenir par deux fois le procédé de la mise en abyme*. Au début de l'acte I, Corneille met en place les modalités du spectacle magique qu'Alcandre va offrir à Pridamant : décor, rideau, personnages s'ordonnent pour évoquer sans ambiguïté une salle de théâtre. À l'intérieur de la pièce que le spectateur regarde s'inscrit donc une autre représentation : celle que voit Pridamant, devenu à son tour spectateur de la vie mouvementée de son fils. Au début de l'acte V s'ouvre une seconde pièce interne, où Clindor joue non plus son propre rôle, mais le rôle d'un personnage de tragédie. Corneille, en mettant ainsi le « théâtre dans le théâtre », crée un niveau de mise en abyme supplémentaire, d'autant plus déroutant que des correspondances relient la première pièce et la seconde, autant pour ce qui concerne l'intrigue amoureuse que le caractère des personnages : comme Isabelle, la jeune femme qu'elle incarne a fui par amour la maison paternelle, comme Clindor, son personnage est inconstant et fougueux. Ce n'est qu'à la fin de la pièce, en même temps que le mystère du destin de Clindor se résout, que les différentes strates se confondent, et que Clindor – le vrai – rejoint, en tant qu'acteur, le monde de « réalité » où évolue son père.

Une perle baroque*

Corneille lui-même insiste dans sa « Dédicace » sur « l'invention bizarre et extravagante » de cette œuvre, c'est-à-dire son irrégularité, voire sa difformité. Ces termes suggèrent l'esthétique baroque, que la pièce illustre autant par ses personnages que par les procédés qu'elle met en œuvre et les thématiques qu'elle aborde.

Les personnages

Si certains des personnages de *L'Illusion comique* sont des personnages traditionnels – la servante futée ou le père tyrannique – d'autres, comme Clindor ou Matamore semblent être révélateurs des tendances baroques. La vie aventureuse du premier rappelle l'existence fantasque des picaros*, et son éloge de l'infidélité l'inscrit dans la lignée des personnages inconstants et insaisissables. Quant au second, contradictoire, comique, outrancier, il incarne à merveille l'acteur, ce personnage protéiforme qui cherche sa vérité dans l'illusion.

La thématique

Le thème cher au baroque qui sous-tend l'œuvre est le théâtre, puisque le titre *L'Illusion comique* signifie « illusion théâtrale », puisque les personnages principaux en sont des acteurs et que l'intrigue elle-même se construit comme une imbrication d'intrigues théâtrales, pour s'achever sur une apologie* du théâtre et une affirmation de la dignité des comédies.

Ce thème est en étroite relation avec celui du « theatrum mundi », qui veut que tout soit illusion, depuis le monde jusqu'à l'homme lui-même, changeant et versatile : le théâtre est métaphore de l'univers, et l'acteur, menteur s'il en fut, révèle la vérité de la condition humaine.

Liés au jeu et à l'illusion se trouvent aussi les thèmes de la métamorphose (de nombreux personnages ont plusieurs identités, Pridamant lui-même évolue du début à la fin de la pièce), du mensonge (narcissique ou amoureux) et de la tromperie, subterfuge bienfaisant comme celle d'Alcandre, cruelle trahison, comme celle de Clindor, ou duplicité utile ou dangereuse comme celle de Lyse.

Les procédés

Outre le procédé de la mise en abyme*, récurrent chez les dramaturges baroques, de Shakespeare, dans *Hamlet* (1601), à Calderon, dans *La Vie est un songe* (1631), on trouve dans l'*Illusion comique* de nombreux procédés liés à ce mouvement esthétique, et d'abord le mélange des genres et des registres. La pièce elle-même se compose de scènes de comédie et de scènes de tragédie, juxtaposant comique, pathétique et tragique, le tout dans un mépris presque total des unités : si l'ensemble de l'action a lieu dans la grotte d'Alcandre, les différents épisodes de la vie de Clindor se passent dans des lieux différents, et à des époques différentes, puisque quatre jours séparent l'acte III de l'acte IV, et deux années l'acte IV de l'acte V. L'action est multiple : les intrigues amoureuses s'enchevêtrent, et l'ensemble fait peu de cas de la vraisemblance et des bienséances, puisqu'une pièce nouvelle s'insère à l'acte V dans la pièce préexistante, elle-même déjà double.

Du point de vue dramaturgique, la pièce répond aussi au goût baroque* pour les décors extraordinaires et les effets scéniques, et par maints aspects le personnage d'Alcandre, avec ses pouvoirs, mais aussi son aspect physique et son costume, introduit un élément merveilleux*.

À retenir

- Une pièce baroque par ses personnages, ses thèmes et sa forme
- Une réhabilitation du théâtre et des comédiens
- Un exemple de théâtre dans le théâtre et de *mise en abyme*

La parole au texte

“ *Mon armée ! ah poltron ! ah traître ! pour leur mort*
Tu crois donc que ce bras ne soit pas assez fort !
Le seul bruit de mon nom renverse les murailles,
Défait les escadrons et gagne les batailles ;
Mon courage invaincu contre les empereurs
N'arme que la moitié de ses moindres fureurs ;
D'un seul commandement que je fais aux trois Parques,
Je dépeuple l'État des plus heureux monarques ;
Le foudre est mon canon, les destins mes soldats ;
Je couche d'un revers mille ennemis à bas ;
D'un souffle je réduis leurs projets en fumée,
Et tu m'oses parler cependant d'une armée !

(II, 2, v.231-242)

Fiche 13

Pierre Corneille, *Le Cid* ou la naissance du héros (1637)

Une intrigue romanesque

Rodrigue est Chimène sont promis l'un à l'autre, avec l'accord de leurs pères, don Diègue et le Comte don Gormas. Mais le roi nomme don Diègue gouverneur de son fils, ce qui suscite la jalousie du Comte, et une violente querelle s'ensuit. Le comte insulte et gifle don Diègue, trop âgé pour se défendre. C'est à Rodrigue que revient le devoir de vengeance. Rodrigue, en proie à un cruel dilemme*, doute s'il doit céder à son amour ou au sens du devoir, qui lui dicte la vengeance. Mais rencontrant le comte, il le tue. Don Diègue est satisfait, Rodrigue désespéré ; Chimène, atterrée, demande justice au roi. Mais les Maures attaquent, et le Roi envoie l'armée sous les ordres de Rodrigue. Le jeune homme vient faire ses adieux à Chimène qui lui avoue à demi-mot son amour. Des nouvelles de la bataille arrivent, dont celle de la mort de Rodrigue. Mais le Cid revient triomphant, la victoire efface le crime d'honneur, et le roi laisse entendre qu'une union serait possible entre Rodrigue et Chimène.

Les enjeux dramaturgiques et idéologiques de la pièce

Une pièce originale

La pièce est inspirée d'un sujet espagnol : en 1631 paraissent les *Mocedades del Cid*, de Guilhem de Castro ; de cette aventure exaltante, Corneille tire une œuvre au carrefour entre irrégularité baroque et harmonie classique, apparentée à la tragi-comédie et à la tragédie. De la première, Corneille conserve la complexité de l'intrigue et les péripéties qui contrarient les amours de Chimène et Rodrigue ; mais le conflit intérieur qui constitue le principal obstacle, comme le refus d'introduire des éléments comiques, rattachent *Le Cid* à l'univers tragique. C'est à partir de cette pièce que Corneille se consacrera à la tragédie, et s'adaptera aux exigences de l'esthétique nouvelle. Mais si la pièce remporte un grand succès, elle est aussi l'objet de sévères critiques : c'est la « Querelle du Cid », lors de laquelle les rivaux de Corneille lui reprochent notamment de ne pas faire suffisamment cas des règles et des bienséances. De fait, si l'action se passe bien en un seul lieu, l'Espagne, on se trouve alternativement dans la maison de Chimène, sur la place publique ou dans la salle du trône du Palais Royal, ce qui témoigne d'une conception assez élastique de l'unité de lieu.

Même souplesse dans le traitement de l'unité de temps, puisque la pièce se déroule en vingt-quatre heures – les puristes prônent douze heures -, mais ce laps de temps contient à grand-peine la décision du roi, l'insulte à Don Diègue, les hésitations de Rodrigue, la vengeance, l'entrevue avec Chimène, l'attaque des Maures, la victoire et le retour glorieux de héros. Quant à l'unité d'action, on peut la juger bien malmenée aussi, puisqu'à l'intrigue amoureuse entre Rodrigue et Chimène s'ajoutent l'amour de l'Infante pour Rodrigue, contrarié par la raison d'État, et la passion vouée à Chimène par Don Sanche, et que se greffe au tout une intrigue politique, puisqu'il s'agit pour le roi d'affirmer et de consolider son pouvoir devant une aristocratie valeureuse mais arrogante. Enfin, Corneille respecte d'assez loin les bienséances et la vraisemblance en particulier en mettant en scène l'amour immoral de Chimène pour le meurtrier de son père.

Une pièce politique

Le *Cid* traite ainsi que toutes les grandes tragédies de Corneille de politique et de morale, comme le montrent les maximes qui émaillent le texte. Les forces qui s'y opposent sont celles de la féodalité jusqu'alors dominante, incarnée dans Don Diègue et Don Gormas, et de la royauté en train de s'affirmer. Face à une noblesse éprise d'héroïsme et d'indépendance, jalouse de définir elle-même son code d'honneur, le roi représente la justice et l'équilibre, mettant en place un système qui permet le règlement des conflits, tout en étant lui-même menacé par un péril que Corneille évoquera dans une pièce comme *Cinna* (1640) par exemple : la tentation de la tyrannie. Si don Gormas se montre rebelle et refuse d'accepter la décision du monarque, Rodrigue, en sauvant le royaume, se met au service du pouvoir royal, réconciliant ainsi la conception aristocratique de l'honneur et la soumission à un pouvoir reconnu comme supérieur.

Le héros cornélien

Selon Aristote, la tragédie est destinée à purger les âmes de leurs passions : c'est le phénomène de la catharsis*, dont les deux ressorts sont la pitié et la crainte. À ces deux éléments Corneille, et c'est son originalité, ajoute l'admiration, pour lui indispensable. Le héros qu'il met en scène, et dont Rodrigue constitue en quelque sorte le prototype, suscite moins la compassion qu'il n'éblouit par sa grandeur. Confronté à l'alternative qui le déchire, Rodrigue, en cela exemplaire, demeure soucieux de sa gloire ; il s'agit moins pour lui de choisir simplement entre l'amour et le devoir, que de prendre une décision qui lui permettra de ne pas déchoir : en ne vengeant pas son père, c'est-à-dire en ne respectant pas le code de l'honneur familial, il deviendrait à la fois indigne de son père et de Chimène, qu'il perdrait aussitôt. Il en va de même pour Chimène, si elle oubliait par amour ses devoirs envers son père. Le héros cornélien est donc d'abord en conflit avec lui-même, et c'est ce qu'exprime la situation dramatique du dilemme, parfaitement exposée dans les « stances ». Dans cette optique, le choix final n'est pas pour Rodrigue, celui de l'honneur contre l'amour, mais celui de la grandeur qui lui permet de se dépasser lui-même, en dépassant la douleur du conflit : il en ressort glorieux, et donc d'autant plus aimé.

À retenir

- Une pièce qui s'apparente à la tragi-comédie par son aspect romanesque et ses péripéties, et à la tragédie par la mise en scène du conflit intérieur.
- Une pièce en liberté, entre les irrégularités baroques et les règles classiques.
- La mise en place d'une conception caractéristique de la tragédie, fondée sur l'admiration.
- La naissance du héros cornélien, qui parvient à la grandeur par le dépassement de soi.
- Une pièce politique, qui marque l'avènement du pouvoir royal.

“ La parole à l'œuvre

Percé jusques au fond du cœur
D'une atteinte imprévue aussi bien que mortelle,
Misérable vengeur d'une juste querelle,
Et malheureux objet d'une injuste rigueur,
Je demeure immobile, et mon âme abattue
Cède au coup qui me tue.
Si près de voir mon feu récompensé,
Ô Dieu, l'étrange peine !
En cet affront mon père est l'offensé,
Et l'offenseur le père de Chimène !

(I, 6)

Et ta beauté sans doute emportait la balance,
À moins que d'opposer à tes plus forts appas
Qu'un homme sans honneur ne te méritait pas ;
Que, malgré cette part que j'avais en ton âme,
Qui m'aima généreux, me haïrait infâme.

(III, 4)

L'infamie est pareille, et suit également
Le guerrier sans courage et le perfide amant

(III, 6)

Fiche

14

Blaise Pascal, les *Pensées* ou l'infini de la foi (1669-1670)

Quelques mots sur l'auteur

Blaise Pascal est né en 1623 ; très tôt orphelin de mère, il suit son père et ses sœurs de Clermont-Ferrand à Paris, puis à Rouen, où Corneille fera partie des familiers de la maison. C'est un enfant précoce : il écrit en 1634 un traité sur la propagation des sons et, privé de ses livres de mathématiques par son père, il retrouve à 12 ans les trente-deux propositions d'Euclide. À 16 ans, il invente la première « machine arithmétique ».

En 1646, Pascal est introduit au jansénisme*. Sa conversion l'aide à supporter la douloureuse maladie qui l'accable, et même à y voir un sens, et Pascal se convainc que l'homme doit rechercher la sainteté et non la vérité. Il poursuit néanmoins ses recherches scientifiques, opposant les « sciences d'autorité » comme la théologie aux « sciences de raisonnement », qui permettent de parvenir à la connaissance par l'exercice de la raison. À la mort de son père, en 1651, il se livre à des méditations sur la mort, avant de se lancer, jusqu'en 1654, dans une vie mondaine qui le familiarise avec la pensée profane, orientée vers la recherche du bonheur et les valeurs incarnées par l'« honnête homme ».

Mais la futilité de cette existence le lasse, sa maladie le taraude, et sa sœur Jacqueline, entrée dans les ordres, le pousse à revenir à la religion. La nuit du 23 novembre 1654, Pascal a une illumination, consignée dans un parchemin qui ne le quitte plus, le Mémorial. Il se retire à Port-Royal, haut lieu du jansénisme, où il mène une vie d'ascèse. La lutte entre jésuites et jansénistes est alors virulente. Pascal défend ses amis dans les *Provinciales* (1656-1657), bientôt mises à l'index. C'est à cette époque que naît le projet d'une *Apologie du Christianisme*, dont seuls demeurent les fragments des *Pensées*. Pascal consacre ses dernières années aux travaux scientifiques, à une vie de piété, et à la défense des idées jansénistes. Il meurt en 1662.

L'enseignement des *Pensées*

Pascal n'ayant laissé que des fragments épars, réflexions, maximes, confidences, notes de lecture ou argumentations élaborées rendent compte d'une œuvre en train de se faire, que la postérité a tenté de mettre en ordre. Après d'autres tentatives, Léon Brunschwig propose en 1897 un classement des *Pensées* selon la thématique abordée : misère et grandeur de l'homme, explication par le christianisme, nécessité pour l'homme de parier sur l'existence de Dieu. L'œuvre de Pascal est destinée à convaincre les libertins* de revenir à la religion, en leur montrant la vanité des diverses tentatives de l'homme pour échapper à sa condition ou l'oublier provisoirement.

Misère et grandeur de l'homme

Pascal s'efforce de montrer la vanité des ambitions intellectuelles de l'homme, pris entre l'infiniment grand et l'infiniment petit, soumis aux « puissances trompeuses » que sont l'imagination, la coutume et l'amour-propre. Face à l'angoisse, au vertige et à l'ennui, la recherche du bonheur pousse les hommes au « divertissement », c'est-à-dire non seulement aux distractions, mais à toutes les occupations qui les détournent de la conscience de leur néant. Cependant, ces êtres faibles ne sont pas sans grandeur : celle qui réside dans leur faculté de penser et de concevoir leur propre faiblesse.

La recherche de la vérité

Le mystère de l'humanité est précisément celui de ce paradoxe : comment expliquer la coexistence de la misère et de la grandeur, de la « bête » et de l'« ange » ? La philosophie a tenté de résoudre cette difficulté, et Pascal reproche aux stoïciens* de ne considérer que la grandeur de l'homme, aux sceptiques* de ne considérer que sa misère. Seule la leçon de l'Évangile permet de concilier les deux aspects contradictoires, en affirmant la double nature de l'homme, être d'essence à la fois matérielle et divine, par l'intervention de la grâce.

Le pari

Pascal veut convaincre le libertin de s'engager dans la voie de la foi chrétienne : même celui qui n'est pas persuadé de l'immortalité de l'âme et de l'existence de Dieu a tout à gagner en pariant sur la réalité de l'une et de l'autre. Si Dieu existe il gagne l'éternité, sinon le bénéfice d'une vie exemplaire.

La religion chrétienne et la foi

Pascal donne ici les raisons pour lesquelles, une fois pris le pari, la religion à suivre est la religion chrétienne : il se fonde sur les prophéties de l'Ancien Testament et sur les miracles de Jésus-Christ, intermédiaire entre Dieu et les hommes, et rédempteur de l'humanité, qui incarne l'ordre de la sagesse divine, au-delà la grandeur matérielle et de la grandeur spirituelle. Mais ces preuves ne sauraient suffire sans la foi, qui est affaire de cœur et non de raison : pour l'obtenir, ceux à qui elle n'est pas donnée peuvent se familiariser avec ses rituels et pratiquer humblement les vertus chrétiennes.

L'écriture des *Pensées*

Convaincre et persuader

Œuvre de prosélytisme, l'*Apologie* était destinée à gagner le lecteur aux convictions chrétiennes. Les *Pensées* portent la marque de cette volonté, s'adressant à l'intelligence, mais surtout au cœur, par « l'art d'agréer ». C'est donc de manière souvent indirecte qu'il tente de le mener à sa vérité, héritier en cela de Montaigne, en prenant soin d'éviter de le heurter, et en s'adaptant au destinataire. Pascal s'attache à aider l'homme à se comprendre lui-même, afin de mieux accepter Dieu : son œuvre témoigne d'une observation juste de l'âme humaine, ainsi, lorsqu'il oppose « la force » et la « grimace », les deux moyens d'assurer son pouvoir ; lorsqu'il dénonce les effets de l'imagination ou les ruses de l'amour-propre. Son écriture sert ce dessein : Pascal sait choisir ses périphrases, jouer sur l'ordre des mots et les effets de style, privilégier les mots justes, et trouver dans certaines *Pensées* aux allures de maximes les accents d'un moraliste.

La recherche du naturel

Pascal se méfie cependant des excès de rhétorique : à un époque où la préciosité* n'est pas encore passée de mode, il en refuse les subtilités, et cultive un goût classique* pour le vrai et le naturel. Son écriture n'est pas celle d'un érudit ou d'un philosophe, encore moins d'un bel esprit, c'est celle d'un « honnête homme » qui sait, pour se faire un allié du lecteur, ne pas le rebuter par d'inutiles effets d'éloquence.

À retenir

- Une œuvre fragmentaire et inachevée.
- L'œuvre d'un philosophe et d'un moraliste.
- Un texte marqué par la volonté de convaincre et de persuader, mais aussi par la connaissance de l'homme.
- Un goût classique pour le naturel et la justesse dans l'expression.

La parole à l'œuvre

“ *[...] Car enfin, qu'est-ce que l'homme dans la nature ? Un néant à l'égard de l'infini, un tout à l'égard du néant, un milieu entre rien et tout.[...]* (72)

[...] Le plus grand philosophe du monde, sur une planche plus large qu'il ne faut, s'il y a au-dessous un précipice, quoique sa raison le convainque de sa sûreté, son imagination prévaudra. Plusieurs n'en sauraient soutenir la pensée sans pâlir et suer [...] (82)

[...] Ainsi la vie humaine n'est qu'une illusion perpétuelle ; on ne fait que s'entre-tromper et s'entre-flatter. Personne ne parle de nous en notre présence comme il en parle en notre absence. L'union qui est entre les hommes est fondée sur cette mutuelle tromperie ; et peu d'amitiés subsisteraient, si chacun savait ce que son ami dit de lui lorsqu'il n'y est pas, quoiqu'il en parle alors sincèrement et sans passion. [...] (100)

Ne pouvant trouver le juste, on a trouvé le fort (297)

L'homme n'est qu'un roseau, le plus faible de la nature ; mais c'est un roseau pensant. Il ne faut pas que l'univers entier s'arme pour l'écraser : une vapeur, une goutte d'eau suffit pour le tuer. Mais, quand l'univers l'écraserait, l'homme serait encore plus noble que ce qui le tue, parce qu'il sait qu'il meurt, et l'avantage que l'univers a sur lui ; l'univers n'en sait rien.

Toute notre dignité consiste donc en la pensée. C'est de là qu'il faut nous relever, et non de l'espace et de la durée, que nous ne saurions remplir. Travaillons donc à bien penser : voilà le principe de la morale. (347)

L'homme n'est ni ange ni bête, et le malheur veut que qui veut faire l'ange fait la bête. (358)

Fiche 15

Molière, *Dom Juan* ou les charmes de l'ambiguïté (1665)

Quelques mots sur l'auteur

Jean-Baptiste Poquelin naît à Paris en 1622. Au cours de ses études il se familiarise avec les auteurs latins et suit peut-être l'enseignement du philosophe libertin* Gassendi. En 1643, refusant de reprendre la charge de son père, tapissier du roi, il décide de se faire comédien : sous le nom de Molière, il fonde l'Illustre Théâtre avec Madeleine Béjart. Rencontrant peu de succès, la troupe part en province, et de 1645 à 1658 Molière parcourt le Sud de la France, de Montpellier à Lyon, exerçant tous les métiers du théâtre, et engrangeant l'expérience humaine qui nourrira son inspiration. Il joue les tragédies à la mode, mais c'est comme acteur comique qu'il gagne les faveurs du public. Revenu à Paris en 1658, l'Illustre Théâtre devient la Troupe de Monsieur, le frère du roi. Molière reçoit une pension, tandis que les dévots dénoncent déjà son impiété. En 1664, il participe pour Louis XIV à l'organisation des Plaisirs de l'Île Enchantée, réjouissances lors desquelles il fait jouer *Tartuffe*, immédiatement interdit. En 1665, *Dom Juan* se heurte également à la cabale des dévots, tandis que Molière tombe malade, et que la Troupe de Monsieur devient Troupe du Roi. *Tartuffe*, rejoué en 1667, est immédiatement interdit, jusqu'en 1669. En 1673, Molière meurt, lors d'une représentation du *Malade Imaginaire*. On lui doit une œuvre importante et variée, dont, parmi ses pièces les plus célèbres, des farces (le *Médecin malgré lui*, 1666), des comédies-ballets (le *Bourgeois gentilhomme*, 1670 et le *Malade imaginaire*, 1673), et des comédies de caractère (les *Précieuses ridicules*, 1659 ; le *Misanthrope*, 1666, l'*Avare*, 1668, les *Femmes savantes*, 1672).

Dom Juan, un portrait plus qu'une intrigue

La pièce se présente en fait comme une successions de scènes qui permettent de camper progressivement le personnage. Elle s'ouvre sur le portrait que fait Sganarelle de son maître, et que Dom Juan lui-même confirme immédiatement par un éloge de l'inconstance.

Après la théorie, la pratique : Dom Juan qui vient de quitter sa femme Elvire tente d'enlever une jeune fiancée, et, sauvé d'un naufrage, séduit une jeune paysanne, puis une autre, promettant aux deux le mariage. Mais des poursuivants le contraignent à fuir : discutant en chemin avec Sganarelle, il clame son scepticisme, en matière de médecine comme de religion. On le voit encore tenter cruellement un mendiant, sauver courageusement des brigands le frère d'Elvire et inviter par provocation le Commandeur, qu'il a tué de sa main, à partager son dîner. Devant Sganarelle terrorisé, la statue accepte d'un signe de tête.

Dom Juan, rentré chez lui, éconduit habilement un créancier et écoute avec une insolence étudiée les reproches de Dom Louis, son père. Mais lorsque Elvire survient pour l'engager au repentir, ému par ses charmes plus que par son discours il tente de la retenir. Sur son refus il se met à table. La statue du commandeur survient pour lui rendre l'invitation : à son tour, Dom Juan accepte.

Lassé des censeurs, Dom Juan endosse un nouveau personnage : celui de l'hypocrite, et il joue à son père ému la comédie de la conversion, à l'indignation de Sganarelle. Confit en dévotion il refuse le duel proposé par le frère d'Elvire. Un spectre apparaît pour le mettre en garde : dom Juan veut éprouver sa réalité, refuse le repentir et suit la statue du commandeur sans trembler. Il est englouti par l'abîme et Sganarelle souligne l'opportunité de se châtiment et déplore la perte de ses gages.

Une œuvre irrégulière et problématique

*Le disparate du baroque**

Malgré sa date tardive, à un moment où s'est déjà imposée l'esthétique classique*, *Dom* Juan présente de nombreuses caractéristiques d'une pièce baroque.

Molière y maltraite à plaisir la règle des trois unités. L'action se situe successivement dans un palais en Sicile, dans une campagne au bord de la mer, dans une forêt, dans le mausolée du Commandeur, puis dans l'appartement de dom Juan, et enfin dans une forêt aux portes de la ville.Quant à l'unité de temps, Molière n'en fait guère de cas, et la succession d'un grand nombre d'événements et de rencontres pose au moins, pour ce qui est des vingt-quatre heures, le problème de la vraisemblance. L'unité d'action enfin est quasiment absente de la pièce : aucune intrigue n'y est véritablement développée, même si la relation avec Elvire constitue une manière de fil conducteur.

Autre élément baroque, on retrouve dans cette pièce le mélange des genres et des registres. La pièce est présentée comme une comédie : or, les épisodes romanesques et les scènes d'action l'apparentent à la tragi-comédie*, les « effets spéciaux » et le merveilleux* à la pièce à machines*, et la mort du héros pourrait la rapprocher de la tragédie. À l'intérieur d'un même acte se côtoient le registre comique, souvent incarné par Sganarelle, le pathétique* (en particulier dans la scène du pauvre), le fantastique*, avec la statue et dans le dénouement, le didactique, avec la tirade de Dom Louis, l'ironie lorsque l'impie se fait dévot. Là encore se reconnaît le composite cher à l'esthétique baroque.

Enfin, Dom Juan lui-même peut être considéré comme illustrant l'esprit baroque : héritier de la tradition espagnole, personnage par définition inconstant, multiple et paradoxal, il se déguise et se métamorphose, et Molière le présente comme étant lui-même dans un incessant processus de transformation, servi par l'apparence et le mensonge. Virtuose du discours, professionnel de la séduction, il échappe constamment à l'interprétation unique et définitive. Ainsi en est-il de la pièce elle-même.

Une pièce ambiguë

Molière écrit *Dom Juan* après le combat de *Tartuffe* : mais la mise en scène de ce grand seigneur débauché et impie indigne derechef les dévots, malgré les tentatives de justification de l'auteur. Molière s'inspire d'un personnage à la mode : héritier du *Burlador de Sevilla* de Tirso de Molina (vers 1620), don Juan a été porté à la scène en 1658 dans *Le Festin de pierre* par Dorimond et en 1659 par Villiers. Mais sa pièce dérange : si elle est une comédie de mœurs où sont représentés, parfois avec une intention satirique, différents types sociaux – nobles, paysans, bourgeois, valets – elle vaut surtout par la peinture des caractères : celui du héros est particulièrement complexe, et rend ardue une interprétation définitive et univoque de la pièce. Certes il est condamnable par son rejet des lois morales (infidélité), naturelles (absence d'amour filial) et sociales (refus d'acquitter ses dettes d'argent et d'honneur), comme par son impiété hautement revendiquée, et il sera dûment châtié. Mais il est par ailleurs le porte-parole de Molière : la satire* de l'incompétence des médecins, l'éloge paradoxal* qu'il fait de l'hypocrisie, « vice à la mode » reprennent des idées récurrentes dans l'ensemble de l'œuvre. Sa profession d'athéisme, de même que son attitude face au Pauvre, et que la volonté de comprendre et de savoir qu'il affirme jusque devant les apparitions fantastiques de la dernière scène, le rapprochent de certains penseurs libertins*, dont on suppose que Molière a pu les fréquenter. D'autre part, le fait que Sganarelle soit tout au long de la pièce le principal défenseur des valeurs établies (même s'il est secondé avec plus d'efficacité par Done Elvire ou Dom Louis) amoindrit la portée de cette défense, et la charge comique que porte le personnage neutralise ses argumentations, qui s'achèvent souvent dans la platitude, l'absurdité ou le grotesque. Enfin, et les dévots ne s'y sont pas trompés, le châtiment spectaculaire que Molière réserve à son héros est trop caricatural et trop attendu (ce que souligne d'ailleurs l'ultime réplique de Sganarelle) pour être vraiment convaincant, et dom Juan s'y prête avec un courage qui l'honore. Se dégage néanmoins de la pièce l'idéal de l' «honnête homme ». Il est défini par Dom Louis comme un homme dont la noblesse est moins due à la naissance qu'à l'élégance de son comportement, mais l'ensemble de la pièce permet de compléter ce portrait : l'honnête homme selon Molière ne fait pas montre d'une excessive vertu (l'idée se trouve déjà dans *Tartuffe*), et surtout ne s'abaisse pas à jouer l'hypocrite : la tirade de l'acte V est à cet égard éloquente.

À retenir

- Une pièce baroque, qui mélange les genres et les registres, fait appel au merveilleux et ne respecte pas la règle des trois unités (temps, lieu, action).
- Un portrait en action plutôt que la mise en scène d'une véritable intrigue.

- Un personnage séduisant et ambigu, à la fois indéfendable, et défenseur des idées de Molière sur la médecine, l'hypocrisie et une certaine conception de la religion, en rupture avec les conventions de la société et de la morale établie.
- Une comédie de mœurs et de caractères, qui confine volontiers à la satire*.
- Une œuvre qui contribue à la constitution d'un mythe.

La parole à l'œuvre

“ *Un mariage ne lui coûte rien à contracter ; il ne se sert point d'autres pièges pour attraper les belles, et c'est un épouseur à toutes mains. Dame, demoiselle, bourgeoise, paysanne, il ne trouve rien de trop chaud ni de trop froid pour lui ; et si je te disais le nom de toutes celles qu'il a épousées en divers lieux, ce serait un chapitre à durer jusques au soir.* (I, 1)

Mais un grand seigneur méchant homme est une terrible chose [...]. (I, 1)

La belle chose de vouloir se piquer d'un faux honneur d'être fidèle, de s'ensevelir pour toujours dans une passion, et d'être mort dès sa jeunesse à toutes les autres beautés qui nous peuvent frapper les yeux ! Non, non, la constance n'est bonne que pour des ridicules ; toutes les belles ont droit de nous charmer, et l'avantage d'être rencontrée la première ne doit point dérober aux autres les justes prétentions qu'elles ont toutes sur nos cœurs. (I, 2)

Par quelle raison n'aurais-tu pas les mêmes privilèges qu'ont tous les autres médecins ? Ils n'ont pas plus de part que toi aux guérisons des malades, et tout leur art est pure grimace. (II, 2)

Ce que je crois ? [...] Je crois que deux et deux sont quatre, Sganarelle, et que quatre et quatre sont huit. (II, 2)

Va, va, je te le donne pour l'amour de l'humanité. (III, 2)

Ne rougissez-vous point de mériter si peu votre naissance ? Êtes-vous en droit, dites-moi, d'en tirer quelque vanité ? Et qu'avez-vous fait dans le monde pour être gentilhomme ? [...]. Non, non, la naissance n'est rien où la vertu n'est pas. [...] Apprenez enfin qu'un gentilhomme qui vit mal est un monstre dans la nature, que la vertu est le premier titre de noblesse, que je regarde bien moins au nom qu'on signe qu'aux actions qu'on fait, et que je ferais plus d'état du fils d'un crocheteur qui serait honnête homme, que du fils d'un monarque qui vivrait comme vous. » (IV, 4)

[L]'hypocrisie est un vice à la mode, et tous les vices à la mode passent pour vertus. (V, 2)

Spectre, fantôme, ou diable, je veux voir ce que c'est. (V, 5)

Voilà par sa mort un chacun satisfait : ciel offensé, lois violées, filles séduites, familles déshonorées, parents outragés, femmes mises à mal, maris poussés à bout, tout le monde est content. Il n'y a que moi seul de malheureux. Mes gages, mes gages, mes gages ! (V, 6)

Fiche

16 Molière, *Le Malade Imaginaire* ou le rire triomphant (1673)

Les principes esthétiques de Molière

Si Molière, dans les « grandes comédies » comme le *Tartuffe*, *Dom Juan* ou le *Misanthrope* délaisse le plus souvent les procédés comiques les plus grossiers, il n'oublie jamais sa règle première, qui est de plaire au public, érigé en « juge absolu » (préface des *Précieuses Ridicules)*.

Le naturel

Peu lui importent dès lors les impératifs des théoriciens. Ce qu'il recherche, c'est la peinture naturelle et vraisemblable des types sociaux ou des caractères, fondée sur l'observation et la connaissance des hommes : ses pièces sont imprégnées d'un réalisme* psychologique qui leur confère une portée universelle : pour excessifs qu'ils soient, ses personnages restent crédibles, et par cela même convaincants. S'il est un principe esthétique, le naturel est aussi pour Molière une valeur en soi : c'est en effet au nom des lois de la nature qu'il s'insurge aussi bien contre la tyrannie d'Argan, père dénaturé, et le mariage qu'il veut imposer à Angélique, que contre les inepties d'une médecine fantaisiste.

Le comique

Molière use pour séduire les spectateurs de tous les procédés et de tous les types du comique : il fait appel à la tradition de la farce française et italienne d'inspiration populaire, où le comique de geste joue un rôle important, et où gifles, bastonnades, courses poursuites et cabrioles se succèdent à un rythme accéléré. Molière joue en virtuose du comique de mots, que ce soit avec des doubles sens, des effets de répétitions, des sous-entendus ou des variations sur les noms, les jargons ou les patois. Lorsqu'il campe des personnages, il en souligne les traits caractéristiques avec une simplicité caricaturale sans pour autant les priver de leur individualité, tandis que le comique de caractère constitue un ressort essentiel de nombre de ses pièces, au même titre que le comique de situation, dans la mesure où Molière s'attache souvent à dénoncer les ravages d'une passion monomaniaque, ou tout au moins d'une volonté obsessionnelle.

Le divertissement

S'il a l'ambition divertir les honnêtes gens, Molière a aussi pour fonction d'organiser les divertissements de son royal protecteur. Louis XIV aime la danse, et dans les comédies-ballets se mêlent les plaisirs du théâtre et ceux de la chorégraphie. Chaque acte du *Malade imaginaire* était initialement précédé d'un intermède musical, l'acte II comporte un duo chanté par Angélique et Cléante, et la pièce se clôt sur une scène de chant et de danse qui marque l'entrée d'Argan en médecine. La musique a été composée par Marc-Antoine Charpentier. La pièce fait également appel au procédé du travestissement, qui associe dans la scène où Toinette se fait médecin fonction comique et fonction satirique (III, 10), et Molière s'amuse à se mettre lui-même en abyme, lorsque Béralde conseille à son frère d'aller au théâtre.

Les dangers de l'hypocondrie

Argan, obsédé par la maladie, est soigné par Béline, une épouse intéressée et fourbe, et par des médecins pédants et incompétents. Toinette, sa servante, tente, déguisée en médecin, de faire prévaloir le bon sens. Angélique, fille d'Argan, aime Cléante, mais son père lui destine Thomas Diafoirus, fils de son médecin, afin de s'assurer ses services. À l'instigation de Toinette, Argan se prête à un stratagème qui va l'éclairer sur les sentients véritables de son entourage : il joue le mort. Sa femme se réjouit, Angélique s'afflige. Argan revient à la vie et accepte l'union d'Angélique et de Cléante pourvu que ce dernier se fasse médecin. Béralde, frère d'Argan et « honnête homme », lui conseille de se faire médecin lui-même.

« Castigat ridendo mores »

Si la comédie est destinée à faire rire, elle doit aussi instruire. Le *Malade Imaginaire* ne fait pas exception : cette œuvre d'une exceptionnelle richesse, où se côtoient procédés comiques et féerie du spectacle, thèmes graves et duos galants, entend bien, selon le mot d'Horace, « corriger les mœurs en riant » et dénonce avec autant de vigueur les travers de la société et les vices de l'individu.

Une satire sociale*

La satire de la médecine est un lieu commun dans la littérature comique, et dans le théâtre, de la *Commedia dell'arte* à Molière, lui-même malade. Molière reproche aux médecins leur manque d'ouverture aux idées nouvelles, leur incompétence déguisée sous un jargon savant et les pratiques routinières et inefficaces que sont la saignée, la purgation et le clystère. Il leur fait grief surtout de faire de leur art un mystère et une source de privilèges et de profits, sans oublier d'égratigner au passage la duplicité des notaires et autres juristes indélicats.

Une caricature morale

Le *Malade Imaginaire* dénonce bien sûr l'épouse intéressée dans la personne de Béline, autre avatar de cette hypocrisie contre laquelle Molière a lutté inlassablement. Mais c'est la monomanie d'Argan qu'il stigmatise par le ridicule : si l'hypocondriaque amuse par sa naïveté et ses radotages, la façon tyrannique dont il entend disposer de sa fille ou dont il utilise son entourage, l'impudeur avec laquelle il évoque ses malaises, le rendent peu sympathique, et c'est une image assez sombre de l'humanité que Molière peint ici.

À retenir

- Une pièce riche, qui associe théâtre, danse et musique.
- Une comédie, qui met en œuvre tous les procédés du comique.
- Des préoccupations graves : la réflexion sur la maladie et la mort parcourt la dernière comédie de Molière.
- La satire de la médecine : du lieu commun littéraire à la prise de position contre le pédantisme et l'imposture.
- La peinture réaliste* et naturelle d'un homme possédé par une obsession.

La parole à l'œuvre

“ *C'est pour moi que je lui donne ce médecin ; et une fille de bon naturel doit être ravie d'épouser ce qui est utile à la santé de son père.* (I, 5)

Il est ferme dans la dispute, fort comme un Turc sur ses principes, ne démord jamais de son opinion, et poursuit un raisonnement jusque dans les derniers recoins de la logique. Mais, sur toute chose, ce qui me plaît en lui, et en quoi il suit mon exemple, c'est qu'il s'attache aveuglément aux opinions de nos anciens, et que jamais il n'a voulu comprendre ni écouter les raisons et les expériences des prétendues découvertes de notre siècle [...]. (II, 5)

J'entends, mon frère, que je ne vois point d'homme qui soit moins malade que vous, et que je ne demanderais point une meilleure constitution que la vôtre. Une grande marque que vous vous portez bien, et que vous avez un corps parfaitement bien composé, c'est qu'avec tous les soins que vous avez pris, vous n'avez pu parvenir encore à gâter la bonté de votre tempérament, et que vous n'êtes point crevé de toutes les médecines qu'on vous a fait prendre. (III, 3)

Moi, mon frère, je ne prends point à charge de combattre la médecine ; et chacun, à ses périls et fortune, peut croire ce qu'il lui plaît. Ce que j'en dis n'est qu'entre nous, et j'aurais souhaité de pouvoir un peu vous tirer de l'erreur où vous êtes, et, pour vous divertir, vous mener voir, sur ce chapitre, quelques unes des comédies de Molière. (III, 3)

Fiche 17

Jean de La Fontaine, les *Fables* ou la morale d'un « honnête homme » (1668-1694)

Quelques mots sur l'auteur

Champenois d'origine, La Fontaine est né en 1621 ; après des études de théologie, il choisit de devenir avocat. Marié en 1647, il s'installe à Paris en 1658, s'éloignant de sa famille. Il est depuis 1656 familier de cercles littéraires, et lecteur de Rabelais, Boccace, Homère et Virgile, mais aussi observateur des types sociaux de son temps et amoureux de la nature, qu'il connaît d'autant mieux qu'il occupe depuis 1652 la charge de Maître des Eaux et Forêts. De 1658 à 1661 il fait partie des proches de Fouquet, le surintendant ennemi de Colbert, dont la disgrâce en 1661 est retentissante. La Fontaine écrit pour lui des œuvres de circonstance et intervient en sa faveur lorsque Louis XIV l'emprisonne. L'expérience de la vie de cour le renseigne sur la vie des grands, et le rapproche des artistes. On le retrouve en 1664 au service de Madame, duchesse d'Orléans, et il fréquente des salons réputés, tels celui de Madame de La Fayette ou de Madame de Sévigné. Il publie alors des recueils de *Contes et Nouvelles* en vers. Son premier recueil de *Fables* date de 1668, suivi d'œuvres de commande et de nouveaux *Contes* (1671). Protégé par la riche Madame de la Sablière, il exerce son talent dans les genres les plus divers, du livret d'opéra à la satire en passant par le poème religieux, tout en restant fidèle aux *Contes* (1675) et aux *Fables* (1678-1679). En 1684 il entre à l'Académie française. À la suite de sa protectrice, convertie au jansénisme* en 1678, il se convertit à son tour en 1692 et renie ses *Contes*. Il consacre les dernières années de sa vie à des traductions de textes religieux, et publie en 1694 le Livre XII des *Fables*. La Fontaine meurt en 1695.

« Diversité, c'est ma devise »

Les sources de La Fontaine

La fable* est un genre poétique très ancien, et La Fontaine se réclame de prédécesseurs comme le grec Ésope (sixième siècle av. JC) ou le latin Phèdre (premier siècle. ap. J.-C.), et affirme avec les Anciens les mérites de l'imitation, même si celle-ci n'est jamais servile. Il s'inspire également de l'Indien Pilpay, dont les récits étaient traduits depuis 1644. Mais on trouve dans son œuvre des réminiscences d'auteurs moins connus de l'Antiquité, du Moyen Âge ou de la Renaissance, et il lui arrive même de puiser dans l'actualité de son temps, voire de mêler deux sources.

*Des récits dramatiques**

L'une des caractéristiques essentielles des *Fables* de La Fontaine est leur aspect dramatique : elles se présentent en effet souvent comme autant de scènes vivantes, avec des personnages dont le portrait psychologique est alertement brossé. Sur le modèle des comédies, les fables comportent une exposition, une action quelquefois composée de plusieurs épisodes et un dénouement. La plupart d'entre elles comprennent également un dialogue ou un monologue, dans lequel les personnages s'expriment directement, et leurs propos sont soulignés par la vivacité de leurs gestes ou l'expressivité d'un regard. Il est également fréquent que le fabuliste prenne le soin de dresser un décor pittoresque, dans lequel s'inscrit l'action. Par ailleurs, il semble obéir aux mêmes règles que celles auxquelles se plie le théâtre : le souci de cohérence psychologique, de vraisemblance interne, d'enchaînement logique, jusqu'au dénouement, est perceptible dans les *Fables*.

Une expression dynamique

Dans le domaine de l'écriture également La Fontaine est épris de variété : la fable est un genre bref, dans lequel il importe d'employer le mot juste, la formule efficace, et un rythme énergique. Il n'hésite pas à utiliser des termes de provenances sociale ou géographique diverses, à juxtaposer les niveaux de langue, passant de la légèreté familière à la solennité du langage soutenu. Même virtuosité dans l'emploi des registres : le ton comique se mue en évocation lyrique*, l'épique devient burlesque*, la satire* succède à la confidence élégiaque*. La versification particulière des *Fables* accentue cet effet : si elle demeure harmonieuse, et soumise aux impératifs de la régularité métrique et de la rime, elle est dynamisée par l'utilisation virtuose de vers de différentes longueurs et par la mise en œuvre de toutes les ressources de la technique poétique. Si le vers privilégié reste souvent l'alexandrin, il s'allie à l'octosyllabe et contraste avec des vers de six, voire quatre syllabes, qui confèrent au poème un rythme plus naturel, l'irrégularité de la vie même. La Fontaine pratique volontiers rejets* et enjambements* audacieux, diérèses* et synérèses*, varie les coupes et ne recule pas devant les jeux de sonorités, assonances*, allitérations* et harmonies imitatives, qui contribuent à la vivacité et à l'originalité de ses récits.

La morale des Fables

C'est plus comme poète que comme moraliste que s'est imposé La Fontaine. Mais son œuvre a l'ambition d'instruire autant que celle de plaire, comme en témoignent les formules qui émaillent ses fables, et dont nombre sont passées en proverbes. Il use pour cela, comme ses prédécesseurs, d'animaux derrière lesquels se cachent des hommes. Ce symbolisme animal relève pour une large part de la tradition : le lion noble et courageux, le renard rusé, le loup brutal et sans pitié, le coq vaniteux remontent au *Roman de Renart* et à l'imaginaire collectif. Mais La Fontaine fait de cet univers une représentation de la société et des individus au travers de laquelle se déchiffrent bel et bien les travers et les vertus des hommes. Si le premier recueil des *Fables* se contente d'une morale assez conventionnelle, le second s'oriente davantage vers des perspectives sociales ou politiques, trouvant des accents satiriques, avec des moralités plus complexes et plus personnelles.

La portée sociale et politique

La Fontaine a voulu, du moins en partie, brosser un tableau de la société de son temps. On retrouve ainsi dans ses fables le monde de la cour : le roi et les nobles, arrogants ou courtisans ; elles font état des abus d'autorité ou de force, de la naïveté des flattés et de la ruse des flatteurs. On y découvre également des allusions aux événements du temps : dans « Les Devineresses » par exemple, La Fontaine brocarde les voyantes, alors fort en vogue, tandis que telle autre fable est inspirée d'une anecdote vécue. La vie campagnarde y est aussi représentée, avec sa pauvreté et sa rudesse, mais aussi les vertus paysannes que sont bon sens et goût du travail. Comme Molière et La Bruyère, La Fontaine exerce sa verve satirique contre l'inefficacité et la corruption des magistrats, contre l'incompétence et l'âpreté au gain des médecins, et l'hypocrisie de tels religieux. Plus rarement, les fables prennent une dimension politique : ici et là La Fontaine fait allusion à la politique de Louis XIV, avec un éloge de la paix, un avertissement déguisé aux États ennemis, une critique des tentatives de coalitions de la Hollande contre la France.

La portée humaine

C'est surtout l'observation des hommes qui sous-tend l'inspiration de La Fontaine. Les *Fables* offrent des représentations des bons et mauvais sentiments, des sexes et de leurs travers, des âges de la vie. L'ensemble constitue une vision assez pessimiste de l'humanité, mais le fabuliste sait aussi mettre en scène les qualités des individus et les bonheurs de la vie : honnêteté, générosité, amitié trouvent aussi leur place dans son œuvre. La moralité, implicite ou explicite, est toujours présente ; elle se résume quelquefois à des constatations teintées d'amertume, comme celle du triomphe des forts sur les faibles, des habiles sur les purs, encore que quelquefois ceux-ci, remarque malicieusement le poète, puissent prendre leur revanche ; elle peut encore prendre la forme d'une mise en garde, et d'un appel à la prudence, contre la méchanceté des hommes et les dangers du monde, mais aussi contre soi-même : en bon moraliste, La Fontaine engage l'homme à se connaître tel qu'il est, capable de vanité, d'égoïsme, d'avarice et de sottise, mais il fait appel également à la noblesse de ses sentiments : amour du travail, compassion, solidarité, sens de la dignité humaine. Dans l'ensemble, c'est une sagesse personnelle, plus qu'une morale dogmatique, qui se dégage des *Fables* : modération, goût de la simplicité, de la nature et du calme, amour de la vie et sérénité devant la mort, indulgence lucide devant les défauts de chacun, tel est l'enseignement de La Fontaine.

À retenir

- Une œuvre rattachée par sa forme et sa thématique à un genre ancien.
- Des fables originales par leur composition, qui les rapproche de l'art dramatique.
- Des fables originales par leur forme, et par l'usage d'une versification diversifiée et d'une technique poétique consommée.
- Une dimension sociale, politique ou morale.
- Une vision dans son ensemble pessimiste de l'homme et du monde.
- La sagesse lucide d'un observateur conscient de la petitesse et de la dignité humaines.

La parole à l'œuvre

“

Un loup n'avait que les os et la peau,
Tant les chiens faisaient bonne garde.
Ce loup rencontre un dogue aussi puissant que beau,
Gras, poli, qui s'était fourvoyé par mégarde.
L'attaquer, le mettre en quartiers,
Sire loup l'eût fait volontiers.
Mais il fallait livrer bataille,
Et le mâtin était de taille
À se défendre hardiment.
Le loup donc l'aborde humblement,
Entre en propos, et lui fait compliment
Sur son embonpoint qu'il admire.
« Il ne tiendra qu'à vous, beau Sire,
D'être aussi gras que moi, lui repartit le chien.
Quittez les bois, vous ferez bien :
Vos pareils y sont misérables,
Cancres, hères et pauvres diables,
Dont la condition est de mourir de faim.
Car quoi ? rien d'assuré ; point de franche lippée :
Tout à la pointe de l'épée.
Suivez-moi, vous aurez un bien meilleur destin. »
Le loup reprit : « Que me faudra-t-il faire ?
Presque rien, dit le chien, donner la chasse aux gens
Portant bâtons et mendiants ;
Flatter ceux du logis, à son maître complaire ;
Moyennant quoi votre salaire
Sera force reliefs de toutes les façons :
Os de poulets, os de pigeons,
Sans parler de mainte caresse. »
Le loup déjà se forge une félicité

Qui le fait pleurer de tendresse.
Chemin faisant il vit le cou du chien pelé.
« Qu'est-ce là ? lui dit-il. – Rien. – Quoi rien ? – Peu de chose.
- Mais encor ? – Le collier dont je suis attaché
De ce que vous soyez est peut-être la cause.
- Attaché ? dit le loup ; vous ne courez donc pas
Où vous voulez ? – Pas toujours ; mais qu'importe ?
- Il importe si bien que de tous vos repas
Je ne veux en aucune sorte,
Et ne voudrais pas même à ce prix un trésor. »
Cela dit, maître loup s'enfuit, et court encor.

(*Le Loup et le Chien*, I, 5)

Selon que vous serez puissant ou misérable,
Les jugements de cour vous rendront blanc ou noir

(*Les animaux malades de la peste*, VII, 1)

Je définis la cour un pays où les gens,
Tristes, gais, prêts à tout, à tout indifférents,
Sont ce qu'il plaît au prince, ou, s'ils ne peuvent l'être,
Tâchent au moins de le paraître :
Peuple caméléon, peuple singe du maître ;
On dirait qu'un esprit anime mille corps :
C'est bien là que ces gens sont de simples ressorts.

(*Les Obsèques de la Lionne*, VIII, 14)

Fiche

18

Jacques-Bénigne Bossuet, *Les Sermons* ou les vertus de l'éloquence (1772)

Quelques mots sur l'auteur

Né à Dijon en 1627, Bossuet reçoit l'enseignement des jésuites avant d'étudier à Paris la philosophie et la théologie. Après une période mondaine, il se consacre très tôt à la méditation et est ordonné prêtre en 1652. Archidiacre de Sarrebourg puis de Metz, il fait partie des familiers de saint Vincent de Paul, et se livre à une discussion avec les Protestants. En 1659 il vient à Paris à l'appel de Saint Vincent de Paul et se consacre à la prédication. En 1662, il prêche le Carême du Louvre devant le roi, et se voit charger de l'oraison funèbre de grands personnages, comme Anne d'Autriche en 1667, Henriette de France en 1669, Henriette d'Angleterre en 1670. En 1670 il est nommé précepteur du Grand Dauphin. Il le demeure jusqu'en 1680, ce qui lui donne l'occasion de rédiger des ouvrages d'éducation. En 1681 il devient évêque de Meaux et prend la tête de l'Église de France, tentant de concilier la soumission au Pape et la sauvegarde de l'indépendance gallicane. Il renoue avec l'éloquence à l'occasion des oraisons funèbres de la reine Marie-Thérèse, en 1683, ou de Condé, en 1687. Il consacre les dernières années de sa vie à la lutte contre le protestantisme (il accueille avec enthousiasme la révocation de l'Édit de Nantes en 1685), notamment avec l'*Histoire des variations des Églises protestantes* (1688), prend parti dans la querelle du quiétisme* contre Fénelon, tandis qu'il condamne le théâtre en 1694 dans ses *Maximes et Réflexions sur la Comédie* et s'insurge contre toute lecture critique des Écritures. Il meurt en 1704.

L'éloquence du prédicateur

Le sermon est à l'époque de Bossuet un genre oratoire prestigieux, sans grand rapport avec le bref discours tenu de nos jours à l'occasion de la messe. Très codifié, et répondant à des exigences précises de construction, il se fonde sur un extrait des Écritures sur lequel se greffe une réflexion. Le premier mouvement, l'exorde, est constitué de deux parties séparées par une prière : il s'agit de capter l'attention de l'auditoire et d'exposer le sujet du sermon. Le développement, articulé sur deux ou trois idées, permet de jouer sur les oppositions ou sur la gradation. La péroraison clôt l'ensemble, en ouvrant le plus souvent sur un message de consolation. Les sermons sont essentiellement nourris de l'inspiration biblique et émaillés de citations, mais Bossuet y met également en œuvre la connaissance des hommes que lui donne son expérience de prêtre. Du fait de leur nature, les sermons impliquent une grande maîtrise de la rhétorique : construits avec clarté, ils sont composés en fonction du public auquel ils s'adressent et prennent en compte l'auditoire, le prenant à parti, prévenant les objections, l'interpellant avec emphase, suscitant successivement la crainte, l'émotion ou la compassion. Bossuet tente de marquer les esprits avec des formules frappantes, des images fortes, des effets de sonorités et de rythmes qui rattachent ses textes au registre lyrique, et en soulignent la forte théâtralisation liée au fréquent recours au dialogue fictif. Bossuet n'a pas rédigé complètement tous ses sermons, et les quelque deux cents qui demeurent ont été publiés au XVIIIe siècle à partir de brouillons.

L'enseignement des sermons

On distingue sur l'ensemble de l'œuvre les sermons de doctrine,qui traitent différents points du dogme, comme la Passion (1660), la Providence (1662) ou l'unité de l'Église (1681) et les sermons de morale. Dans ces derniers, Bossuet adapte la prédication à la situation du temps. Dans le *Sermon sur l'éminente dignité des pauvres dans l'Église* (1659), il appelle les privilégiés à pratiquer la charité, vertu chrétienne essentielle. Lorsqu'il prononce devant la Cour les sermons du Grand Carême en 1662, Bossuet s'inscrit dans une tradition qui l'autorise à admonester les puissants. Le *Sermon sur le mauvais riche* invite le roi lui-même à l'action généreuse et à la pratique de la justice ; le *Sermon sur l'ambition* insiste sur la fragilité de la puissance humaine, tandis que le *Sermon sur la mort*, souligne la vanité et l'illusion des grandeurs terrestres, mais aussi, avec des accents pascaliens, la dignité de l'homme, créature de Dieu destinée à l'immortalité. Il souhaite également convaincre les nantis de leur responsabilité : si les pauvres meurent de faim, s'ils sont conduits par la misère au crime et au péché, s'ils sont damnés enfin, la faute retombe sur ceux qui leur ont refusé l'aide qu'ils auraient pu leur apporter. Bossuet introduit également dans ses sermons une méditation sur une providence qu'il veut soucieuse de rétablir la justice plus que de servir, comme le suggère une conception superstitieuse de la religion, des ambitions profanes. Il entend enfin lutter contre le scepticisme* et le « libertinage* d'esprit », en rappelant à l'homme l'humilité de sa condition, que seule parvient à grandir la perspective du salut et de l'immortalité.

À retenir

- L'éloquence énergique et la rhétorique d'un prédicateur au service de la parole religieuse.
- Le souci de marquer les esprits par des images frappantes et des registres contrastés hérités du baroque*.
- Une pensée conservatrice, voire réactionnaire, mais soucieuse de rappeler aux grands leurs devoirs, dans les limites d'un genre codifié.

“ La parole à l'œuvre

Riches, portez le fardeau du pauvre, soulagez sa nécessité, aidez-le à soutenir les afflictions sous le poids desquelles il gémit ; mais sachez qu'en le déchargeant, vous travaillez à votre décharge.

(*Sermon sur l'Éminente Dignité des Pauvres dans l'Église*)

Parmi les cris furieux de ces pauvres impudents et insatiables, se peut-il faire que vous entendiez la voix languissante des pauvres qui tremblent devant vous, qui sont honteux de leur misère, accoutumés à la surmonter par un travail assidu. C'est pourquoi ils meurent de faim ; oui, messieurs, ils meurent de faim dans vos terres, dans vos châteaux, dans les villes, dans les campagnes, à la porte et aux environs de vos hôtels : nul ne court à leur aide. Hélas ! Ils ne vous demandent que le superflu, quelques miettes de votre table, quelques restes de votre grande chère.

(*Sermon sur le mauvais riche*)

C'est une étrange faiblesse de l'esprit humain, que jamais la mort ne lui soit présente, quoiqu'elle se mette en vue de tous côtés et en mille formes diverses. On n'entend dans les funérailles que des paroles d'étonnement de ce que ce mortel est mort. Chacun rappelle en son souvenir depuis quel temps il lui a parlé et de quoi le défunt l'a entretenu ; et tout d'un coup il est mort. Voilà, dit-on, ce que c'est que l'homme ! et celui qui le dit, c'est un homme ; et cet homme ne s'applique rien, oublieux de sa destinée ; ou s'il passe dans son esprit quelque désir volage de s'y préparer, il dissipe bientôt ces noires idées ; et je puis dire, Messieurs, que les mortels n'ont pas moins de soin d'ensevelir les pensées de la mort que d'enterrer les morts eux-mêmes.

O mort, nous te rendons grâces des lumières que tu répands sur notre ignorance : toi seule nous convaincs de notre bassesse, toi seule nous fais connaître notre dignité : si l'homme s'estime trop, tu sais déprimer son orgueil ; si l'homme se méprise trop, tu sais relever son courage ; et pour réduire ses pensées à un juste tempérament, tu lui apprends ces deux vérités, qui lui ouvrent les yeux pour se bien connaître : qu'il est méprisable en tant qu'il passe, et infiniment estimable en tant qu'il aboutit à l'éternité.

(*Sermon sur la mort*)

François de La Rochefoucauld, les *Maximes* ou la morale mondaine (1665)

Fiche 19

Quelques mots sur l'auteur

La Rochefoucauld est né à Paris en 1613, dans une famille de vieille et prestigieuse noblesse. Mêlé à de romanesques intrigues de cour, attaché à la cause de la reine, il complote contre Richelieu d'abord, puis contre Mazarin, avant de renoncer à ses ambitions politiques. Il participe encore à des batailles, avant de se rapprocher en 1648 du parti de la Fronde. Blessé, menacé de la prison, malade, il se retire de 1652 à 1656, et ne revient à Paris que pour mener une vie mondaine, fréquentant dans les salons précieux* Mademoiselle de Scudéry, Madame de Sablé, Madame de Sévigné et Madame de La Fayette, avec qui il entretient une tendre amitié. Auteur de *Mémoires*, il publie en 1665 les *Maximes*, et ses *Réflexions diverses* feront l'objet d'une publication posthume. Il meurt en 1680.

Un genre à la mode

C'est dans les salons, et en particulier dans celui de Madame de Sablé, que tirent leur origine les *Maximes*. Elles y étaient proposées, discutées, voire transformées avec le concours des beaux esprits habitués des lieux, comme l'Abbé Jacques Esprit. Jeu intellectuel, vouées à provoquer ou à stimuler les destinataires, les maximes sont des formules concises et brillantes ; mais la concision n'est pas gratuite, et s'associe souvent à une clairvoyance acérée qu'elle souligne , voire à une tonalité ironique. La Rochefoucauld, qui s'adapte naturellement au ton mondain des salons, fait également un usage habile des procédés d'écritures, jouant avec virtuosité et sans excès sur les parallélismes, les antithèses*, les chiasmes* et les métaphores propres à traquer faux-semblants et contradictions, et à mettre en évidence les vérités paradoxales, avec des images quelquefois inattendues. On retrouve chez lui le goût classique* pour le mot juste et la précision des formules, et les *Maximes* se caractérisent souvent par une chute inattendue, susceptible de provoquer la surprise et la réflexion. L'ensemble n'est pas dénué d'un humour qui souligne les ruses de la bonne conscience, même si La Rochefoucauld ne renonce pas toujours à reprendre à son compte certains préjugés, puisés notamment dans le fonds de la misogynie traditionnelle. De 1665 à 1678 ont paru cinq éditions : la dernière, définitive, comporte cinq cent quatre maximes, qui ne s'articulent pas en fonction d'un plan établi, mais traitent de la nature humaine, résultats à la fois de l'activité mondaine et de la méditation quelquefois amère d'un homme, lucide observateur de ses contemporains.

La leçon des *Maximes*

Le pessimisme

L'idée qui sous-tend les *Maximes* est celle des méfaits de l'« amour-propre », c'est-à-dire de l'amour de soi-même. C'est à lui en effet que La Rochefoucauld rattache toutes les passions et toutes les actions humaines, même les plus nobles. L'auteur se rallie ainsi à la tradition chrétienne, et en particulier à la pensée augustinienne et janséniste*, qui dénonce volontiers la vanité et le néant de l'homme. Les actions apparaissent aussi soumises aux humeurs qui, selon la médecine du temps, déterminent le tempérament de chacun, et La Rochefoucauld leur accorde une importance remarquable, avec l'intuition de ce qui sera la psycho-physiologie. Aux humeurs s'ajoutent les passions, elles-mêmes liées à des facteurs physiologiques, et les hasards de la fortune qui régissent la vie : tout cela laisse fort peu de place à la liberté, guère plus au mérite, et la vertu elle-même est trop souvent aléatoire pour qu'il y ait lieu d'en tirer gloire.

L'ouvrage d'un honnête homme

La Rochefoucauld ne prétend cependant pas être philosophe, et si son regard sur les impostures du moi et les hypocrisies de la société est dénué de complaisance, l'ensemble offre un aspect lapidaire, et quelquefois contradictoire, qui rend problématique l'édification d'un système. La Rochefoucauld n'offre pas non plus de règles de vie, et ses maximes se présentent moins souvent comme des préceptes que comme des définitions ou des constatations, visant à rétablir la vérité contre une erreur généralement admise ou contre une apparence. Il évoque encore des hypothèses irréelles, ou donne des explications sur les causes qui provoquent certains effets, en se laissant quelquefois aller à la facilité de la formule. Si l'on peut en tirer une leçon c'est celle de la lucidité envers soi-même et autrui (héritée de Montaigne, dont on a pu souligner l'influence sur les *Maximes*), de la méfiance envers les systèmes, comme le stoïcisme* qui accorde à l'homme un pouvoir excessif sur lui-même, de l'humilité, et de la pratique discrète d'une vertu mondaine aussi bien que morale, autant que possible désintéressée, compatible avec les règles de la vie en société. En véritable classique*, La Rochefoucauld s'efforce de s'exprimer sans fioritures superflues, soucieux de respecter la vérité et de demeurer fidèle au naturel.

À retenir

- Une forme concise et soignée, qui privilégie la formule frappante et propose volontiers des définitions paradoxales, tout en respectant l'idéal d'équilibre et de naturel de l'esthétique classique.
- La vision pessimiste d'un amour-propre qui aveugle l'homme et domine les rapports sociaux.

- La dénonciation de la vanité et des faux-semblants, en relation avec l'austérité janséniste.
- Une morale de l'« honnêteté » propre à régir une vie sociale harmonieuse.

La parole au texte

Nos vertus ne sont le plus souvent que des vices déguisés. (Épigraphe des Maximes)

Nous avons tous assez de force pour supporter les maux d'autrui. (19)

Nous promettons selon nos espérances, et nous tenons selon nos craintes. (38)

Le bonheur et le malheur des hommes ne dépendent pas moins de l'humeur des hommes que de leur fortune. (61)

L'amour de la justice n'est, en la plupart des hommes, que la crainte de subir l'injustice. (78)

Ce que les hommes ont nommé amitié n'est qu'une société, qu'un ménagement réciproque d'intérêts, et qu'un échange de bons office ; ce n'est enfin qu'un commerce où l'amour-propre se propose toujours quelque chose à gagner. (83)

On aime mieux dire du mal de soi-même, que de n'en point parler. (138)

La gloire des grands hommes se doit toujours mesurer aux moyens dont ils se sont servis pour l'acquérir. (157)

Le vrai honnête homme est celui qui ne se pique de rien. (203)

Qui vit sans folie n'est pas si sage qu'il croit. (209)

L'hypocrisie est un hommage que le vice rend à la vertu. (218)

Les humeurs du corps ont un cours ordinaire et réglé, qui meut et qui tourne imperceptiblement notre volonté ; elles roulent ensemble et exercent successivement un empire secret en nous : de sorte qu'elles ont une part considérable à toutes nos actions, sans que nous le puissions connaître. (297)

Un honnête homme peut être amoureux comme un fou, mais pas comme un sot. (353)

Nous aurions souvent honte de nos plus belles actions, si le monde voyait tous les motifs qui les produisent. (409)

Fiche

20 Jean Racine, *Bérénice* ou la raison d'État (1670)

Quelques mots sur l'auteur

Racine est né en 1639, et a suivi une formation classique qui le familiarise avec la culture gréco-latine. En 1655 il rejoint à Port-Royal sa grand-mère et sa tante, la mère Agnès de Sainte-Thècle. Il y reste jusqu'en 1658, suivant l'enseignement des maîtres jansénistes, qui le marquera de l'idée pessimiste que l'homme, dans sa faiblesse, est perdu sans la grâce. Parallèlement, il parfait sa culture humaniste. En 1658, il se dirige vers des études et une vie mondaine qui offusque ses maîtres : il est envoyé à Uzès pour y étudier la théologie en 1661. Mais de retour à Paris en 1662 ou 1663, il est présenté à Louis XIV et à Molière qui accepte de jouer sa *Thébaïde* (1663-1664) puis *Alexandre* (1665). 1666 marque sa rupture avec les jansénistes. En 1667 il triomphe avec *Andromaque* et mène une existence galante. Devenu le rival de Corneille, Racine donne en 1668 une comédie, *Les Plaideurs* et en 1669 *Britannicus*. En 1670 sa *Bérénice* l'emporte sur la pièce du vieux maître, *Tite et Bérénice*. En 1672 il fait jouer *Bajazet*, en 1673 *Mithridate*, où se reconnaît le goût cornélien pour les tragédies politiques. Racine jouit d'une immense faveur : le roi l'anoblit, il entre à l'Académie. En 1674 il donne *Iphigénie* avec succès, mais en 1677 la cabale de ses ennemis provoque l'échec de *Phèdre*. Racine se réconcilie avec les jansénistes et abandonne le théâtre, mais devient historiographe du roi, dont il chante les louanges. Sur la demande de Madame de Maintenon, il écrit pour les jeunes filles du pensionnat de Saint-Cyr deux pièces religieuses, *Esther* (1689) et *Athalie* (1691). Marié en 1677, il consacre ses dernières années à sa famille et à la rédaction de textes religieux. Il meurt en 1699.

« Titus renvoya Bérénice... »

Antiochus, amoureux de Bérénice et ami de Titus, redoute l'union de la reine avec le futur empereur de Rome, et hésite à lui faire ses aveux. Devant la joie de Bérénice, certaine d'épouser Titus, il lui fait ses adieux et ses confidences. Mais la décision de Titus n'est pas aussi ferme qu'il y paraît. Rome est hostile à son mariage avec une reine étrangère, et Titus a déjà pris le parti de sacrifier son amour à sa gloire. Il n'ose pas dire la vérité à Bérénice et la quitte, tandis qu'elle tente de se rassurer. Titus charge Antiochus de porter la nouvelle à Bérénice : Antiochus hésite mais Bérénice arrive. Elle refuse de le croire et le chasse.

Bérénice attend Titus qui tente encore en vain de concilier amour et ambition. Il annonce enfin sa décision, tandis que Bérénice, un instant prête au compromis – rester sans épouser Titus – se ressaisit et le quitte prête à mourir. Il hésite encore en écoutant Antiochus mais l'arrivée des Romains le confirme dans sa décision première. Malgré son désir de ne plus revoir Titus, Bérénice l'affronte : aux reproches de l'une succèdent les justifications de l'autre, et Antiochus avoue à Titus son amour pour la reine. Bérénice décide de vivre et de se sacrifier, et engage les princes à faire de même.

L'originalité de la pièce

La simplicité de l'action

L'intrigue de *Bérénice*, dont Racine a puisé l'idée dans une phrase de Suétone, se résume au conflit intérieur de Titus, sommé de choisir entre son amour et son devoir d'empereur, et au débat amoureux. Cette action épurée s'inscrit sans mal dans le cadre rigoureux des règles classiques* : unité de temps, de lieu et bien sûr d'action sont ici parfaitement respectées. Le dépouillement de l'action permet en outre à Racine de concentrer l'attention sur l'intensité des sentiments.

La peinture des sentiments

Racine s'est efforcé dans cette œuvre de peindre avec vérité les sentiments des personnages : la dynamique de la pièce réside dans la progression et les jeux d'opposition de ces sentiments, et non dans la succession de péripéties extérieures. Jamais ici d'explosion de fureur passionnelle, mais une logique du dépassement et du sacrifice qui fait l'essentiel de la psychologie des personnages, et leur confère cohérence et vraisemblance. De cette caractéristique découle une autre particularité de la pièce : sa tonalité élégiaque*. Les dialogues expriment en effet le plus souvent tendresse, tristesse et mélancolie.

Le tragique

Bérénice présente l'originalité d'être une tragédie sans mort, même si le « péril de mort » semble à un moment menacer la reine. Le tragique de cette pièce réside essentiellement dans la cruauté du destin qui accable les héros, et dans le fait que l'amour sacrifié par Titus et Bérénice est un amour heureux. On retrouve de la tragédie la grandeur des personnages : l'inspiration antique souligne par l'éloignement temporel et le prestige de la référence leur noblesse, et leur renoncement, accompli dans une plénitude douloureuse, confirme leur élévation morale.

À retenir

- Une pièce classique* par son intrigue épurée, l'économie des moyens, le respect rigoureux de la règle des trois unités, des bienséances et de la vraisemblance.
- Une tragédie sans mort : le tragique* tient ici à la rigueur d'une destinée pleinement assumée par des personnages épris de grandeur.
- L'expression élégiaque* de la tendresse et de l'amour perdu.

La parole à l'œuvre

“ *Ce n'est point une nécessité qu'il y ait du sang et des morts dans une tragédie ; il suffit que l'action en soit grande, que les acteurs en soient héroïques, que les passions y soient excitées, et que tout s'y ressente de cette tristesse majestueuse qui fait tout le plaisir de la tragédie.*

Il n'y a que le vraisemblable qui touche dans la tragédie.

Il y en a qui pensent que cette simplicité est une marque de peu d'invention. Ils ne songent pas qu'au contraire toute l'invention consiste à faire quelque chose de rien […].

La principale règle est de plaire et de toucher. (Préface de *Bérénice*)

Hélas ! à quel amour on veut que je renonce ! (II, 2)

Plaignez ma grandeur importune :
Maître de l'univers, je règle sa fortune ;
Je puis faire les rois, je puis les déposer ;
Cependant de mon cœur je ne puis disposer. (III, 1)

Pour jamais ! Ah ! Seigneur, songez vous en vous-même
Combien ce mot cruel est affreux quand on aime ?
Dans un mois, dans un an, comment souffrirons-nous,
Seigneur, que tant de mers me séparent de vous ?
Que le jour recommence, et que le jour finisse,
Sans que jamais Titus puisse voir Bérénice,
Sans que de tout le jour je puisse voir Titus ? (IV,5)

Ah, Rome ! Ah, Bérénice ! Ah, prince malheureux !
Pourquoi suis-je empereur ? Pourquoi suis-je amoureux ? (IV, 6)

Je l'aime, je le fuis ; Titus m'aime, il me quitte. (V, 7)

Fiche 21

Jean Racine, *Phèdre*, ou la fureur des passions (1677)

« La fille de Minos et de Pasiphaé »

Phèdre, épouse de Thésée, s'éprend d'Hippolyte, le fils de son mari, né d'un premier lit. Elle se résout à mourir, se sachant victime de la haine que Vénus voue à sa lignée, lorsqu'arrive la nouvelle de la mort de Thésée : Oenone, sa nourrice, la pousse alors à avouer sa passion à Hippolyte. Mais la mort de Thésée est démentie, et Phèdre laisse Oenone accuser Hippolyte de l'avoir déshonorée. Thésée chasse son fils et, en vertu d'un ancien accord, demande à Neptune de le punir. Alors que Phèdre tente de réparer le mal, elle apprend l'amour d'Hippolyte pour Aricie ; jalouse, elle se tait, maudissant l'influence d'Oenone. Celle-ci se noie, Hippolyte meurt, traîné par ses chevaux qu'a effrayés un monstre envoyé par Neptune. Phèdre, écrasée sous le poids de sa faute, s'empoisonne et dévoile la vérité à Thésée atterré.

Une tragédie de la culpabilité

La démesure et la faute

Racine emprunte à la tradition grecque l'idée d'une faute liée à la démesure, que les Grecs appellent « hybris » et dont ils font la caractéristique du héros tragique. Chez Phèdre, elle se retrouve dans l'outrance de sa passion incestueuse pour Hippolyte et dans l'exaspération de sa jalousie, qui la pousse à la folie meurtrière ; mais on en découvre des échos dans l'attachement excessif que lui voue Oenone ou dans la violente réaction de Thésée devant la mise en cause de son fils. Certes, Phèdre est coupable, d'un amour contre nature, et d'une infamie commise envers l'innocence ; elle est d'autant plus coupable qu'elle est consciente de sa faute et qu'elle ose la dire, donnant ainsi une réalité tangible à son désir criminel. Mais elle apparaît aussi comme victime, dans la mesure où elle est sans force contre sa passion, où elle cède sans le vouloir vraiment à la tentation du mal incarnée par Oenone, et où elle se sait le jouet d'une puissance qui la dépasse, et qui donne sa dimension tragique au personnage.

La fatalité

Avec l'« hybris », la fatalité est le ressort essentiel de la tragédie antique. Le terme renvoie à l'intervention inéluctable d'une puissance divine : la lutte de l'homme contre son destin est perdue d'avance. La fatalité dépasse les limites de l'individu :

dans la mythologie grecque comme dans *Phèdre*, c'est sur des générations qu'elle s'acharne, châtiant une faute ancienne, et c'est dans son passé familial que l'héroïne porte le germe de sa destruction, puisqu'elle est héritière de la faute de Pasiphaé, dont l'amour égaré a donné naissance au Minotaure. Par ailleurs, à cette fatalité extérieure s'ajoute la fatalité de la passion, contre laquelle l'homme est également impuissant.

Une vision pessimiste

La conception de l'homme qu'illustre Phèdre est une conception pessimiste, que l'on a pu rattacher à la pensée janséniste*, vers laquelle Racine se retourne à l'époque où il écrit la pièce. L'idée d'une malédiction qui transcende les générations rappelle en effet l'idée janséniste de la transmission du péché originel, auquel l'homme ne peut se soustraire sans la grâce. Prisonnier de la haine vengeresse d'un dieu et de la culpabilité de ses pères, le héros tragique chez Racine ne porte pas en fait la responsabilité de ses fautes dans la mesure où il n'est pas libre de ne pas les commettre : il se juge pourtant coupable, et c'est bien la damnation à laquelle se prépare Phèdre. À travers cette vision s'affirme la préoccupation religieuse de Racine, et l'influence de Port-Royal : emblématique en cela de la condition humaine, Phèdre, malgré sa volonté maintes fois affirmée de résister au mal, finit par y céder : sans la grâce, elle est d'avance condamnée.

Le théâtre des passions

Amour et jalousie

Ces passions, que Racine s'est attaché à peindre avec le souci constant de la vraisemblance psychologique, forment le ressort de l'action dramatique autant que du conflit tragique. En effet c'est d'elles que dépend la mise en place du mécanisme qui conduit Phèdre à l'aveu terrible, puis à la dénonciation par la voix d'Oenone, pour aboutir à la catastrophe finale. Ce sont elles également qui génèrent le conflit, puisque Phèdre lutte en vain contre leur force irrésistible, dans l'enchevêtrement inextricable où se mêlent l'amour et la haine, la générosité et la soif de vengeance. L'amour tel que le peint Racine apparaît dans une irruption brutale, impossible à maîtriser, liée à des troubles physiques. Il conduit Phèdre à oublier sa raison, ses devoirs et sa dignité : il porte en lui la dévastation et la mort. La jalousie joue aux limites de la lucidité extrême et de la folie : Phèdre sous son emprise se torture en imaginant le bonheur d'Hippolyte avec Aricie, s'humilie et s'emporte, jusqu'au délire et au meurtre.

*La catharsis**

Devant le discrédit porté sur le théâtre, Racine inscrit cette peinture saisissante des passions dans la perspective morale, qui a été celle, officiellement du moins, des dramaturges du XVIIe siècle. De plus, le théâtre ayant été condamné explicitement par Port-Royal, il souhaite le réhabiliter et le légitimer, peut-être amorcer une réconciliation avec les jansénistes, en soulignant sa fonction cathartique. Lorsqu'il montre aux spectateurs des passions dangereuses, propres à susciter des émotions violentes, en particulier la terreur et la pitié, le théâtre en purge leur âme. Il remplit donc une fonction sociale et morale bénéfique, et il n'y a rien de condamnable, ni de contraire aux bienséances, à exposer les dangers de la démesure.

L'expression de la passion

Le texte de *Phèdre* se prête à ce dessein : tour à tour lyrique*, pathétique*, voire empreint du souffle de l'épopée*, lorsque le récit, pour respecter les bienséances, se substitue à une action violente, il traduit les sentiments dans toutes leurs nuances. Effets de sonorité, musicalité, poésie des évocations soulignent cette expressivité. *Phèdre* est par ailleurs une pièce dénuée de tout effet de couleur locale, et cette sobriété lui confère une dimension universelle tout en s'accordant aux principes de l'esthétique classique*. La concentration liée au respect des unités sert également le dramaturge : l'action resserrée en un seul lieu, en peu de temps (une journée), gagne en efficacité et les passions qui se déchaînent en brutale intensité.

À retenir

- La peinture réaliste* des passions.
- La perspective morale.
- La justification du théâtre par sa fonction cathartique.
- Un univers tragique, marqué par la fatalité du destin inéluctable et par la fatalité de la passion.
- Une vision pessimiste de la condition humaine marquée par le péché.

La parole à l'œuvre

« *En effet, Phèdre n'est ni tout à fait coupable, ni tout à fait innocente. Elle est engagée, par sa destinée et par la colère des Dieux, dans une passion illégitime dont elle a horreur toute la première. Elle fait tous ses efforts pour la surmonter.* »

Ce serait peut-être un moyen de réconcilier la tragédie avec quantité de personnes célèbres par leur piété et par leur doctrine […], si les auteurs songeaient autant à instruire leurs spectateurs qu'à les divertir, et s'ils suivaient en cela la véritable intention de la tragédie. « (Préface de *Phèdre)*

Je le vis, je rougis, je pâlis à sa vue ;
Un trouble s'éleva dans mon âme éperdue ;
Mes yeux ne voyaient plus, je ne pouvais parler ;
Je sentis tout mon corps et transir et brûler.
Je reconnus Vénus et ses feux redoutables,
D'un sang qu'elle poursuit, tourments inévitables.
[…]
Ce n'est plus une ardeur dans mes veines cachée :
C'est Vénus tout entière à sa proie attachée. » (I, 3)

Oui, Prince, je languis, je brûle pour Thésée.
Je l'aime, non point tel que l'ont vu les Enfers,
Volage adorateur de mille objets divers,
Qui va du dieu des morts déshonorer la couche,
Mais fidèle, mais fier, et même un peu farouche,
Charmant, jeune, traînant tous les cœurs après soi,
Tel qu'on dépeint nos dieux, ou tel que je vous voi (sic). (II, 5)

Objet infortuné des vengeances célestes,
Je m'abhorre encor plus que tu ne me détestes.
Les dieux m'en sont témoin, ces dieux qui dans mon flanc
Ont allumé le feu fatal à tout mon sang. (II, 5)

Fiche 22

Nicolas Boileau, *L'Art Poétique* ou les dogmes du classicisme (1674)

Quelques mots sur l'auteur

Boileau est né à Paris en 1636. Après des études de droit et de théologie, il commence une carrière d'avocat, qu'il interrompt à la mort de son père pour vivre de son héritage. Il se consacre alors à l'activité littéraire, et tout d'abord à la poésie satirique, sur les traces d'Horace et de Juvénal. On le rencontre, avec Molière, chez le libertin La Mothe le Vayer, et il fréquente La Fontaine et Racine. Il écrit à cette époque une parodie* de roman précieux, et publie en 1666 les *Satires I* à *VII*, puis en 1668 les *Satires VIII et IX*. Il s'intéresse par ailleurs à la théorie esthétique : la *Dissertation sur « Joconde »* paraît en 1669 en Hollande, et l'*Art Poétique* en 1674, en même temps que des *Épîtres* imités d'Horace, qu'un *Traité du Sublime* traduit du grec, et que les premiers chants de son poème héroï-comique *Le Lutrin*. De 1675 à 1679 il compose cinq *Épîtres*. En 1677 il est nommé comme Racine historiographe du roi. Il publie en 1683 de nouvelles *Épîtres* et la fin du *Lutrin* et entre en 1684 à l'Académie française. En 1687, il s'engage dans la querelle des Anciens et des Modernes, prenant parti pour les premiers, avec en particulier une *Ode pindarique sur la prise de Namur*, des *Épigrammes* et des *Réflexions sur Longin* (1694 et 1713). Il écrit également des *Satires* et des *Épîtres*, et ajoute en 1701 à la nouvelle édition de ses œuvres une Préface dans l'esprit de l'*Art Poétique*. Ses dernières œuvres se heurtent à l'hostilité des jésuites et la Satire XII ne paraît qu'en 1716 dans une édition posthume. Boileau meurt en 1711.

Une œuvre didactique

L'*Art poétique* expose les idées esthétiques de Boileau, qui correspondent aux principes du classicisme*. Boileau s'y inspire essentiellement de la *Poétique* d'Aristote, du *Traité du Sublime* qu'il a traduit de Longin, et de l'*Art poétique* du latin Horace. Destiné à un public cultivé, mais non spécialiste, l'ouvrage est moins théorique que plaisant, les idées se mêlent aux anecdotes et Boileau, qui ne craint pas la digression, cultive la formule frappante. Dans le Chant I Boileau définit l'art de l'écrivain et présente un historique de la poésie française, soulignant l'influence de Malherbe. Il étudie dans le Chant II les genres mineurs, comme l'élégie*, l'ode*, le sonnet*, la ballade*, la satire* ou la chanson tandis que le Chant III est consacré aux grands genres : tragédie, épopée* et comédie. Le Chant IV enfin adresse au poète des conseils, associant avis littéraires et préoccupations morales.

La doctrine classique

Boileau prône d'abord l'imitation de la nature, donc le souci de vérité et de vraisemblance, dans une perspective à la fois esthétique, car il dénigre les fantaisies inutiles, et morale, car la vérité du texte suppose la sincérité de la pensée. Dans ce but, il conseille l'imitation des Anciens et l'usage de la raison. La volonté de rechercher l'expression juste, l'idée de la prééminence de la pensée sur les effets de style, et l'exigence de la clarté rendent indispensables un minutieux travail et une rigueur sans faille.

Pour le théâtre, l'*Art poétique* met en évidence le refus classique du mélange des genres, et invite au respect de la règle des trois unités comme des lois des bienséances.

On ne saurait, pour des raisons de chronologie, considérer Boileau comme l'initiateur du classicisme*, dont il a cependant nettement formulé les principes esthétiques essentiels.

À retenir

- Une œuvre plaisante et didactique, qui expose les principes du classicisme.
- La mise en évidence de la nécessité du travail poétique.
- La recherche du naturel et du vrai.
- Une esthétique de la justesse, de la clarté et de l'économie.
- La netteté dans la distinction des genres.
- Le respect des règles théâtrales.

La parole à l'œuvre

« *Selon que notre idée est plus ou moins obscure,*
L'expression la suit, ou moins nette, ou plus pure.
Ce que l'on conçoit bien s'énonce clairement,
Et les mots pour le dire arrivent aisément. » (I)

Qu'en un lieu, en un jour, un seul fait accompli
Tienne jusqu'à la fin le théâtre rempli. » (III)

Fiche 23

Madame de La Fayette, *La Princesse de Clèves* ou l'amour sacrifié (1678)

Quelques mots sur l'auteur

Marie-Madeleine Pioche de La Vergne naît en 1634 et mène avant son mariage avec le comte de La Fayette une vie mondaine à Paris, qu'elle quitte en 1655 pour y revenir en 1659. Elle réunit dans son salon beaux esprits et aristocrates et se lie avec Henriette d'Angleterre, Madame de Sévigné et La Rochefoucauld. À son activité littéraire elle ajoute des fonctions diplomatiques : son rôle n'est pas des moindres dans les relations entre la France et la Savoie. Elle publie en 1662 une nouvelle, *La Princesse de Montpensier*, en 1670 un roman *précieux*, *Zaïde*, et en 1678 *La Princesse de Clèves* , son œuvre majeure. Elle meurt en 1693, laissant des *Mémoires de la Cour de France pour les années 1688 et 1689* et une nouvelle, *La Comtesse de Tende*, qui fera l'objet d'une publication posthume en 1724.

L'histoire d'un renoncement

Lorsque Mademoiselle de Chartres, âgée de quinze ans, fait ses débuts à la cour des Valois, elle séduit par sa beauté et une sagesse entretenue par les conseils maternels. Le prince de Clèves, très épris, l'épouse : mais si la jeune femme éprouve de l'estime pour son mari, elle ne l'aime pas. Elle rencontre au Louvre, à l'occasion d'un bal, le duc de Nemours et, l'attirance est réciproque et irrésistible. Les jeunes gens traversent toutes les étapes de la passion amoureuse, feinte indifférence, jalousie, inquiétude. Tandis que le duc, refusant pour Madame de Clèves d'épouser la reine d'Angleterre, lui témoigne son amour, la princesse à bout de résistance confesse sa passion à son mari. Croyant à la suite d'un malheureux concours de circonstances que sa femme l'a trahi, le prince de Clèves tombe malade. À sa mort, la princesse avoue son amour à Monsieur de Nemours. Elle s'interdit toutefois de lui appartenir pour demeurer fidèle à la mémoire de son mari, mais aussi par crainte qu'il ne se détache d'elle. Après une grave maladie, elle décide de renoncer au monde et de passer le reste de sa vie à l'ombre d'un couvent.

Du roman précieux au roman d'analyse

Les subtilités de l'esprit précieux

La *Princesse de Clèves* hérite des romans précieux le goût des intrigues secondaires imbriquées dans l'histoire principale, ainsi l'aventure de Sancerre, ami du prince de Clèves, et celle de Madame de Thémines ; ces intrigues y sont cependant moins foisonnantes que dans l'*Astrée*, d'Honoré d'Urfé, ou la *Clélie* de Madeleine de Scudéry. C'est surtout dans les questionnements qui sous-tendent le roman, et rappellent les débats mondains sur la jalousie ou la légitimité des aveux, que survit l'esprit de la préciosité*, bien que Madame de Lafayette en soit toujours demeurée à distance. Il persiste encore dans le choix des personnages, idéalement beaux et nobles, et dans les méandres voulus (qui évoquent la géographie subtile de la Carte du Tendre) de certaines situations romanesques, comme lorsque le duc dérobe le portrait de la princesse, ou lorsqu'il assiste, caché, à la confession qu'elle fait à son mari. Du fait de sa brièveté cependant, comme du fait de la sobriété de son écriture, ce roman s'inscrit dans l'esthétique classique*.

L'analyse de la passion sur toile de fond historique

Si elle est écrite au XVIIe siècle, l'histoire de la princesse de Clèves se situe au XVIe siècle, et Madame de La Fayette y dépeint la cour d'Henri II et de François II , en faisant intervenir dans son roman des personnages historiques comme Catherine de Médicis, Marie Stuart ou la princesse Marguerite de Valois, fille de François Ier,^ pour ne rien dire de Jacques de Savoie, duc de Nemours. Mais l'histoire y tient de fait peu de place, et le roman vaut surtout par la finesse de l'étude psychologique, qui en fait le premier roman d'analyse. Les mécanismes de la passion y sont démontés avec perspicacité : de la mise en garde maternelle aux premiers émois devant Monsieur de Nemours, des efforts de l'héroïne pour ne pas céder, aux symptômes de la jalousie, des stratagèmes du duc aux souffrances du prince, tous les aspects de l'état amoureux sont minutieusement décrits. Le roman échappe ainsi à l'anecdotique pour se rattacher à l'univers tragique : c'est la fatalité qui accumule les obstacles, et qui réunit trop tard le duc et la princesse. Le souci de ne pas déchoir de Madame de Clèves n'est pas sans évoquer les héros de Corneille, tandis que la peinture d'un amour dévastateur et irrésistible rappelle, avec peut-être la trace d'un pessimisme janséniste*, les dangers de la passion racinienne.

À retenir

- Une œuvre héritière des romans précieux, mais à la sobriété classique.
- Un roman historique.
- Le premier roman d'analyse psychologique (l'intrigue a été reprise au XXe siècle par Raymond Radiguet dans *Le Bal du Comte d'Orgel*).
- Un univers marqué par la tragédie, de l'héroïsme cornélien au pessimisme racinien.

“ La parole à l'œuvre

La plupart des mères s'imaginent qu'il suffit de ne parler jamais de galanterie devant les jeunes personnes pour les en éloigner. Madame de Chartres avait une opinion opposée ; elle faisait souvent à sa fille des peintures de l'amour ; elle lui montrait ce qu'il a d'agréable pour la persuader plus aisément sur ce qu'elle lui en apprenait de dangereux ; elle lui en contait le peu de sincérité des hommes, leur tromperie et leur infidélité, les malheurs domestiques où plongent les engagements ; elle lui faisait voir, d'un autre côté, quelle tranquillité suivait la vie d'une femme honnête […].

Elle se tourna et vit un homme qu'elle crut d'abord ne pouvoir être que M. de Nemours, qui passait par-dessus quelques sièges pour arriver où l'on dansait. Ce prince était fait de telle sorte qu'il était difficile de n'être pas surpris de le voir quand on ne l'avait jamais vu, surtout ce soir-là, où le soin qu'il avait pris de se parer augmentait encore l'air brillant qui était dans sa personne ; mais il était aussi difficile de voir Mme de Clèves pour la première fois sans avoir un grand étonnement.

Mme la Dauphine était assise sur le lit et parlait bas à Mme de Clèves, qui était debout devant elle. Mme de Clèves aperçut par un des rideaux qui n'était qu'à demi fermé, M. de Nemours, le dos contre la table, qui était au pied du lit, et elle vit que, sans tourner la tête, il prenait adroitement quelque chose sur la table. Elle n'eut pas de peine à deviner que c'était son portrait, et elle en fut si troublée que Mme la Dauphine remarqua qu'elle ne l'écoutait pas et lui demanda ce qu'elle regardait. M. de Nemours se tourna à ces paroles ; il rencontra les yeux de Mme de Clèves, qui étaient encore attachés sur lui, et il pensa qu'il n'était pas impossible qu'elle eût vu ce qu'il venait de faire.

Pourquoi faut-il, s'écria-t-elle, que je vous puisse accuser de la mort de M. de Clèves ? Que n'ai-je commencé à vous connaître depuis que je suis libre, ou pourquoi ne vous ai-je pas connu avant que d'être engagée ? Pourquoi la destinée nous sépare-t-elle par un obstacle aussi invincible ?

Fiche

24

Madame de Sévigné, les *Lettres* ou la vie au jour le jour (1734)

Quelques mots sur l'auteur

Marie de Rabutin-Chantal est née en 1626 ; orpheline, elle est élevée par son oncle, l'abbé de Livry, qui lui offre une éducation complète avec les meilleurs maîtres, et elle partage sa vie entre Paris et les résidences de campagne. En 1644 elle devient Madame de Sévigné, mais son mari est tué en duel en 1651, lui laissant deux enfants, Françoise-Marguerite, née en 1646, et Charles, né en 1648. Arès une retraite en Bretagne, elle revient à Paris et fréquente les salons, tout en se consacrant à l'éducation de ses enfants, tout particulièrement celle de sa fille. Elle fréquente l'hôtel de Rambouillet, et se lie avec Madame de La Fayette et La Rochefoucauld. Sa fille épouse en 1669 le comte de Grignan et s'installe en Provence en 1671. Depuis longtemps Madame de Sévigné écrivait des lettres aux destinataires les plus divers : en proie au chagrin de la séparation, à l'inquiétude pour son fils soldat en Hollande, c'est surtout à sa fille qu'elle écrit désormais. Les deux femmes se voient fréquemment : de juillet 1672 à octobre 1673 à Grignan, de février 1674 à mai 1675 à Paris. Madame de Sévigné se rend aux Rochers, en Bretagne, en 1676, avant le retour de sa fille à Paris : mais mère et fille s'entendent mal et se séparent, pour se retrouver de 1677 à 1679 à Paris. En 1680 la marquise se retire de la vie mondaine et se rapproche du jansénisme*. La même année, Madame de Grignan vient à Paris, où elle reste huit années, et sa mère la rejoint à Grignan en 1690 ; c'est là, après un nouveau séjour de trois ans à Paris, qu'elle meurt en 1696, laissant plus d'un millier de lettres. Quelques-unes sont publiées dès 1697, un recueil expurgé et corrigé est donné en 1734 par la petite-fille de l'auteur, mais le texte complet paraît seulement en 1818.

Un regard vivant

Dans les lettres qu'elle adresse à ses proches, Madame de Sévigné évoque avec esprit les événements de l'époque, ce qui confère à sa correspondance une valeur de témoignage : on trouve par exemple dans sa correspondance une chronique quasiment journalière du procès de Fouquet, en 1664, le récit de la mort de Turenne (1675) ou des détails sur l'« affaire des poisons ». Ce sont aussi des anecdotes de la vie quotidienne qu'elle met en scène avec vivacité : un accident de carrosse, un incendie, une querelle domestique. Elle brosse avec brio un tableau de la vie mondaine de l'époque et s'attache également à rendre compte de ses lectures et des spectacles auxquels elle assiste : elle préfère Corneille à Racine, mais pleure devant *Andromaque* ; lectrice de Pascal, elle aime aussi les romans romanesques*. Les lettres destinées à sa fille ont une tonalité différente : c'est la tendresse passionnée d'une mère qui s'y exprime, avec la nostalgie et la douleur de l'éloignement. Elle tente alors de restaurer le dialogue avec l'absente, voire de réécrire l'histoire de leur affection, et les lettres se colorent volontiers d'une teinte élégiaque*.

Le talent de l'épistolière

Ce n'est pas uniquement par leur contenu que les lettres de Madame de Sévigné méritent l'attention. Si ses lettres répondent aux conventions formelles du genre, si leur intérêt historique est incontestable, on y trouve aussi les qualités qui définissent un style.

L'humour

L'humour de Madame de Sévigné est lié à une disposition personnelle à la gaieté et au bonheur qui éclate dans sa correspondance : les portraits qu'elle esquisse de ses contemporains sont souvent comiques, et elle n'hésite pas à les pousser jusqu'à la raillerie en quelques traits vigoureux ; elle ne craint pas de manier l'humour noir, ni même de parodier le langage religieux, et porte sur certains personnages et certains événements privés ou publics un regard plein d'ironie.

La variété

La correspondance de Madame de Sévigné est caractérisée par la variété : variété des thèmes abordés, variété de ton, variété de langage. Les lettres portent sur les sujets les plus divers : actualité politique, militaire, religieuse, culturelle, potins de cour et petits événements domestiques. L'épistolière y fait usage du lyrisme comme de l'ironie, juxtapose des récits brillamment enlevés et des dialogues pris sur le vif, comme elle peut décrire un paysage sublime avec toutes les ressources du langage poétique. Émue, elle communique son émotion, enthousiaste, elle partage sa ferveur.

Le naturel

Les lettres de la marquise, surtout lorsqu'elles sont adressées à sa fille, prennent le ton et l'allure de la conversation, que ce soit par la vivacité du récit, par la spontanéité de la plainte ou par l'authenticité de l'expression du sentiment. Comme dans un discours oral, on trouve dans les lettres des hyperboles, des exclamations, des interrogations rhétoriques, des accumulations, une certaine familiarité et une langue inventive et plaisante. Les lettres associent regard sur le monde et introspection, confidence et frivolité, et prennent du fait de cette sincérité une valeur autobiographique, qui s'ajoute à l'intérêt du tableau de mœurs. Dans son effort pour rendre compte à sa destinataire favorite de la profondeur et de l'authenticité de ses sentiments, elle tente également de régénérer l'expression de l'amour, rendant leur expressivité originelle à des termes usés par le langage codifié de la galanterie.

À retenir

- La correspondance de la Marquise de Sévigné : à la fois un tableau des mœurs du Grand Siècle et un portrait de femme et de mère.
- Une œuvre marquée par la diversité des thèmes et des tons.
- L'expression authentique, au-delà des automatismes du langage amoureux, d'un amour maternel passionné et douloureux.
- Un regard plein d'humour sur le monde contemporain.

La parole à l'œuvre

Il n'y a point d'endroit, point de lieu, ni dans la maison, ni dans l'église, ni dans ce pays, ni dans ce jardin, ou je ne vous aie vue ; il n'y en a point qui ne me fasse souvenir de quelque chose ; et de quelque façon que ce soit aussi, cela me perce le cœur. Je vous vois, vous m'êtes présente ; je pense et repense à tout ; ma tête et mon esprit se creusent ; mais j'ai beau tourner, j'ai beau chercher : cette chère enfant que j'aime avec tant de passion est à deux cents lieues, je ne l'ai plus. Sur cela je pleure sans pouvoir m'en empêcher ; je n'en puis plus, ma chère bonne ; voilà qui est bien faible, mais pour moi, je ne sais point être forte contre une tendresse si juste et si naturelle. (24 mars 1671)

L'archevêque de Reims revenait hier fort vite de Saint-Germain, c'était comme un tourbillon ; il croit bien être grand seigneur, mais ses gens le croient encore plus que lui. Ils passaient au travers de Nanterre, tra tra tra ! Ils rencontrent un homme à cheval, gare, gare ! Ce pauvre homme veut se ranger, son cheval ne veut pas ; et enfin le carrosse et les six chevaux renversent cul par-dessus tête le pauvre homme et le cheval, et passent par-dessus, et si bien par-dessus, que le carrosse en fut versé et renversé ; en même temps l'homme et le cheval, au lieu de s'amuser à être roués et estropiés, se relèvent miraculeusement, remontent l'un sur l'autre, et s'enfuient et courent encore, pendant que les laquais de l'archevêque et le cocher, et l'archevêque même, se mettent à crier : Arrête, arrête ce coquin, qu'on lui donne cent coups ! L'archevêque, en racontant ceci, disait : Si j'avais tenu ce maraud-là, je lui aurais rompu les bras et coupé les oreilles. (5 février 1674)

Fiche 25

Jean de La Bruyère, *Les Caractères* ou la galerie des portraits du siècle (1688)

Quelques mots sur l'auteur

La Bruyère est né à Paris en 1645. Après des études de droit, il devient avocat puis achète la charge de trésorier des finances de Caen, qui lui laisse assez de loisir pour la lecture et la réflexion. En 1684, Bossuet lui fait accorder le préceptorat du duc de Bourbon, petit-fils du prince de Condé : il réside désormais dans l'intimité de la grande aristocratie ; en 1686 il devient secrétaire des Condé, et déjà il prépare, par ses observations et son expérience des hommes et de la société, les *Caractères* qui paraissent en 1688. L'ouvrage rencontre un grand succès, mais vaut aussi à son auteur des inimitiés, en particulier celle des Modernes*. Reçu à l'Académie française en 1693, il défend les principes des Anciens*, comme il défend Bossuet dans la querelle du quiétisme*. La Bruyère meurt en 1696.

Un portraitiste virtuose

Admirateur des Anciens, La Bruyère se réfère explicitement, par le titre de son ouvrage, aux *Caractères* du grec Théophraste. Il y propose dans la première édition des maximes*, qui rappellent celle de La Rochefoucauld (le genre était alors à la mode) et des portraits, qui prendront de plus en plus de place au cours des éditions. L'ensemble est articulé en seize chapitres, qui traitent « des ouvrages de l'esprit », « du mérite personnel », « des femmes », « du cœur », « de la société et de la conversation », « des biens de fortune », « de la ville », « de la Cour », « des grands », « du souverain et de la république », « de l'homme », « des jugements », « de la mode », « de quelques usages », « de la chaire », « des esprits forts ». Si l'unité qu'offrirait une vision d'ensemble fait défaut à l'œuvre, les *Caractères* valent par la justesse de l'observation des individus et des groupes sociaux, autant que par la qualité du style. La Bruyère prône l'imitation des auteurs antiques, recherche la justesse de l'expression mise au service de l'idée, joue sur toutes les variations des techniques d'écriture, passant de l'énigme à l'apologue*, du dialogue à la définition,et pimente ses portraits d'une ironie souvent mordante. Les *Caractères* s'inscrivent par ailleurs dans la lignée des ouvrages des moralistes du Grand Siècle, soucieux à la fois de corriger leurs contemporains en leur peignant leurs défauts et les travers de la société, et d'accéder à l'universel.

L'enseignement des *Caractères*

La pensée critique

La Bruyère consacre une partie de son ouvrage à des réflexions d'ordre esthétique. Il contribue ainsi à la définition de la doctrine classique*, soulignant comme Boileau avant lui la nécessité du travail, prônant la recherche d'une expression naturelle et juste, insistant sur le lien étroit qui associe les préoccupations esthétiques et morales. Il s'engage également dans les débats du temps : il attaque explicitement les Modernes dans la quatrième et la cinquième édition des *Caractères*, oppose Corneille et Racine. S'il affirme l'existence d'un « bon et d'un mauvais goût » absolus, il reprend les auteurs du XVIe siècle et propose une réflexion sur les genres et leur évolution, jetant ainsi les fondements de la critique moderne.

La préoccupation morale

Les *Caractères* reposent essentiellement sur l'observation personnelle de La Bruyère : s'il ne peint pas fidèlement l'un ou l'autre personnage identifiable, il compose à partir de traits des portraits vraisemblables où se reconnaissent des types, ou des catégories sociales. Il s'inspire le plus souvent de son vécu, et donne ainsi de la vie de son temps une image réaliste, à laquelle l'intention satirique* ou l'ironie confèrent sa portée morale. La Bruyère entend cependant donner à son œuvre une dimension plus large en peignant non seulement les hommes de son siècle, mais « les hommes en général ». Il fustige l'égoïsme et la pusillanimité, la vanité et la futilité des modes, la médiocrité et l'arrogance, l'hypocrisie et l'affectation. Il se moque de la distraction de l'un et de la sottise de l'autre, associant quelquefois à l'ironie l'usage d'un registre franchement comique, tandis qu'il joue sur l'émotion avec l'évocation pathétique du pauvre honteux.

La portée sociale des Caractères

La dimension critique et satirique de l'œuvre est liée au regard sans complaisance que La Bruyère, sans pour autant exprimer de véritable revendication d'ordre politique, porte sur le monde contemporain. Familier de la grande aristocratie, il a pu en mesurer l'arrogance, et oppose le mérite personnel aux privilèges de la naissance ; côtoyant un monde où la richesse est tout, il dénonce vigoureusement l'égoïsme des uns et la misère des autres et proteste contre la toute-puissance de l'argent qui rend oublieux de la dignité. Plus généralement, il s'élève, au nom de l'humanité, contre la pratique de la torture (déjà critiquée par Montaigne) et s'indigne avant Voltaire devant les horreurs de la guerre. Enfin, s'il ne va pas jusqu'à contester le principe de la monarchie absolue, il souligne les devoirs du prince envers ses sujets.

À retenir

- L'œuvre d'un styliste et d'un moraliste.
- Une réflexion esthétique qui contribue à définir la doctrine classique.
- La peinture satirique et ironique des défauts d'une société.

➤ La peinture clairvoyante des travers des hommes.

➤ Une pensée sociale qui met en évidence les notions de mérite personnel, de justice et d'humanité.

➤ L'intuition politique d'une monarchie consciente de ses devoirs.

« La parole à l'œuvre

C'est un métier que de faire un livre, comme de faire une pendule : il faut plus que de l'esprit pour être auteur. Un magistrat allait par son mérite à la première dignité ; il était homme délié et pratique dans les affaires ; il a fait imprimer un ouvrage moral qui est rare par le ridicule. (I,3)

Entre toutes les différentes expressions qui peuvent rendre une seule de nos pensées, il n'y en a qu'une qui soit la bonne. […] Un bon auteur, et qui écrit avec soin, éprouve souvent que l'expression qu'il cherchait depuis longtemps sans la connaître, et qu'il a enfin trouvée,est celle qui était la plus simple, la plus naturelle, qui semblait devoir se présenter d'abord et sans effort […]. (I, 17)

Il faut rire avant que d'être heureux, de peur de mourir sans avoir ri. (IV, 63)

Champagne, au sortir d'un long dîner qui lui enfle l'estomac, et dans les douces fumées du vin d'Avenay ou de Sillery, signe un ordre qu'on lui présente, et qui ôterait le pain à toute une province, si l'on n'y remédiait. Il est excusable : quel moyen de comprendre, dans la première heure de la digestion, qu'on puisse quelque part mourir de faim ? (VI, 18)

[…] De tous temps les hommes, pour quelque morceau de terre de plus ou de moins, sont convenus entre eux de se dépouiller, se brûler, se tuer, s'égorger les uns les autres ; et pour le faire plus ingénieusement et avec plus de sûreté, ils ont inventé de belles règles qu'on appelle l'art militaire ; ils ont attaché à la pratique de ces règles la gloire ou la plus solide réputation ; et ils ont depuis enchéri de siècle en siècle sur la manière de se détruire réciproquement. […] » (X, 9)

Le faste et le luxe dans un souverain, c'est le berger habillé d'or et de pierreries, la houlette d'or entre ses mains ; son chien a un collier d'or, il est attaché avec une laisse d'or et de soie : que sert tant d'or à son troupeau ou contre les loups ? (X, 29)

Le XVIIIe siècle : le Siècle des lumières

À la stabilité du XVIIe siècle succède un siècle marqué par la remise en cause,la fermentation d'idées nouvelles et le déclin du système porté à son apogée par Louis XIV. La littérature, renouant avec les perspectives humanistes transmises en particulier par les philosophes libertins, se recentre sur l'homme et la recherche de son épanouissement. Période d'intense activité intellectuelle, le XVIIIe siècle est aussi une période de mutations sociales profondes et d'interrogations.

Repères

C'est en 1715, à la mort de Louis XIV, que commence vraiment le XVIIIe siècle. Le duc d'Orléans assure la Régence jusqu'en 1723, et la licence succède à l'austérité des dernières années du règne du Roi-Soleil. De 1723 à 1774, date de la mort de Louis XV, la France voit faiblir son prestige : le relâchement des mœurs, l'inconsistance politique ternissent l'éclat de la monarchie, même si le rayonnement intellectuel de la France en Europe demeure. Les guerres menées par Louis XV grèvent le budget de l'État, la guerre de Sept ans s'achève en 1763 par la perte de l'Inde et du Canada, tandis que s'affirment la puissance de l'Angleterre et celle de la Prusse. En 1774, Louis XVI, malgré l'influence de ministres comme Turgot ou Necker, s'enlise dans les difficultés financières et politiques. Les états généraux sont convoqués en 1789 et se proclament Assemblée nationale constituante : les privilèges sont abolis et la Déclaration des droits de l'homme est publiée. En 1791 est instaurée une monarchie constitutionnelle, mais la fuite de Louis XVI précipite la chute du système. En 1792 est proclamée la Première République. Louis XVI est exécuté en 1793, année où Robespierre installe la Terreur. Après la réaction thermidorienne se succèdent le Directoire, de 1795 à 1799, et le Consulat proclamé en 1799 par Bonaparte.

Le Siècle des lumières

C'est à l'exercice éclairant de la raison que renvoie la métaphore utilisée pour désigner le siècle. Contrairement au XVIIe siècle, ébloui par l'éclat du monarque et rayonnement de la Cour, le XVIIIe se caractérise par la multiplication des foyers intellectuels, par la passion de la réflexion et par le foisonnement des idées.

Les lieux de l'activité intellectuelle

Versailles a cessé d'être le centre vers lequel convergent les talents : c'est dans les salons, les cafés et les clubs, c'est-à-dire en dehors de la cour, voire contre elle, que les idées et les échanges intellectuels se développent. Les salons de Mademoiselle Lambert, de Madame du Deffand, de Mademoiselle de Lespinasse réunissent les beaux esprits et encouragent les philosophes. Moins centrés que les salons du siècle précédent sur la littérature précieuse et mondaine, ils suscitent le développement et l'expression d'une pensée nouvelle. Par ailleurs, les cafés se développent et accueillent écrivains et penseurs : Diderot, Voltaire et leurs confrères fréquentent volontiers le café Procope ou le café Gradot, tandis que dans les clubs importés d'Angleterre sont débattues des questions politiques.

L'esprit philosophique

Héritiers des libertins*, des Modernes* et du cartésianisme, les philosophes rejettent autorité et traditions. Ils passent idées et faits de société au crible de la raison, en laquelle ils professent une confiance totale, s'inscrivant ainsi également dans la filiation de l'humanisme* de la Renaissance.

Comme au XVIe siècle, au Siècle des lumières* l'espace s'ouvre : explorateurs, missionnaires et commerçants racontent leurs voyages en Amérique, aux Indes ou en Orient. Ces récits permettent la confrontation des modes de vie, la relativisation des systèmes de pensée et la remise en cause des idées reçues. Le christianisme n'échappe pas à ce regard critique : on lui oppose la religion naturelle, et l'idée de morale se distingue progressivement de l'idée de religion.

L'esprit d'examen s'exerce également sur les textes sacrés, dont une lecture fondée sur la raison et non sur la foi fait ressortir les contradictions et les invraisemblances. L'idée d'une foi indépendante de toute religion révélée, qui aboutit aux conceptions du déisme* et du théisme* s'affirment, tandis que les principes de la pensée cartésienne s'imposent, et que la raison, outil de la connaissance, est mise en œuvre dans tous les domaines : politique et morale, philosophie et théologie font l'objet d'études et de réflexions critiques.

*Prélude au romantisme**

Le rationalisme critique qui imprègne le siècle ne manque pas cependant de susciter une réaction : la passion des idées cède devant le goût de l'émotion et la seconde moitié du siècle voit s'épanouir une tendance nouvelle dans laquelle s'expriment le bonheur de la méditation et de la solitude, la mélancolie, la communion avec une nature fraternelle, avec les accents du lyrisme* personnel qui annoncent les effusions du romantisme.

Alain-René Lesage, *Gil Blas de Santillane* ou les aventures d'un mauvais garçon (1715-1735)

Fiche 26

Quelques mots sur l'auteur

Lesage est né en 1668. Après des études de droit, il devient avocat, mais, gratifié d'une pension par l'abbé de Lionne, abandonne bientôt la carrière juridique pour se consacrer à l'écriture. Après quelques œuvres reçues sans grand succès, *Crispin rival de son maître* est jouée à la Comédie-Française en 1707. Lesage publie la même année *Le Diable boiteux*, inspiré d'un roman espagnol. *Turcaret*, virulente satire* des milieux financiers, est jouée en 1709, mais Lesage, victime d'une cabale, se détourne du théâtre officiel : désormais il écrit pour les forains, et fait jouer de 1713 à 1736 quatre-vingts pièces. Il adapte de 1710 à 1712 un recueil inspiré des *Mille et une nuits*, *Les Mille et un jours*. En 1715 paraissent les six premiers livres de *Gil Blas de Santillane*, tandis que Lesage continue de produire pour le théâtre et d'adapter des œuvres romanesques, comme *Le Roland amoureux* (1717-1721) et l'*Histoire de Guzman de Alfarache* (1732). En 1724 paraissent les livres 7 à 9 de *Gil Blas* que suivront en 1735 les livres 10 à 12 et *Une journée des Parques*, un dialogue philosophique. Lesage donne en 1736 un autre roman à l'espagnole, *Le Bachelier de Salamanque*. Son dernier roman, *La valise trouvée* paraît en 1740, et il publie en 1743 un recueil de récits et d'anecdotes. La même année, il se retire en Bretagne. Lesage meurt en 1747.

Une carrière aventureuse

Le jeune Gil Blas, fils d'un écuyer et d'une femme de chambre, échappe à l'ignorance grâce à son oncle chanoine. Âgé de dix-sept ans, il part pour Salamanque, dans l'intention de suivre les cours de la célèbre université. Son voyage commence par une mésaventure : enlevé par des brigands, il devient leur serviteur dans le souterrain qui leur sert de refuge. Il obtient bientôt de se joindre à eux, et participe à leurs coups de mains. Un jour, ils s'emparent d'une jeune aristocrate, et Gil Blas entreprend de la sauver, et de s'évader. Il recouvre sa liberté, et au terme de nombreuses et pittoresques aventures, se retrouve au service de l'archevêque de Grenade, qui lui offre son amitié, jusqu'à ce que, victime de sa franchise, il tombe en disgrâce. Sa carrière se poursuit à la cour, au service du duc de Lerme, premier ministre d'Espagne : le subalterne se joint au maître pour se livrer à une corruption sans scrupules. Pourtant, la vie et l'expérience le convertissent à l'honnêteté, et sa fortune faite auprès du duc d'Olivares, son ascension achevée, il se retire dans son château de Llirias, en compagnie de sa jeune et vertueuse épouse Dorothée et de son fidèle Scipion.

Un roman picaresque ?

Satire et parodie**

Les diverses couches de la société que traverse le héros éponyme* prêtent à des développements satiriques. Les cibles en sont les médecins, à travers le docteur Sangrado, autant que les ecclésiastiques ou les hommes de lettres à la susceptibilité chatouilleuse. Mondains et courtisans ne sont pas épargnés, et même les comédiens eux-mêmes font l'objet d'un portrait sans complaisance. Lesage prend volontiers le ton d'un moraliste lorsqu'il dépeint la corruption des milieux politiques et, l'on a pu reconnaître dans le duc de Lerme certains traits de Mazarin. *Gil Blas* se joue aussi des différentes formes que peut revêtir le genre romanesque : on peut voir par exemple dans le récit de l'évasion de Gil Blas une parodie du roman héroïque, dans les épisodes amoureux une parodie du roman romanesque* et sentimental. Tantôt burlesque*, tantôt réaliste*, le roman préfigure l'évolution du genre romanesque en peignant avec vraisemblance les groupes sociaux et les comportements individuels.

L'originalité de Gil Blas

Gil Blas est reconnu comme l'un des seuls représentants français du roman picaresque*. Il possède en commun avec ses ancêtres espagnols le goût de l'aventure et la peinture de milieux divers et pittoresques, et présente volontiers les portraits contrastés de personnages hauts en couleurs ; s'y retrouvent également des éléments récurrents du picaresque, comme les revers de fortune qui font passer le héros de la prison à la cour royale, le motif de la supercherie et du déguisement. Du roman picaresque Lesage a également emprunté le lieu de l'action, l'Espagne, la forme du récit à la première personne, entrecoupé de récits enchâssés eux-mêmes pris en charge par un nouveau narrateur qui multiplient intrigues et perspectives. Mais sous ses allures picaresques l'originalité de *Gil Blas* consiste dans la progression sociale et morale du personnage, dont le changement de condition constitue une apologie* des valeurs bourgeoises, tandis que le *picaro* authentique refuse au contraire les valeurs établies et parie sur la liberté de l'homme, qui seule peut le sauver.

À retenir

- Une œuvre apparentée au roman picaresque.
- Un roman marqué par l'intention satirique.
- Un roman parodique qui s'amuse des genres à la mode, roman romanesque et roman héroïque.
- Un récit dominé par le registre comique, et qui préfigure par certains aspects le roman réaliste.

La parole à l'œuvre

“ *Je trouvai dans les appartements un peuple d'ecclésiastiques et de gens d'épée, dont la plupart étaient des officiers de monseigneur, ses aumôniers, ses gentilshommes, ses écuyers ou ses valets de chambre. Les laïques aveint presque tous des habits superbes. On les aurait plutôt pris pour des seigneurs que pour des domestiques. Ils étaient fiers et faisaient les hommes de conséquence. Je ne pus m'empêcher de rire en les considérant, et de m'en moquer en moi-même. Parbleu, disais-je, ces gens sont bien heureux de porter le joug de la servitude sans le sentir ; car enfin, s'ils le sentaient, il me semble qu'ils auraient des manières moins orgueilleuses.* (VII, 2)

Croyez-moi, mon cher Gil Blas, dévorez plutôt votre chagrin. Les hommes du commun doivent toujours respecter les personnes de qualité, quelques sujets qu'ils aient de s'en plaindre. Je conviens qu'il y a de fort plats seigneurs qui ne méritent guère qu'on ait de la considération pour eux ; mais ils peuvent nuire, il faut les craindre. (VII, 5)

Après avoir tant de fois éprouvé que la fortune ne m'avait pas plutôt renversé qu'elle me relevait, je n'aurais dû regarder l'état fâcheux où je me trouvais que comme une occasion prochaine de prospérité. (VII, 16)

Mon enfant, lui dis-je, c'est que j'ai longtemps exercé ici la médecine. Ma conscience m'en fait des secrets reproches dans ce moment ; il me semble que les malades que j'ai tués sortent de leurs tombeaux, pour venir me mettre en pièces. Quelle imagination ! dit mon secrétaire. En vérité, seigneur de Santillane, vous êtes trop bon. Pourquoi vous repentir d'avoir fait votre métier ? Voyez les plus vieux médecins ; ont-ils de pareils remords ? Oh ! que non ! Ils vont toujours leur train, le plus tranquillement du monde, rejetant sur la nature les accidents funestes, et se faisant honneur des événements heureux. (X, 1)

Fiche

27

Marivaux, *Le Jeu de l'Amour et du Hasard* ou les délices du marivaudage (1730)

Quelques mots sur l'auteur

Né à Paris en 1688, Marivaux suit son père, directeur des Monnaies, à Riom puis à Limoges, où il fait jouer dès 1706 une première comédie. Étudiant en droit à Paris, il se rapproche des Modernes*, est introduit dans les salons, collabore à une revue, le *Nouveau Mercure*, et s'essaie au roman, tout en continuant d'écrire pour le théâtre. Ruiné par la banqueroute de Law, il est contraint d'écrire pour gagner sa vie. Journaliste, il lance des revues, dramaturge, il écrit vingt-sept comédies en prose, dont *L'Île des Esclaves* (1725), *Le Jeu de l'Amour et du Hasard* (1730) et *Les Fausses Confidences* (1737). Parallèlement, il écrit des romans, dont les plus célèbres demeurent inachevés : *La vie de Marianne* est publié de 1731 à 1741, et *Le Paysan parvenu* en 1735-1736. En 1742 il est élu à l'Académie française, puis mène une vie retirée. Il meurt en 1763.

Un élégant chassé-croisé

Orgon voudrait marier sa fille Silvia à Dorante, fils de son ami. Mais Silvia, rétive au mariage, propose à sa suivante Lisette un échange de rôles : la maîtresse, jouant la servante, pourrait ainsi observer le prétendant. Avec l'accord d'Orgon, le jeu se met en place. Mais Dorante use du même subterfuge et envoie à sa place son valet Arlequin. À l'arrivée du prétendant, Mario, frère de Silvia, s'amuse de la situation : Silvia, consternée par le maître, est séduite par le valet, tandis que Dorante se prend aux charmes d'une soubrette étonnamment raffinée. Arlequin de son côté n'est pas indifférent à Lisette, qui croit assurer sa fortune par la conquête d'un gentilhomme, alors que Silvia croit déchoir en aimant un valet. Elle va jusqu'à l'aveu, et Dorante lui dévoile son identité, mais elle veut obtenir de lui qu'il s'engage en la croyant Lisette : quand il le fait, elle lui avoue son stratagème et, les valets ayant accompli la même démarche dans une scène de contrepoint comique au duo amoureux, tout rentre dans l'ordre.

Une comédie psychologique et morale

Le comique

Le comique de Marivaux n'est pas celui de Molière, même si certains personnages, les valets notamment, sont également issus de la farce et de la *commedia dell'arte**. Ainsi Arlequin, affichant une maladresse prétentieuse dans le rôle du maître, se rattache au comique traditionnel, et le couple des valets forme par contraste un double comique de celui des maîtres : au duo d'amour de Dorante et Silvia répond le duo parodique de Lisette et Arlequin, dont le déguisement et la situation accentuent le burlesque*. Mais de façon générale, le comique dans *Le Jeu de l'Amour et du Hasard* repose davantage sur les situations et les ambiguïtés, quiproquos et doubles sens, que sur les caractères ou les gestes, tandis qu'il s'associe de manière caractéristique à une idéalisation des sentiments.

L'analyse psychologique

Marivaux apparaît surtout comme un analyste qui s'attache à rendre les subtilités de la vie psychologique, les nuances du sentiment. Le conflit intérieur de Silvia, qui souffre dans son amour-propre en croyant aimer un valet, est ainsi mis en évidence. Marivaux joue sur l'émotion et ses aspects les plus variés. La délicatesse de ce marivaudage repose essentiellement sur un langage galant, un badinage léger et précieux, don le goût de la subtilité et de la nuance est quelquefois poussé jusqu'à l'ambiguïté. Mais le terme prend dans la pièce tout son sens, puisqu'on y trouve la réflexion qui le caractérise dans son acception la plus large, postérieure au XVIIIe siècle, sur la vérité et le mensonge, les jeux révélateurs auxquels ils prêtent et les liens qu'ils entretiennent avec l'amour-propre et l'authenticité des sentiments.

La réflexion morale

Le marivaudage se distingue en cela de la préciosité* gratuite qu'il pose des questions sur l'amour, et de façon plus générale sur les rapports humains. L'une des revendications principales émises dans le *Jeu de l'Amour et du Hasard* est la volonté d'être aimé pour soi et son mérite, indifféremment de la fortune et de la situation, qui transparaît chez Silvia tout autant que chez Dorante. Cette idée pourrait conduire à la mésalliance, et donc à la violation des règles sociales : elle ne le fait pas, et c'est là que se situent les limites de la réflexion de Marivaux. Les maîtres, gens de naissance et d'esprit, se sont reconnus au-delà d'un travestissement qui n'aura fait que révéler par contraste leur appartenance à un même univers, et rendre plus incongrue toute velléité de transgression ; de même, les valets, bornés à un rôle de contrepoint comique et parodique, se résignent de bonne grâce, et renoncent à une alliance qui eût assuré pourtant leur ascension sociale.

À retenir

- La finesse d'une analyse nuancée des mécanismes de l'amour et de l'amour-propre.
- L'idéalisation romanesque des sentiments.
- Un comique raffiné, lié aux situations et aux ambiguïtés, et à la juxtaposition en contrepoint de deux couples antinomiques.
- Un jeu caractéristique du marivaudage entre réalités et apparences, masques et travestissements, demi mensonges et vérités déguisées.
- Une remise en cause limitée des préjugés sociaux : l'amour est lié au mérite, mais « bon sang ne saurait mentir ».

La parole à l'œuvre

“ *Je voulais sous cet habit pénétrer un peu ce que c'était que ta maîtresse, avant de l'épouser. Mon père, en partant, me permit ce que j'ai fait, et l'événement m'en paraît un songe : je hais la maîtresse dont je devais être l'époux, et j'aime la suivante qui ne devait trouver en moi qu'un nouveau maître. Que faut-il que je fasse à présent ? Je rougis pour elle de le dire : mais ta maîtresse a si peu de goût qu'elle est éprise de mon valet, au point qu'elle l'épousera, si on la laisse faire. Quel parti prendre ?* (II, 12)

Accommodons-nous ; cette demoiselle m'adore, elle m'idolâtre ; si je lui dis mon état de valet, et que, nonobstant, son tendre cœur est toujours friand de la noce avec moi, ne laisserez-vous pas jouer les violons ? (III, 1)

Ce qui lui en coûte à se déterminer ne me le rend que plus estimable : il pense qu'il chagrinera son père en m'épousant ; il croit trahir sa fortune et sa naissance ; voilà de grands sujets de réflexion : je serai charmée de triompher. Mais il faut que j'arrache ma victoire, et non pas qu'il me la donne : je veux un combat entre l'amour et la raison. (III, 4)

Ah ! ma chère Lisette, que viens-je d'entendre ? tes paroles ont un feu qui me pénètre. Je t'adore, je te respecte. Il n'est ni rang, ni naissance, ni fortune, qui ne disparaisse devant une âme comme la tienne. J'ai honte que mon orgueil tînt encore contre moi, et mon cœur et ma main t'appartiennent.

Mon père me pardonnera dès qu'il vous aura vue ; ma fortune nous suffit à tous deux, et le mérite vaut bien la naissance. Ne disputons point ; car je ne changerai jamais. (III, 8)

Fiche 28

Montesquieu, *Les Lettres persanes* ou le regard de l'autre (1721)

Quelques mots sur l'auteur

Charles Louis de Secondat, baron de Montesquieu, est né en 1685 près de Bordeaux. Ses études de droit le conduisent à une carrière de magistrat. Mais les sciences, et en particulier l'anatomie, le passionnent : il entre en 1716 à l'Académie des Sciences, tout en s'adonnant à son activité littéraire. En 1721 paraissent à Amsterdam les *Lettres Persanes* qui le rendent célèbre et lui donnent ses entrées dans les salons parisiens. De 1721 à 1728, il passe plusieurs mois par an à Paris. Il s'intéresse de plus en plus à des questions d'histoire et de politique, et publie, à côté d'ouvrages galants, le *Dialogue de Sylla et d'Eucrate* et *De la Monarchie universelle en Europe*. En 1728 il est élu à l'Académie française. C'est à cette date qu'il entreprend un voyage qui le mène à travers l'Allemagne, l'Autriche, la Hongrie, l'Italie et la Hollande. Déçu par les applications du système républicain (dans les républiques italiennes et en Hollande), il découvre en Angleterre la monarchie constitutionnelle. De retour sur ses terres, il s'adonne à la préparation d'un ouvrage sur la nature des lois : en 1734 sont publiées les *Considérations sur la grandeur des Romains et leur décadence*, et en 1748 *L'Esprit des Lois* paraît à Genève. En 1750, Montesquieu donne pour répondre aux critiques la *Défense de l'Esprit des Lois*. Il meurt à Paris en 1755.

Des nouvelles du sérail

L'intrigue des *Lettres persanes* s'inscrit dans un goût nouveau en ce début du XVIIIe siècle ouvert sur les découvertes et les voyages : celui de l'exotisme en général, et de l'orientalisme en particulier. Deux gentilshommes persans, Usbek et Rica, voyagent à travers l'Europe de 1712 à 1720, et leur correspondance raconte et commente leurs aventures et leur vision des us et coutumes locaux. L'échange se fait à plusieurs voix, puisqu'ils s'adressent réciproquement des lettres, mais en envoient en Perse d'où ils en reçoivent également. Cette trame permet à Montesquieu de jouer sur la couleur locale, évoquant plaisamment les plaisirs et le luxe du harem, et sur les procédés d'écriture qui rappellent les fioritures de l'art oriental. Mais la confrontation des points de vue permet aussi d'éclairer différemment un même événement ou une même réflexion, et d'ouvrir ainsi sur des perspectives relativistes qui servent le propos philosophique. Par ailleurs, Montesquieu enrichit les lettres de récits enchâssés et d'anecdotes romanesques ou pittoresques qui illustrent les propos des épistoliers. Il juxtapose enfin les tonalités, puisque le ton ironique et satirique* qui caractérise le regard des voyageurs fait place au pathétique* quand les lettres se font lettres d'amour, de jalousie ou de regret, et que l'intrigue nouée au sérail se termine, avec le suicide de Roxane, dans la tragédie.

De la satire à la réflexion politique

Montesquieu sacrifie au goût du jour en donnant à son ouvrage un ton léger et quelquefois très libre, comme en pratiquant le roman épistolaire. Mais son intention ne manque pas de sérieux : il s'agit pour lui de donner des mœurs et des institutions françaises une vision critique, permise par la naïveté du regard étranger, autant que de jeter les bases d'une réflexion politique.

La satire

Les voyageurs étrangers observent le spectacle de la vie parisienne d'un œil neuf : Montesquieu souligne le ridicule de certains usages, l'absurdité de la dictature de la mode, l'exagération des passions partisanes dans des domaines futiles, mais il dénonce aussi sous la plume des visiteurs persans l'absolutisme du souverain ou l'étendue excessive du pouvoir du pape, et prononce l'éloge de la philosophie et de la raison. Cette démarche critique s'accompagne d'une tonalité plaisante, nuancée d'humour et d'ironie. Les *Lettres* prennent souvent la forme d'anecdotes piquantes ou de portraits moqueurs, tandis que la naïveté feinte des épistoliers autorise, sous couvert d'un légitime étonnement, la critique dans tous les domaines de la vie sociale. Montesquieu s'en prend ainsi à l'hypocrisie sous toutes ses formes, sociale ou religieuse, à l'intolérance et à l'ethnocentrisme, montrant avec une lucidité sceptique la relativité des coutumes et des rituels, et plaidant en faveur d'une société organisée en accord avec l'intérêt commun et d'une foi proche du déisme*.

La pensée politique

Les *Lettres persanes* portent en germe l'essentiel de la pensée politique de Montesquieu. On y retrouve en particulier le thème de la distinction entre la monarchie, pouvoir légitime, et la tyrannie, pouvoir arbitraire et usurpé, le principe des trois gouvernements, républicain, monarchique et despotique, et l'idée de la théorie des climats. Dans les Lettres XI à XIV, avec le récit (apparenté à l'utopie*) des Troglodytes, il souligne le lien qui associe la morale et la vie sociale : les mauvais Troglodytes, égoïstes et indisciplinés, vivent dans l'anarchie, tandis que la vertu des bons Troglodytes assure leur prospérité.

Montesquieu s'interroge également sur des faits sociaux d'actualité, comme le divorce, l'esclavage ou la colonisation. Il n'épargne pas la critique à l'égard d'un pouvoir royal excessif, fondé sur la naïveté et la superstition des sujets. À cette puissance arbitraire, Montesquieu oppose l'idée d'un gouvernement en accord avec la nature et avec une justice qu'il considère comme un principe universel, témoignant ainsi, malgré une vision souvent pessimiste, de sa confiance dans une humanité capable de vertu et de raison.

À retenir

- Un roman épistolaire, qui met le registre plaisant au service de la réflexion sérieuse.
- Un regard extérieur qui permet la mise en œuvre de l'esprit critique.
- La peinture satirique des usages contemporains.
- Des portraits charges qui dénoncent les travers d'une époque.
- L'élaboration d'une pensée politique.
- L'éloge de la raison et de la démarche philosophique, contre la superstition et l'absolutisme.

“ La parole à l'œuvre

Il y avait dans [le pays des Troglodytes] deux hommes bien singuliers : ils avaient de l'humanité ; ils connaissaient la justice ; ils aimaient la vertu ; autant liés par la droiture de leur cœur que par la corruption de celui des autres, ils voyaient la désolation générale, et ne la ressentaient que par la pitié : c'était le motif d'une union nouvelle. Ils travaillaient avec une sollicitude commune pour l'intérêt commun ; ils n'avaient de différends que ceux qu'une douce et tendre amitié faisait naître ; et dans l'endroit du pays le plus écarté, séparés de leurs compagnons indignes de leur présence, ils menaient une vie heureuse et tranquille : la terre semblait produire d'elle-même, cultivée par ces vertueuses mains. (Lettre XII)

Le roi de France est le plus puissant prince de l'Europe. Il n'a point de mines d'or comme le roi d'Espagne, son voisin ; mais il a plus de richesses que lui, parce qu'il les tire de la vanité de ses sujets, plus inépuisable que les mines. […]

D'ailleurs ce roi est un grand magicien : il exerce son empire sur l'esprit même de ses sujets ; il les fait penser comme il veut. […]

Ce que je te dis de ce prince ne doit pas t'étonner : il y a un autre magicien, plus fort que lui, qui n'est pas moins maître de son esprit qu'il l'est lui-même de celui des autres. Ce magicien s'appelle le Pape. Tantôt il lui fait croire que trois ne font qu'un, que le pain qu'on mange n'est pas du pain, ou que le vin n'est pas du vin, et mille autres choses de cette espèce. (Lettre XXIV)

Fiche

29

Montesquieu, *De l'Esprit des Lois*, ou la naissance de la science politique (1748)

Une œuvre complexe

De l'Esprit des Lois est l'œuvre maîtresse de Montesquieu, à laquelle il a consacré sa vie de 1731 à 1748. C'est un texte à la composition complexe : il est articulé en trente Livres, rassemblés en six parties comprenant de nombreux chapitres. De ses travaux scientifiques, Montesquieu conserve la démarche cartésienne d'analyse, partant des éléments les plus simples pour aller aux plus riches. Le Livre I s'attache à définir la notion de loi. Montesquieu distingue les lois naturelles et les lois « positives », engendrées par la raison. Les Livres II à XIII présentent l'étude des gouvernements : Montesquieu détermine leur nature, précise le fonctionnement de leurs lois, analyse les formes de leur corruption, et propose une analyse de leurs constantes. C'est dans les Livres XIV à XXV qu'il évoque la géographie, en particulier en développant la théorie des climats ; il y aborde aussi une réflexion sur le commerce, la monnaie, la démographie et la religion, qu'il considère avec l'objectivité d'un sociologue. Les Livres XXVI à XXXI ouvrent une perspective historique : Montesquieu se réfère aux lois romaines et françaises, et aux principes de la monarchie chez les Francs.

Montesquieu et la science politique

Montesquieu entend démontrer dans cette œuvre l'existence de constantes dans l'organisation des sociétés humaines, quels que soient le lieu et l'époque : il suppose donc l'existence d'un ordre qui régit la mise en place des lois. Il est en ceci novateur qu'il ne limite pas sa réflexion à la société en général, de façon abstraite, mais la fonde sur l'étude de sociétés bien réelles. En refusant les explications irrationnelles, il cherche dans la réalité les raisons d'être des lois, s'efforçant d'expliquer tous les phénomènes sociaux et politiques : il tente de rattacher ces « lois positives », édictées par les hommes, à des lois naturelles susceptibles de les justifier et de les expliquer. Ainsi, avec la théorie des climats, exposée dans le Livre XIV et reprise dans le Livre XVIII, il montre que les conditions physiques dans lesquelles vivent les hommes ont une influence sur l'organisation législative et politique : à partir d'une analyse des effets du froid et du chaud, il déduit par exemple que les peuples des pays froids sont plus vigoureux, plus énergiques et moins sensuels, et qu'à ces différences de caractère et de sensibilité correspondent des différences dans les systèmes juridiques et politiques.

Si les analyses de Montesquieu sont sérieuses et témoignent d'une aspiration à la rigueur scientifique, elles demeurent souvent contestables, en particulier pour ce qui concerne la psychologie des peuples et les déterminismes* géographiques. Son œuvre a néanmoins influencé la pensée sociologique, et les recherches en géographie humaine et géopolitique, tout en s'inscrivant, par son goût de l'anecdote, dans l'héritage littéraire d'un Montaigne. Montesquieu en effet craint que l'aridité de sujet ne lasse le lecteur : il use avec économie de l'éloquence, pratique volontiers la maxime* propre à frapper les esprits, et ne dédaigne pas l'ironie pour persuader et convaincre.

Les idées de Montesquieu

Montesquieu réfléchit de façon objective, quasiment scientifique, sur les systèmes qu'il étudie. Une vision personnelle se dégage cependant de son œuvre, avec en particulier une condamnation du despotisme, l'esclavage et de l'intolérance religieuse. La légitimité politique est pour lui étroitement lié à la vertu, que l'on pourrait définir comme souci de la liberté, qu'il définit comme possibilité laissée au citoyen de faire ce qui est permis par les lois, et de l'égalité, reconnue en théorie. Il présente avec admiration la constitution anglaise, qui associe le régime monarchique et les principes républicains, permet d'unir harmonieusement les pouvoirs exécutif, législatif et judiciaire, qu'il est dangereux de concentrer dans les mains d'un seul homme ou d'un seul groupe. Sa remise en question de la monarchie est donc très modérée : s'il parle de Louis XIV sans indulgence, et s'il présente le despotisme comme une corruption possible du système monarchique, il admet également que la monarchie convient à ce qu'il nomme l'esprit français, c'est-à-dire le résultat des influences qui aboutissent à l'unité du peuple. Le projet de constitution qui se dégage l'*Esprit des Lois* va dans le sens d'une limitation des pouvoirs du roi, par les pouvoirs intermédiaires de la noblesse et des Parlements, sans que soient remis en cause les privilèges. Son idéal est celui d'une liberté dont s'inspirera la pensée révolutionnaire, mais Montesquieu ne va pas jusqu'à défendre les idées républicaines et démocratiques, qu'il considère comme dépassées et dangereuses.

À retenir

- Une oeuvre qui marque la naissance de la sociologie et de la science politique.
- Une démarche caractérisée par l'observation rationnelle et critique des systèmes politiques et religieux.
- La condamnation du despotisme et de l'absolutisme, de l'esclavage et de l'intolérance.
- L'idéal d'une monarchie parlementaire qui garantit la liberté tout en conservant les privilèges.
- Une écriture claire et une logique rigoureuse au service d'une démonstration scientifique.

“ La parole à l'œuvre

Je me croirais le plus heureux des mortels, si je pouvais faire que les hommes pussent se guérir de leurs préjugés. J'appelle ici préjugés, non pas ce qui fait qu'on ignore de certaines choses, mais ce qui fait qu'on s'ignore soi-même. (Préface)

Il ne faut pas beaucoup de probité pour qu'un gouvernement monarchique ou un gouvernement despotique se maintiennent ou se soutiennent. La force des lois dans l'un, le bras du prince toujours levé dans l'autre, règlent ou contiennent tout. Mais dans un état populaire, il faut un ressort de plus, qui est la VERTU. (III, 3)

Quand les sauvages de la Louisiane veulent avoir du fruit, ils coupent l'arbre au pied, et cueillent le fruit. Voilà le gouvernement despotique. (V, 13)

Il n'y a point encore de liberté si la puissance de juger n'est pas séparée de la puissance législative et de l'exécutrice. Si elle était jointe à la puissance législative, le pouvoir sur la vie et la liberté des citoyens serait arbitraire : car le juge serait législateur. Si elle était jointe à la puissance exécutrice, le juge pourrait avoir la force d'un oppresseur. Tout serait perdu si le même homme, ou le même corps des principaux, ou des nobles, ou du peuple, exerçait ces trois pouvoirs : celui de faire des lois, celui d'exécuter les résolutions publiques, et celui de juger les crimes ou les différends des particuliers. (XI, 6)

Les peuples de l'Europe ayant exterminé ceux de l'Amérique, ils ont dû mettre en esclavage ceux de l'Afrique, pour s'en servir à défricher tant de terres.

Le sucre serait trop cher, si l'on ne faisait travailler la plante qui le produit par des esclaves.

[…]

De petits esprits exagèrent trop l'injustice que l'on fait aux Africains : car, si elle était telle qu'ils le disent, ne serait-il pas venu dans la tête des princes d'Europe, qui font entre eux tant de conventions inutiles, d'en faire une générale en faveur de la miséricorde et de la pitié ? (XV, 5)

Fiche 30

Voltaire, Les *Lettres philosophiques* ou l'avènement des Lumières (1734)

Quelques mots sur l'auteur

François Marie Arouet, dit Voltaire, est né à Paris en 1694. De 1704 à 1710, il reçoit chez les jésuites, dont certains resteront ses amis, une formation classique, puis il entame des études de droit et fréquente les milieux libertins*. Dès 1716, il subit à cause de ses écrits satiriques* deux exils en province, puis une épigramme contre le Régent l'envoie à la Bastille. Le succès d'une tragédie, *Œdipe*, et d'un poème épique, *La Ligue*, rendent célèbre le jeune Voltaire, à qui s'ouvrent les salons et que comble la faveur du roi. Mais un différend avec un aristocrate lui vaut une humiliante bastonnade et un nouveau séjour à la Bastille, suivi d'un exil en Angleterre, en mai 1726. Il remanie *La Ligue* pour publier en 1728 *La Henriade*, et rentre en France en 1729, où il publie des tragédies, dont la plus célèbre, *Zaïre*, en 1732, et, dans la clandestinité, l'*Histoire de Charles XII* (1731). En 1734 paraissent sans autorisation les *Lettres Philosophiques* ou *Lettres Anglaises*, condamnées au feu, et que suit un exil en Lorraine. Il passe dix ans auprès de Madame du Châtelet, dans le château de Cirey, voisin de la frontière lorraine : il écrit pour le théâtre, donne le *Mondain* en 1736, et s'occupe de sciences et d'histoire. Rappelé à Versailles en 1744, il devient historiographe du roi, écrit des opéras et entre à l'Académie. Mais tombé en disgrâce en 1747, il publie *Zadig* et retourne à Cirey. À la mort de Madame du Châtelet, il tente un retour à la cour, puis, de 1750 à 1753, séjourne en Prusse auprès de Frédéric II ; à Berlin il publie *Le Siècle de Louis XIV* en 1751, et écrit *Micromégas* en 1752. Brouillé avec Frédéric, il demeure en Alsace de 1753 à 1755, avant de se fixer aux Délices, près de Genève. Très actif, il y installe un théâtre où se jouent ses pièces, et publie en 1756 le *Poème sur le Désastre de Lisbonne* et l'*Essai sur les mœurs*, avant de prendre part à la bataille philosophique. C'est alors qu'il écrit *Candide* (1759). Il s'installe en 1760 à Ferney, entretenant une vaste correspondance avec les intellectuels européens, et écrit des tragédies. En 1762 il s'engage dans l'affaire Calas. Il se consacre au *Dictionnaire philosophique* (1764) et à l'écriture de contes philosophiques, comme l'*Ingénu* (1767), ainsi qu'à des pamphlets, tandis qu'il s'efforce de développer la région. De retour à Paris en 1778, il voit sa dernière tragédie couronnée de succès et meurt dans une glorieuse célébrité.

L'œuvre d'un philosophe

L'exil en Angleterre constitue pour Voltaire une période formatrice : le poète satirique et mondain, qui cultive la légèreté et le goût du bonheur, s'y essaie à la réflexion philosophique et politique. Il découvre la monarchie parlementaire, et son souci de liberté, constate les apports d'un commerce et d'une industrie florissants, rencontre des intellectuels, tels Swift et Berkeley, se familiarise avec le matérialisme de Locke. De cette expérience naît une œuvre fondatrice de l'esprit philosophique, par son engagement et par l'esprit critique dont elle témoigne. Voltaire y prône l'exercice de la liberté dans tous les domaines, observe sans complaisance, avec le recul permis par l'éloignement, les travers de la société française dont il souligne l'intolérance et le despotisme, et tente de proposer des réformes possibles. Il y développe aussi une idée fondamentale de la pensée du XVIIIe siècle, celle d'un bonheur terrestre, indépendant de la religion.

Les Lettres I à IV, « Sur les Quakers », évoquent une croyance qui, malgré certains ridicules, se rapproche de la conception déiste* de Voltaire. Il leur oppose, dans les Lettres V et VI, les Anglicans et les Presbytériens, prônant à la suite de Montesquieu les vertus de la tolérance. Avec la lettre VII, « Sur les Sociniens », ces Lettres contiennent l'essentiel de l'opinion de Voltaire sur la question religieuse.

Les Lettres VIII et IX font l'éloge et l'historique du régime anglais, caractérisé par le souci des libertés et l'absence de privilèges, tandis que Voltaire vante dans la Lettre X les mérites du commerce, et ses bénéfiques conséquences sociales et politiques.

Les Lettres XI à XVII sont consacrées à la philosophie, et Voltaire y proclame la supériorité du système de Locke, fondé sur l'expérience, sur celui de Descartes (XIII).

Il s'attache dans les Lettres XVIII à XXIV à la littérature, en particulier à l'œuvre de Shakespeare et la dernière Lettre est une impitoyable réfutation de Pascal.

Ces lettres sans destinataire offrent avant tout un regard critique sur la France. Voltaire use volontiers de l'ironie et de la polémique, le ton qu'il emploie est quelquefois même celui du pamphlet*, souvent celui de la satire*. Du point de vue du fond comme de la forme, on y trouve donc en germe l'essentiel de l'œuvre de Voltaire.

Les idées de Voltaire

La religion

La question religieuse occupe une large place dans les Lettres philosophiques, comme dans toute l'œuvre de Voltaire. Contrairement à d'autres philosophes, en particulier Diderot, Voltaire n'est pas athée. Il accepte l'idée de l'existence de Dieu, comme évidente, la « machine » du monde ne pouvant être que le résultat de l'action d'un « horloger », mais aussi comme nécessaire à l'application des lois morales dans la société. Voltaire refuse les religions révélées, où il ne voit qu'hypocrisie et superstition, et qui sont à l'origine de l'intolérance et du fanatisme : il prône une religion naturelle et le culte d'un Dieu universel, compatibles avec la raison et soumis à la morale. Mais l'optimisme qu'il exprime dans les Lettres philosophiques ou dans Le Mondain cèdera, en particulier avec le *Poème sur le Désastre de Lisbonne*, devant une vision plus sombre.

Politique et société

Voltaire ne met pas en cause le système monarchique, même s'il défend les principes de la démocratie. Il serait cependant favorable à des réformes qui conduiraient la France vers une monarchie constitutionnelle sur le modèle anglais, supprimant les privilèges, pratiquant l'égalité devant l'impôt, et garantissant les libertés, en particulier la liberté politique.

Voltaire ne croit pas à la bonté naturelle, ni à la bienveillance de la Providence : il appartient à l'homme, en appliquant les principes de la raison et de la tolérance, d'assurer son bonheur ici et maintenant. Cette idée nouvelle d'un bonheur humain et terrestre correspond aussi à un modèle de société : il n'est pas concevable sans la paix et la prospérité qui l'accompagne, sans la justice et la liberté qui permettent l'épanouissement de l'individu, et sans un bien-être accessible à tous. Cet idéal, célébré dans les *Lettres philosophiques*, est, par la confiance lucide qu'il exprime en la nature humaine, par la foi dans la science, la raison et le progrès, l'idéal même des Lumières*.

À retenir

- Une œuvre constitutive de l'esprit des Lumières, exprimant la foi dans le progrès et la raison.
- Un appel à la tolérance et à la liberté de pensée au nom d'un Dieu universel.
- L'idéal d'un système politique qui permette la liberté, la justice, la paix et la prospérité économique.
- Une prise de position philosophique, en faveur de la pensée matérialiste*.

La parole à l'œuvre

“ *Nous n'allons jamais à la guerre ; ce n'est pas que nous craignions la mort, au contraire nous bénissons le moment qui nous unit à l'Être des Êtres ; mais c'est que nous ne sommes ni loups, ni tigres, ni dogues, mais hommes, mais chrétiens. Notre Dieu, qui nous a ordonné d'aimer nos ennemis et de souffrir sans murmure, ne veut pas sans doute que nous passions la mer pour aller égorger nos frères, parce que des meurtriers vêtus de rouge, avec un bonnet haut de deux pieds, enrôlent des citoyens en faisant du bruit avec deux petits bâtons sur une peau d'âne bien tendue ; et lorsqu'après des batailles gagnées tout Londres brille d'illuminations, que le ciel est enflammé de fusées, que l'air retentit du bruit des actions de grâces, des cloches, des orgues, des canons, nous gémissons en silence sur ces meurtres qui causent la publique allégresse.* (Lettre 1)

S'il n'y avait en Angleterre qu'une religion, le despotisme serait à craindre ; s'il y en avait deux, elles se couperaient la gorge ; mais il y en a trente, et elles vivent en paix et heureuses. (Lettre VI)

La nation anglaise est la seule de la terre qui soit parvenue à régler le pouvoir des rois en leur résistant, et qui d'efforts en efforts ait enfin établi ce gouvernement sage où le prince, tout-puissant pour faire le bien, a les mains liées pour faire le mal ; où les seigneurs sont grands sans insolence et sans vassaux, et où le peuple partage le gouvernent sans confusion. (Lettre VIII)

Le commerce, qui a enrichi les citoyens en Angleterre, a contribué à les rendre libres, et cette liberté a étendu le commerce à son tour. De là s'est formée la grandeur de l'État. (Lettre X)

Fiche 31

Voltaire, *Candide ou l'Optimisme* ou la défaite de la Providence (1759)

Un récit initiatique

Le jeune Candide vit heureux dans le château du baron de Thunder-ten-tronckh. Il suit l'enseignement de Pangloss, disciple de Leibniz, et courtise avec succès Cunégonde, la fille du baron. Chassé par un père imbu de préjugés nobiliaires, le jeune homme découvre les horreurs de la guerre et connaît une suite de mésaventures qui le mèneront, en trente chapitres, de la Hollande au Portugal, des catastrophes naturelles aux tribunaux de l'Inquisition, du vieux au Nouveau Monde, de la contemplation des misères de l'esclavage à l'admiration devant la sagesse et la prospérité des habitants d'Eldorado. De retour en Europe, on le rencontre à Venise en compagnie de six rois détrônés, et à Constantinople où il retrouve Pangloss et Cunégonde, vieillie et défigurée. Il l'épouse et trouve la sérénité, avec la petite communauté de ses compagnons, dans une vie consacrée au travail. La leçon est donnée par le récit même : le roman d'éducation se fait apologue*, conte philosophique.

L'art du conteur

*Le conte et sa parodie**

L'oeuvre s'inscrit dans la tradition du conte, dont elle respecte les caractéristiques traditionnelles, dès l'incipit qui rappelle la formule habituelle « il était une fois » ; la splendeur du lieu et la noblesse des personnages tels que Voltaire les présente au début du récit semblent aussi correspondre à l'univers idéalisé du conte, de même que la structure d'ensemble, qui comprend une situation initiale, des péripéties et une situation finale qui marque le rétablissement de l'ordre et le succès de la quête du héros. Mais Voltaire se joue des conventions qu'il semble respecter : si le château de Thunder-ten-tronckh est présenté comme un paradis terrestre, c'est au travers du regard naïf de Candide, qui s'illusionne autant sur le savoir de Pangloss, que sur la puissance du baron ou la dignité de la baronne. Si la quête de Candide aboutit, c'est une réussite en partie bien dérisoire, puisque Cunégonde est laide et Candide décillé. Mais la parodie* est significative : Voltaire n'a nullement l'intention d'entraîner ses lecteurs dans l'univers bien ordonné du merveilleux*.

Une écriture multiple et dynamique

S'il associe son récit au conte, Voltaire joue également avec d'autres genres, et l'on retrouve dans Candide des aspects du roman d'amour ou du roman d'aventures marqué par l'enchaînement soutenu des événements, la multiplication des récits enchâssés ou le goût de l'exotisme, tandis que l'importance du dialogue rappelle l'intérêt de l'auteur pour le genre dramatique. Ce mélange des genres est accompagné d'un mélange des registres : Voltaire use d'autant plus volontiers de l'ironie, que la naïveté de Candide créée une distance importante entre le lecteur et le personnage : il manie avec virtuosité l'antiphrase, l'éloge paradoxal et les raisonnements absurdes. Il va jusqu'au comique, en usant des procédés les plus divers : jeux de sonorité, avec le nom du baron ou la spécialité philosophique de Pangloss, effets de répétition avec la formule optimiste, comique de caractère ou de situation, juxtaposition incongrue des niveaux de langue. La rencontre avec l'esclave de Surinam frôle le pathétique, et se côtoient encore au fil des chapitres registres réaliste*, dans l'évocation très brutale des cruautés de la guerre et polémique, dans la mise en cause de l'intolérance. Les allusions à la vie contemporaine se mêlent à la vision utopique. La richesse de l'ensemble est soulignée par son rythme: les épisodes s'enchaînent sans lenteur, les rebondissements alternativement heureux et malheureux sont multiples et souvent inattendus, servis par une expression pleine de vivacité marquée par les hyperboles et les accumulations.

L'enseignement du philosophe

Un regard critique sur la société...

Comme l'a fait Montesquieu dans les *Lettres Persanes*, comme il le refera lui-même dans l'*Ingénu*, Voltaire laisse passer, au travers du regard naïf de son personnage, une vision critique de la réalité de son temps. L'émerveillement du jeune homme devant l'éclat des armées souligne ainsi la cruauté et l'absurdité de la guerre. Sa perplexité devant la disproportion entre le crime des hérétiques et les châtiments infligés par l'Inquisition traduit l'indignation de Voltaire devant l'intolérance. Le royaume d'Eldorado lui permet d'évoquer un souverain soucieux du bien-être et de la liberté de ses sujets, et Candide découvre avec horreur l'inhumanité de l'esclavage, comme il s'étonne devant l'hypocrisie des religieux.

... et sur la philosophie

En 1756, dans le *Poème sur le Désastre de Lisbonne*, Voltaire émet des réserves quant à l'existence d'une Providence bienveillante. Rousseau rétorque dans la Lettre sur la Providence : « Toutes les subtilités de la métaphysique ne me feront pas douter un moment de l'immortalité de l'âme et d'une Providence bienfaisante. » Candide constitue la réponse de Voltaire à la confiance de Rousseau et à l'optimisme de Leibniz (que caricature Pangloss avec sa formule « Tout est pour le mieux dans le meilleur des mondes possibles ») et Wolf. Chacun des chapitres de l'œuvre illustre une des formes du mal, que ce soit le mal inexplicablement infligé par la nature, comme le tremblement de terre de Lisbonne, ou le mal lié à la violence, à l'intolérance, à la cupidité ou à la cruauté des hommes. Voltaire clôt son apologue en proposant une morale pratique : plutôt que de chercher vainement des explications métaphysiques au problème du mal, plutôt que de le nier par un optimisme déplacé, mieux vaut selon lui faire fructifier sagement par le travail ce qui nous est donné : nos propres richesses et celles du monde.

À retenir

- Un conte philosophique, où l'art du récit se met au service de l'idée.
- Une écriture caractéristique de l'art de Voltaire, par sa vivacité, l'utilisation virtuose de l'ironie, le mélange des genres et la juxtaposition des registres.
- Une critique des institutions, de la guerre et de l'intolérance.
- La condamnation d'une philosophie de l'optimisme qui ne résiste pas à l'épreuve des faits.
- Une sagesse pratique fondée sur le travail et plus généralement l'action, sources de vertu et de bonheur.

La parole à l'œuvre

“ *Hélas, dit Candide, je l'ai connu, cet amour, ce souverain de nos cœurs, cette âme de notre âme ; il ne m'a jamais valu qu'un baiser et vingt coups de pieds au cul.* (chap.4)

Après le tremblement de terre qui avait détruit les trois quarts de Lisbonne, les sages du pays n'avaient pas trouvé un moyen plus efficace pour prévenir une ruine totale que de donner au peuple un bel auto-da-fé ; il était décidé par l'université de Coïmbre que le spectacle de quelques personnes brûlées à petit feu, en grande cérémonie, est un secret infaillible pour empêcher la terre de trembler.

Si c'est ici le meilleur des mondes possibles, que sont donc les autres ? (chap.6)

Travaillons sans raisonner [...] ; c'est le seul moyen de rendre la vie supportable.

Cela est bien dit, répondit Candide, mais il faut cultiver notre jardin. (chap.30)

Fiche

32 Denis Diderot, *Le Supplément au voyage de Bougainville* ou l'ordre naturel (1772)

Quelques mots sur l'auteur

Diderot est né à Langres en 1713 ; d'abord élève chez les jésuites dans sa ville natale, il poursuit ses études à Paris jusqu'en 1732. Il mène ensuite une vie d'expédients, et vers 1742 rencontre Rousseau et Grimm. En 1745 il adapte de l'anglais l'*Essai sur le mérite et la vertu*, et il publie en 1746 des *Pensées philosophiques* suivies d'œuvres d'inspirations diverses, philosophique, libertine ou scientifique. C'est à cette date qu'il se charge de la direction de l'*Encyclopédie*, tâche à laquelle il se consacrera jusqu'après 1765. Diderot évolue du déisme* au matérialisme*, et sa *Lettre sur les Aveugles à l'usage de ceux qui voient* en 1749 l'envoie en prison. Malheureux en ménage, il se voue à ses amis, parmi lesquels Grimm et surtout Sophie Volland, à qui il adresse de 1759 à 1774 une riche correspondance, Rousseau avec qui il se brouille en 1757, le baron d'Holbach, et Damilaville qui participent à l'*Encyclopédie*. Esprit universel, il écrit pour le théâtre, où il se veut l'inventeur d'un genre nouveau, le drame, joignant les œuvres dramatiques et la réflexion critique (*Le Fils naturel* et les *Entretiens sur le Fils naturel* paraissent en 1757, le *Paradoxe sur le comédien* en 1773). Il s'intéresse également à l'esthétique : il rédige l'article « Beau » de l'*Encyclopédie* et exerce ses talents de critique dans les *Salons* de 1759 à 1781. Conteur virtuose, il donne des récits brefs aussi volontiers que des dialogues ou des romans, comme *La Religieuse* (1760), *Le Neveu de Rameau*, commencé en 1762 ou *Jacques le Fataliste* (1773). Parallèlement il continue de s'adonner à la philosophie, avec notamment *l'Entretien entre D'Alembert et Diderot*, le *Rêve de D'Alembert* et la *Suite de l'Entretien* (1769) ou le *Supplément au voyage de Bougainville* (1772), tout en poursuivant des études scientifiques. Invité par l'impératrice de Russie en 1773, il séjourne auprès d'elle. Ses dernières œuvres sont consacrées à des questions de philosophie, de science et de morale. Il meurt à Paris en 1784.

Un dialogue philosophique

Le récit du voyage de Bougainville autour du monde est publié en 1771. Ce texte, qui évoque la simplicité et l'harmonie de la vie des Tahitiens, donne à Diderot l'occasion de s'interroger sur le rapport entre les instincts et les lois. Cette réflexion philosophique, dont le thème avait été déjà abordé dans l'*Entretien d'un père avec ses enfants* et *Les deux amis de Bourbonne* (1770) se présente sous la forme d'un dialogue, forme privilégiée du débat d'idées. A et B discutent à propos du récit de l'explorateur, mais Diderot donne également la parole, dans la partie centrale de l'œuvre, à des Tahitiens : le vieillard qui, faisant ses adieux à Bougainville, lui reproche d'avoir troublé la paix de l'île, et Orou, qui accueille l'aumônier et oppose à la morale et aux principes religieux européens la liberté des mœurs locales. L'œuvre est originale par sa structure, puisque dans le dialogue-cadre il est question de l'œuvre elle-même, le *Supplément au voyage de Bougainville*, ce qui permet à Diderot de jouer sur les effets de mise en abyme* : si le lecteur ne dispose en effet que des extraits du *Supplément* que nous livrent les deux lecteurs, le débat s'effectue à plusieurs niveaux : entre les acteurs des scènes tahitiennes, à propos du colonialisme et de la morale, entre A et B, à propos de récit de Bougainville, du supplément et des questions qu'il soulève, entre Diderot et son lecteur, sur des sujets d'actualité, avec des références à l'utopie et le mythe du bon sauvage (qui ne sont pas sans rappeler Montaigne, Montesquieu ou le Voltaire de l'*Ingénu*) – le « sauvage » incarnant ici, comme le montre sa maîtrise du langage et des concepts, le discours critique du philosophe des Lumières.

Au cœur du débat

La légitimité du colonialisme

La réflexion sur le fait colonial est essentiellement contenue dans le discours du vieux Tahitien, qui le remet en cause. Diderot dénonce l'esclavage comme une pratique inhumaine et illégitime, proclame les droits des hommes, et d'abord le droit à la liberté. Mais il confronte également les modes de vie des Tahitiens et les valeurs européennes, contestant à celles-ci la supériorité à laquelle elles prétendent. Aux vices, à la violence et aux besoins factices introduits par les Européens il oppose la vie heureuse des Tahitiens en accord avec les lois naturelles, dans un lieu d'abondance et de générosité.

La morale sexuelle

Les vertus illusoires des occidentaux sont déjà contestées dans le discours du vieux Tahitien. Dans le dialogue entre Orou et l'aumônier, Diderot oppose une société amorale, où la vie se déroule selon les règles de la nature, et une société régie par une morale arbitraire en opposition avec les lois naturelles. La société dépeinte ici vaut surtout par comparaison, et permet à Diderot de donner, à travers le regard du Tahitien, comme à travers la description d'une société idéale, une vision critique des sociétés européennes, sans que l'œuvre apparaisse comme la mise en place d'un modèle dogmatique. L'idée essentielle que Diderot y expose est la théorie des trois « codes », le code naturel, le code civil et le code religieux, dont les préceptes souvent contradictoires ne peuvent permettre à l'homme de s'épanouir.

À retenir

- Une forme dialoguée, qui permet le débat d'idées.
- Une structure à tiroirs, avec la mise en abyme de l'œuvre titre.
- Une réflexion critique sur le colonialisme et ses conséquences sociales et morales.
- Une réflexion critique sur les sociétés européennes, avec en particulier l'idée des trois codes incompatibles.

La parole à l'œuvre

“ *Nous sommes innocents, nous sommes heureux, et tu ne peux que nuire à notre bonheur. Nous suivons le pur instinct de la nature, et tu as tenté d'effacer de nos âmes son caractère. Ici, tout est à tous, et tu nous as prêché je ne sais quelle distinction du tien et du mien. [...] Nous sommes libres, et voilà que tu as enfoui dans notre terre le titre de notre futur esclavage. Tu n'es ni un dieu ni un démon, qui es-tu donc pour faire des esclaves ? [...] Celui dont tu veux t'emparer comme de la brute, l'Otaïtien est ton frère ; vous êtes deux enfants de la nature ; quel droit as-tu sur lui qu'il n'ait pas sur toi ?*

Laisse-nous reposer ; ne nous entête ni de tes besoins factices, ni de tes vertus chimériques. (chap. 1)

[R]ien en effet te paraît-il plus insensé qu'un précepte qui proscrit le changement qui est en nous, qui commande une constance qui n'y peut être, et qui viole la nature et la liberté du mâle et de la femelle en les enchaînant pour jamais l'un à l'autre [?]

« Veux-tu savoir en tout temps et en tout lieu ce qui est bon et mauvais ? attache-toi à la nature des choses et des actions, à tes rapports avec ton semblable, à l'influence de ta conduite sur ton utilité particulière et le bien général. Tu es en délire, si tu crois qu'il y ait rien, soit en haut, soit en bas, dans l'univers, qui puisse ajouter ou retrancher aux lois de la nature. Sa volonté éternelle est que le bien soit préféré au mal et le bien général au bien particulier. (chap.3)

Parcourez l'histoire des siècles et des nations tant anciennes que modernes, et vous trouverez les hommes assujettis à trois codes, le code de la nature, le code civil et le code religieux, et contraints d'enfreindre alternativement ces trois codes qui n'ont jamais été d'accord [...]. (chap.5)

Fiche 33

Denis Diderot, *Jacques le Fataliste* ou les aventures du roman (1773)

L'itinéraire de la liberté

Le roman de Diderot, inspiré de *Tristram Shandy*, de l'anglais Sterne (publié à partir de 1760) est composé en 1773, mais conçu dès 1765 et retravaillé jusqu'à la mort de Diderot en 1784. On y rencontre deux personnages, Jacques, le valet, et son maître, qui se dirigent en huit journées vers une destination qui ne sera jamais précisée. Leur voyage est entrecoupé de haltes et ponctué par des dialogues sur des sujets divers : confidences ou débats philosophiques, anecdotes ou récits. Aux deux interlocuteurs principaux s'en ajoutent d'autres, ce qui permet à Diderot de multiplier les épisodes secondaires, dans une œuvre disparate et étonnante. Le fil conducteur de l'œuvre réside dans le déroulement du voyage, et dans le récit alternativement repris et interrompu des amours de Jacques. Les récits secondaires constituent des touts indépendants, dont le plus achevé et le plus long est l'histoire de Mme de La Pommeraye et du Marquis des Arcis, mais ils possèdent quelquefois entre eux et toujours avec le récit cadre des liens qui assurent l'unité de l'ensemble, et permettent à Diderot de jouer sur des effets d'écho. Le lecteur ne saura rien de la fin du voyage ; quant à l'issue des aventures amoureuses de Jacques, elle demeure hypothétique.

Le roman du roman

Un roman multiple

L'œuvre se caractérise par sa diversité et se laisse difficilement associer à un type de roman. Le récit du voyage et de ses aventures l'apparente à certains aspects du roman picaresque*, tandis que Jacques raconte ses amours avec une complaisance licencieuse qui le rattache au roman libertin. Quant aux digressions, elles constituent autant de variantes génériques : l'histoire de la vengeance de Mme de La Pommeraye est une nouvelle romanesque, l'histoire de l'abbé de Saint-Ouen et celle de l'abbé Hudson permettent à Diderot une exploration des bas-fonds de la société et des noirceurs de l'esprit humain. Les nombreuses analepses* relatant l'enfance paysanne de Jacques constituent autant de brefs récits réalistes* et très libres. À cela s'ajoutent des portraits en action, comme celui du poète de Pondichéry, ou de M. Le Pelletier, et même un apologue*, la fable de la gaine et du coutelet, tandis que l'ensemble est accompagné de commentaires et de réflexions d'ordre littéraire, social et philosophique, et de dialogues auxquels Diderot, passionné de théâtre, a su donner le dynamisme du discours dramatique. Même diversité dans les registres : si Diderot use volontiers des procédés comiques, il donne à la scène du pardon de M. des Arcis une tonalité nettement pathétique*, et la vengeance accomplie par le maître de Jacques sur le chevalier de Saint-Ouin confine à la tragédie ; si le narrateur se divertit à briser l'illusion romanesque, c'est de manière réaliste* que sont représentées la vie quotidienne et la société du temps.

*Ironie et parodie**

Dès les premières lignes de l'œuvre se distingue la présence malicieuse d'un regard ironique sur l'œuvre elle-même et ses personnages autant que sur le monde. Cet aspect réflexif constitue l'un des éléments les plus caractéristiques et les plus modernes de *Jacques le Fataliste*. Un narrateur anonyme et facétieux prend plaisir à se jouer de ses héros autant que de ses lecteurs en détruisant régulièrement l'illusion romanesque. Il souligne volontiers sa toute-puissance sur l'univers fictionnel, s'interrompt, et commente sa propre technique, en s'adressant à un lecteur qui participe ainsi en quelque sorte à l'élaboration d'un roman auquel il ne peut croire qu'à demi. La liberté du créateur et les aléas des choix narratifs sont mis en évidence par les alternatives qu'il propose aux péripéties, créant ainsi la distance indispensable au jeu ironique et s'amusant provisoirement à céder au lecteur la responsabilité des événements. Par ailleurs, ce roman peut se lire comme une parodie jubilatoire du genre romanesque. Pour chacun des types de récits affleurant dans *Jacques le Fataliste*, Diderot affirme sa liberté créatrice en déjouant les conventions : si le voyage rappelle bien le roman picaresque, il s'en moque aussi en ne conduisant nulle part : Jacques n'a pas l'arrivisme d'un picaro* ; et si Diderot met magistralement en œuvre tous les procédés du roman sentimental dans les récits enchâssés, le contrepoint fourni par les amours de Jacques démythifie la passion amoureuse, et la rupture récurrente de l'illusion ne manque pas de donner à l'ensemble la tournure plaisante de la parodie.

La remise en cause des conventions romanesques

Moderne par sa dimension réflexive, *Jacques le Fataliste* l'est aussi par son refus des conventions romanesques. Diderot ne propose pas dans l'œuvre de véritables repères spatio-temporels, ce qui contredit les règles du roman réaliste. On ne trouve pas non plus de véritables portraits physiques ou psychologiques des personnages, qui se définissent d'abord par leur comportement. Le chronotope* est traité avec autant de désinvolture, puisque le voyage de Jacques et de son maître ne mène nulle part, et que les indications de temps renvoient à des moments assez vagues, au fil desquels on peut toutefois distinguer huit journées. Quant au récit cadre, il n'est astreint à aucune continuité narrative et ne propose pas à proprement parler d'intrigue, tandis que les récits enchâssés en fournissent une multiplicité, quelquefois, comme dans l'histoire de Mme de la Pommeraie, de façon très élaborée. Le récit est par ailleurs porté par des dialogues, essentiels à l'œuvre, soulignés par les caractéristiques graphiques du dialogue théâtral. Les dialogues en effet animent le récit, mais c'est aussi à travers eux que s'esquisse le caractère des personnages et que s'élabore la réflexion philosophique. Enfin, le dialogue le plus original est celui que Diderot amorce avec le lecteur, qu'il semble faire participer non seulement à l'action, mais à l'écriture même du roman, et le suspense qu'il installe concerne moins les aventures des héros que les hardiesses du romancier. Là encore s'affirme la liberté du créateur, en écho à celle du philosophe, ce qui explique qu'on ait pu qualifier *Jacques le Fataliste* d'anti-roman, et rapprocher sa facture de celle de certains nouveaux romans* du XXe siècle.

Un conte philosophique

Fatalisme et liberté

Le titre de l'œuvre dévoile une partie de son contenu philosophique, puisque le personnage éponyme est présenté comme « fataliste », le fatalisme étant une doctrine selon laquelle tout est fixé d'avance par le destin ou la fatalité. Jacques cependant croit moins au *fatum* qu'à un principe de causalité qui n'exclut pas la possibilité de l'action humaine, et le monde pour lui n'est pas régi par la Providence, mais par l'ordre naturel, puisqu'il est athée, selon une doctrine déjà développée par Diderot dans la *Lettre sur les Aveugles à l'usage de ceux qui voient* (1749). Ce « fatalisme », ou plus exactement cette pensée déterministe* (le mot n'apparaît qu'au XIXe siècle) – déjà évoquée par Voltaire dans *Candide* – pose le problème de la liberté humaine, en particulier dans le domaine de la morale. À cette question, Diderot n'apporte pas vraiment de réponse : à Jacques, ardent défenseur d'un déterminisme absolu hérité de Spinoza par l'intermédiaire de son « capitaine », il oppose le Maître, qui croit à une liberté que le roman lui-même met en pratique : le dialogue se prête parfaitement à ces échanges. De plus, Jacques est souvent en contradiction avec la théorie qu'il préconise, d'une façon quelquefois confuse, puisque sa croyance ne l'empêche pas d'essayer, en être libre, d'agir sur le cours des événements. Outre cette question, Diderot évoque dans *Jacques le Fataliste* la place du philosophe dans la société, la question du bonheur, le problème du bien et du mal, et une critique des institutions qui inscrivent l'œuvre dans le débat d'idées du Siècle des lumière*.

La satire sociale*

Les personnages rencontrés par les deux voyageurs ou évoqués dans leurs récits donnent l'occasion à Diderot de porter sur la société de son temps un regard lucide et souvent critique. À travers le père Hudson en particulier, c'est le clergé qui est visé, dont Diderot stigmatise la corruption et l'hypocrisie, et dont il souligne, en écho au *Supplément au Voyage de Bougainville*, la vie contre nature ; la noblesse désargentée ne recule, comme en témoigne le marquis des Arcis, devant aucune abjection pour assurer sa survie, et ignore toute morale ; la rapacité des prêteurs sur gages, l'incompétence des médecins, la malhonnêteté des juges ne sont pas oubliées, tandis que Diderot dépeint la dureté de la vie paysanne et les solides vertus de travail et d'économie du peuple dont est issu son héros.

À retenir

- Une œuvre complexe caractérisée par une problématique philosophique et des choix esthétiques novateurs.
- Un débat d'idées opposant déterminisme et liberté, sans parvenir à une conclusion dogmatique.
- L'évocation des grands thèmes des Lumières : la philosophie, le bonheur, la morale.
- Une œuvre à dimension satirique, qui n'épargne pas les institutions et s'inscrit dans la pensée sociale et philosophique de Diderot.
- Une œuvre à dimension parodique qui joue sur les genres et les registres.
- Un roman qui n'est pas un roman, car il refuse de se plier aux conventions du genre, en particulier celle de l'intrigue.
- Des récits annexes et des dialogues qui multiplient les parentés génériques.

La parole à l'œuvre

“

Vous voyez, lecteur, que je suis en beau chemin, et qu'il ne tiendrait qu'à moi de vous faire attendre un an, deux ans, trois ans, le récit des amours de Jacques, en le séparant de son maître, et en leur faisant courir à chacun tous les hasards qu'il me plairait.

Tout ce qui nous arrive de bien ou de mal ici-bas était écrit là-haut. Savez-vous, Monsieur, quelque moyen d'effacer cette écriture ? Puis-je n'être pas moi ? Et étant moi, puis-je faire autrement que moi ? Puis-je être moi et un autre ?

Et les amours de Jacques ? Jacques a dit cent fois qu'il était écrit là-haut qu'il ne finirait pas l'histoire, et je vois que Jacques avait raison. Je vois, lecteur, que celq vous fâche ; eh bien, reprenez son récit où il l'a laissé, et continuez-le à votre fantaisie [.]

Fiche

34

L'Encyclopédie ou l'esprit des Lumières (1751-1766)

Une entreprise ardue

En 1745, le libraire Le Breton confie à Diderot la réalisation d'un dictionnaire encyclopédique traduit de la *Cyclopaedia* publiée par Chambers en Angleterre. Diderot ne se contente pas de traduire, mais décide de faire de l'ouvrage la somme des connaissances du temps, en faisant appel à la contribution de spécialistes. Le 1er juillet 1751 le premier volume paraît, aussitôt attaqué par les jésuites qui y voient des propositions hérétiques, et condamné au feu ; en 1752 le deuxième tome est interdit par le Conseil d'État. Mais L'*Encyclopédie* est soutenue par Madame de Pompadour et Malesherbes et les tomes III à VII paraissent, moyennant une censure modérée, de 1753 à 1757. Les dévots s'acharnent, dénonçant le caractère subversif de l'ouvrage, et *l'Encyclopédie* affaiblie par la défection de collaborateurs comme d'Alembert ou Rousseau subit une nouvelle interdiction en 1759. Diderot peut néanmoins, grâce à Malesherbes, publier officiellement des volumes de planches, et travaille clandestinement aux dix volumes restants. En 1766 les tomes VIII à XVII sont distribués sous le manteau, tandis que les volumes de planches paraissent de 1762 à 1772.

L'ambition de l'*Encyclopédie*

L'entreprise encyclopédique se définit comme la récapitulation de l'ensemble des connaissances dans tous les domaines : elle se situe donc dans la continuité de l'esprit humaniste* de la Renaissance. Cependant, l'ouvrage se veut non seulement instrument de diffusion des connaissances mais œuvre formatrice au service de l'esprit critique et de la raison. Diderot et ses collaborateurs font œuvre de vulgarisation, mais affirment aussi constamment leur confiance dans le progrès et la civilisation. L'*Encyclopédie* aborde tous les domaines de la connaissance, accordant une grande importance aux arts mécaniques, illustrant les articles techniques de planches accompagnées de notices précises, et soulignant ainsi l'importance des ouvriers et des artisans dans une société en voie de modernisation. Mais, pour les encyclopédistes, il ne s'agit pas seulement d'informer : l'esprit d'observation et d'analyse qui anime l'*Encyclopédie* conduit à une réflexion critique qui touche à tous les domaines de la vie et de la pensée.

L'arme des philosophes

La pensée sociale et politique

L'*Encyclopédie* met en évidence l'importance sociale et la dignité des travailleurs et des techniciens, tout autant que l'utilité des philosophes et le rôle fondamental d'une économie saine et florissante : la société a pour objectif le bonheur des hommes, la réalisation du progrès par le savoir et l'esprit d'entreprise, et tous ses membres sont appelés à y concourir, chacun selon ses moyens. Sur le plan politique, l'ouvrage s'inspire largement de Montesquieu : si le despotisme, la monarchie absolue, la théorie du droit divin font sont critiquées au nom du droit naturel et de la raison, le système républicain apparaît comme réservé aux petits États, et la monarchie anglaise, garante de la liberté individuelle, est présentée comme exemplaire. L'*Encyclopédie* met en question la légitimité des privilèges et l'injuste répartition des impôts, prône une égalité de principe, s'élève au nom de l'humanité contre la pratique de l'esclavage, mais demeure plus volontiers réformiste que révolutionnaire, tout en affirmant la responsabilité de l'État, en particulier dans le domaine de l'éducation.

La pensée religieuse

Du point de vue religieux, la pensée des philosophes est plus subversive, ce qui explique l'hostilité des dévots à l'égard de l'œuvre dès le début de sa publication. Les articles qui abordent les problèmes de cet ordre révèlent une tendance déiste*, voire athée. Malgré les dangers de la censure, ils rejettent au nom de la raison l'autorité du dogme et la primauté de la foi, expriment leur scepticisme devant les événements prétendument miraculeux et dénoncent l'intolérance et le fanatisme qui accompagnent les religions révélées, l'ambition des dignitaires. Les textes sacrés, l'histoire religieuse font l'objet d'une lecture critique qui permet d'en relever les invraisemblances et les contradictions. De l'ensemble se dégage une philosophie naturaliste* qui affirme sa confiance dans la bonté originelle de l'homme, et dans la possibilité de concevoir un bonheur « ici et maintenant » détaché des promesses de l'au-delà, et fondé sur la connaissance et la raison.

À retenir

- Une œuvre collective, rassemblant des spécialistes de tous les domaines de la connaissance.
- Une œuvre qui laisse une large place aux sciences et aux techniques.
- Une double ambition : la diffusion et la vulgarisation du savoir, et la mise en œuvre de l'esprit critique et de la raison contre les préjugés et les superstitions.
- Un lieu d'expression privilégié pour les idées des philosophes.
- Sur le plan social, un idéal réformiste plutôt que révolutionnaire, dominé par l'idée de la dignité de chaque homme.
- Sur le plan religieux, le refus de l'intolérance et du fanatisme ennemis de la raison.

La parole à l'œuvre

“

Aucun homme n'a reçu de la nature le droit de commander aux autres. La liberté est un présent du ciel, et chaque individu de la même espèce a le droit d'en jouir aussitôt qu'il jouit de la raison. (Article « Autorité politique », Diderot)

Puisque la nature humaine se trouve la même dans tous les hommes, il est clair que selon le droit naturel chacun doit estimer et traiter les autres comme autant d'êtres qui lui sont naturellement égaux, c'est-à-dire qui sont hommes aussi bien que lui ». (Article « Égalité naturelle », Jaucourt)

L'esclavage n'est pas seulement un état humiliant pour celui qui le subit, mais pour l'humanité qui en est dégradée. (Article « Esclavage »)

La guerre est un fruit de la dépravation des hommes ; c'est une maladie convulsive et violente du corps politique ; il n'est en santé, c'est-à-dire dans son état naturel, que lorsqu'il jouit de la paix ; c'est elle qui donne de la vigueur aux empires ; elle maintient l'ordre parmi les citoyens ; elle laisse aux lois la force qui leur est nécessaire ; elle favorise la population, l'agriculture et le commerce ; en un mot, elle procure au peuple le bonheur qui est le but de toute société. (Article « Paix », Damilaville)

La raison est à l'égard du philosophe ce que la grâce est à l'égard du chrétien. La grâce détermine le chrétien à agir ; la raison détermine le philosophe. (Article « Philosophe », Dumarsais)

Il est doux de dominer sur ses semblables ; les prêtres surent mettre à profit la haute opinion qu'ils avaient fait naître dans l'esprit de leurs concitoyens ; ils prétendirent que les dieux se manifestaient à eux ; ils annoncèrent leurs décrets ; ils enseignèrent des dogmes ; ils prescrivirent ce qu'il fallait croire et ce qu'il fallait rejeter ; ils fixèrent ce qui plaisait ou déplaisait à la divinité ; ils rendirent des oracles ; ils prédirent l'avenir à l'homme inquiet et curieux, ils le firent trembler par la crainte des châtiments dont les dieux irrités menaçaient les téméraires qui oseraient douter de leur mission ou discuter leur doctrine. (Article « Prêtres », d'Holbach)

Fiche 35

Jean-Jacques Rousseau, *La Nouvelle Héloïse* ou la renaissance du lyrisme (1761)

Quelques mots sur l'auteur

Né à Genève en 1712 , orphelin de mère, Rousseau est livré à lui-même par un père peu soucieux d'éducation qui le confie de 1722 à 1724 à un pasteur, puis le fait entrer en apprentissage. En 1728 le jeune homme s'enfuit : Madame de Warens le recueille à Annecy ; il se convertit et mène jusqu'en 1732 une vie errante et précaire. Il revient alors chez Madame de Warens, et demeure à Chambéry jusqu'en 1736 : il enseigne la musique, complète sa culture. Mais un rival prend sa place en 1737, et sa protectrice l'installe aux Charmettes, où il reste jusqu'en 1742, après avoir occupé sans succès un poste de précepteur à Lyon en 1740. En 1742 Rousseau part pour Paris : il enseigne la musique, devient brièvement secrétaire d'ambassade à Venise en 1743, écrit des comédies et compose. Il se lie avec Diderot et collabore à l'*Encyclopédie*. Il fréquente les salons, mais s'y sent mal à l'aise, et sa vie personnelle le met en porte-à-faux. De sa liaison avec Thérèse Levasseur naissent cinq enfants, que Rousseau confie aux Enfants Trouvés, ce qui lui sera reproché. En 1750, il devient célèbre avec son *Discours sur les Sciences et les Arts*, dans lequel il prône la simplicité et la vertu contre les faux-semblants de la société. Tentant d'appliquer ses idées, il se retire malgré le succès de son opéra *Le Devin de Village* (1752). En 1755 dans le *Discours sur l'inégalité* il défend l'idée de la bonté naturelle de l'homme et dénonce l'injustice sociale. Il abjure le catholicisme et retourne brièvement à Genève, tandis que sa misanthropie s'accroît. En 1756, Madame d'Épernay l'invite à l'Ermitage. S'occupant de musique et de philosophie, il écrit à Voltaire la *Lettre sur la Providence*, et travaille à l'*Émile*, à la *Nouvelle Héloïse* et au *Contrat Social*. Mais il se brouille avec les Encyclopédistes et avec sa protectrice. En 1757 il est accueilli par le Maréchal de Luxembourg à Montmorency, où il reste jusqu'en 1762. La *Lettre à d'Alembert* paraît en 1758, la *Nouvelle Héloïse* en 1761, le *Contrat Social* et l'*Émile* en 1762. Les idées de la « Profession de foi du vicaire savoyard » déplaisent et il rejoint la Suisse. Torturé par la paranoïa, en butte à l'hostilité des religieux ou des philosophes, il reprend jusqu'en 1770 une vie instable, et entreprend les *Confessions*. De retour à Paris, il poursuit la rédaction de son autobiographie et écrit ses *Dialogues* : Rousseau juge de Jean-Jacques. Il consacre ses dernières années aux *Rêveries du promeneur solitaire*, et meurt en 1778.

Le roman de l'amour et de la vertu

Saint-Preux, le précepteur de Julie d'Étanges, aime son élève et il est aimé d'elle, comme au Moyen Âge Abélard le fut d'Héloïse. Malgré leurs efforts pour lutter contre leur passion, et l'éloignement de Saint-Preux, ils se voient en secret, avec l'aide de Claire d'Orbe. Mais les conventions sociales leur interdisent cet amour, et Saint-Preux quitte la Suisse. Les deux amoureux échangent des lettres où s'expriment leur passion et leur désarroi, jusqu'à ce que Julie, cédant aux instances familiales, épouse M. de Wolmar, tandis que Saint-Preux s'embarque pour un tour du monde. À son retour, M. de Wolmar, informé par Julie, l'invite généreusement à partager la vie idyllique de la famille à Clarens. Mais Julie meurt en avouant à Saint-Preux que son amour n'a pas fléchi.

Une œuvre multiple

La forme choisie par Rousseau, celle du roman épistolaire, est à la mode au XVIIIe siècle. Elle permet, en laissant alternativement la parole à tous les protagonistes, de créer un effet de polyphonie* et de laisser libre cours à l'expression de leurs sentiments et de leur sensibilité. Par ailleurs, la *Nouvelle Héloïse* rassemble les idées de Rousseau sur des questions aussi variées que l'art (en particulier le théâtre) l'éducation, la justice sociale ou la religion.

*L'annonce du romantisme**

Le roman de Rousseau a eu sur les œuvres postérieures une influence considérable. Il réhabilite la passion, et marque la renaissance du lyrisme*, puisque Rousseau ne se contente pas d'analyser l'amour mais le chante dans une prose musicale, rythmée et poétique qui annonce Chateaubriand. L'évocation de l'émotion donne aussi au texte une tonalité pathétique*, que souligne dans certains passages, comme la scène de la mort de Julie, la mise en œuvre d'un réalisme* soucieux du détail saisissant. Un autre élément annonce dans l'œuvre l'avènement du romantisme : le sentiment de la nature, considérée comme reflet des turbulences de l'âme et des élans de la passion. Pour Rousseau, comme pour les Romantiques, il existe une correspondance entre le spectacle de la nature et les sentiments. Enfin, la *Nouvelle Héloïse* fait du roman le lieu de la confidence et de l'épanchement du moi.

Le roman d'un philosophe

Ce n'est pas sans réticence que Rousseau, qui condamne la futilité des arts, se livre à la rédaction d'un roman : encore faut-il que celui-ci ait une utilité, en se faisant l'instrument d'un enseignement moral. La leçon essentielle de la *Nouvelle Héloïse* est une leçon de vertu, illustrée par la dignité et l'honnêteté de Julie, et par la lutte victorieuse du devoir contre la tentation. On y trouve aussi l'éloge de la simplicité et de la vie naturelle, dans la représentation de la vie à Clarens, où s'allient les principes d'égalité, de vertu, d'utilité, dans une vision qui se rapproche de l'utopie*. Rousseau définit dans ces pages une conception sociale et individuelle du bonheur, associé à une juste répartition du travail, à la prospérité, à une existence rustique saine et morale. Ses idées religieuses transparaissent également, annonçant la « Profession de foi du vicaire savoyard » : c'est dans le recueillement et la prière que Julie puise la force de résister à sa passion, et Rousseau affirme sa foi en une religion naturelle, tolérante et universelle.

À retenir

- Un roman lyrique et sentimental qui inaugure le préromantisme, avec la réhabilitation de la sensibilité et le sentiment de la nature.
- La somme des idées de Rousseau sur l'éducation, la société et la religion.
- L'exaltation de la vertu et d'une religion naturelle.
- Un roman épistolaire à plusieurs voix.

La parole à l'œuvre

“ *En effet, c'est une impression générale qu'éprouvent tous les hommes, [...] que sur les hautes montagnes, où l'air est pur et subtil, on se sent plus de facilité dans la respiration, plus de légèreté dans le corps, plus de sérénité dans l'esprit ; les plaisirs y sont moins ardents, les passions plus modérées. Les méditations y prennent je ne sais quel caractère grand et sublime, proportionné aux objets qui nous frappent, je ne sais quelle volupté tranquille qui n'a rien d'âcre et de sensuel.*

« O ma Julie, disais-je avec attendrissement, que ne puis-je couler mes jours avec toi dans ces lieux ignorés, heureux de notre bonheur et non du regard des hommes ! Que ne puis-je ici rassembler toute mon âme en toi seule, et devenir à mon tour l'univers pour toi ! Charmes adorés, vous jouiriez alors des hommages qui vous sont dus ! (I, lettre 23)

« Servir Dieu, ce n'est point passer sa vie à genoux dans un oratoire, je le sais bien ; c'est remplir sur la terre les devoirs qu'il nous impose ; c'est faire en vue de lui plaire tous ce qui convient à l'état où il nous a mis. (VI, lettre 8)

Fiche 36

Jean-Jacques Rousseau, *Émile* ou l'utopie pédagogique (1762)

Un traité d'éducation

La pédagogie de Rousseau s'inscrit de manière cohérente dans l'ensemble de sa pensée philosophique : comme sa conception de la famille et de la société, elle laisse une large place à la nature, visant à préserver l'innocence originelle contre l'influence dégradante d'une société corrompue.

L'œuvre est constituée de cinq livres organisés selon la chronologie du développement d'un élève fictif, Émile, que Rousseau imagine d'intelligence moyenne, et issu de la noblesse. Il appartient à son précepteur de l'accompagner jusqu'à l'âge d'homme, par une éducation physique, intellectuelle, morale et spirituelle, et en le libérant des préjugés. Le livre I est consacré à la petite enfance, jusqu'à cinq ans : l'éducation alors doit privilégier la découverte sensorielle du monde. Dans le livre II apparaissent l'éducation physique et l'apprentissage de la liberté qui se font de cinq à douze ans. Si l'enfant apprend la lecture, il n'est pas encore confronté à un apprentissage intellectuel. La formation intellectuelle et technique n'est de mise qu'à partir de douze ans, toujours à partir de l'observation de la nature. C'est aussi à ce moment que l'enfant, ainsi préparé à la vie sociale, apprend un métier : Émile deviendra menuisier. De quinze à vingt ans, l'élève est prêt à recevoir un enseignement moral et religieux, qui fera de lui un homme complet et lui permettra de vivre heureux et en harmonie avec le monde. Il est temps pour lui alors de fonder une famille, avec une femme vertueuse, éduquée selon les principes développés dans le livre V, qui s'achève sur le roman d'amour d'Émile et de Sophie.

Une pédagogie originale

La fidélité à la nature

L'objectif pédagogique de Rousseau est de préserver l'homme naturel, en protégeant l'enfant de l'influence de la civilisation. L'élève doit donc être éloigné dans un premier temps de la vie urbaine et de sources possibles d'influence comme les livres et les arts. L'essentiel de cette formation consiste en une éducation morale et en une formation pratique. Rousseau est surtout attentif offrir à l'enfant un enseignement adapté à son âge et à ses capacités, respectueux de son évolution, et rattaché à l'observation du monde et de la nature : plus lui importent l'éveil des sens et de la curiosité que l'accumulation des connaissances livresques. Par ailleurs, l'enfant doit être préservé des vices inhérents à un enseignement maladroit : orgueil, mensonge, hypocrisie sont ignorés de l'âme primitive et doivent rester étrangers à l'élève. Comme les humanistes*, Rousseau souligne l'importance d'une éducation physique susceptible d'endurcir le corps autant que de fortifier le caractère, mais il insiste sur les dangers des lectures spécieuses qui pourraient pervertir l'enfant. Quant à l'éducation féminine prônée dans le livre V, elle réserve à la femme une culture d'agrément, et limite son rôle à celui de mère de famille et de compagne dévouée et vertueuse.

La formation sociale et morale

S'il est dans les premiers temps de sa vie tenu à l'écart de la société, Émile est néanmoins destiné à devenir un membre actif et utile de la communauté humaine, et son éducation doit l'y préparer. L'enfant est donc sensibilisé aux notions de justice et de respect, et les idéaux démocratiques ne sont pas absents de sa formation : bien que de famille aristocratique, Émile ne conserve aucun préjugé nobiliaire, puisqu'on lui inculque le principe de l'égalité des hommes. L'idée chère aux Lumières* de l'utilité de chacun dans la société est aussi importante : en apprenant un métier, l'enfant prend conscience du rôle de l'individu dans le groupe et de la dignité du travail. Protégé des influences néfastes, le jeune homme a également pu préserver ses vertus naturelles : il ignore l'hypocrisie et l'orgueil, l'envie et l'esprit de compétition. Il peut donc devenir un homme heureux selon le philosophe : bienveillant et honnête, il sait limiter ses aspirations à ses besoins véritables, dans l'idéal de simplicité et de vertu auquel tient Rousseau.

« La profession de foi du vicaire savoyard »

Ce passage de l'*Émile*, situé au livre IV, constitue une somme de la pensée religieuse de Rousseau. Un jeune protestant, qui ressemble fort à l'auteur, est confronté au catholicisme et assailli par le doute. Un vicaire savoyard, image de vertu, le recueille et l'instruit, dans un esprit perçu comme assez subversif pour que le Parlement poursuive l'auteur à cause de ce passage.

Une religion naturelle

Rousseau rejette les théories matérialistes* qui conduisent à l'athéisme, mais il n'accepte pas pour autant les impératifs arbitraires et l'intolérance des religions révélées. Pour lui, l'observation du monde conduit à l'idée d'une intelligence créatrice, celle d'un Être Suprême que l'esprit inhumain demeure impuissant à concevoir, et qu'il faut donc se contenter d'adorer. Si Rousseau admet la grandeur du Christ, il conseille à chacun de conserver la religion dans laquelle il a été élevé, ne reconnaissant à aucune des religions pratiquées le privilège de la vérité. C'est un idéal déiste* de foi et de tolérance que prône le Vicaire savoyard.

L'exigence morale

L'existence de Dieu, que Rousseau ne met pas en doute, est difficilement compatible avec l'existence du mal. Le philosophe pourtant affirme sa confiance dans la Providence : il justifie le mal dans le monde par le libre arbitre qu'il accorde à l'homme, qui peut choisir de s'exclure du plan divin. S'il suit sa raison et sa conscience en accord avec la nature, l'homme échappe au mal et s'inscrit spontanément dans l'harmonie de l'Être Suprême.

À retenir

- Un traité d'éducation fondé sur l'idée de la bonté originelle de l'homme et le respect de la nature.
- Une œuvre où s'expriment les idéaux du philosophe : combat contre les préjugés, affirmation de la dignité de tous et de la nécessité d'égalité et de justice.
- Une utopie pédagogique visant à préserver la vertu originelle, à épanouir l'individu et à l'intégrer harmonieusement à la communauté humaine.
- La somme des idées de Rousseau sur la question religieuse : une religion naturelle prônant la conscience morale et la tolérance.

“ La parole à l'œuvre

Vivre est le métier que je veux lui apprendre (I)

Rendez votre élève attentif aux phénomènes de la nature, bientôt vous le rendrez curieux ; mais, pour nourrir sa curiosité ne vous pressez jamais de la satisfaire. Mettez les questions à sa portée, et laissez-les lui résoudre. Qu'il ne sache rien parce que vous le lui avez dit, mais parce qu'il l'a compris lui-même ; qu'il n'apprenne pas la science, qu'il l'invente. Si jamais vous substituez dans son esprit l'autorité à la raison, il ne raisonnera plus ; il ne sera plus que le jouet de l'opinion des autres. (III)

Celui qui mange dans l'oisiveté ce qu'il n'a pas gagné lui-même, le vole ; et un rentier que l'État paye pour ne rien faire ne diffère guère, à mes yeux, d'un brigand qui vit aux dépens des passants. (III)

Toute l'éducation des femmes doit être relative aux hommes. Leur plaire, leur être utiles, se faire aimer et honorer d'eux, les élever jeunes, les soigner grands, les conseiller, les consoler, leur rendre la vie agréable et douce : voilà les devoirs des femmes dans tous les temps, et ce qu'on doit leur apprendre dès l'enfance. (V)

Fiche 37

Jean-Jacques Rousseau, *Les Confessions* ou l'émergence du moi (1782-1789)

Un projet original

Rousseau entreprend cette œuvre dans le but de se justifier des attaques de ses ennemis, en particulier Voltaire, qui lui reproche d'avoir abandonné ses enfants. La première partie, qui comprend les livres I à VI, relate la jeunesse de l'auteur, de 1712 à 1741, la seconde partie (livre VII à XII) s'étend jusqu'en 1761, et ressuscite les moments douloureux de la rupture avec Mme d'Épinay et de la brouille avec les philosophes. Rousseau a entrepris en deux étapes la rédaction de son œuvre, en 1765-1767 pour la première partie, en 1769-1770 pour la seconde, et les *Confessions* feront l'objet de publications posthumes, en 1782 et en 1789. Si les six premiers livres sont consacrés à l'évocation de souvenirs heureux, les derniers sont marqués par les progrès de la maladie de Rousseau, obsédé par l'idée de l'auto-justification et par la hantise du complot universel. Le titre est une référence aux *Confessions* de aaint Augustin (quatrième siècle) et l'ensemble s'inscrit à la fois dans la pratique religieuse de l'introspection et dans la perspective, alors neuve, du récit autobiographique. C'est sans détour, en toute vérité et en toute sincérité que Rousseau entend se livrer au lecteur à qui il appartient d'interpréter les faits et de juger (et d'absoudre) le narrateur. Rousseau s'y montre en accord avec le sensualisme* de Condillac, qui veut que les facultés intellectuelles se forment à partir des sensations, des impressions et des expériences de l'enfance, ce qui explique le soin avec lequel il tente de rapporter le détail de ses premiers souvenirs.

Enjeux et limites de l'autobiographie

La vérité et l'humanité

Le projet autobiographique de Rousseau s'inscrit dans la perspective d'une défense, d'une réfutation de l'image calomnieuse de lui-même que donnent ses ennemis : face à ses détracteurs, il offre dans ses détails les plus personnels, et en toute bonne foi, le récit de son existence qui témoignera en sa faveur. Par ailleurs, les *Confessions* atteignent à l'universalité, en proposant le témoignage d'une expérience humaine. Rousseau y analyse en effet les étapes de sa formation, insistant sur l'importance d'une pédagogie bienveillante, tente d'expliquer les relations entre les conditions de vie et le caractère, et fournit un modèle d'introspection, soulignant la tension entre la volonté de sincérité et le désir de gagner l'approbation du lecteur. En montrant non le portrait statique et achevé d'un individu, mais la genèse d'un être et d'un caractère, il confirme le mot de Montaigne, « tout homme porte en lui la forme entière de l'humaine condition ».

Écriture et réécriture de la réalité

La dimension romanesque, c'est-à-dire fictive, de l'œuvre, n'en est pas moins présente. Le retour de Rousseau sur son passé se fait de mémoire, sans documents, et maint événement relaté dans les *Confessions* s'y trouve infléchi. Même s'il révèle ses faiblesses avec franchise, et quelquefois avec complaisance, il lui arrive d'arranger à son avantage une réalité défavorable : ainsi lorsqu'il raconte, en les déformant, ses querelles avec les philosophes. L'œuvre n'en demeure pas moins intéressante, dans la mesure où par ses erreurs même elle pose clairement le problème des limites de l'entreprise autobiographique.

L'influence de l'œuvre

Première autobiographie au sens moderne, l'œuvre marque une étape importante dans la démarche de la connaissance de soi et de ses implications littéraires. On y trouve, auprès des autoportraits apologétiques* un souci constant de l'analyse psychologique, qui annonce le « culte du moi » pratiqué au XIXe siècle par les romantiques*, mais aussi l'idée, dont se souviendra la psychanalyse, que l'individu s'explique par son vécu et par les expériences fondatrices de l'enfance. L'œuvre littéraire y est conçue comme lieu de l'introspection et de la confidence. Le romantisme se reconnaîtra encore dans cette œuvre qui réhabilite la passion et ses égarements, qui affirme la prééminence du sensible sur le conceptuel, et qui chante la plénitude dans l'harmonie entre le cœur et la nature, entre le moi et le monde. L'écriture des *Confessions* est en effet marquée par un lyrisme* lui aussi annonciateur des épanchements romantiques, propre à exprimer l'intensité des sensations et des sentiments, de l'enthousiasme au désespoir, de l'angoisse pathologique à la mélancolie. La prose y prend souvent des allures poétiques liées aux rythmes, aux images et aux effets de sonorités ; les récits se font confidentiels ou romanesques, et les descriptions d'une nature complice y prennent une large place.

À retenir

- La première autobiographie moderne.
- Une œuvre conçue comme une justification et un plaidoyer.
- Une illustration des enjeux et des limites de l'autobiographie, recherchant l'authenticité et la sincérité, sans pouvoir éviter la réécriture des événements.
- Une œuvre annonciatrice du romantisme, par la réhabilitation du moi et des passions, par l'affirmation de la sensibilité, par une écriture lyrique et personnelle.

“ La parole à l'œuvre

Je forme une entreprise qui n'eut jamais d'exemple et dont l'exécution n'aura point d'imitateur. Je veux montrer à mes semblables un homme dans toute la vérité de sa nature ; et cet homme ce sera moi.

Que la trompette du jugement dernier sonne quand elle voudra, je viendrai, ce livre à la main, me présenter devant le souverain juge. Je dirai hautement : « Voilà ce que j'ai fait, ce que j'ai pensé, ce que je fus. J'ai dit le bien et le mal avec la même franchise. Je n'ai rien tu de mauvais, rien ajouté de bon, et s'il m'est arrivé d'employer quelque ornement indifférent, ce n'a jamais été que pour remplir un vide occasionné par mon défaut de mémoire. J'ai pu supposer vrai ce que je savais avoir pu l'être, jamais ce que je savais être faux. Je me suis montré tel que je fus : méprisable et vil quand je l'ai été, bon, généreux, sublime, quand je l'ai été : j'ai dévoilé mon intérieur tel que tu l'as vu toi-même, Être éternel.» (Prologue)

Je n'avais rien conçu, j'avais tout senti (I)

Deux choses presque inalliables s'unissent en mi sans que j'en puisse concevoir la manière : un tempérament très ardent, des passions vives, impétueuses, et des idées lentes à naître, embarrassées et qui ne se présentent jamais qu'après coup. On dirait que mon cœur et mon esprit n'appartiennent pas au même individu. Le sentiment, plus prompt que l'éclair, vient remplir mon âme ; mais au lieu de m'éclairer, il me brûle et m'éblouit. Je sens tout et je ne vois rien. (III)

Telles ont été les erreurs et la fautes de ma jeunesse. J'en ai narré l'histoire avec une fidélité dont mon cœur est content. Si dans la suite, j'honorai mon âge mûr de quelques vertus, je les aurais dites avec la même franchise, et c'était mon dessein. (VI)

L'objet propre de mes confessions est de faire connaître exactement mon intérieur dans toutes les situations de ma vie. C'est l'histoire de mon âme que j'ai promise, et pour l'écrire fidèlement, je n'ai pas besoin d'autres mémoires : il me suffit, comme je l'ai fait jusqu'ici, de rentrer au-dedans de moi. (VII)

Fiche 38

Beaumarchais, *Le Mariage de Figaro* ou la subversion en scène (1784)

Quelques mots sur l'auteur

Pierre-Augustin Caron est né à Paris en 1732. Très tôt il devient apprenti horloger chez son père. Son inventivité et son succès lui permettent de devenir horloger du roi, auprès de qui il achète bientôt une charge de contrôleur clerc d'office. Proche des milieux financiers, il passe secrétaire du roi et, anobli, devient en 1761 M. de Beaumarchais. En 1763 il assume la charge de lieutenant général des chasses. On le retrouve entre 1764 et 1765 en Espagne, où il demande raison au prétendant indélicat de l'une de ses sœurs et met sur pied des spéculations financières. En 1767 il fait jouer sa première pièce, *Eugénie*, un drame*, publié avec un *Essai sur le genre dramatique*. En 1770, son second drame, *Les deux amis*, est représenté sans succès. À la suite d'accusations de faux et d'une dispute avec un duc, Beaumarchais est incarcéré, puis condamné en 1773. Il se défend, met en cause les protagonistes de l'affaire et rentre en grâce, au point de se voir charger de missions secrètes en Angleterre et en Allemagne. En 1775 est joué *Le Barbier de Séville*, tandis que Beaumarchais est chargé par Louis XVI d'intervenir en faveur des insurgés d'Amérique. En 1776 le Parlement prononce sa réhabilitation. Beaumarchais prépare en 1777 une édition des œuvres complètes de Voltaire, et en 1784 est joué *Le Mariage de Figaro*, après quatre années de difficultés et de censure. Beaumarchais est de nouveau emprisonné en 1785. Il revient au drame larmoyant avec *La Mère coupable*, suite maladroite du *Mariage*, en 1792, après s'être essayé à l'opéra. Une affaire malencontreuse le pousse de 1792 à 1795 à séjourner à Hambourg. Il revient à Paris en 1796 pour y mourir en 1799.

Une comédie originale

Une intrigue à rebondissements

Le mariage de Figaro ou *La Folle Journée* constitue la suite du *Barbier de Séville*. On y retrouve les mêmes personnages : le Comte Almaviva, éternel séducteur, Rosine, devenue Comtesse, et Figaro, resté au service de son maître. Trois années se sont écoulées, et le mariage de Figaro avec Suzanne, la jolie camériste de la Comtesse, est imminent. Mais deux obstacles surgissent. Le Comte, en vertu du droit de cuissage, tente de séduire la fiancée, qui en informe Figaro, et Marceline, la revêche gouvernante, vient réclamer son dû : si Figaro ne peut lui rendre son argent, il faudra qu'il l'épouse ! Parallèlement, le jeune page Chérubin, au grand dam du Comte, tombe amoureux de la comtesse. Suzanne met en place un stratagème, et le comte, charmé par la soubrette mais jaloux de sa femme, s'y laisse prendre : pour se venger, il laissera Figaro épouser Marceline. Mais une reconnaissance inattendue a lieu, qui sauve le valet : Marceline est sa propre mère.

Du rire aux larmes

Beaumarchais met au service de la pièce toutes les ressources du comique : comique de mots et de gestes, comique de situation et de caractère. Les jeux de scène et de physionomie ne sont pas en reste, comme en témoignent les didascalies* détaillées. Mais l'aspect comique de la pièce et son intrigue légère n'empêchent pas la présence du registre pathétique, d'usage dans la comédie larmoyante : l'histoire romanesque de Marceline, la reconnaissance émouvante de la mère et du fils, la révolte de la femme délaissée, la plainte mélancolique de la Comtesse enrichissent la comédie d'une profondeur qui se met, comme les procédés comiques, au service d'intentions plus sérieuses, et donnent sa dimension politique à la pièce.

Le ferment révolutionnaire

La critique des privilèges

Sous les dehors d'une comédie pleine d'esprit et de dynamisme, la pièce aborde des thèmes d'une brûlante actualité à l'époque où elle est jouée, ce qui explique la réticence du roi et des censeurs. On y voit en effet un valet, pourvu de qualités intellectuelles et morales, s'opposer violemment à un maître qui n'a d'autre mérite que son appartenance à l'aristocratie, et qui est prêt à profiter des avantages que celle-ci lui offre. Figaro revendique sa liberté et sa dignité, et conteste explicitement les privilèges nobiliaires liés à la naissance, mis à mal en particulier dans son célèbre monologue (V,3). Le Comte Almaviva se montre oublieux des services que lui a rendus Figaro, infidèle, et arrogant. C'est un homme d'un autre temps, dont Figaro, Suzanne, mais aussi sa propre épouse Rosine contestent les abus de pouvoir et le recours cynique aux privilèges de classe.

La satire de la justice*

L'acte III, acte central, consacre des scènes importantes au procès qui oppose Marceline à Figaro, et donne à Beaumarchais l'occasion de dénoncer avec virulence les défauts d'une justice qu'il connaît bien : l'incompétence des juges, la corruption du système juridique, la rapacité des avocats, l'éloquence confuse et jargonnante sont stigmatisées avec une verve comique. Le juge Bridoison, ridicule, sot, affligé d'un bégaiement comique, personnifie cette justice inconsistante et vénale, et l'intention critique apparaît manifestement dans la parodie* de procès à la scène 15 de l'acte III. Beaumarchais remet en cause la vénalité des charges et la partialité des tribunaux.

La condition féminine

Après d'illustres prédécesseurs, comme Marivaux, Voltaire ou Diderot, Beaumarchais dénonce l'oppression qui est le lot des femmes dans un monde régi par les hommes. Si Suzanne est confrontée au droit inique qui confère au Comte un privilège de classe, la Comtesse n'a aucun recours que les larmes et la ruse devant un mari infidèle mais tout puissant. Quant à Marceline, mère célibataire, séduite et abandonnée par Bartholo, elle se révolte contre l'hypocrisie des hommes et de la société.

À retenir

- Une comédie dynamique, qui fait appel à toutes les ressources du genre.
- Une dénonciation explicite des privilèges de la naissance et de l'arrogance de la noblesse.
- La satire d'une justice inefficace et corrompue.
- Une œuvre qui s'inscrit dans l'esprit des Lumières, par la revendication de justice et d'égalité qu'elle exprime.

“ La parole à l'œuvre

Tenez, Monseigneur, n'humilions pas l'homme qui nous sert bien, de peur d'en faire un mauvais valet.

[F]eindre d'ignorer ce que l'on sait, de savoir tout ce qu'on ignore ; d'entendre ce qu'on ne comprend pas, de ne point ouïr ce qu'on entend ; surtout de pouvoir au-delà de ses forces ; avoir souvent pour grand secret de cacher qu'il n'y en a point ; s'enfermer pour tailler ses plumes, et paraître profond quand on n'est, comme on dit, que vide et creux ; jouer bien ou mal un personnage ; répandre des espions et pensionner des traîtres ; amollir des cachets ; intercepter des lettres ; et tâcher d'ennoblir la pauvreté des moyens par l'importance des objets : voilà toute la politique, ou je meure ! (III, 5)

Parce que vous êtes un grand Seigneur, vous vous croyez un grand génie !.. Noblesse, fortune, un rang, des places : tout cela rend si fier ! Qu'avez-vous fait pour tant de biens ? Vous vous êtes donné la peine de naître, et rien de plus ; du reste, homme assez ordinaire !

Que je voudrais bien tenir un de ces puissants de quatre jours, si légers sur le mal qu'ils ordonnent, quand une bonne disgrâce a cuvé son orgueil ! Je lui dirais... que les sottises imprimées n'ont d'importance qu'aux lieux où l'on en gêne le cours ; que, sans la liberté de blâmer, il n'est point d'éloge flatteur, et qu'il n'y a que les petits hommes qui redoutent les petits écrits. (V, 3)

Le XIXe siècle

Repères

Le XIXe siècle est une période de grande instabilité politique : il s'ouvre sur le Consulat de Bonaparte (1799-1804), qui pacifie la France et fonde un État centralisé. L'Empire (1804-1814) succède au Consulat, et Napoléon Ier à Bonaparte, dans un gouvernement marqué par l'autorité croissante de l'Empereur, et la volonté d'expansion. Les Bourbons reviennent au pouvoir après l'abdication de Napoléon en 1814 : c'est la Restauration, lors de laquelle Louis XVIII accepte l'élaboration d'une Charte constitutionnelle, et qui connaît l'intermède des Cent-Jours : Napoléon revient en mars 1815, il est battu à Waterloo le 18 juin de la même année et abdique définitivement, tandis que la France est occupée. La Seconde Restauration, dirigée par Louis XVIII puis Charles X, s'achève sur la révolution de 1830, marquée par l'épisode des Trois Glorieuses. C'est l'avènement de la monarchie de Juillet : Louis-Philippe Ier, « roi des Français », appuie le développement d'une bourgeoisie aisée. Mais son règne s'achève en 1848 par les « journées de février » qui instaurent la Seconde République, d'abord démocratique, puisqu'elle déclare le suffrage universel et la liberté de la presse, puis, après l'insurrection de juin 1848, beaucoup plus conservatrice. Le 10 décembre 1848 Louis Napoléon Bonaparte est élu président, et le reste jusqu'au coup d'État du 2 décembre 1851 qui met sur pied un régime présidentiel autoritaire jusqu'au 2 décembre 1852, date à laquelle le président devient l'empereur Napoléon III. Le pouvoir consolidé, le régime s'ouvre à partir de 1860 à davantage de libéralisme, et s'effondre en 1870 avec la défaite de Sedan, qui marque la fin du conflit franco-allemand. La Troisième République voit le jour, et en 1871 est élue une Assemblée nationale majoritairement monarchiste. L'année 1871 est marquée par la perte de l'Alsace et d'une partie de la Lorraine, et par les événements de la Commune (du 18 mars au 28 mai) sanctionnés par une répression sanglante. Thiers, président de 1871 à 1873, tente de redresser le pays, mais il est renversé par une tentative de restauration monarchiste, qui échoue.

Mac-Mahon instaure un régime d'ordre moral et assure la présidence jusqu'en 1879. Jules Grévy lui succède et de 1879 à 1885 sont votées les lois fondamentales instaurant les libertés publiques. La politique extérieure est marquée par les conquêtes coloniales, en Algérie et en Asie, mais l'économie intérieure stagne, et la période de 1885 à 1899 voit la multiplication des crises, en particulier l'affaire Dreyfus, qui divise durablement l'opinion. Au nationaliste et à l'antisémitisme répond alors la formation du bloc des gauches, dont la politique anticléricale aboutit en 1905 à la séparation de l'Église et de l'État.

Le XIXe siècle culturel et littéraire

Un siècle dynamique

Le siècle se caractérise par une évolution remarquable sur le plan des idées comme sur le plan scientifique et social. Si le début du siècle est marqué par l'épopée napoléonienne, de nombreux intellectuels s'investissent, comme Lamartine ou Victor Hugo, dans l'action politique et sociale. De plus en plus, la voix du libéralisme politique, qui réclame la garantie des libertés, se fait entendre, tandis que l'accroissement et la pauvreté du prolétariat urbain, parallèles à l'essor de l'industrie et à la fortune des industriels et des financiers, suscitent une revendication de justice sociale et d'égalité, violemment affirmée lors des mouvements de 1848 et de la Commune. La pensée sociale est d'abord représentée par des utopistes, comme Saint-Simon ou Fourier ; elle s'associe également aux idéaux chrétiens, avec le catholicisme social d'un Lamennais ou d'un Lacordaire, et trouve enfin son expression philosophique chez les théoriciens du socialisme comme Proudhon ou, à l'étranger, Marx.

Parallèlement, la science progresse, et rejoint la philosophie avec des théories comme celles de l'évolutionnisme* de Darwin et du positivisme* d'Auguste Comte. Zola entendra même avec le naturalisme* faire du roman un instrument de connaissance scientifique.

Les grands mouvements littéraires

Trois grands mouvements littéraires se sont imposés au cours du XIXe siècle : le romantisme, le réalisme et le symbolisme. Si l'on peut dire schématiquement, par commodité, qu'ils se sont succédés, il ne faut pas négliger l'influence qu'ils ont eue les uns sur les autres, et même parfois leur coexistence à un même moment, voire chez un même créateur.

Ouverte vers l'étranger, en particulier en raison des mouvements liés à l'émigration des aristocrates après la Révolution, la France est sensible, dès le début du siècle, au romantisme venu d'Allemagne et d'Angleterre, et auquel la sensibilité préromantique représentée par exemple par Rousseau, a ouvert la voie. Le romantisme connaît son apogée sous la Restauration et la monarchie de Juillet, mais il marque durablement le siècle. Il peut se définir essentiellement comme triomphe du lyrisme personnel, où l'expression du moi s'associe avec le sentiment de la nature et la communion avec l'humanité. Sur le plan esthétique, le romantisme constitue surtout une réaction contre le classicisme dont il rejette les règles, en particulier au théâtre, et l'idéal de mesure et d'harmonie.

« Tout ce qui est dans la nature est dans l'art » proclame, avec Victor Hugo, le romantisme : c'est ce principe qu'en retient le mouvement réaliste, qui par ailleurs refuse l'idéalisation du réel et la place laissée à l'imagination, à la sensibilité et à l'irrationnel par le romantisme. C'est dans le roman, reflet de la psychologie humaine, de la société et des mœurs, que le réalisme trouve son mode d'expression le plus adéquat.

Les limites du réalisme, et les problèmes esthétiques qu'il ne manque pas de soulever – à partir de quand le roman réaliste, par exemple, se fait-il documentaire, et inversement à partir de quand l'art transfigure-t-il le réel ? – suscitent aussi des réactions, en particulier chez les intellectuels idéalistes* et les poètes. Par sa théorie des correspondances*, Baudelaire ouvre la voie au symbolisme*, tandis qu'à la fin du siècle, avec Rimbaud et Mallarmé, l'écriture poétique s'oriente vers des voies neuves.

Fiche

39

Benjamin Constant, *Adolphe* ou le mal du siècle (1816)

Quelques mots sur l'auteur

Benjamin Constant de Rebecque est né à Lausanne et 1767 dans une famille en partie issue de l'émigration protestante. Son parcours scolaire et universitaire le conduit en Angleterre, en Allemagne et en Écosse, il se fixe à Paris avant de se mettre au service du duc de Brunswick. En 1794, il rencontre Madame de Staël et bien que marié, la suit à Paris, ou il prend la nationalité française et se lance dans l'action politique. Trop libéral, il est exclu du Tribunat en 1802 et suit Madame de Staël dans son exil jusqu'à leur rupture en 1808. Malgré ses déclarations hostiles à Napoléon, il le suit pendant les Cent-Jours et s'exile après Waterloo en Angleterre où il publie *Adolphe* en 1816. Après son retour en France, il devient orateur à la Chambre et Président du Conseil d'État sous Louis-Philippe. Il meurt en 1830. Outre son roman et des essais politiques et philosophiques, Benjamin Constant a laissé des œuvres posthumes largement autobiographiques, comme *Le Cahier rouge* ou *Cécile*, et des *Journaux intimes*.

Un roman d'amour

Adolphe, le jeune héros éponyme* du roman de Constant, est un jeune dandy spirituel et de réputation légère. Lorsqu'il rencontre Éllénore, qui a dix ans de plus que lui, il s'imagine par vanité en tomber amoureux, et la jeune femme, oublieuse de ses devoirs et de sa réputation, devient sa compagne. Mais Adolphe s'éloigne de cette maîtresse passionnée et excessive : s'il se rend compte que son amour était illusoire, il n'ose pas rompre tout en se trahissant par sa froideur. Il promet à son père de mettre fin à cette liaison pesante, qui est aussi un obstacle à ses projets : Éllénore l'apprend indirectement, elle en meurt de douleur, vouant ainsi Adolphe au remords.

Le roman du *moi*

Introspection et autobiographie

Le roman se présente comme un récit à la première personne : le héros, Adolphe, raconte son histoire certes, mais plus encore il s'analyse avec complaisance et se plaît à témoigner de la moindre nuance de ses sentiments. Adolphe est en effet souvent absorbé dans la contemplation de lui-même, et les réflexions dans lesquelles il se perd ne débouchent pas sur une action responsable, mais sur des hésitations à la fois torturantes et profondément égoïstes. Les considérations morales et psychologiques ont donc une large part dans cette œuvre, dans laquelle on peut reconnaître également l'inspiration autobiographique : si les faiblesses du héros rappellent certains traits du caractère de l'auteur, la liaison houleuse avec Madame de Staël transparaît dans la relation malheureuse entre Adolphe et Éllénore.

Le « mal du siècle »

Benjamin Constant renoue avec le roman psychologique : à travers les analyses d'un *moi* en proie au doute et au mal-être se devine la lucidité d'un esprit à la fois conscient de ses propres insuffisances, et des faiblesses de la nature humaine. Mais l'œuvre est aussi révélatrice d'une époque et d'une génération. Annonçant le courant qui marque le début du siècle, apparaissent dans *Adolphe* une nature qui fait écho aux sentiments des personnages, une peinture de l'amour et de ce désenchantement que Chateaubriand a pu appeler le « vague des passions » qui font d'Éllénore et d'Adolphe des héros romantiques. Ce jeune homme, en proie à l'ennui, à l'incertitude, qui s'épuise en spéculations stériles et égocentriques, est l'une des premières incarnations du « mal du siècle ».

À retenir

- Un roman d'analyse, dans la tradition classique du roman psychologique.
- Un roman autobiographique, marqué par l'expérience et la personnalité de l'auteur.
- Une œuvre qui met en scène la sensibilité et la passion, avec les accents lyriques et pathétiques qui seront ceux du romantisme.
- Un héros marqué par les premières atteintes du « mal du siècle ».

La parole à l'œuvre

“ *J'ai voulu peindre dans Adolphe une des principales maladies morales de notre siècle : cette fatigue, cette incertitude, cette absence de force, cette analyse perpétuelle, qui place une arrière-pensée à côté de tous les sentiments, et qui les corrompt dès leur naissance.* (Préface)

Fiche 40

François-René de Chateaubriand, *René* ou le « vague des passions » (1802)

Quelques mots sur l'auteur

Chateaubriand est né à Saint-Malo en 1768, et vit une enfance libre sur la côte bretonne. En 1777 sa famille s'installe au château de Combourg : de là, l'adolescent part étudier dans les villes voisines, mais il y revient en 1784 pour y demeurer deux années au cours desquelles il s'éveille à sa vocation d'écrivain, dans un cadre sauvage et exaltant. En 1786 il devient officier, fréquente les salons parisiens, s'éloigne de la religion et accueille avec faveur les débuts de la Révolution. Il part en 1791 pour l'Amérique où il séjourne cinq mois, faisant provisions d'images exotiques et d'impressions nouvelles. Mais l'arrestation de Louis XVI le rappelle en France, où il rejoint les rangs des émigrés ; blessé, il part pour Londres en 1793, et commence l'*Essai sur les Révolutions*. La mort de sa mère et de l'une de ses sœurs en 1798 le ramène à la foi. Chateaubriand rentre en France et publie *Atala* en 1801, et le *Génie du Christianisme* en 1802, avant d'obtenir un poste diplomatique à Rome en 1803. Il démissionne en 1804 et voyage en Europe (1804-1806) puis en Orient (1806-1807). De retour, il publie en 1809 *Les Martyrs*, en 1811 il est élu à l'Académie française, et commence les *Mémoires d'Outre-Tombe*. Homme de lettres, Chateaubriand est aussi étroitement mêlé à la vie politique de son temps : opposé à l'Empire, il publie en 1814 un texte virulent, *De Buonaparte et des Bourbons* en faveur de la Restauration ; il suit Louis XVIII à Bruxelles pendant les Cent-Jours en tant que ministre de l'Intérieur, mais de retour à Paris il rejoint le camp des ultra-royalistes. Le roi le nomme ambassadeur à Berlin en 1821 et à Londres en 1822, et il devient en 1823 ministre des Affaires étrangères. Il revient à l'opposition en 1824, en poursuivant sa carrière littéraire : il publie en 1826 *Le dernier Abencérage* et *Les Natchez*, en 1827 le *Voyage en Amérique*, et travaille à une édition de ses œuvres complètes. Brièvement ambassadeur à Rome, il considère avec méfiance la Monarchie de Juillet, et soutient Charles X. Il achève avec quelques missions sa carrière politique, et se consacre à l'écriture, avec des œuvres historiques, critiques et religieuses, mais surtout la rédaction de son œuvre autobiographique. Il meurt en juillet 1848, et les *Mémoires d'Outre-Tombe* sont publiées en feuilleton d'octobre de la même année à juillet 1850.

Un récit sentimental et autobiographique

L'errance

René, comme *Atala*, est rattaché à l'épopée des *Natchez*. C'est dans cette tribu indienne en effet que séjourne en 1725 un jeune français, René. Chactas, le sachem, lui raconte ses aventures, et en particulier son grand amour pour la fille d'un chef ennemi, Atala. René fait alors le récit de son existence ; esprit rêveur et mélancolique, sensible au grandiose spectacle de la nature, il décide à la mort de son père de voyager pour dissiper son mal ; mais rien n'y fait, ni l'errance, ni la retraite. Seule la présence de sa sœur Amélie l'empêche de céder à la tentation du suicide, mais Amélie, qui craint de ressentir pour son frère une tendresse coupable, entre dans les ordres. René part alors pour l'Amérique, où il apprend la mort de sa sœur. Chactas réconforte René, tandis que le Père Souel, qui a aussi entendu son histoire, l'engage à se mettre au service des hommes pour oublier son désespoir.

René et Chateaubriand

En lui offrant l'un de ses prénoms, l'auteur a mis en évidence la parenté qui le lie à son personnage. La vie de René, racontée à la première personne, présente des similitudes avec celle de l'auteur, en particulier pour ce qui concerne les années d'enfance, dans un château qui évoque Combourg. Auteur et personnage ont aussi en commun une sœur très chère et mélancolique (même si l'amour incestueux d'Amélie pour René ressortit à la fiction), ils ressentent un même goût des paysages tourmentés et un même appel de l'ailleurs. Mais ce sont surtout leurs états d'âmes qui les rapprochent : René, comme Chateaubriand, souffre du « mal du siècle », du « vague des passions ».

Le héros romantique et le « vague des passions »

Dans le *Génie du Christianisme*, Chateaubriand consacre un chapitre au « vague des passions » (II, III, 9) : *René* est conçu d'abord comme un récit destiné à illustrer cet état d'esprit, qui deviendra pour les poètes romantiques* le « mal du siècle », et pour Baudelaire le *spleen*, et provient de l'inadéquation entre l'aspiration d'une âme insatisfaite, à la recherche de l'intensité et de la plénitude, et une réalité qui n'offre qu'ennui, lassitude et frustration. Mais contrairement au Werther de Goethe ou à l'Oberman de Sénancour, René revendique sa souffrance et donne au héros romantique une aura d'orgueilleuse grandeur. En proie au « vague des passions », l'homme désenchanté n'a plus l'énergie nécessaire à l'action, et cesse de croire à ses idéaux. Cette conscience de la vanité des gloires humaines, cette tristesse diffuse seront celles de toute une génération, lorsque l'effondrement de l'Empire aura brisé le rêve napoléonien.

À retenir

- Une œuvre de fiction marquée par la confidence autobiographique.
- Un récit voué à illustrer le « vague des passions », le mal du siècle que revendiqueront les romantiques.
- Un mal-être personnel qui annonce le malaise de toute une génération.

La parole à l'œuvre

“ *Il reste à parler d'un état de l'âme qui, ce nous semble, n'a pas encore été bien observé : c'est celui qui précède le développement des passions, lorsque nos facultés jeunes, actives, entières, mais renfermées, ne se sont exercées que sur elles-mêmes, sans but et sans objet. Plus les peuples avancent en civilisation, plus cet état du vague des passions augmente ; car il arrive alors une chose fort triste : le grand nombre d'exemples qu'on a sous les yeux, la multitude de livres qui traitent de l'homme et de ses sentiments rendent habile sans expérience. On est détrompé sans avoir joui ; il reste encore des désirs, et l'on n'a plus d'illusions. L'imagination est riche, abondante et merveilleuse ; l'existence pauvre, sèche et désenchantée. On habite avec un cœur plein un monde vide, et sans avoir usé de rien on est désabusé de tout.* (Génie du Christianisme)

On m'accuse d'avoir des goûts inconstants, de ne pouvoir jouir longtemps de la même chimère, d'être la proie d'une imagination qui se hâte d'arriver au fond de mes plaisirs, comme si elle était accablée de leur durée ; on m'accuse de passer toujours le but que je veux atteindre : hélas ! je cherche seulement un bien inconnu, dont l'instinct me poursuit. Est-ce ma faute, si je trouve partout des bornes, si ce qui est fini n'a pour moi aucune valeur ?

Les sons que rendent les passions dans le vide d'un cœur solitaire ressemblent au murmure que les vents et les eaux font entendre dans le silence d'un désert ; on en jouit, mais on ne peut les peindre.

Un secret instinct me tourmentait : je sentais que je n'étais moi-même qu'un voyageur, mais une voix du ciel semblait me dire : "Homme, la saison de ta migration n'est pas encore venue ; attends que le vent de la mort se lève, alors tu déploieras ton vol vers ces régions inconnues que ton cœur demande."

La solitude est mauvaise à celui qui n'y vit pas avec Dieu ; elle redouble les puissances de l'âme en même temps qu'elle leur ôte tout sujet pour s'exercer. Quiconque a reçu des forces doit les consacrer au service de ses semblables ; s'il les laisse inutiles, il en est d'abord puni par une secrète misère, et tôt ou tard le ciel lui envoie un châtiment effroyable.

François-René de Chateaubriand, *Mémoires d'Outre-Tombe* ou le monument autobiographique (1848-1850)

Fiche 41

Genèse de l'œuvre

Si l'œuvre, justifiant ainsi son titre, n'est publiée qu'après la mort de l'auteur, Chateaubriand nourrit dès 1803 le projet de rédiger un ouvrage intitulé *Mémoires de ma vie*. À plusieurs reprises, il reprend et abandonne la tâche : la première ébauche date de 1809, elle sera reprise en 1822 pour donner le « manuscrit de 1826 » dont subsiste une partie. Après une période de travail intense, c'est en 1832 que Chateaubriand dote l'œuvre de son titre définitif, qu'il reprend les fragments de 1826, les complète et les organise en trois étapes, correspondant aux trois moments de sa carrière, militaire, littéraire et politique ; il s'efforce ensuite de les faire connaître, en particulier grâce à son amie Madame Récamier, et négocie en 1836 une publication posthume, moyennant une importante rétribution et le versement d'une rente à vie. Il les reprend alors, ajoute une quatrième partie et termine la première version, qu'il reprend et corrige jusqu'à sa mort.

Autobiographie, histoire et fiction

Le projet autobiographique

Les *Mémoires d'Outre-Tombe* de Chateaubriand ne constituent pas à proprement parler des mémoires*, dans la mesure où la vie personnelle de l'auteur et l'analyse psychologique y tiennent une large place, permettant ainsi de les rapprocher des *Confessions* de Rousseau plus que des œuvres d'authentiques mémorialistes, comme Saint-Simon ou le Cardinal de Retz. L'œuvre obéit à une structure chronologique : dans la première partie, de 1768 à 1800, l'auteur évoque ses premières années et le séjours à Combourg, puis la vie parisienne du jeune officier et la soudaine vocation d'explorateur qui le pousse à s'embarquer pour l'Amérique, et s'achève sur le retour à Paris et l'exil londonien, marqué par les débuts littéraires. La seconde partie, de 1800 à 1814, traite de la carrière littéraire et propose, avec une galerie de portraits, le récit de la rencontre, puis de la rupture, avec Bonaparte. De 1814 à 1830 c'est un tableau de sa vie politique que brosse Chateaubriand, en mettant en évidence l'importance de ses fonctions et de ses actions. La quatrième partie propose un bilan des expériences passées, et des images visionnaires de l'avenir.

Les limites du genre

L'ambition de Chateaubriand n'est pas de se confesser ou de se justifier en quelque manière que ce soit, ni même d'apporter un témoignage historique de son époque, mais de laisser à la postérité une image grandiose de sa personne. C'est ce qui explique la place essentielle qu'il occupe dans l'œuvre, se posant volontiers en incarnation glorieuse de la fidélité à une cause perdue, celle du légitimisme. Lorsqu'il évoque des événements auxquels il a pris part, ou les responsabilités qu'il a assumées, il se confère un rôle essentiel, outrepassant souvent les bornes de la vérité. De même, ses récits sont souvent partiaux et stylisés, soumis à une interprétation dictée par les positions politiques de l'auteur, ou par des considérations morales ou esthétiques ; maint fait s'y retrouve transformé, maint détail relève de la fiction plus que de l'histoire. Les *Mémoires d'Outre-Tombe* ne doivent pas se lire comme un document, ni même comme une confidence, et c'est ce mélange de réalité et d'imagination qui fait leur originalité : Chateaubriand y met somptueusement en scène sa propre vie, érigée en œuvre d'art centrée sur un héros plein d'orgueil et d'amertume, qui fascinera la génération romantique*.

L'art de la prose

Un chant lyrique

L'une des principales caractéristiques de l'œuvre réside dans la qualité de son écriture. Épris de grandeur et de beauté, Chateaubriand fait de son texte un véritable poème en prose empreint de passion et de mélancolie. L'un des registres dominants est le lyrisme, dont on retrouve les thématiques de prédilection : la nature et de la fuite du temps, la persistance du souvenir et la hantise de la mort. La phrase revêt un caractère musical, variant les rythmes, jouant sur les sonorités et les harmonies, conférant par son ampleur une majesté prophétique aux visions de l'avenir.

Des accents épiques

Dans sa volonté de se poser en héros, Chateaubriand ne craint pas d'établir un constant parallèle entre lui-même et Napoléon, contre le pouvoir duquel il a cependant lutté, mais en qui il reconnaît un adversaire à sa mesure. C'est sur le ton de l'épopée qu'il évoque le règne napoléonien et la chute de l'empereur : hyperboles, accumulations, stylisations saisissantes, emphase et périodes* oratoires caractérisent les passages où, comme dans le récit de la bataille de Waterloo (dont l'authenticité n'est du reste pas absolument certaine), il associe sa propre destinée à la destinée du monde, établissant ainsi le lien entre l'histoire individuelle et l'Histoire de la civilisation.

À retenir

- Un récit autobiographique, d'une tonalité plus personnelle que ne le sont généralement les mémoires.
- La volonté de laisser un monument à la postérité.

➤ Une prose ample et poétique, aux accents volontiers lyriques ou épiques.

➤ Une œuvre qui témoigne de l'exaltation du moi par la génération romantique.

La parole à l'œuvre

“ *Je me suis mêlé de paix et de guerre ; j'ai signé des traités, des protocoles, et publié chemin faisant de nombreux ouvrages. J'ai été initié à des secrets de partis, de cour et d'état : j'ai vu de près les plus rares malheurs, les plus hautes fortunes, les plus grandes renommées. J'ai assisté à des sièges, à des congrès, à des conclaves, à la réédification et à la démolition des trônes. J'ai fait de l'histoire, et je pouvais l'écrire. Et ma vie solitaire, rêveuse, poétique, marchait au travers de ce monde de réalités, de catastrophes, de tumulte, de bruit, avec les fils de mes songes, Chactas, René, Eudore, Aben-Hamet ; avec les filles de mes chimères, Atala, Amélie, Blanca, Velleda, Cymodocée. En dedans et à côté de mon siècle, j'exerçais peut-être sur lui, sans le vouloir et sans le chercher, une triple influence religieuse, politique et littéraire.* (Préface testamentaire)

Un caractère moral s'attache aux scènes de l'automne : ces feuilles qui tombent comme nos ans, ces fleurs qui se fanent comme nos heures, ces nuages qui fuient comme nos illusions, cette lumière qui s'affaiblit comme notre intelligence, ce soleil qui se refroidit comme nos amours, ces fleuves qui se glacent comme notre vie, ont des rapports secrets avec nos destinées. (I)

Cette grande bataille, encore sans nom, dont j'écoutais les échos au pied d'un peuplier, et dont une horloge de village venait de sonner les funérailles inconnues, était la bataille de Waterloo !

Auditeur silencieux et solitaire du formidable arrêt des destinées, j'aurais été moins ému si je m'étais trouvé dans la mêlée : le péril, le feu, la cohue de la mort ne m'eussent pas laissé le temps de méditer ; mais seul sous un arbre, dans la campagne de Gand, comme le berger des troupeaux qui paissaient autour de moi, le poids des réflexions m'accablait : Quel était ce combat ? Était-il définitif ? Napoléon était-il là en personne ? Le monde, comme la robe du Christ, était-il jeté au sort ? Succès ou revers de l'une ou l'autre armée, quelle serait la conséquence de l'événement pour les peuples, liberté ou esclavage ? (III)

Vous qui aimez la gloire, soignez votre tombeau. (IV)

Fiche

42 Alphonse de Lamartine, *Les Méditations* ou les réflexions d'un poète (1820)

Quelques mots sur l'auteur

Lamartine est né à Mâcon en 1790, et son enfance à Milly est marquée d'impressions indélébiles liées à la nature et à l'harmonie familiale. Il reçoit une éducation catholique auprès d'un précepteur, et poursuit ses études dans un collège de jésuites, où il se familiarise avec la poésie latine et s'enthousiasme pour Chateaubriand. De retour à Milly en 1808, il y demeure jusqu'en 1811, avant de partir pour l'Italie où il séjourne une année, et s'éprend de celle qui lui inspirera *Graziella* en 1849. Il se met au service de Louis XVIII à la chute de l'Empire, mais le quitte après Waterloo ; il mène entre Milly et Paris une vie partagée entre libertinage et poésie. En 1816 il rencontre à Aix-Les-Bains, au bord du lac du Bourget, Julie Charles, qu'il revoit à Paris en 1817. Mais Julie meurt, et la douleur inspire au poète certains poèmes des *Méditations*. Le recueil, considéré comme l'un des premiers recueils romantiques, paraît en 1820 avec succès. Lamartine, célèbre, est nommé attaché d'ambassade à Naples et épouse une jeune Anglaise. De retour en France en 1821, il part pour l'Angleterre en 1822, puis se consacre à l'écriture entre Paris et son château de Saint-Point. Les *Nouvelles Méditations* et la *Mort de Socrate* paraissent en 1823, suivies en 1825 du *Dernier Chant du Pèlerinage d'Harold*. Nommé secrétaire d'ambassade an 1825, il passe trois ans à Florence, où il compose l'essentiel des *Harmonies*, puis rentre à Saint-Point. En 1830 paraissent les *Harmonies Poétiques et Religieuses*, et il est élu à l'Académie française. Lamartine s'oriente vers le libéralisme et s'associe brièvement au régime de Louis-Philippe, avant d'entreprendre en 1832 un voyage jusqu'à Jérusalem. Mais la mort de sa fille à Beyrouth contribue à donner à sa foi une orientation nouvelle. Il apprend en Orient, en 1833 son élection comme député : il garde cette fonction jusqu'en 1851, et s'oriente de plus en plus vers les idées progressistes, tentant d'associer politique, esprit évangélique et création littéraire. En 1835 paraît *Le Voyage en Orient*, en 1836 *Jocelyn*, en 1838 *La Chute d'un Ange*, en 1839 *Recueillements*. En1848, Lamartine, considéré comme l'un des chefs de l'opposition, proclame la République à la tête du Gouvernement provisoire, mais son échec à l'élection présidentielle met fin à sa carrière politique. Pressé par des ennuis financiers, il consacre ses dernières années à l'écriture de souvenirs personnels, récits populaires ou ouvrages historiques, et meurt en 1869.

Le premier recueil du romantisme

Les *Méditations poétiques* ne comportent que vingt-quatre poèmes, mais le recueil, bien que nourri de nombreuses sources, en particulier de la prose poétique de la fin du XVIIIe siècle, a marqué un tournant dans l'évolution de l'écriture poétique. Lamartine y reprend les thèmes et les tonalités de la poésie élégiaque*, et demeure volontiers classique dans la facture de ses poèmes, en respectant les impératifs conventionnels de la versification et du lexique, en recourant aux références mythologiques, en donnant un tour souvent oratoire à ses confidences, en les émaillant de force procédés littéraires, questions rhétoriques, périphrases*, prosopopées*. Mais il conquiert ses contemporains en exprimant dans des vers à l'harmonie parfaite et aux accents intimistes les sentiments véhiculés dans les œuvres des romantiques allemands ou anglais, comme dans la prose ardente de Chateaubriand, et en correspondant aux aspirations d'une sensibilité nouvelle, inaugurée déjà par les œuvres de Rousseau. Plus novatrice est encore la présence dans les poèmes des *Méditations* d'une authentique sincérité qui place les émotions au-dessus des idées et transfigure la mélancolie.

Une inspiration lyrique et mystique

L'amour

Les *Méditations* apparaissent comme la plainte élégiaque* d'un amant désespéré. Les poèmes, écrits à la première personne, ressuscitent avec mélancolie les moments heureux vécus en compagnie d'une femme que Lamartine nomme Elvire,qui n'est autre que Julie Charles, la jeune femme rencontrée à Aix-les-Bains. Lamartine évoque le bonheur fugace (« Le Lac »), la solitude (« L'Isolement »), mais aussi l'espérance (« L'Automne ») née d'une nouvelle rencontre ; l'amour pour lui est un élan vers la communion, avec l'autre et avec le monde. À ces sentiments sont étroitement associés les spectacles d'une nature consolatrice et suggestive, confidente de l'angoisse du poète et écho de ses états d'âme. Lamartine ne décrit pas les paysages, il en fait les reflets et les échos de sa sensibilité et de ses émotions.

Le sens de l'existence

Mais le recueil dépasse la confidence personnelle pour s'ouvrir à un questionnement métaphysique qui lui confère une dimension plus vaste : c'est bien une « méditation » sur la condition de l'homme et sur le sens de sa vie que proposent des textes comme « Le Désespoir » ou « L'Immortalité ». Lamartine y révèle l'inquiétude spirituelle liée à une aspiration vers Dieu qui demeure frustrée par l'inaptitude de l'homme à le concevoir : il apparaît comme un dieu vengeur, mais aussi comme une divinité bienveillante, aux décisions de laquelle, après la tentation de la révolte, le poète finit par se soumettre.

À retenir

- Le premier recueil romantique.
- Une œuvre de facture classique, mais qui se fait l'écho d'une sensibilité nouvelle.
- Une œuvre qui rassemble les caractéristiques de l'écriture lyrique : confidence personnelle, thèmes privilégiés (amour, mort, fuite du temps, nature), musicalité.
- Une « méditation » religieuse sur la vie et la mort et sur la condition humaine.

La parole à l'œuvre

“ *Je suis le premier qui ai fait descendre la poésie de Parnasse et qui ai donné à ce qu'on nommait la Muse, au lieu d'une lyre à sept cordes de convention, les fibres même du cœur de l'homme, touchées et émues par les innombrables frissons de l'âme et de la nature.* (Préface)

O temps, suspends ton vol ! et vous, heures propices,
Suspendez votre cours !
Laissez-nous savourer les rapides délices
Des plus beaux de nos jours !
Assez de malheureux ici-bas vous implorent :
Coulez, coulez pour eux ;
Prenez avec leurs jours les soins qui les dévorent
Oubliez les heureux.
Mais je demande en vains quelques moments encore,
Le temps m'échappe et fuit ;
Je dis à cette nuit : « sois plus lente » ; et l'aurore
Va dissiper la nuit.
Aimons donc, aimons donc ! de l'heure fugitive,
Hâtons-nous, jouissons !
L'homme n'a point de port, le temps n'a point de rive ;
Il coule, et nous passons !

(X, « Le Lac », vers 21-36)

Fiche 43

George Sand, *Indiana* ou l'amour au féminin (1832)

Quelques mots sur l'auteur

Aurore Dupin est née en 1804 à Paris. Après une enfance berrichonne, et quelques années d'adolescence dans un couvent parisien, elle revient à Nohant pour épouser en 1822 le baron Casimir Dudevant. Mais l'effritement de son couple la conduit à mener une existence indépendante. Sa rencontre avec Jules Sandeau, qui lui inspire son pseudonyme, marque le début de sa carrière littéraire : ils écrivent ensemble *Rose et Blanche*, et George Sand publie en 1832 son premier roman, *Indiana*, suivi en 1833 de *Lélia* et de *Mauprat* en 1837. Ces romans romanesques* portent l'empreinte de ses expériences personnelles, en particulier sa rencontre passionnée avec Musset, et plus tard sa longue liaison avec Chopin, et de son exigence de liberté, contre les conventions sociales et les préjugés qui entravent les femmes. À partir de 1840, sa pensée se fait plus politique : Sand, installée depuis 1839 à Nohant, fréquente et lit les socialistes utopiques et s'intéresse à la vie des paysans du Berry ; elle publie en 1841 *Le Compagnon du Tour de France* et en 1842 *Consuelo*, un roman influencé par la pensée mystique. *Le Meunier d'Angibaut* paraît en 1845, avant les romans rustiques, *La Mare au Diable* (1846), *François le Champi* (1847), *La Petite Fadette* (1848) et *Les Maîtres Sonneurs* (1853). En 1854, elle publie un récit autobiographique, *Histoire de ma vie*, puis revient au roman sentimental, accordant moins d'importance aux revendications féministes et politiques autant qu'à l'expression de la passion. Depuis Nohant, où elle devient « la bonne dame », elle entretient en particulier avec Flaubert, une riche correspondance. Elle meurt en 1876.

L'histoire d'une passion

Indiana, jeune créole mariée à dix-neuf ans avec le colonel Delmare, de quarante ans son aîné, austère et jaloux, rencontre l'amour avec le jeune Raymon de Ramière, son voisin, dont elle ignore qu'il est responsable du suicide de Noun, sa sœur de lait. Le cousin d'Indiana, Ralph, l'éclaire ; sceptique, elle confond Raymon, et se refuse à lui. Tandis que son mari, ruiné, envisage de s'installer à l'Île Bourbon, la passion de Raymon s'estompe, et lorsqu'Indiana lui propose de rester avec lui, il refuse. La jeune femme part et continue de l'aimer, déchaînant la jalousie de son époux.

Indiana s'enfuit ; au même moment Raymon fait la rencontre de Laure de Nangy : quand Indiana débarque à Bordeaux, il est marié à la riche héritière. Ralph retrouve Indiana et apprend à la jeune femme très malade la mort de son mari. Tous deux malheureux, ils décident de se suicider ensemble, avant de s'apercevoir qu'ils s'aiment.

Un roman à thèse

Le chronotope* du roman en souligne l'ambition réaliste* : l'ensemble se présente comme une chronique qui couvre presque cinq années, selon une chronologie linéaire, dans les décors d'un domaine de province, des salons parisiens et d'un voyage exotique. Sand propose l'analyse de types humains et des scènes de genre, inspirées quelquefois de sa propre expérience, mais aussi une réflexion subversive sur l'amour et le mariage. L'idée qui se dégage du roman est que la femme est l'éternelle perdante du jeu amoureux, comme l'illustrent Noun et l'héroïne. Mais Sand va plus loin encore, en suggérant que le mariage est un instrument d'oppression, dont hommes et femmes sont également victimes.

À retenir

- Un roman réaliste, associant analyse psychologique et peinture des mœurs.
- Un roman d'idées, qui défend la cause des femmes, victimes des institutions.
- Un roman subversif qui plaide pour la liberté amoureuse.

La parole à l'œuvre

Vous dites des choses bien contradictoires, dit Indiana ; si, en restant près de vous, je vous donne du bonheur, que craignez-vous de l'opinion ? Tenez-vous plus à elle qu'à moi ? (III, 20)

Il me semble que l'individu choisi entre tous pour souffrir des institutions profitables à ses semblables doit, s'il a quelque énergie dans l'âme, se débattre contre ce joug arbitraire. (IV, 26)

Fiche 44

Alfred de Vigny, *Les Destinées* ou le poète philosophe (1864)

Quelques mots sur l'auteur

Vigny est né en Touraine en 1797 et a grandi à Paris. Sa famille aristocratique lui transmet l'orgueil nobiliaire et le mépris de la société impériale. Le jeune homme rêve de gloire et prépare Polytechnique, mais la Restauration lui fournit l'occasion de commencer une carrière militaire décevante qui prendra fin en 1825. Vigny est alors déjà poète : en 1816 il a repris ses études, en 1820 il est introduit au « Cénacle » de Victor Hugo, et publie grâce à ce dernier des vers dans le *Conservateur Littéraire* ; en 1822 il donne un premier recueil. *Éloa*, son épopée, est favorablement accueillie en 1824. À partir de 1825 il se consacre à l'écriture, et publie en 1826 les *Poèmes antiques et modernes* et *Cinq-Mars*, un roman historique. Intéressé par le théâtre, il rencontre le succès avec *Chatterton* en 1835. Ses aspirations sociales le rapprochent du catholicisme social et du saint-simonisme, puis des idées républicaines, tandis que son œuvre prend une dimension volontiers philosophique ou sociale, avec *Stello*, en 1832, *Servitude et Grandeur militaires* (1835) et *Daphné* (1837). Les épreuves personnelles l'éloignent cependant du monde et il revient à la poésie, avec *La Mort du Loup* (1838), *La colère de Samson* (1839), *Le Mont des Oliviers* (1839), *La Maison du Berger* (1844), *La Bouteille à la mer* (1847). Il est élu en 1845 à l'Académie française, et tente en vain de jouer un rôle politique lors des événements de 1848 : blessé par son échec, il se retire jusqu'en 1853 dans son domaine campagnard du Maine-Giraud, avant de revenir à Paris où il meurt en 1863. *Les Destinées*, qui rassemblent les poèmes parus dans des revues ou inédits, paraissent en 1864.

L'architecture d'ensemble

Le recueil est constitué de onze poèmes, composés entre 1838 et 1864. L'ordre dans lequel ils sont agencés n'est cependant pas l'ordre chronologique : il obéit, sans doute en accord avec la volonté de Vigny, à une logique étroitement liée à sa pensée. Les deux premiers textes, « Les Destinées » et « La Maison du Berger », posent le problème de la condition humaine, tragiquement liée à la fatalité, mais éclairée par l'idéal, vers lequel le philosophe a pour mission de guider les hommes. Les quatre poèmes suivants évoquent le mal social, en politique (« Les Oracles »), dans le conflit des civilisations (« La Sauvage), ou entre les individus (« La colère de Samson ») et le stoïcisme qui peut y répondre (« La Mort du Loup »). « La Flûte » et « Le Mont des Oliviers » traitent du mal du point de vue philosophique : douloureuse incompatibilité entre les aspirations de l'âme et celles du corps, détresse de l'homme en proie au doute et à l'ignorance. Les trois derniers textes chantent l'espoir lié au progrès de l'esprit humain (« La bouteille à la Mer », « Wanda »), affirmant, après la constatation pessimiste du mal, la confiance du poète dans une religion de l'esprit (« L'Esprit pur »).

Poésie et philosophie

Pessimisme et foi dans l'humanité

Les premiers textes sont marqués par le pessimisme et l'amertume, l'angoisse devant les incertitudes de la condition humaine et la révolte contre les maux qui accablent la société. Mais le recueil dans son ensemble propose une pensée cohérente que le poète oppose à ces réalités et à l'inquiétude qui en découle. Rien ne sert à l'homme de se lamenter : devant le destin qu'il attend, seule est de mise la dignité du silence. Une action guidée par la compassion permet d'alléger les injustices de la société et du monde, tandis que grâce à la science et à la civilisation l'humanité peut espérer échapper dans l'avenir au poids de la fatalité. Par sa foi dans l'esprit, par sa conviction qu'il constitue une réalité supérieure à la matière, la pensée de Vigny s'apparente à la tradition idéaliste* ; mais sa confiance dans le progrès le rapproche de l'humanisme* des philosophes et du courant positiviste*, qui affirme avec Auguste Comte le triomphe à venir des connaissances fondées sur les sciences et la raison.

La poésie des symboles

Si les textes des *Destinées* comportent une dimension personnelle indéniable, s'ils mettent en œuvre certains des procédés du registre lyrique*, Vigny n'y livre aucune confidence. Sa poésie est en effet beaucoup plus attachée à délivrer un enseignement philosophique, et à traduire des idées par l'intermédiaire d'images qui accèdent au statut de symboles. Il s'agit pour lui en effet de rendre plus immédiatement sensibles, à travers le concret de la poésie, les notions abstraites sur lesquels il fonde sa pensée. Dans le célèbre poème de « La Mort du Loup », il fait de l'animal qui accepte stoïquement la mort l'image de l'homme qui, par sa dignité, triomphe de sa souffrance et de son destin. Ainsi, participant à la fois de la création poétique par le soin apporté à l'expression, aux sonorités, aux rythmes, et de la réflexion philosophique, les *Destinées* préfigurent le symbolisme*.

À retenir

- Une œuvre où la poésie véhicule une pensée philosophique, par l'intermédiaire des symboles.
- Une pensée marquée par une vision pessimiste du destin mais la confiance dans le progrès et dans l'humanité.
- Une œuvre annonciatrice de l'esthétique symboliste*.

La parole à l'œuvre

“ *Hélas ai-je pensé, malgré ce grand nom d'Hommes,*
Que j'ai honte de nous, débiles que nous sommes !
Comment on va quitter la vie et tous ses maux,
C'est vous qui le savez, sublimes animaux.
À voir ce que l'on fut sur terre et ce qu'on laisse,
Seul le silence est grand : tout le reste est faiblesse.
Ah ! je t'ai bien compris, sauvage voyageur,
Et ton dernier regard m'est allé jusqu'au cœur.
Il disait : "Si tu peux, fais que ton âme arrive,
À force de rester studieuse et pensive,
Jusqu'à ce haut degré de stoïque fierté
Où, naissant dans les bois, j'ai tout d'abord monté.
Gémir, pleurer, prier, est également lâche.
Fais énergiquement ta longue et lourde tâche
Dans la voie où le sort a voulu t'appeler.
Puis, après, comme moi, souffre et meurs sans parler."

(La Mort du Loup, v. 73-88)

Quand un brave marin voit que le vent l'emporte
Et que ses mâts brisés pendent tous sur le pont,
Que dans son grand duel la mer est la plus forte
Et que par des calculs l'esprit en vain répond ;
Que le courant l'écrase et le roule en sa course,
Qu'il est sans gouvernail et, partant, sans ressource,
Il se croise les bras dans un calme profond.
Il voit les masses d'eau, les toise et les mesure,
Les méprise en sachant qu'il en est écrasé,
Soumet son âme au poids de la matière impure
Et se sent mort ainsi que son bateau rasé.
À de certains moments, l'âme est sans résistance ;
Mais le penseur s'isole, et n'attend d'assistance
Que de la forte foi dont il est embrasé.

(La Bouteille à la Mer, v. 8-21)

Fiche

45 Victor Hugo, *Ruy Blas* ou le mélange des genres (1838)

Quelques mots sur l'auteur

Victor Hugo naît 1802 à Besançon. En 1919, catholique et monarchiste, il fonde une revue : le *Conservateur littéraire*. Déjà remarqué pour son *Ode sur la Mort du duc de Berry*, il publie en 1822 son premier recueil, *Odes*, repris en 1826 sous le titre *Odes et Ballades*. Il s'essaie au roman avec *Han d'Islande* (1823) et *Burg-Jargal* (1826), collabore à *La Muse française* et rencontre Vigny et Lamartine. Avec *Cromwell* et sa Préface, il adhère en 1827 aux principes romantiques*. En 1829 il donne un recueil de poèmes, *Les Orientales*, un roman, *Le Dernier jour d'un condamné* et une pièce de théâtre, *Marion Delorme*, interdite jusqu'en 1831. *Hernani* triomphe en 1831, suscitant la bataille entre les « Jeune-France » et les « Perruques » : Victor Hugo prend la tête du mouvement romantique. Il en réunit entre 1827 et 1831 dans son « Cénacle » les principaux représentants. Il noue avec Juliette Drouet une liaison durable, et son succès s'affirme. En 1831, il applique au roman l'esthétique romantique dans *Notre-Dame de Paris*. Ses recueils se succèdent : *Les Feuilles d'Automne* (1831), *Les Chants du Crépuscule* (1835), *Les Voix Intérieures* (1837), *Les Rayons et les Ombres* (1840). Il continue d'écrire pour le théâtre, avec *Le Roi s'amuse* (1832), *Lucrèce Borgia* et *Marie Tudor*, deux pièces en prose, et surtout *Ruy Blas* en 1838. Académicien depuis 1841, il connaît en 1843 l'échec, avec la pièce *Les Burgraves*, et le deuil : sa fille Léopoldine se noie accidentellement. Hugo se détourne alors de la littérature pour l'action politique. Pair de France en 1845, il prend position contre la peine de mort et les inégalités sociales ; il est élu député de Paris il soutient Louis-Napoléon, avant de se rapprocher de la gauche. Après le 2 décembre 1851, son exil le conduit de Bruxelles à Jersey, de 1852 à 1855, où il écrit *Les Châtiments* (1853) et *Les Contemplations*. Il s'adonne au spiritisme et se consacre à une épopée philosophique composée de deux oeuvres : *La Fin de Satan* et *Dieu*. En 1855 il quitte Jersey pour Guernesey. *Les Contemplations* paraissent en 1856, et il écrit *La Légende des Siècles* (1859), épopée de l'humanité, et *Les Misérables* (1862), suivis par *Les Travailleurs de la Mer* en 1866 et *L'Homme qui rit* en 1869, parmi d'autres œuvres plus légères. En 1870, il rentre en France. Député, sénateur, il est fêté par la gauche républicaine ; il complète, entre autres ouvrages, *La Légende des Siècles*, et publie en 1874 un roman historique : *Quatre-Vingt-Treize*. Il meurt en 1885.

Ruy Blas et le théâtre hugolien

L'intrigue

L'action se passe en Espagne, à la fin du XVIIe siècle. Don Salluste, chassé de la cour par le Reine, fait appel pour se venger à son cousin don César. Sur son refus, et apprenant que son valet Ruy Blas est amoureux de la reine, il fait de cette passion l'instrument de sa vengeance. Sous le nom de don César, Ruy Blas parvient au faîte du pouvoir et la Reine lui avoue son amour, tandis que Salluste se moque cruellement de lui. L'authentique don César réapparaît : lui seul pourrait sauver Ruy Blas et la reine, mais don Salluste le fait emprisonner. Surprise en compagnie de Ruy Blas la reine est déshonorée, mais Ruy Blas tue don Salluste et s'empoisonne.

Le génie hugolien

Comme les autres pièces de Victor Hugo, *Ruy Blas* est moins remarquable par la cohérence de l'action dramatique ou l'analyse de la psychologie des personnages que par la puissance de l'écriture poétique. Les personnages, souvent manichéens, se situent sous des éclairages qui mettent en relief la vigueur des contrastes. Mais l'intrigue amoureuse permet le développement de longs passages lyriques où s'expriment mélodieusement la passion, le regret, l'espoir et la mélancolie. Par ailleurs, les circonstances historiques fournissent le prétexte à des tirades aux accents épiques, comme celle dans laquelle Ruy Blas, à la scène 2 de l'acte III, stigmatise violemment la corruption des Grands. Enfin, Victor Hugo donne les clefs symboliques de sa pièce en indiquant qu'on peut y voir l'opposition entre une noblesse criminelle ou décadente et le peuple plein de vigueur et de vertu, représenté par un Ruy Blas qui incarne aussi le génie voué à une grandeur solitaire.

Un drame romantique

Influencé par le mélodrame* du XVIIIe siècle, friand de pathétique* et de couleur locale, inspiré par les pièces de Shakespeare et des dramaturges allemands comme Schiller ou Kleist, le drame romantique*, tel que Hugo l'a défini dans la Préface de *Cromwell*, constitue surtout une réaction contre les contraintes du théâtre classique*.

Le rejet des unités

L'argument essentiel opposé à la règle de l'unité de lieu est celui de la vraisemblance. C'est en son nom, en effet, que Victor Hugo et les dramaturges romantiques rejettent le principe d'un lieu neutre, unique théâtre de toute l'action : pour être fidèle à la réalité, mieux vaut représenter avec précision, c'est-à-dire avec un souci réaliste* de couleur locale, les lieux où elle s'est déroulée. La contrainte des vingt-quatre heures est elle aussi taxée de ridicule : le drame romantique ne se propose pas, comme la tragédie classique, de peindre le moment d'une crise, mais de reproduire le développement d'une passion. Quant à l'unité d'action, Hugo en accepte le principe en lui donnant la souplesse d'une « unité d'ensemble » qui englobe les intrigues secondaires. C'est donc une libération de l'expression dramatique que prônent les Romantiques, comme ils revendiqueront une libération de l'expression poétique.

Le mélange des genres

Hugo revendique le droit au mélange des genres au nom du respect de la nature même de l'homme, être double et ambigu, fait d'une âme et d'un corps, aspirant à la pureté mais tenté par la matière, beau et laid, pathétique et comique. Là encore, il exprime son souci de fidélité au réel : en faisant de la comédie et de la tragédie deux genres isolés, on prive les œuvres selon lui de tout un aspect de l'humanité, de la vie et de la nature que leur rend le drame romantique, en acceptant d'en refléter les contrastes. Hugo associe dans ses pièces la tragédie, avec la peinture de passions destructrices, et la comédie, avec celle des caractères, il marie en virtuose le grotesque* au sublime. Renouant avec l'esthétique baroque*, et en particulier la tragi-comédie*, le drame romantique* apparaît comme une forme dramatique souple, dont le choix de l'expression versifiée souligne, pour Victor Hugo, le caractère d'œuvre d'art.

À retenir

- Une œuvre qui illustre la théorie hugolienne du drame romantique en rejetant les règles du théâtre classique*.
- Un drame historique qui permet l'usage de la couleur locale.
- Le mélange des genres : des passions tragiques, des situations pathétiques, des personnages comiques.
- Une langue expressive, vigoureuse et poétique, qui associe les registres lyrique*, épique* et pathétique*.
- Une versification souple et novatrice.

La parole à l'œuvre

“ *Invente, imagine, suppose.*
Fouille dans ton esprit. Cherches-y quelque chose
D'étrange, d'insensé, d'horrible et d'inouï.
Une fatalité dont on soit ébloui !
Oui, compose un poison affreux, creuse un abîme
Plus sourd que la folie et plus noir que le crime,
Tu n'approcheras pas encor de mon secret.
Tu ne devines pas ? – Hé ! qui devinerait ?-
Zafari ! dans le gouffre où le destin m'entraîne
Plonge les yeux ! – Je suis amoureux de la reine ! (I, 3)

Fiche 46

Victor Hugo, *Les Contemplations* ou les mystères du monde (1856)

Composition du recueil

La mort accidentelle de Léopoldine, en 1843, affecte profondément Victor Hugo : après ce traumatisme, il se réfugie dans le silence et renonce à publier ses poèmes les plus personnels. Ce n'est qu'en 1856 que paraissent *Les Contemplations*, une œuvre de la maturité dans laquelle s'expriment à la fois la douleur du poète, mais aussi sa solidarité avec ceux qui souffrent et sa puissance créatrice. Les cent cinquante-huit textes, produits de 1830 environ à 1855, sont répartis en six livres. Dans *Aurore*, qui compte vingt-neuf poèmes, Hugo évoque sa jeunesse, son éveil à la vie et à la poésie ; les vingt-huit textes de *L'Âme en fleur*, dont l'inspiratrice est souvent Juliette Drouet, chantent l'amour et le bonheur, tandis que *Les luttes et les rêves* disent en trente textes l'engagement du poète, et sa profonde compassion pour les souffrances humaines. Ces trois premiers livres constituent le premier volume, *Autrefois*. Le second, *Aujourd'hui*, est marqué par la mort de Léopoldine, à qui les dix-sept textes du livre IV, *Pauca meae*, sont entièrement voués. Dans le livre V, significativement intitulé *En marche*, le poète célèbre en vingt-six poèmes la résurrection de son énergie vitale, la victoire sur le deuil, et le dernier livre, qui comporte aussi vingt-six textes, consigne les méditations poétiques et métaphysiques d'un homme parvenu, malgré le désespoir, à la sérénité.

Le cheminement d'un homme

Saisi dans sa continuité, le recueil retrace le cheminement moral et spirituel du poète. Dans des textes écrits le plus souvent à la première personne, on trouve des souvenirs, des impressions, des sentiments, exprimés dans une tonalité lyrique*. Mais Victor Hugo y tient aussi en quelque sorte le journal de sa vie : ses luttes, ses amours, les épreuves vécues et vaincues y figurent en bonne place, avec le point culminant, la mort de la fille aimée. Toutes les étapes du deuil y sont évoquées : douleur, révolte, résignation, espérance, nostalgie des jours heureux. Affligé, exilé, il se donne lui-même au début du recueil comme un homme mort. Mais Hugo parvient à élargir son expérience de la douleur à une communion avec l'humanité entière, échappant ainsi à l'étroitesse de la confidence pour atteindre un sentiment d'universelle fraternité.

L'œuvre d'un penseur et d'un poète

Le questionnement métaphysique

Les Contemplations portent aussi la marque d'une réflexion philosophique. Longtemps préoccupé par les questions religieuses et métaphysiques, en particulier l'immortalité de l'âme, la compatibilité de l'existence du mal et de l'existence de Dieu, le sens de la destinée de l'homme, Victor Hugo s'y consacre avec une passion renouvelée à la mort de Léopoldine. Le mystère de la vie et de la mort l'obsède, et il tente d'y apporter une réponse personnelle, associant dans une vision syncrétique* son expérience du spiritisme, les enseignements du christianisme, la sagesse pythagoricienne et des visions panthéistes et animistes qui réunissent les êtres et le monde dans une âme universelle.

Le poète mage

Le lien entretenu par Hugo entre poésie et philosophie illustre une conception particulière de la fonction de poète. La vision grandiose de la vie et de l'âme universelles dont le poète a l'intuition, seul un langage approprié peut l'exprimer : le langage poétique. Le poète, qui sait manier ce langage, apparaît donc comme un mage, un être élu et destiné à transmettre aux hommes, par la magie de son verbe, la révélation de l'au-delà. Pour cela, il lui faut rompre avec la futilité de la poésie descriptive, qui se contente de voir sans contempler : dans la seconde partie de recueil, Hugo dit la nécessité de mourir au monde, de s'enfoncer dans l'obscurité, afin d'atteindre à la sérénité contemplative : au vécu évoqué dans « Autrefois », il oppose dans « Aujourd'hui » une mort symbolique qui mène à la résurrection. La poésie devient donc instrument de quête : à la recherche du mystère de la vie et de la mort, le poète figure un prophète dont la tâche consiste à éclairer l'humanité, par une langue nouvelle qui ne se résume pas à de simples jeux poétiques ou à des procédés formels, mais tente de dévoiler des réalités surnaturelles, unissant la grandeur épique, voire biblique, au lyrisme* de la confidence ou au pathétique* des textes dans lesquels Hugo exprime sa pitié pour les souffrants.

À retenir

- Un recueil marqué par les expériences personnelles de l'amour, du deuil, et la conviction humaniste*.
- Une expression puissante et lyrique, qui dépasse le ton de la confidence intimiste.
- Une poésie marquée par les questionnements philosophiques et religieux.
- Une conception originale de la poésie, verbe magique et langage de la révélation, et du poète prophète.

“ La parole à l'œuvre

Qu'est ce que les Contemplations ? C'est ce qu'on pourrait appeler, si le mot n'avait quelque prétention, les Mémoires d'une âme.

Ce sont, en effet, toutes les impressions, tous les souvenirs, toutes les réalités, tous les fantômes vagues, riants ou funèbres, que peut contenir une conscience, revenus et rappelés rayon à rayon, soupir à soupir, et mêlés dans la même nuée sombre.

Hélas ! quand je vous parle de moi, je vous parle de vous. Comment ne le sentez-vous pas ? Ah ! insensé qui croit que je ne suis pas toi ! (Préface)

Dormez, vous qui saignez ; dormez, vous qui pleurez !
Douleurs, douleurs, douleurs, fermez vos yeux sacrés !
Tout est religion et rien n'est imposture.
Que sur toute existence et toute créature,
Vivant du souffle humain ou du souffle animal,
Debout au seuil du bien, croulante au bord du mal,
Tendre ou farouche, immonde ou splendide, humble ou grande,
La vaste paix des cieux de toutes parts descende !
Que les enfers dormants rêvent les paradis !
Assoupissez-vous, flots, mers, vents, âmes, tandis
Qu'assis sur la montagne en présence de l'Être,
Précipice où l'on voit pêle-mêle apparaître
Les créations, l'astre et l'homme, les essieux
De ces chars de soleil que nous nommons les cieux,
Les globes, fruits vermeils des divines ramées,
Les comètes d'argent dans un champ noir semées,
Larmes blanches du drap mortuaire des nuits,
Les chaos, les hivers, ces lugubres ennuis,
Pâle, ivre d'ignorance, ébloui de ténèbres,
Voyant dans l'infini s'écrire des algèbres,
Le contemplateur, triste et meurtri, mais serein,
Mesure le problème aux murailles d'airain,
Cherche à distinguer l'aube à travers les prodiges,
Se penche, frémissant, au puits des grands vertiges,
Suit de l'œil des blancheurs qui passent, alcyons,
Et regarde, pensif, s'étoiler de rayons,
De clartés, de lueurs, vaguement enflammées,
Le gouffre monstrueux plein d'énormes fumées.

(Au bord de l'infini, VIII)

Fiche 47

Victor Hugo, *Les Misérables* ou la grandeur des humbles (1862)

L'histoire d'une rédemption

Jean Valjean est condamné au bagne injustement : il a volé un pain, pour l'offrir à plus pauvre que lui. De retour, il se trouve marginalisé par son passé d'ancien forçat, jusqu'à ce que sa rencontre avec Monseigneur Myriel, qui le disculpe généreusement d'un vol pourtant commis, le transforme : il devient honnête homme. Chef d'entreprise prospère, il est établi dans le Pas-de-Calais sous le nom de M. Madeleine ; devant la détresse de Fantine, l'une de ses anciennes ouvrières, il lui promet de prendre soin de sa fille Cosette. Mais lorsqu'on arrête un innocent à sa place, il se dénonce. Renvoyé au bagne, il s'en évade, libère Cosette des mauvais traitements des Thénardier qui l'ont recueillie, et l'élève comme sa propre fille. Mais le policier Javert est sur sa piste. Jean Valjean le sauve pourtant lors d'une émeute, comme il sauve Marius, qui aime Cosette et en est aimé. Javert renonce à poursuivre Jean Valjean, mais ne supporte pas l'idée de faillir à son devoir : il se suicide. Marius cependant a découvert le passé de Jean Valjean et veut éloigner Cosette ; mais il reviendra sur son jugement et Jean Valjean meurt heureux auprès de sa protégée.

Un roman historique et social

L'histoire

Hugo a repris en 1860 la première ébauche des *Misérables*, *Les Misères*, commencée en 1845. L'œuvre s'articule en cinq parties : Fantine, Cosette, Marius, L'Idylle de la rue Plumet et l'épopée de la rue Saint-Denis, Jean Valjean. L'ensemble du roman évoque la vie de Jean Valjean, de 1815, au moment où il sort de prison, à 1833, date de sa mort. Les événements et les personnages historiques, les analyses et les portraits s'intègrent à la trame du récit, et fournissent à l'ensemble un cadre cohérent : ainsi sont évoquées la Restauration et la guerre d'Espagne (1823), la révolution de 1830 et les émeutes de 1832, les événements de 1848 ; tout le premier livre de la deuxième partie raconte sur le ton de l'épopée* la bataille de Waterloo. En la montrant telle qu'elle est faite et dite par tous, Hugo illustre une conception romantique de l'Histoire, qui se présente, en écho des destinées individuelles, comme une marche accidentée vers la justice, la paix et le progrès.

La société

Toutes les couches de la société apparaissent dans le roman, depuis les cours royales jusqu'aux bas-fonds, depuis les paysans jusqu'au prolétariat des villes, depuis Paris jusqu'à la province reculée. Ce tableau comprend également une peinture de l'Église, telle qu'elle est et telle qu'elle devrait être, de l'armée et de la police. L'univers carcéral y figure également, tandis que Victor Hugo s'attarde volontiers sur la description du peuple parisien, avec notamment la figure du gamin incarné par Gavroche, sur la condition particulière des femmes, avec Fantine. *Les Misérables* constituent donc une fresque historique, mais aussi une fresque sociale qui regroupe toutes les classes, tous les sexes, et tous les âges de la vie.

L'œuvre d'un humaniste

C'est cependant surtout par sa défense des valeurs humanistes* qui sont celles de Hugo que l'œuvre est remarquable. Il y dénonce en effet avec vigueur tous les facteurs sociaux qui provoquent la déchéance humaine, en soulignant inlassablement le rôle essentiel de l'éducation comme facteur de progrès. Par ailleurs, l'œuvre prend le ton d'un réquisitoire contre une justice aveugle qui interdit la réhabilitation : l'histoire de Jean Valjean est le récit d'un rachat exemplaire, de la lutte d'un homme contre le déterminisme de la misère. Mais d'autres misères sont évoquées et stigmatisées dans le roman : misère des femmes acculées à l'indignité, misère des enfants maltraités, misère intellectuelle et morale liée à l'ignorance et à la pauvreté. À travers *Les Misérables,* Hugo a l'ambition de s'adresser à tous, en juxtaposant les registres plaisant et pathétique, réaliste, épique et lyrique et mettant en oeuvre toutes les ressources de la littérature : on y trouve le plaisir de la narration, mais aussi la profondeur de l'analyse historique, sociale, politique et psychologique. Le roman assume une fonction d'information et de formation, analyse les raisons et les conséquences de la déchéance et de la révolte, et se présente comme une œuvre utile. Mais Hugo y apparaît aussi comme un poète, un moraliste et un virtuose de la langue : sa prose sait se faire musicale et suggestive, prendre un souffle prophétique ou la grandeur de l'épopée ; on trouve des vers et des chansons, des dialogues dramatiques*, des aphorismes*, et l'usage de tous les langages, de la rhétorique à l'argot. *Les Misérables* : l'œuvre d'un homme à qui rien de ce qui est humain n'est étranger.

À retenir

- Une œuvre multiple : roman sentimental, roman historique et social, roman engagé.
- Une œuvre qui joue sur la diversité des registres.
- La dénonciation des injustices et de la misère.
- Une œuvre humaniste dans sa défense de la dignité des humbles et ses revendications de justice.

“ La parole à l'œuvre

Tant qu'il existera, par le fait des lois et des mœurs, une damnation sociale créant artificiellement, en pleine civilisation, des enfers, et compliquant d'une fatalité humaine la destinée qui est divine ; tant que les trois problèmes du siècle, la dégradation de l'homme par le prolétariat, la déchéance de la femme par la faim, l'atrophie de l'enfant par la nuit, ne seront pas résolus ; tant que dans, certaines régions, l'asphyxie sociale sera possible ; en d'autres termes, et à un point de vue plus étendu encore, tant qu'il y aura sur la terre ignorance et misère, des livres de la nature de celui-ci pourront ne pas être inutiles. (Avant-propos)

À ceux qui ignorent, enseignez-leur le plus de choses que vous pourrez ; la société est coupable de ne pas donner l'instruction gratis ; elle répond de la nuit qu'elle produit. Cette âme est pleine d'ombre, le péché s'y commet. Le coupable n'est pas celui qui fait le péché, mais celui qui fait l'ombre. (I, 1, 4)

Ô marche implacable des sociétés humaines ! Pertes d'hommes et d'âmes chemin faisant ! Océan où tombe tout ce que laisse tomber la loi ! Disparition sinistre du secours ! Ô mort morale !

La mer, c'est l'inexorable nuit sociale où la pénalité jette ses damnés. La mer, c'est l'immense misère. (I, 5, 9)

Qu'est-ce que cette histoire de Fantine ? C'est la société achetant une esclave.
À qui ? À la misère.
À la faim, au froid, à l'isolement, à l'abandon, au dénuement. Marché douloureux. Une âme pour un morceau de pain. La misère offre, la société accepte. (I, 5, 11)

Ce livre est un drame dont le premier personnage est l'infini.
L'homme est le second. (II, 7, 1)

La grandeur de la démocratie, c'est de ne rien nier et de ne rien renier de l'humanité. (II, 7, 5)

L'avenir appartient encore bien plus aux cœurs qu'aux esprits. Aimer, voilà la seule chose qui puisse occuper et remplir l'éternité. À l'infini, il faut l'inépuisable. (IV, 5, 4)

Fiche 48

Alfred de Musset, *Lorenzaccio* ou le drame de la pureté (1834)

Quelques mots sur l'auteur

Alfred de Musset est né à Paris en 1810, et s'adonne très tôt à la poésie : ses premiers vers datent de 1824. Introduit au Cénacle en 1828, il fréquente Nodier, Vigny et Sainte-Beuve et publie en 1830 les *Contes d'Espagne et d'Italie* qui, comme ses poèmes, demeurent à distance des principes romantiques*. En 1832, Musset publie *Un spectacle dans un fauteuil*, recueil d'œuvres dramatiques, qui comprend *Namouna*, *La Coupe et les Lèvres* et *À quoi rêvent les jeunes filles*. *André del Sarto* et *Les Caprices de Marianne* paraissent en 1833 dans la *Revue des Deux Mondes*, en même temps que *Rolla*. C'est à cette époque que commence l'orageuse liaison avec George Sand, qui inspire en partie *La Confession d'un enfant du siècle* publiée en 1836, après *Fantasio*, *On ne badine pas avec l'amour* et *Lorenzaccio* parus en 1834. Entre 1835 et 1840, Musset écrit encore des comédies, des nouvelles, des poèmes et une œuvre critique, et surtout les *Nuits* (1835-1837). Son inspiration se tarit ensuite : il donne encore quelques comédies jusqu'en 1850. Bien qu'élu à l'Académie en 1852, il meurt presque oublié en 1857.

Un drame historique

L'action se situe à Florence au XVIe siècle. La ville est soumise au pouvoir tyrannique du duc Alexandre, bâtard des Médicis, accompagné dans sa débauche par son cousin, Lorenzo, flétri du surnom péjoratif de « Lorenzaccio », personnage sans scrupule, cynique et lâche. Mais sous le masque du libertin corrompu se révèle un héros : Lorenzo, obsédé par l'histoire de Brutus, souffre de ne pouvoir renouer avec l'ambition de sa jeunesse : délivrer sa patrie de la tyrannie. Il décide d'assassiner le duc, sans croire vraiment à l'utilité de ce meurtre. En effet, débarrassée d'Alexandre, Florence se soumet à la puissance de Côme de Médicis, et Lorenzo, condamné à mort, traqué, se réfugie à Venise où il meurt assassiné.

Un drame romantique

Contexte historique et héros ténébreux

L'intrigue de *Lorenzaccio* a été suggérée à Musset par des chroniques italiennes et un récit historique de George Sand. Située à Florence en 1537, la pièce est riche en références historiques et en couleur locale, les types sociaux les plus divers s'y côtoient dans des lieux connus ou pittoresques.

Mais à la fresque historique politique s'ajoute un drame d'ordre personnel et psychologique, dans lequel Musset traduit ses tourments et ses obsessions: déception devant les bassesses de la politique, amertume, vision pessimiste du monde et de l'histoire. L'inutilité du meurtre d'Alexandre exprime, transposée dans le contexte de la Monarchie de juillet, l'absence de foi dans l'action politique et l'accablement de toute une génération qui s'estime sans avenir. L'échec des « Trois Glorieuses » en 1830 semble décourager toute velléité de révolte, et Côme de Médicis, succédant à Alexandre, n'est pas sans rappeler Louis-Philippe succédant à Charles X. Plus généralement, la pièce pose les problèmes de la légitimité de la violence, du rapport entre la morale et l'action politique et du rôle des idéologies, de l'idéal à la manipulation cynique. De manière plus intime, elle révèle le désespoir d'un héros exigeant et mélancolique, qui tente en vain, par un crime qui représente l'ultime vestige de sa vertu, de se réconcilier avec les idéaux perdus de sa jeunesse : c'est sa propre déchéance que Musset représente à travers celle de son personnage.

Une dramaturgie originale

Publiée en 1834 dans le second volume d'*Un spectacle dans un fauteuil*, la pièce n'était à l'origine pas destinée à la représentation et n'a pas été représentée du vivant de Musset : un texte dense, marqué par les registres lyrique, tragique et pathétique, de très nombreux personnages secondaires, le rejet délibéré de la règle des unités ont découragé les metteurs en scène jusqu'à ce que Sarah Bernhardt se charge du rôle de Lorenzo en 1896. *Lorenzaccio* change de décor à chaque scène et s'inscrit dans une durée éclatée. Par ailleurs, l'intrigue se ramifie en plusieurs actions, comme la préparation du meurtre d'Alexandre, l'adultère de la marquise et la conspiration menée par Philippe Strozzi.

À retenir

- Un drame romantique : refus de la règle des unités, profusion des personnages, couleur locale.
- Une œuvre destinée à la lecture plus qu'à la représentation.
- Un héros romantique : Lorenzo est marqué par la déchéance, par la solitude et l'amertume.

➤ Des préoccupations politiques : Musset s'interroge dans *Lorenzaccio* sur le rapport entre morale et politique, et sur l'utilité de l'action, en relation avec la situation contemporaine (révolution de 1830).

➤ L'expression d'un pessimisme profond et d'un malaise intime.

« La parole à l'œuvre

Que voulez-vous que fasse la jeunesse d'un gouvernement comme le nôtre ? On vient crier à son de trompe que César est à Bologne ; et les badauds répètent : "César est à Bologne", en clignant des yeux d'un air d'importance, sans réfléchir à ce qu'on y fait. Le jour suivant, ils sont plus heureux encore d'apprendre et de répéter : "Le pape est à Bologne avec César." Que s'ensuit-il ? Une réjouissance publique, ils n'en voient pas davantage ; et puis un beau matin ils se réveillent tout engourdis des fumées du vin impérial, et ils voient une figure sinistre à la grande fenêtre du palais des Pazzi. Ils demandent quel est ce personnage, et on leur répond que c'est leur roi. (I, 5)

La corruption est-elle donc une loi de nature ? Ce qu'on appelle la vertu, est-ce donc l'habit du dimanche qu'on met pour aller à la messe ? le reste de la semaine, on est à la croisée, et, tout en tricotant, on regarde les jeunes gens passer. Pauvre humanité ! quel nom portes-tu donc ? celui de ta race, ou celui de ton baptême ? Et nous autres vieux rêveurs, quelle tache originelle avons-nous lavée sur la face humaine depuis quatre ou cinq mille ans que nous jaunissons avec nos livres ? (II, 1)

Ma jeunesse a été pure comme l'or. Pendant vingt ans de silence, la foudre s'est amoncelée dans ma poitrine ; et il faut que je sois réellement une étincelle du tonnerre, car tout à coup, une certaine nuit que j'étais assis dans les ruines du Colisée antique, je ne sais pourquoi, je ne sais pourquoi je me levai ; je tendis vers le ciel mes bras trempés de rosée, et je jurai qu'un des tyrans de ma patrie mourrait de ma main. J'étais un étudiant paisible, et je ne m'occupais alors que des arts et des sciences, et il m'est impossible de dire comment cet étrange serment s'est fait en moi. Peut-être est-ce là ce qu'on éprouve quand on devient amoureux. (III, 3)

Je me suis réveillé de mes rêves, rien de plus. Je te dis le danger d'en faire. Je connais la vie, et c'est une vilaine cuisine, sois-en persuadé. Ne mets pas la main là-dedans, si tu respectes quelque chose. (III, 3)

Ah ! les mots, les mots, les éternelles paroles ! S'il y a quelqu'un là-haut, il doit bien rire de nous tous ; cela est très comique, vraiment. - Ô bavardage humain ! Ô grand tueur de corps morts ! grand défonceur de portes ouvertes ! Ô hommes sans bras ! » (IV, 9)

J'étais une machine à meurtre, mais à un meurtre seulement. (V, 7)

Fiche 49

Alfred de Vigny, *Chatterton* ou le poète maudit (1835)

Le portrait d'un poète

Vigny a tiré la pièce de *Chatterton* de l'une des nouvelles rassemblées dans *Stello*, recueil de trois récits consacrés à une réflexion sur la place du poète parmi les hommes, à son inévitable et salutaire solitude. L'intrigue se situe à Londres, en 1770. John Bell est un industriel fortuné et âpre au gain, impitoyable envers ses ouvriers et sa femme Kitty, à laquelle il reproche des lacunes dans ses comptes. Kitty ne donne aucune explication. Leur locataire, le jeune poète Chatterton, se cache sous un faux nom pour échapper aux persécutions. Misérable et désespéré, il envisage de se donner la mort et se confie à son ami le quaker. Une rencontre fortuite avec un ancien condisciple, lord Talbot, révèle son identité, provoquant la méfiance de Kitty et la colère du jeune homme. Kitty s'entretient avec le quaker et prend conscience du sentiment qu'elle éprouve pour Chatterton. Celui-ci sollicite un emploi auprès du lord-maire en maudissant la société qui l'accule à cette bassesse. Tenté une fois de plus par la mort, il apprend du quaker l'amour que lui porte Kitty et retrouve l'espoir. Mais accablé par ses dettes, une accusation de plagiat, et l'humiliation d'un emploi subalterne, il s'empoisonne. Kitty le suit dans la mort.

Un drame sentimental et un appel en faveur des poètes

L'un des éléments constitutifs du drame est l'intrigue sentimentale, bien que l'amour qui grandit entre Kitty et Chatterton demeure le plus souvent dans l'implicite. L'expression elliptique de cette passion, tout comme la justesse de la peinture psychologique des personnages font l'originalité de l'œuvre, à une époque où la mode était plutôt aux épanchements sentimentaux.

Mais l'ambition de Vigny est également d'illustrer une thèse : il veut montrer dans *Chatterton* les méfaits d'une société vénale et matérialiste, incarnée par Bell et le lord-maire Beckford, dans laquelle le travail est exploité et l'intelligence forcée à se prostituer.

Dans ce monde le poète ne peut trouver sa place : il ne peut que déchoir, en se compromettant, ou mourir. L'intention de Vigny est d'attirer l'attention sur le statut particulier qui devrait lui être accordé : être fragile, inadapté, soumis aux forces de la passion et de l'imagination, le poète devrait être pris en charge par la société qui a reconnu son génie.

Drame romantique* ou tragédie ?

Vigny contribue dans *Chatterton* à peindre la figure du poète maudit, et sa thèse se rapproche de la pensée romantique, qui attribue au poète une fonction privilégiée, et revendique la reconnaissance de son génie. Le malaise de Chatterton, le mal de vivre qui le conduit à faire l'apologie du suicide correspondent aussi à ce qui fut pour la génération romantique le « mal du siècle ». Par ailleurs, l'écriture de l'œuvre est caractérisée par des éléments qui la rattachent à l'esthétique romantique, comme l'usage de la couleur locale dans les décors et les costumes, ou le mélange des registres. Mais on a pu rapprocher l'univers de *Chatterton* de celui de la tragédie, et notamment de la tragédie racinienne : l'intrigue est concentrée autour d'un moment de crise, et si l'unité de lieu n'est pas rigoureusement respectée on ne trouve qu'un changement de décor. L'action tient à une intrigue ténue, resserrée en trois actes, et c'est la montée des passions et des sentiments vers un paroxysme qui détermine la progression dramatique.

À retenir

- Une intrigue sentimentale, mais une expression elliptique de l'amour.
- Un plaidoyer pour la reconnaissance du poète.
- Le portrait romantique du poète solitaire, incompris et inadapté.
- Une œuvre que sa sobriété d'expression et la densité de son intrigue rapprochent de la tragédie classique*.

La parole à l'œuvre

« *Il est atteint d'une maladie toute morale et presque incurable, et quelquefois contagieuse : maladie terrible, qui se saisit surtout des âmes jeunes, ardentes et toutes neuves à la vie, éprises de l'amour du juste et du beau, et venant dans le monde pour y rencontrer, à chaque pas, toutes les iniquités et toutes les laideurs d'une société mal construite. Ce mal, c'est la haine de la vie et l'amour de la mort : c'est l'obstiné Suicide.* » (II, 5)

Fiche

50 Gérard de Nerval, *Les Chimères* ou la puissance du rêve (1854)

Quelques mots sur l'auteur

Gérard de Nerval est né à Paris en 1808. Très tôt orphelin de mère, il passe son enfance dans le Valois, dont l'atmosphère et les contes imprègnent son esprit. Lié à Théophile Gautier dès le collège, il fréquente les milieux littéraires. Passionné de littérature et de culture allemandes, il traduit en 1828 le *Faust* de Goethe et écrit en 1832 *La Main de Gloire*, un récit fantastique inspiré par les *Contes* d'Hoffmann, en même temps qu'il compose des poèmes. Nerval part pour l'Italie en 1834. En 1836, il rencontre Jenny Colon, une actrice pour laquelle il nourrit un amour malheureux, et en laquelle il croit reconnaître, dans une passion déjà maladive, une femme aimée dans une vie antérieure et une réincarnation de l'éternel féminin. Les premiers signes de la folie se manifestent en 1841, et la mort de Jenny, en 1842, le plonge dans des rêves mystiques. Le poète entreprend en 1843 un voyage en Orient, (le récit en sera publié en 1851). Il se familiarise avec les religions antiques et les cultes ésotériques, et entreprend à son retour l'étude des religions. Ses troubles mentaux s'aggravent jusqu'à une crise en 1851 : obsédé par les idées de péché et de rédemption, il croit son salut soumis à l'intercession d'Aurélia, la femme éternelle et salvatrice. Entre 1851 et 1855 les séjours en maison de santé se succèdent, tandis que Nerval continue d'écrire : après *Lorely* et les *Nuits d'Octobre* (1852), il publie *Sylvie* d'abord en 1853 dans la *Revue des Deux-Mondes*, puis dans le recueil *Les Filles du Feu*, qui rassemble en 1854 des nouvelles et les poèmes des *Chimères*. Ses deux derniers récits, *Aurélia* et *Pandora*, évoquent son amour obsessionnel et sa maladie. Gérard de Nerval se suicide en 1855.

Les Chimères

Il s'agit d'un ensemble de douze sonnets*, dans lesquels Nerval évoque de façon très personnelle, et quelquefois cryptée, ses expériences les plus diverses. On y découvre en effet des souvenirs de moments de sa vie autant que des souvenirs de lectures, des références à l'univers onirique autant qu'au savoir des occultistes ou des alchimistes, des références religieuses aussi bien que mythologiques. Les mythes personnels et les obsessions du poète s'y expriment : le thème de la dépossession côtoie ceux de l'amour perdu, de la quête mystique, de l'angoisse de la folie et de la tentation du rêve ; l'ensemble est dominé par la figure féminine syncrétique*, à la fois séductrice et rédemptrice, mère, amante et déesse, que Nerval a représentée sous les traits d'Aurélia.

La poésie nervalienne

Nerval introduit dans son œuvre une dimension nouvelle, liée à son expérience propre : celle de la folie et du rêve. À travers son écriture, le vécu se trouve transfiguré, tandis que le poète établit une correspondance entre le réel et le surréel : ainsi, les objets et les êtres de l'univers familiers accèdent au statut de symboles, tandis que l'existence individuelle s'inscrit dans l'éternel et l'universel. Si l'inspiration de Nerval s'apparente à l'inspiration romantique, dont on retrouve de nombreux éléments, dont la figure du poète maudit, l'expression de l'amour malheureux et l'angoisse de la solitude, son art annonce l'esthétique symboliste*, qui confère à la poésie le pouvoir de rendre perceptible aux sens le monde des idées, et qui établit par l'intermédiaire d'images d'étroites correspondances entre la réalité et l'abstraction. Par son goût pour le rêve, par l'inquiétante et féconde relation qu'il entretient avec la folie, le texte nervalien préfigure aussi les tentatives surréalistes*.

À retenir

- Un lyrisme personnel marqué par les obsessions amoureuses et la quête mystique.
- Un texte héritier des grands thèmes romantiques* et précurseur du symbolisme et du surréalisme.
- Une œuvre qui opère la transfiguration du vécu et de l'expérience personnelle en les rattachant au mythe.

La parole à l'œuvre

“

Je suis le ténébreux, - le veuf, - l'inconsolé,
Le prince d'Aquitaine à la tour abolie :
Ma seule étoile est morte, - et mon luth constellé
Porte le soleil noir de la Mélancolie.

(« El Desdichado »)

Fiche

51

Honoré de Balzac, *La Comédie humaine* ou le théâtre du monde (1842)

Quelques mots sur l'auteur

Balzac est né en 1799 à Tours, où il reste jusqu'en 1813, date de l'installation de sa famille à Paris. Il commence des études de droit et s'essaie à la littérature, avec une tragédie, *Cromwell* (1821). Devant l'échec de la pièce il renonce au théâtre : ses premiers romans sont des romans d'aventure qu'il signe d'un pseudonyme. En 1825 il monte une affaire, devient libraire, achète une imprimerie, mais l'opération se solde par de lourdes pertes, et Balzac en 1829 revient à la littérature avec *La Physiologie du Mariage* et *Les Chouans*. En 1833 commence sa correspondance avec Madame Hanska, qu'il retrouve plusieurs fois à l'étranger, tandis qu'il continue d'écrire une œuvre dense et variée, qui comporte près de quatre-vingt-dix romans et nouvelles, trente contes et cinq pièces de théâtre. Aux romans philosophiques, comme *La Peau de chagrin* (1831), *Louis Lambert* (1832), *Séraphita* et *La Recherche de l'absolu* (1834) s'ajoutent des romans où Balzac expose sa pensée sociale (*Le Médecin de campagne*) ou des études de mœurs, comme *Gobseck* (1830) ou *La Femme de trente ans* (1831), avant *Eugénie Grandet* et *Le Père Goriot* (1834-1835). C'est dans ce dernier roman que Balzac réutilise des personnages déjà connus, dans la perspective de regrouper ses romans dans un vaste ensemble, qu'il envisage dès 1837 d'intituler *Études sociales*, avant de se décider en 1842 pour *La Comédie humaine*. Il publie en 1835-1836 *Le Lys dans la vallée*, en 1837 *Histoire de la grandeur et de la décadence de César Birotteau*, en 1838 *La maison Nucingen*, et travaille de 1837 à 1843 aux *Illusions perdues*, parmi d'autres romans constitutifs de l'œuvre. Écrivain reconnu, Balzac épouse en 1850 Madame Hanska. Il meurt à Paris la même année.

La Comédie Humaine

Architecture de l'œuvre

Les romans de la *Comédie Humaine* sont organisés en trois parties : les *Études de mœurs* (regroupant les *Scènes de la vie privée*, les *Scènes de la vie de province*, les *Scènes de la vie parisienne*, les *Scènes de la vie politique*, les *Scènes de la vie militaire* et les *Scènes de la vie de campagne*), les *Études philosophiques* et les *Études analytiques*. L'ambition de Balzac est de donner dans cette œuvre immense un tableau de la société entière. En effet, chaque personnage incarne un milieu social ou un type humain, et les apparitions récurrentes de certains protagonistes assurent le lien entre les différents moments de l'œuvre et renforcent l'effet de réel.

Écriture de l'œuvre

La réussite de l'œuvre provient d'abord de la qualité d'observation du regard balzacien : l'univers créé par le romancier est décrit avec précision, foisonnant de détails révélateurs sur les lieux et les personnages. Les évocations préliminaires du cadre de l'action ne sont jamais fortuites, car les lieux sont le reflet des hommes qui les habitent. De même, les portraits physiques, et jusqu'aux noms des personnages sont des révélateurs de leur portrait psychologique ou moral. Par sa précision, son acuité, l'œuvre constitue un document fiable sur la société de la Restauration et de la Monarchie de Juillet, tandis que la stylisation des lieux et des personnages leur permet d'échapper à l'anecdotique et de s'inscrire dans l'universel. Mais la *Comédie Humaine* n'en demeure pas moins une œuvre de fiction romanesque : la multiplicité, la variété, le dynamisme des intrigues permettent de rattacher les différents romans qui constituent l'œuvre à des genres aussi divers que le roman policier, le roman psychologique, le roman poétique ou le roman philosophique, tandis que Balzac joue en virtuose de registres diamétralement opposés, comme l'ironie, le pathétique ou le lyrique.

Les idées de Balzac

Une doctrine sociale

D'abord proche des idées libérales, Balzac est ensuite devenu monarchiste et catholique, affirmant la nécessité d'une autorité politique et religieuse. Sa réflexion politique et sociale est fondamentalement conservatrice. Pour Balzac, les hommes se laissent dominer par la force destructrice de leurs passions, que seule une autorité sans faille peut contenir : celle d'un monarque soutenu par le garant moral qu'est le catholicisme. Son œuvre s'attache à montrer les mécanismes qui régissent la société : Balzac observe les caractères et les mœurs des hommes avec l'exactitude d'un scientifique, dont il revendique la rigueur de la démarche. Mais il dénonce aussi avec virulence les travers d'une société bourgeoise cupide et hypocrite, l'étroitesse de la vie provinciale, la corruption des milieux d'affaires.

Une doctrine esthétique

Grandi dans les années romantiques, Balzac ne s'est pas totalement détaché des influences de ce mouvement, et les héros de la *Comédie humaine* expriment souvent les désirs et les ambitions des héros romantiques, leur fascination du mystère et leurs poétiques nostalgies. Cependant, l'objectif de Balzac reste de représenter et d'analyser la réalité, dont les divers éléments qui composent la *Comédie humaine* sont une éloquente métaphore. Son écriture dépasse cependant la simple reproduction de cette réalité : par son goût de la démesure, il atteint souvent à une grandeur visionnaire, et l'univers qu'il construit, s'il obéit à une logique qui ressemble à celles des lois qui régissent la société, s'il comprend des personnages dont l'épaisseur rappelle la complexité des êtres, demeure une œuvre d'art par sa cohérence et sa puissance de suggestion. C'est à travers le roman qu'il entend expliquer le fonctionnement de la société, les liens qui unissent un homme à son milieu, les déterminismes* qui forment sa personnalité. Ainsi Balzac, par son souci de classification, de description et d'analyse ouvre-t-il la voie aux grands romans réalistes*.

À retenir

- Une œuvre aux ambitions idéologiques et philosophiques.
- Une œuvre qui illustre les principes du réalisme* en littérature.
- Une somme romanesque marquée par la minutie de l'observation, la puissance de l'imagination et l'énergie de l'écriture.
- Une œuvre soutenue par la volonté d'expliquer le fonctionnement de la société, de rendre compte des déterminismes, de souligner le rôle essentiel des passions dans les actions humaines.

La parole à l'œuvre

« *Le hasard est le plus grand romancier du monde : pour être fécond, il n'y a qu'à l'étudier. La Société française allait être l'historien, je ne devais être que le secrétaire. En dressant l'inventaire des vices et des vertus, en rassemblant les principaux faits des passions, en peignant les caractères, en choisissant les événements principaux de la Société, en composant des types par la réunion des traits de plusieurs caractères homogènes, peut-être pouvais-je arriver à écrire l'histoire oubliée par tant d'historiens, celle des mœurs.*

L'homme n'est ni bon ni méchant, il naît avec des instincts et des aptitudes ; la Société, loin de le dépraver, comme l'a prétendu Rousseau, le perfectionne, le rend meilleur ; mais l'intérêt développe aussi ses penchants mauvais. Le christianisme, et surtout le catholicisme, étant, comme je l'ai dit dans le Médecin de Campagne, *un système complet de répression des tendances dépravées de l'homme, est le plus grand élément d'Ordre Social.*

La passion est toute l'humanité. Sans elle, la religion, l'histoire, le roman, l'art seraient inutiles.

En saisissant bien le sens de cette composition, on reconnaîtra que j'accorde aux faits constants, quotidiens, secrets ou patents, aux actes de la vie individuelle, à leurs causes et à leurs principes autant d'importance que jusqu'alors les historiens en ont attaché aux événements de la vie publique des nations.

Les Scènes de la vie privée *représentent l'enfance, l'adolescence et leurs fautes, comme les* Scènes de la vie de province *représentent l'âge des passions, des calculs, des intérêts et de l'ambition. Puis les* Scènes de la vie parisienne *offrent le tableau des goûts, des vices et de toutes les choses effrénées qu'excitent les mœurs particulières aux capitales où se rencontrent à la fois l'extrême bien et l'extrême mal.* »

(Avant-propos de la *Comédie humaine*)

Fiche 52

Honoré de Balzac, *Eugénie Grandet* ou l'avare tragique (1834)

Une « histoire de province »

Le roman a pour cadre la petite ville de Saumur. Le père Grandet, avare et rude, veut marier sa fille Eugénie : il hésite entre les Cruchot et les des Grassins. Mais le frère de Grandet fait faillite et se suicide ; Charles, son fils, trouve refuge chez son oncle, et des liens se nouent entre le jeune homme malheureux et Eugénie, jusqu'au départ de Charles pour les Indes. Eugénie attend celui auquel elle a juré un amour fidèle. Elle s'étiole, tandis que sa mère meurt dans le désespoir. Lorsque Grandet meurt à son tour, il laisse dix-neuf millions de francs-or à sa fille, qui devient ainsi une riche héritière. Charles revient des Indes : mais il délaisse Eugénie pour faire un mariage qui lui apporte titre et position, mû lui aussi par la passion de l'argent et l'ambition. Eugénie se résigne alors à épouser Cruchot, devenu Monsieur de Bonfons, et bientôt veuve, mène une vie obscure d'économie et de charité.

L'originalité de l'œuvre

Balzac souligne lui-même le caractère novateur d'un roman destiné à dépeindre la laideur et le vide de la province, l'ennui d'une existence terne : ces éléments en effet ne font pas partie de l'univers romanesque attendu, non plus que les personnages vulgaires et mesquins qui le peuplent en majorité. Dans cet ensemble, Eugénie ressort, comme une figure exemplaire de fidélité et de dévouement, à laquelle s'opposent les personnages de Grandet et de Charles. Le premier constitue l'une des représentations du type de l'avare, que l'on a pu rapprocher de l'Harpagon de Molière, et qui souvent contribue, par le biais de la caricature, à faire basculer le texte vers le comique. Le second, auquel Eugénie finit par se sacrifier, en permettant son mariage avec Mademoiselle d'Aubrion alors qu'elle l'a longuement attendu, personnifie l'égoïsme masculin tout autant que l'arrivisme bourgeois. À partir d'une intrigue très mince, et de personnages très éloignés des héros romanesques, Balzac offre donc avec *Eugénie Grandet* une oeuvre profondément originale, puisqu'elle tient à la fois de la peinture sociale et psychologique, de la satire et de la caricature, et de l'exaltation morale de la vertu sublime qui est celle d'Eugénie, tout en dégageant l'écriture romanesque des impératifs de pittoresque et d'héroïsme qui étaient les siens.

Un roman réaliste*

Balzac présente *Eugénie Grandet* comme un roman de la province et une étude de mœurs et de caractères. Il lui importe donc, dans la logique du projet de la *Comédie* humaine, de donner des personnages, du cadre et de la société qu'il peint un tableau fidèle à la réalité dans ses moindres détails. La province apparaît ici dans ce qu'elle a de laid et de sordide : il fait une peinture circonstanciée des intérieurs, jusqu'aux objets usuels les plus triviaux, dont il souligne, en particulier chez l'avare Grandet, le caractère vétuste et délabré. L'argent joue un grand rôle dans le roman, où il détermine les liens qui unissent les personnages, et Balzac use de tous les procédés qui visent à créer l'effet de réel, comme l'inscription du récit dans un cadre spatio-temporel précis et l'utilisation de références historiques. Mais le romancier, par la pertinence de ses portraits qui accèdent à l'universel, fait aussi œuvre de moraliste.

À retenir

- Un tableau réaliste de la vie de province.
- Une galerie de portraits.
- La représentation d'un type à partir d'un individu.
- Un roman novateur par son refus des conventions romanesques.

La parole à l'œuvre

“ *Il se trouve dans certaines villes de province des maisons dont la vue inspire une mélancolie égale à celle que provoquent les cloîtres les plus sombres, les landes les plus ternes ou les ruines les plus tristes.*

La vie de l'avare est un constant exercice de la puissance humaine mise au service de la personnalité. Il ne s'appuie que sur deux sentiments : l'amour-propre et l'intérêt ; mais l'intérêt étant en quelque sorte l'amour-propre solide et bien entendu, l'attestation continue d'une supériorité réelle, l'amour-propre et l'intérêt sont deux parties d'un même tout, l'égoïsme. De là vient peut-être la prodigieuse curiosité qu'excitent les avares habilement mis en scène.

Fiche 53

Stendhal, *Le Rouge et le Noir* ou l'échec de l'ambition (1830)

Quelques mots sur l'auteur

Henri Beyle est né à Grenoble en 1783. Orphelin de mère, il se révolte rapidement contre l'autorité paternelle, et, lecteur des philosophes des Lumières*, s'oppose à la religion et à la monarchie. Ayant opté pour l'état militaire, le jeune homme part pour l'Italie en 1800 : il démissionne en 1802, et installé à Paris s'essaie sans succès à l'écriture dramatique ; il commence en 1801 la rédaction d'un *Journal* et étudie la pensée des idéologues*. Revenu à l'armée en 1806, il séjourne en Allemagne et en Autriche et participe aux campagnes de Russie et de Saxe jusqu'à la chute de Napoléon, en 1814. Il s'installe alors à Milan rédige des œuvres critiques. En 1817 il publie sous le pseudonyme de Stendhal *Rome, Naples, Florence*. De retour à Paris en 1821, il publie un essai, *De l'Amour*, en 1822. Dans *Racine et Shakespeare* (1823) il prend position en faveur de l'esthétique romantique. En 1827 il publie sans succès un roman, *Armance*, et en 1830 son premier grand roman *Le Rouge et le Noir*. Alors commence une carrière diplomatique qui le conduit de Trieste à Civita-Vecchia. Il laisse inachevé *Lucien Leuwen*, commencé en 1834. De 1836 à 1839 un congé lui permet de se consacrer à des voyages et à l'écriture : il rédige les récits des *Chroniques italiennes* et publie en 1839 *La Chartreuse de Parme*. Revenu à Civita-Vecchia, il commence *Lamiel*. La maladie interrompt sa carrière en 1841 et il meurt à Paris en 1842, laissant de nombreuses œuvres inachevées, en particulier la *Vie de Henri Brulard* et les *Souvenirs d'égotisme*.

Histoire d'une ambition

L'histoire commence sous la Restauration à Verrières, petite bourgade de Franche-Comté, et ville natale du héros, Julien Sorel. Celui-ci, fils d'un vieux scieur qui le méprise pour sa fragilité, est protégé par l'abbé Chélan, qui le pousse à entrer au séminaire. Mais le jeune homme admire en secret Napoléon et fait du *Mémorial de Sainte-Hélène* sa lecture favorite. Devenu précepteur des enfants de M. de Rênal, maire de Verrières, il noue une liaison avec sa femme. Comme il tait son admiration pour l'Empereur il doit taire son amour pour sa maîtresse, se vouant ainsi au silence et à l'hypocrisie. À la suite d'une dénonciation, Julien quitte Verrière et entre au séminaire de Besançon, où il devient le protégé de l'abbé Pirard, qui devine son ambition et le recommande comme secrétaire à un aristocrate parisien, le marquis de la Mole. Mathilde, la fille du marquis, tombe amoureuse de Julien ; il lui rend son amour et elle attend bientôt un enfant. Mathilde convainc son père de permettre leur mariage, et Julien devient le Chevalier Sorel de la Vernaye, lieutenant de hussards. Mais une lettre de Madame de Rênal dénonce l'immoralité du jeune homme, et M. de la Mole presse sa fille de rompre. Julien revient à Verrières et tente de tuer Madame de Rênal. Elle survit, mais Julien est condamné à mort. Malgré les efforts de sa victime et de Mathilde, il est décapité.

Un roman multiple

Un roman réaliste

Stendhal s'inspire de très près d'un fait divers qui s'est produit en 1827 en Isère : l'« affaire Berthet ». Pour lui, le roman est, selon sa célèbre formule, « un miroir que l'on promène le long d'un chemin » : c'est donc le reflet de la société française à la fin de la Restauration qui se trouve dans *Le Rouge et le Noir*, des notables de provinces à l'aristocratie de la capitale, des milieux populaires aux milieux ecclésiastiques. Comme le suggère le sous-titre du roman, « Chronique de 1830 », la réalité historique y est aussi présente, avec l'arrière-plan de la révolution de 1830, les rivalités sociales et religieuses, et la dénonciation de la complicité politique entre clergé et aristocratie dans le système monarchique. Le titre de l'œuvre renvoie à deux composantes de cette société : l'armée, vers laquelle tendent les premières ambitions de Julien, et l'Église, comme il connote l'amour et la mort.

Stendhal s'attache aussi à faire un portrait psychologique fidèle et cohérent de ses personnages, dont il analyse le passé, la personnalité et les actions avec un sens de l'observation caractéristique des procédés réalistes. Il évoque en particulier les étapes du processus amoureux, en reprenant les analyses et les théories de son essai *De l'Amour*. De même, l'ambition de Julien apparaît comme le résultat d'une origine sociale, d'une éducation et d'un ensemble d'influences déterminantes.

L'écriture stendhalienne

Stendhal prétendait aspirer à la sobriété stylistique du Code Civil : son idéal est donc celui d'une écriture dépouillée, dont se souviendront les naturalistes*. Les personnages n'en demeurent pas moins des personnages romanesques : chacun à sa manière apparaît comme héroïque, excessif et exemplaire. Le pouvoir de suggestion du roman tient en grande partie aux changements de perspective : Stendhal limite le pouvoir du narrateur omniscient pour laisser le champ libre à ses personnages, ce qui permet d'éclairer leurs pensées et leurs actions, alors que leur apparence extérieure ne fait pas l'objet de longues descriptions, et de leur laisser la parole dans des passages de monologue intérieur*. Ainsi s'instaure, de manière très moderne, une polyphonie* où alternent les voix des différents protagonistes et celle, souvent ironique d'un narrateur qui est aussi un observateur critique.

À retenir

- Un roman réaliste, soucieux de vérité historique.
- La peinture critique de la société de la fin de la Restauration.
- Le portrait d'un jeune homme ambitieux.
- Une œuvre marquée par la finesse de l'analyse psychologique.
- Une écriture novatrice, marquée par la sobriété du style, les changements de points de vue et la présence ironique du narrateur.

La parole à l'œuvre

“ *Voilà le grand mot qui décide de tout à Verrières : RAPPORTER DU REVENU. À lui seul il représente la pensée habituelle de plus des trois quarts des habitants. Rapporter du revenu est la raison qui décide de tout dans cette petite ville qui vous semblait si jolie.* (chap. 2)

À Paris, la position de Julien envers Mme de Rênal eût été bien vite simplifiée ; mais à Paris, l'amour est fils des romans. Le jeune précepteur et sa timide maîtresse auraient retrouvé dans trois ou quatre romans, et jusque dans les couplets du Gymnase, l'éclaircissement de leur position. Les romans leur auraient tracé le rôle à jouer, montré le modèle à imiter ; et ce modèle, tôt ou tard, et quoique sans nul plaisir, et peut-être en rechignant, la vanité eût forcé Julien à le suivre.

Dans une petite ville de l'Aveyron ou des Pyrénées, le moindre incident eût été rendu décisif par le feu du climat. Sous nos cieux plus sombres, un jeune homme pauvre, et qui n'est qu'ambitieux parce que la délicatesse de son cœur lui fait un besoin de quelques-unes des jouissances que donne l'argent, voit tous les jours une femme de trente ans sincèrement sage, occupée de ses enfants, et qui ne prend nullement dans les romans des exemples de conduite. Tout va lentement, tout se fait peu à peu dans les provinces, il y a plus de naturel. (chap.7)

Depuis la chute de Napoléon, toute apparence de galanterie est sévèrement bannie des mœurs de la province. On a peur d'être destitué. Les fripons cherchent un appui dans la congrégation ; et l'hypocrisie a fait les plus beaux progrès même dans les classes libérales. L'ennui redouble. Il ne reste d'autre plaisir que la lecture et l'agriculture. (chap.7)

Il ne faut pas trop mal augurer de Julien ; il inventait correctement les paroles d'une hypocrisie cauteleuse et prudente. Ce n'est pas mal à son âge. Quant au ton et aux gestes, il vivait avec des campagnards ; il avait été privé de la vue des grands modèles. Par la suite, à peine lui eut-il été donné d'approcher de ces messieurs, qu'il fut admirable pour les gestes comme pour les paroles. (chap.8)

Quoi ! j'aimerais, se disait-elle, j'aurais de l'amour ! Moi, femme mariée, je serais amoureuse ! Mais, se disait-elle, je n'ai jamais éprouvé pour mon mari cette sombre folie, qui fait que je ne puis détacher ma pensée de Julien. Au fond ce n'est qu'un enfant plein de respect pour moi ! Cette folie sera passagère. Qu'importe à mon mari les sentiments que je puis avoir pour ce jeune homme ? (chap.10)

Il n'y a qu'un sot, se dit-il, qui soit en colère contre les autres : une pierre tombe parce qu'elle est pesante. Serai-je toujours un enfant ? quand donc aurai-je contracté la bonne habitude de donner de mon âme à ces gens-là juste pour leur argent ? Si je veux être estimé et d'eux et de moi-même, il faut leur montrer que c'est ma pauvreté qui est en commerce avec leur richesse, mais que mon cœur est à mille lieues de leur insolence, et placé dans une sphère trop haute pour être atteint par leurs petites marques de dédain ou de faveur. (chap.12)

Fiche 54

Stendhal, *La Chartreuse de Parme* ou l'imagination romanesque (1839)

Une chronique italienne

Fabrice Del Dongo, jeune aristocrate milanais, en réalité fils d'un officier français, est épris de liberté et de gloire : il rêve de rejoindre l'armée de Napoléon lors de l'épisode des Cent-Jours, et sa tante, la romanesque Gina del Dongo, va l'aider dans son entreprise. Fabrice se retrouve donc à Waterloo après quelques déboires, rencontre sans le reconnaître son héros, reçoit une blessure et revient en Italie, accueilli par sa mère et Gina, avec qui il part pour Milan. En chemin ils rencontrent le général libéral Fabio Conti et sa fille Clélia. Le général est arrêté, puis libéré sur l'intervention de Gina. Fabrice, que ses idées rendent suspect, se réfugie dans le Piémont, et Gina rencontre à Milan le comte Mosca, qui lui suggère d'épouser le vieux duc de Sanseverina et de devenir sa maîtresse. Il assure la protection de Fabrice, qui devient grâce à lui Archevêque de Parme. Mais Mosca est jaloux des sentiments de Gina, devenue la Sanseverina, pour son neveu. Celui-ci cependant doit s'éloigner, à la suite d'une liaison avec Marietta, une jeune actrice, et revient auprès de sa famille. De retour à Parme, il tue l'amant de Marietta et s'enfuit à Ferrare, puis à Bologne, où Gina lui fait parvenir de faux papiers, et où Marietta le rejoint, ce qui ne l'empêche pas de courtiser la Fausta, une célèbre diva. Après un nouveau duel il trouve asile à Florence.

Ses ennemis préparent cependant son arrestation : la Sanseverina, qui menace de quitter la Cour de Parme si Fabrice est condamné, obtient du Prince que la Justice renonce à le poursuivre. Mais le Prince se dédit et à son retour Fabrice est arrêté et condamné à douze ans de réclusion dans la Citadelle de Parme, dont le gouverneur est le général Conti. Il y reconnaît Clélia. La Sanseverina tente d'organiser l'évasion de son neveu, tandis que celui-ci a le bonheur d'observer Clélia ; elle lui rend bientôt son amour, et aide la Sanseverina à organiser son évasion. Mais croyant être complice de l'empoisonnement de son père, qui n'est qu'endormi, elle fait vœu, s'il survit, de renoncer à Fabrice et d'épouser le Marquis Crescenzi que lui destinait le gouverneur. Fabrice s'évade, mais regrette la présence de Clélia, et la jeune fille accepte de se marier. À Parme, le Comte Mosca et la Sanseverina, après la mort du Prince, œuvrent pour la réhabilitation de Fabrice, qui accepte de se constituer prisonnier pour être de nouveau jugé et acquitté. Le gouverneur, convaincu d'avoir tenté de l'empoisonner, est destitué. Mais Fabrice se désespère, tandis que Clélia se résigne à épouser le marquis pour éviter l'exil à son père. Devenue veuve, Gina, qui a acheté la vie de Fabrice en se donnant au fils du Prince, épouse Mosca et quitte Parme. Fabrice devient un prêcheur célèbre, et la jeune Anetta Marini lui déclare son amour. Clélia retrouve Fabrice, et leur liaison dure trois ans. Fabrice, qui veut garder leur enfant, imagine de faire croire à sa mort, mais l'enfant meurt effectivement peu après et Clélia ne lui survit pas. Fabrice se retire alors à la Chartreuse de Parme où il meurt un an après.

Un roman historique et sentimental

L'arrière-plan historique

Avant d'entreprendre la *Chartreuse de Parme*, Stendhal envisageait d'écrire un roman sur la vie d'Alexandre Farnèse (1468-1549) et de relater la bataille de Waterloo : la *Chartreuse* lui permet de fondre les deux projets, en reprenant les événements découverts dans les chroniques italiennes de la Renaissance dans un récit situé au XIXe siècle dans une cour italienne. Mais les conventions du roman historique sont mises à mal. Ainsi dans l'épisode de la bataille de Waterloo, centré sur le personnage de Fabrice, le regard naïf du personnage ôte au récit toute dimension épique* ou héroïque.

Une « éducation sentimentale »

Stendhal crée aussi des héros passionnés et généreux, héritiers des idées libérales et des grands sentiments du romantisme*, auxquels il cède volontiers la parole dans de longs passages de monologue intérieur*. Il montre ainsi, se rapprochant des romans d'éducation* comment Fabrice finit par accéder avec une sincérité dont il est incapable au début du roman au véritable sentiment amoureux, en particulier en étant confronté à deux femmes incarnant de façon opposée la passion amoureuse.

Un roman satirique

En usant volontiers du registre ironique, en juxtaposant aux scènes d'action ou aux scènes pathétiques, voire tragiques, des scènes de comédie où sont accusés les ridicules, Stendhal offre aussi dans ce roman une vision satirique de l'absolutisme, puisque l'Italie de 1820 connaît la révolte libérale des carbonari et que le microcosme de la cour de Parme permet d'accuser les contrastes et les oppositions, autant que de mettre en scène les manœuvres politiques, et d'exprimer au passage son anticléricalisme et sa haine de la tyrannie. Les puissants qui y apparaissent usent et abusent de leur pouvoir, tandis que les idéaux républicains dérivent vers l'échec et la mélancolie. De manière très moderne, Stendhal démythifie également l'héroïsme : ce n'est qu'au cours des événements que Fabrice pourra accéder vraiment au statut de héros.

À retenir

- Un roman caractérisé par le réalisme* psychologique, notamment dans la peinture de l'amour.
- Un roman historique et satirique*, dans lequel Stendhal prend position contre l'absolutisme et le cléricalisme.

- Un roman d'éducation* au cours duquel le héros accède progressivement au sentiment amoureux et au statut de héros romanesque.
- Une œuvre caractéristique de l'écriture stendhalienne, marquée par la sobriété du style, la présence ironique du narrateur et l'usage du monologue intérieur*.

La parole au texte

Depuis une cinquantaine d'années, et à mesure que l'Encyclopédie et Voltaire éclataient en France, les moines criaient au bon peuple de Milan, qu'apprendre à lire ou quelque chose au monde était une peine fort inutile, et qu'en payant bien exactement la dîme à son curé, et lui racontant fidèlement tous ses petits péchés, on était à peu près sûr d'avoir une belle place en paradis. (chap.1)

Nous avouerons que notre héros était fort peu héros en ce moment.

Ah ! m'y voilà donc enfin au feu ! se dit-il. J'ai vu le feu ! se répétait-il avec satisfaction. Me voici un vrai militaire. À ce moment, l'escorte allait ventre à terre, et notre héros comprit que c'étaient des boulets qui faisaient voler la terre de toute part. Il avait beau regarder du côté d'où venaient les boulets, il voyait la fumée blanche de la batterie à une distance énorme, et, au milieu du ronflement égal et continu produit par les coups de canon, il lui semblait entendre des décharges beaucoup plus voisines ; il n'y comprenait rien du tout. (chap.3)

Le pouvoir absolu a cela de commode qu'il sanctifie tout aux yeux des peuples. (chap.6)

[I]l avait le plaisir de voir qu'elle ne manquait jamais à paraître dans la volière au moment précis où onze heures trois quarts sonnaient, et il eut presque la présomption de se croire la cause de cette exactitude si ponctuelle. Pourquoi ? Cette idée ne semble pas raisonnable ; mais l'amour observe des nuances invisibles à l'œil indifférent, et en tire des conséquences infinies. (Chap. 18)

Fiche 55

José Maria de Heredia, *Les Trophées* ou la beauté pure (1893)

Quelques mots sur l'auteur

Heredia est né en 1842 à Cuba. Il étudie à Paris et intègre l'École des Chartes avant de s'adonner à la littérature. Lié à Leconte de Lisle et au mouvement du Parnasse*, il publie ses poèmes dans des revues, comme le *Parnasse Contemporain*, avant d'en rassembler la totalité dans *Les Trophées* en 1893. Il est élu en 1894 à l'Académie française et meurt en 1905.

Le Parnasse et l'Art pour l'Art

Les poètes parnassiens se réunissent à partir de 1860, essentiellement en réaction contre le caractère intimiste et sentimental imprimé à la littérature, et en particulier à la poésie, par le romantisme. À la suite de Théophile Gautier (1811-1872) et de son recueil *Émaux et Camées*, publié en 1852, ils prônent le culte d'un art raffiné, qui se suffit à soi-même, sans se mettre au service de l'expression des idées morales ou politiques aussi bien que des sentiments : c'est donc à la fois à la notion de littérature engagée*, et au lyrisme personnel, deux éléments fondamentaux du romantisme, qu'ils entendent s'opposer. En effet, les Parnassiens ne conçoivent l'art que purifié de toute fonction utilitaire : « Il n'y a de vraiment beau que ce qui ne peut servir à rien ; tout ce qui est utile est laid » affirme Gautier dans la Préface de *Mademoiselle de Maupin*. La seule préoccupation de l'artiste est dans cette perspective de produire la beauté, et de viser la perfection formelle : les tenants de l'Art pour l'Art accordent une grande importance à l'aspect technique de leurs œuvres, attentifs à respecter les contraintes, à ciseler l'écriture et à travailler la musicalité. Les œuvres des Parnassiens sont publiées dans des revues, puis dans un premier recueil, *Le Parnasse Contemporain*, en 1866, qui rassemble des œuvres de Gautier, Banville, Leconte de Lisle, Heredia et même Baudelaire, avec d'autres textes de poètes moins connus. Un deuxième volume suit en 1871, et un troisième, plus disparate, en 1876.

Les Trophées

Le recueil est composé de cent dix-huit sonnets, qui ressuscitent les gloires passées, peignent les splendeurs des paysages (bretons, en particulier) ou suggèrent les couleurs dépaysantes de l'exotisme. L'ensemble reste remarquable par la qualité des tableaux, la précision et l'exactitude des détails, puisque chaque œuvre repose sur une image frappante par son pittoresque ou sa grandeur, sans qu'intervienne explicitement la subjectivité de l'auteur ; nul message donc, nulle perspective historique ou idéologique, mais une recherche constante de la beauté, à travers les cinq parties du recueil : « La Grèce et la Sicile », « Rome et les Barbares », « Le Moyen Âge et la Renaissance », « Orient et Tropiques », « La Nature et le Rêve ».

À retenir

- Une œuvre qui revendique l'absence de visée utilitaire (morale, sentimentale ou idéologique).
- Un soin particulier accordé à la perfection formelle.
- Une succession de tableaux marquants par leur splendeur, leur exotisme ou leur pittoresque.
- Une œuvre caractéristique du mouvement parnassien et de la théorie de l'Art pour l'Art.

La parole à l'œuvre

« *Comme un vol de gerfauts hors du charnier natal,*
Fatigués de porter leurs misères hautaines,
De Palos de Moguer, routiers et capitaines,
Partaient, ivres d'un rêve héroïque et brutal.

Ils allaient conquérir le fabuleux métal
Que Cipango mûrit dans ses mines lointaines,
Et les vents alizés inclinaient leurs antennes
Aux bords mystérieux du monde occidental.

Chaque soir, espérant des lendemains épiques,
L'azur phosphorescent de la mer des Tropiques
Enchantait leur sommeil d'un mirage doré ;

Ou, penchés à l'avant des blanches caravelles,
Ils regardaient monter en un ciel ignoré
Du fond de l'Océan des étoiles nouvelles.

(« Les Conquérants », III)

Fiche 56

Charles Baudelaire, *Les Fleurs du Mal* ou le charme vénéneux de la poésie (1857)

Quelques mots sur l'auteur

Charles Baudelaire est né à Paris en 1821 ; veuve en 1827, sa mère épouse en 1828 le commandant Aupick, avec lequel l'enfant entretient des relations si orageuses qu'il passe son adolescence en pension, à Lyon puis au lycée Louis-le-Grand. De 1839 à 1841, il mène une vie de bohême, se passionne pour le romantisme, côtoie Leconte de Lisle et Gautier, au grand dam de sa famille qui le contraint à partir pour les Indes en 1841. Mais il ne termine pas le voyage et s'arrête à l'île Bourbon, où s'enracine une partie de son inspiration exotique. Il exige à son retour sa part d'héritage pour vivre en dandy, en compagnie de Jeanne Duval, sa maîtresse et déjà l'inspiratrice de nombreux poèmes. Mais jugé trop dépensier par sa famille, il se voit imposer un conseil judiciaire qui limite ses revenus. Baudelaire se consacre alors à la critique d'art, et se laisse en 1848 brièvement tenter par la politique. Il traduit les récits fantastiques d'Edgar Poe et publie dans des revues des poèmes, en partie inspirés par sa rencontre avec Madame Sabatier. En 1857 paraissent *Les Fleurs du Mal*. L'auteur, condamné pour immoralité, supprime les pièces concernées et une nouvelle édition paraît en 1861. Drogué et malade, il publie encore en 1860 *Les Paradis artificiels* et défend l'œuvre de Wagner dans *Richard Wagner et Tannhäuser* (1861). En 1864 il part pour la Belgique, où il continue d'écrire des poèmes et espère la gloire. Mais terrassé par une attaque en 1866, il rentre à Paris pour y mourir en 1867.

Du gouffre à l'idéal

La seconde édition des *Fleurs du Mal* est un recueil de cent vingt-neuf poèmes, dans lesquels le poète, qui revendique pourtant une œuvre de « poésie pure », met beaucoup de lui-même, et s'efforce de rendre perceptible la tragédie de l'homme, sollicité à la fois par la tentation du mal, représenté par le gouffre, l'abyme, les marasmes du *spleen*, cet ennui métaphysique, ce sentiment d'écrasement et d'impuissance qui rappelle le mal du siècle de la génération romantique*, l'animalité de la chair, et aspirant pourtant à l'idéal. L'ensemble de l'œuvre est construit sur cette opposition. Dans la première partie, *Spleen et Idéal* (I à LXXXV), le poète tente, par la poésie et par l'amour, de résister au spleen qui l'accable. Les *Tableaux parisiens* (LXXXVI à CIII) offrent une image duelle de la ville, à la fois laide et effrayante et lieu de communions avec l'humanité, tandis que *Le Vin* (CIV à CVIII) évoque les tentations de l'assouvissement et de l'ivresse. Dans *Les Fleurs du Mal* (CIX à CXVII) est dépeint l'univers du vice. Les poèmes de *Révolte* (CXVIII à CXX) crient l'anathème et l'abandon au mal, et les derniers, ceux de *La Mort* disent l'espoir de la réconciliation.

La poésie baudelairienne

Le projet

Dans ce recueil, Baudelaire se situe à mi-chemin entre la confidence romantique du mal-être et de l'angoisse, et la recherche parnassienne de la perfection formelle. Son originalité consiste également dans le choix d'une thématique qui libère le texte poétique des contraintes esthétiques – choisir des thèmes « poétiques » – ou morales : ce que s'attache à faire le poète, c'est produire une œuvre d'art à partir de la laideur et du mal. Pour Baudelaire, c'est la dualité de l'homme et du monde qu'il s'agit d'exprimer, et la mission rédemptrice et réconciliatrice de la poésie : dans un monde enlisé dans le spleen, elle seule permet l'échappée vers l'idéal, et révèle les correspondance*, qui unissent mystérieusement le matériel et le spirituel. C'est tout un système que Baudelaire élabore à ce sujet : il met en évidence les « correspondances horizontales », ou « synesthésies* » qui unissent les sensations et les perceptions, et les « correspondances verticales » qui unissent l'univers des objets et l'univers des idées, et figure ainsi parmi les précurseurs du symbolisme*.

L'écriture des Fleurs du Mal

Entre romantisme et formalisme*, Baudelaire est l'un des fondateurs de la modernité*, dont il souligne les constantes dans les œuvres des peintres contemporains, comme Manet ou Cézanne. L'écriture des poèmes demeure dans l'ensemble classique : la plupart des poèmes des *Fleurs du Mal* sont en alexandrins, les impératifs métriques et rythmiques sont scrupuleusement respectés, et Baudelaire se montre en cela héritier du Parnasse. Mais sa volonté est aussi de laisser la parole à la sensibilité personnelle et à l'imagination, ce qui permet de sublimer le classicisme* de la forme : les caprices de l'inspiration lui suggèrent ainsi de désarticuler le vers par des rejets*, des enjambements* ou des césures* inattendus, qui annoncent la quête de musicalité d'un Verlaine, et de donner du beau une définition qui le rapproche des romantiques aussi bien que des surréalistes : « *Le beau est toujours bizarre*. Je ne veux pas dire qu'il soit volontairement, froidement bizarre, car dans ce cas il serait un monstre sorti des rails de la vie. Je dis qu'il contient toujours un peu de bizarrerie, de bizarrerie non voulue, inconsciente, et que c'est cette bizarrerie qui le fait être particulièrement le Beau. » (*Curiosités esthétiques*, 1868).

À retenir

- Une œuvre encore classique par sa facture, mais déjà empreinte de modernité.
- Une œuvre héritière du romantisme* et du Parnasse*, mais qui annonce le symbolisme* et sera reconnue par les surréalistes*.
- La volonté de dissocier art et morale.
- L'expression de la dualité humaine, tentation du mal et aspiration à l'idéal.
- Une thématique marquée par la hantise du spleen, la figure du poète maudit et l'obsession de l'ailleurs.

La parole à l'œuvre

« *Il y a dans tout homme, à toute heure, deux postulations simultanées, l'une vers Dieu, l'autre vers Satan.*
L'invocation à Dieu, ou spiritualité, est un désir de monter en grade ; celle de Satan, ou animalité, est une joie de descendre.»

(« Mon cœur mis à nu »)

Mais parmi les chacals, les panthères, les lices,
Les singes, les scorpions, les vautours, les serpents,
Les monstres glapissants, hurlants, grognants, rampants,
Dans la ménagerie infâme de nos vices,

Il en est un plus laid, plus méchant, plus immonde !
Quoiqu'il ne pousse ni grands gestes ni grands cris,
Il ferait volontiers de la terre un débris
Et dans un bâillement avalerait le monde ;

C'est l'Ennui ! - l'œil chargé d'un pleur involontaire,
Il rêve d'échafauds en fumant son houka.
Tu le connais, lecteur, ce monstre délicat,
Hypocrite lecteur, - mon semblable, - mon frère ! »

(« Au lecteur »)

La Nature est un temple où de vivants piliers
Laissent parfois sortir de confuses paroles ;
L'homme y passe à travers des forêts de symboles
Qui l'observent avec des regards familiers.

Comme de longs échos qui de loin se confondent
Dans une ténébreuse et profonde unité,
Vaste comme la nuit et comme la clarté,
Les parfums, les couleurs et les sons se répondent.

Il est des parfums frais comme des chairs d'enfants,
Doux comme les hautbois, verts comme les prairies,
Et d'autres, corrompus, riches et triomphants,

Ayant l'expansion des choses infinies,
Comme l'ambre, le musc, le benjoin et l'encens
Qui chantent les transports de l'esprit et des sens.

(« Correspondances »)

Quand le ciel bas et lourd pèse comme un couvercle
Sur l'esprit gémissant en proie aux longs ennuis,
Et que de l'horizon embrassant tout le cercle
Il nous verse un jour noir plus triste que les nuits ;

Quand la terre est changée en un cachot humide,
Où l'Espérance, comme une chauve-souris,
S'en va battant les murs de son aile timide
Et se cognant la tête à des plafonds pourris ;

Quand la pluie étalant ses immenses traînées,
D'une vaste prison imite les barreaux,
Et qu'un peuple muet d'infâmes araignées
Vient tendre ses filets au fond de nos cerveaux,

Des cloches tout à coup sautent avec furie
Et lancent vers le ciel un affreux hurlement,
Ainsi que des esprits errants et sans patrie
Qui se mettent à geindre opiniâtrement.

- Et de longs corbillards, sans tambours ni musique,
Défilent lentement dans mon âme ; l'Espoir,
Vaincu, pleure, et l'Angoisse atroce, despotique,
Sur mon crâne incliné plante son drapeau noir.

(« Spleen IV »)

Fiche

57

Charles Baudelaire, *Petits poèmes en prose* ou la poésie autrement (1867-1869)

Un ouvrage composite

Le recueil des *Petits poèmes en prose* comporte cinquante textes, que Baudelaire a rédigés entre 1855 et 1864, et qui ont été publiés dans diverses revues soit du vivant du poète, soit après sa mort, entre 1867 et 1869. C'est le sous-titre de l'ouvrage, *Le spleen de Paris*, que Baudelaire, qui a souvent utilisé cette expression à propos de cette œuvre, lui aurait peut-être donné pour titre définitif, soulignant ainsi le lien thématique avec *Les Fleurs du Mal,* mais aussi une unité d'ensemble qui n'est pas immédiatement perceptible.

Prose ou poésie ?

Le poème en prose, association oxymorique* de deux termes qui semblent s'exclure, se définit par sa double appartenance. Texte en prose relativement court, il ne s'apparente ni au conte ni à la nouvelle en ce qu'il n'a pas de visée narrative ou informative. Il forme un tout, sans lien avec les autres textes du recueil, et recherche, par un travail formel, à produire un effet poétique. Le souci de donner à un texte en prose une résonance poétique est sensible déjà chez Rousseau ou Chateaubriand, mais c'est après les efforts du romantisme pour libérer l'écriture que la prose ose se détacher du récit : Maurice de Guérin publie en 1840 *Le Centaure*, et *Gaspard de la Nuit* d'Aloysius Bertrand, dont Baudelaire se réclame explicitement, paraît en 1842, un an après la mort de son auteur. Ces textes, comme ceux de Baudelaire, se caractérisent par l'abondance des images, le soin dans le choix des rythmes et des sonorités, l'utilisation de procédés souvent présents dans les poèmes en vers, comme l'anaphore*, les effets de symétrie et d'opposition, les assonances* ou les allitérations*.

Le choix baudelairien

Baudelaire considère que la prose est plus apte que la poésie traditionnelle à exprimer l'esprit et la sensibilité de la vie moderne, en particulier de la vie urbaine. Le recueil, comme le suggère le sous-titre, est fortement marqué par cette thématique. L'auteur fait donc ici délibérément le choix de la modernité : à la sensibilité des hommes de son temps doit correspondre une langue poétique nouvelle. Par cette recherche, Baudelaire ouvre la voie aux tentatives de Rimbaud, qui débouchent elles-mêmes sur la libération de l'écriture poétique. Si chacun des textes est destiné, comme tout poème, à être lu séparément, on retrouve dans l'ensemble les thèmes qui hantent *Les Fleurs du Mal* et tout l'univers baudelairien : la solitude, la mélancolie et bien évidemment le spleen. La version en prose de certains textes peut être confrontée à la version versifiée des *Fleurs du mal* : ainsi « Un hémisphère dans une chevelure » renvoie à « Parfum exotique » et « La Chevelure ».

À retenir

- Une œuvre novatrice par le choix d'une écriture poétique en prose, qui ouvre la voie à la poésie moderne.
- Un genre hybride, qui se différencie du texte de prose par sa visée non narrative et non informative et par la recherche formelle qui l'apparentent au poème.
- Une œuvre marquée par la récurrence de la thématique baudelairienne.

La parole à l'œuvre

“ *Quel est celui de nous qui n'a pas, dans ses jours d'ambition, rêvé le miracle d'une prose poétique, musicale sans rythme et sans rime, assez souple et assez heurtée pour s'adapter aux mouvements lyriques de l'âme, aux ondulations de la rêverie, aux soubresauts de la conscience ?*

(« Lettre à Arsène Houssaye »)

Qui aimes-tu le mieux, homme énigmatique, dis ? Ton père, ta mère, ta sœur ou ton frère ?
– Je n'ai ni père, ni mère, ni sœur, ni frère.
– Tes amis ?
– Vous vous servez là d'une parole dont le sens m'est resté jusqu'à ce jour inconnu.
– Ta patrie ?
– J'ignore sous quelle latitude elle est située.
– La beauté ?
– Je l'aimerais volontiers, déesse et immortelle.
– L'or ?
– Je le hais comme vous haïssez Dieu.
– Eh ! qu'aimes-tu donc, extraordinaire étranger ?
– J'aime les nuages. Les nuages qui passent… là-bas… là-bas les merveilleux nuages ! »

(« L'Étranger »)

Laisse-moi respirer longtemps, longtemps, l'odeur de tes cheveux, y plonger tout mon visage, comme un homme altéré dans l'eau d'une source, et les agiter avec ma main comme un mouchoir odorant, pour secouer des souvenirs dans l'air.

Si tu pouvais savoir tout ce que je vois ! tout ce que je sens ! tout ce que j'entends dans tes cheveux ! Mon âme voyage sur le parfum comme l'âme des autres hommes sur la musique.

Tes cheveux contiennent tout un rêve, plein de voilures et de mâtures ; ils contiennent de grandes mers dont les moussons me portent vers de charmants climats, où l'espace est plus bleu et plus profond, où l'atmosphère est parfumée par les fruits, par les feuilles et par la peau humaine.

Dans l'océan de ta chevelure, j'entrevois un port fourmillant de chants mélancoliques, d'hommes vigoureux de toutes nations et de navires de toutes formes découpant leurs architectures fines et compliquées sur un ciel immense où se prélasse l'éternelle chaleur.

Dans les caresses de ta chevelure, je retrouve les langueurs des longues heures passées sur un divan, dans la chambre d'un beau navire, bercées par le roulis imperceptible du port, entre les pots de fleurs et les gargoulettes rafraîchissantes.

Dans l'ardent foyer de ta chevelure, je respire l'odeur du tabac mêlé à l'opium et au sucre ; dans la nuit de ta chevelure, je vois resplendir l'infini de l'azur tropical ; sur les rivages duvetés de ta chevelure je m'enivre des odeurs combinées du goudron, du musc et de l'huile de coco.

Laisse-moi mordre longtemps tes tresses lourdes et noires. Quand je mordille tes cheveux élastiques et rebelles, il me semble que je mange des souvenirs.

(« Un hémisphère dans une chevelure », XVII)

Il faut être toujours ivre. Tout est là : c'est l'unique question. Pour ne pas sentir l'horrible fardeau du Temps qui brise vos épaules et vous penche vers la terre, il faut vous enivrer sans trêve.

Mais de quoi ? De vin, de poésie ou de vertu, à votre guise. Mais enivrez-vous.

Et si quelquefois, sur les marches d'un palais, sur l'herbe verte d'un fossé, dans la solitude morne de votre chambre, vous vous réveillez, l'ivresse déjà diminuée ou disparue, demandez au vent, à la vague, à l'étoile, à l'oiseau, à l'horloge, à tout ce qui fuit, à tout ce qui gémit, à tout ce qui roule, à tout ce qui chante, à tout ce qui parle, demandez quelle heure il est et le vent, la vague, l'étoile, l'oiseau, l'horloge, vous répondront : « Il est l'heure de s'enivrer ! Pour n'être pas les esclaves martyrisés du Temps, enivrez-vous ; enivrez-vous sans cesse ! De vin, de poésie ou de vertu, à votre guise.

(« Enivrez-vous », XXXIII)

Fiche

58

Gustave Flaubert, *Madame Bovary* ou les ravages du romantisme (1857)

Quelques mots sur l'auteur

Flaubert est né n 1821 à Rouen, et a passé son enfance dans le cadre de l'Hôtel-Dieu, l'hôpital où exerçait son père. Durant ses études secondaires, il est séduit par l'exaltation romantique, dont ses premiers écrits portent l'empreinte. En 1836, il rencontre Élisa Schlésinger, épouse d'un éditeur de musique, dont il s'éprend passionnément. Elle lui inspirera *Mémoires d'un fou* (1838), *Novembre* (1842), la première *Éducation Sentimentale* (1845) et le personnage de Madame Arnoux dans l'*Éducation Sentimentale* de 1869. À Paris, où il étudie le droit, Flaubert se lie avec les romantiques, et Victor Hugo, jusqu'à la première atteinte de la maladie nerveuse qui le condamne à l'inaction, en 1843. Il se retire à Croisset, et se consacre aux voyages et à l'écriture. Après un voyage en Égypte il s'adonne à la rédaction de *Madame Bovary*, publié en 1857 et motif d'un procès pour immoralité. Flaubert est acquitté et part pour la Tunisie, où il prépare *Salammbô* (1862). Il reprend ensuite *L'Éducation Sentimentale*, refonte d'un premier projet abandonné, et qui paraît sans succès en 1869. Des années douloureuses et endeuillées se succèdent pour Flaubert, qui perd sa mère, de nombreux amis, rencontre l'échec avec *La Tentation de saint Antoine* et connaît des ennuis d'argent. Désabusé, il commence la rédaction de *Bouvard et Pécuchet*, œuvre satirique qui restera inachevée. Mais les *Trois contes* (1877) sont accueillis favorablement et Flaubert est reconnu par Zola et les naturalistes*, avant de mourir en 1880.

Du danger des lectures romanesques

Flaubert s'est inspiré pour son roman d'un fait divers dont il avait quasiment été le témoin : un ancien élève de son père était mort de chagrin, à la suite du suicide de son épouse infidèle, dans la petite ville normande de Ry. Le roman s'ouvre sur le portrait de Charles Bovary, personnage ridicule et médiocre qui, après des études de médecine, s'installe comme « officier de santé » à Tostes et épouse une veuve âgée et acariâtre. Peu avant la mort de sa femme, il rencontre Emma Rouault, qu'il épouse en secondes noces. Emma, élevée au couvent, nourrie de littérature sentimentale, ne trouve pas dans sa vie d'épouse ce qu'elle en avait espéré : elle est déçue de la monotonie de son existence et de la médiocrité de Charles. Elle assiste au château de la

Vaubyessard à un bal somptueux qui lui fait mesurer l'étendue de son ennui. Charles s'installe à Yonville, Emma est enceinte : elle espère un renouveau. Son mari sympathise avec Homais le pharmacien, tandis qu'Emma, après la naissance de sa fille, rencontre un jeune homme séduisant, Léon, dont elle compare le charme à la platitude de son mari. Léon parti pour Paris, elle retombe dans la mélancolie. C'est alors qu'elle rencontre Rodolphe, séducteur raffiné, qui lui fait lors des Comices agricoles une cour appuyée. Emma devient sa maîtresse. Un échec professionnel accentue le mépris qu'elle voue à son mari, et elle suggère à Rodolphe de s'enfuir avec elle, tout en multipliant les dettes et les dépenses inconsidérées. Mais son amant se lasse et rompt : Emma tombe malade. Pour la distraire, Charles emmène la convalescente à l'opéra à Rouen : ils y rencontrent Léon, et Emma noue une liaison avec le jeune homme, tandis qu'elle continue de s'endetter. Délaissée, ruinée, elle finira par s'empoisonner à l'arsenic, laissant son mari désespéré.

Un roman réaliste

Les procédés du réalisme

Sous la fiction romanesque se découvre aisément la réalité : non seulement les faits et les personnages, mais aussi les lieux sont reconnaissables dans *Madame Bovary*. Par ailleurs, Flaubert fait usage des procédés habituels du réalisme* : à travers les descriptions de Yonville apparaît Ry, avec ses rues, ses usages et ses notables, et la bourgade s'intègre dans un paysage bien réel, avec des références géographiques et topographiques précises. Les scènes décrites par Flaubert, comme la noce paysanne ou les Comices agricoles, sont également des peintures de la réalité, jusque dans le détail, et comme souvent dans les textes réalistes, l'argent et les préoccupations du quotidien jouent un grand rôle dans le roman. Flaubert s'est en outre minutieusement documenté sur les effets de l'arsenic, et la scène de l'agonie de l'héroïne est un modèle du genre.

Le bovarysme

Le même souci de réalisme se manifeste quant à l'étude psychologique. S'il s'attache avec une ironie mordante à stigmatiser la sottise du pharmacien Homais ou la médiocrité de Charles, il entend surtout démonter à travers le personnage d'Emma le mécanisme qui va l'entraîner à sa perte. L'héroïne apparaît donc comme le produit d'une éducation, de l'influence d'un milieu et de l'idéologie véhiculée par une certaine littérature. *Madame Bovary* est le portrait d'une femme incapable d'évaluer avec justesse sa propre situation et la réalité à laquelle elle est confrontée. Elle entretient ses illusions jusqu'au moment où il lui devient impossible de fuir la réalité. Flaubert vise ici l'ignorance à laquelle sont condamnées à son époque les jeunes élèves des couvents, autant que le sentimentalisme excessif d'un romantisme* mal compris. Mais on peut donner à l'insatisfaction de son héroïne une portée plus large : le bovarysme, ce dangereux pouvoir de s'imaginer différent de ce que l'on est, d'échapper à la médiocrité de la vie par l'imagination, est universel.

À retenir

- Un roman réaliste, solidement ancré dans le quotidien.
- Une peinture lucide du « bovarysme ».
- La mise en œuvre de l'ironie, arme de dénonciation de la bêtise et de la vulgarité.
- La satire* des milieux provinciaux.

La parole à l'œuvre

“ *Ce n'étaient qu'amours, amants, amantes, dames persécutées s'évanouissant dans des pavillons solitaires, postillons qu'on tue à tous les relais, chevaux qu'on crève à toutes les pages, forêts sombres, troubles du cœur, serments, sanglots, larmes et baisers, nacelles au clair de lune, rossignols dans les bosquets, messieurs braves comme des lions, doux comme des agneaux, vertueux comme on ne l'est pas, toujours bien mis, et qui pleurent comme des urnes. Pendant six mois, à quinze ans, Emma se graissa donc les mains à cette poussière des vieux cabinets de lecture.* » (I, 6)

« *Avant qu'elle se mariât, elle avait cru avoir de l'amour ; mais le bonheur qui aurait dû résulter de cet amour n'étant pas venu, il fallait qu'elle se fût trompée, songeait-elle. Et Emma cherchait à savoir ce que l'on entendait au juste dans la vie par les mots de félicité, de passion et d'ivresse, qui lui avaient paru si beaux dans les livres.* » (I, 5)

« *Au fond de son âme, cependant, elle attendait un événement. Comme les matelots en détresse, elle promenait sur la solitude de sa vie des yeux désespérés, cherchant au loin quelque voile blanche dans les brumes de l'horizon. Elle ne savait pas quel serait ce hasard, ce vent qui le pousserait jusqu'à elle, vers quel rivage il la mènerait, s'il était chaloupe ou vaisseau à trois ponts, chargé d'angoisses ou plein de félicités jusqu'aux sabords. Mais chaque matin, à son réveil, elle l'espérait pour la journée, et elle écoutait tous les bruits, se levait en sursaut, s'étonnait qu'il ne vînt pas ; puis, au coucher du soleil, toujours plus triste, désirait être au lendemain.* (I, 9)

Fiche 59

Gustave Flaubert, *Salammbô* ou la tentation exotique (1862)

Une histoire d'amour sur fond de guerre

Flaubert s'inspire d'un épisode de l'*Histoire Universelle* du grec Polybe : la guerre des Mercenaires, à la fin de la seconde guerre punique (241 av. J.C.). Carthage a résolu de traiter avec Rome, mais la ville est ruinée et les mercenaires qui ont combattu pour elle attendent leur solde : elle temporise en leur offrant un festin, au cours duquel les mercenaires se révoltent. Alors apparaît Salammbô, fille d'Hamilcar et prêtresse de Tanit : elle les apaise et les deux chefs mercenaires, Mâtho et Narr'Havas, s'éprennent d'elle. Sur les conseils de Spendius, un esclave libéré, Mâtho décide d'attaquer Carthage, tandis que les mercenaires quittent la ville pour s'établir à Sicca. Impatients de recevoir leur solde, attisés par Spendius, ils reviennent pourtant assiéger Carthage, et une nuit Mâtho s'introduit dans le temple de Tanit et vole le voile sacré de la déesse, le *zaïmph*. Surpris dans la chambre de Salammbô, il lui avoue son amour avant de prendre la fuite. La révolte des Barbares s'organise : ils empêchent Carthage de s'approvisionner, et écrasent l'armée d'Hannon. Rentré à Carthage, Hamilcar prend la tête de l'armée carthaginoise, bat Spendius et construit un fort. Mais Carthage est affamée et abattue : le prêtre Schahabarim convainc Salammbô de rejoindre Mâtho, et de se donner à lui pour reprendre le *zaïmph.* Elle y parvient, et à son retour Hamilcar la fiance à Narr'Havas, qui a rejoint les carthaginois. L'armée carthaginoise parvient à rejoindre la ville, mais Spendius coupe l'approvisionnement en eau : désespérés, les carthaginois offrent un sacrifice d'enfants à Moloch et la pluie survient. Une partie des mercenaires, surpris dans le Défilé de la Hache, y meurent, tandis que lors d'une dernière bataille les barbares sont écrasés et Mâtho fait prisonnier. Il est sacrifié lors des fêtes organisées pour célébrer la victoire de Carthage et le mariage de Salammbô et de Narr'Havas, et la jeune femme ne lui survit pas.

Un roman historique

C'est après avoir écrit *Madame Bovary*, un roman réaliste*, que Flaubert s'engage dans la rédaction d'une œuvre qui renvoie à l'Antiquité et à l'Orient, et lui permet de laisser libre cours à son imagination. Mais le recours aux écrits des historiens, en particulier le grec Polybe et le voyage qu'il effectue sur les lieux montrent le soin qu'apporte Flaubert à l'exactitude historique, ou du moins à la vraisemblance.

Les lieux sont nommés et pour la plupart identifiables, et l'auteur restitue fidèlement la chronologie des événements. Les précisions qu'il fournit sur la culture, les mœurs et la religion carthaginoise proviennent d'une solide documentation : il s'informe aussi bien sur l'art militaire antique que sur l'architecture carthaginoise ou les effets physiologiques de la soif et de la faim, animé du souci de créer l'illusion de la réalité. Pourtant, le personnage éponyme de l'œuvre, l'héroïne Salammbô, est un personnage fictif.

Une œuvre flamboyante

Parallèlement à l'intrigue amoureuse, l'auteur s'attache à dépeindre dans une vaste fresque épique* le combat des barbares et des carthaginois, dans un décor souvent somptueux. Il use volontiers des procédés de la couleur locale et son imagination puissante dépasse largement le simple tableau des mœurs orientales. L'œuvre est d'autre part doublement dépaysante, puisqu'elle renvoie simultanément à un « autrefois » historique et à un « ailleurs » géographique, qui répond au goût de l'époque pour l'orientalisme*. Après l'univers étriqué de la bourgeoisie normande, c'est l'univers de tous les excès que peint *Salammbô* : excès d'une passion amoureuse dévastatrice, excès dans les décors luxuriants, excès dans la dimension presque surhumaine des personnages, en particulier celui de Salammbô, sur laquelle rejaillit un peu de la divinité de Tanit, excès enfin dans l'évocation des carnages qui ponctuent la guerre des Mercenaires, du sanglant sacrifice à Moloch et des cruelles exécutions. À cet aspect démesuré correspond une langue puissamment évocatrice, aux accents volontiers épiques*. Flaubert oppose à la déprimante réalité de la province de son temps un Orient qui incarne pour lui la poésie et l'imagination : les descriptions somptueuses des fabuleux décors de *Salammbô* se rapprochent par leurs images et leur richesse de poèmes en prose. Elles ne sont pas toujours en accord avec le procédé réaliste qui consiste à en faire des auxiliaires du récit : elles se développent souvent de manière gratuite, autonome, accentuant le caractère esthétisant du roman.

À retenir

- Un roman historique et documenté sur la guerre des Mercenaires, mais aussi un roman poétique aux nombreuses descriptions ornementales.
- Une œuvre marquée par la couleur locale et le goût de l'exotisme.
- Une intrigue amoureuse et des récits épiques.
- Une revanche de l'imagination et de l'écriture de l'excès sur l'écriture bridée du réalisme dans *Madame Bovary*.

“ La parole à l'œuvre

C'était à Mégara, faubourg de Carthage, dans les jardins d'Hamilcar.

Enfin, [Salammbô] descendit l'escalier des galères. Les prêtres la suivirent. Elle s'avança dans l'avenue des cyprès, et elle marchait lentement entre les tables des capitaines, qui se reculaient un peu en la regardant passer.

Sa chevelure, poudrée d'un sable violet, et réunie en forme de tour selon la mode des vierges chananéennes, la faisait paraître plus grande. Des tresses de perles attachées à ses tempes descendaient jusqu'aux coins de sa bouche, rose comme une grenade entr'ouverte. Il y avait sur sa poitrine un assemblage de pierres lumineuses, imitant par leur bigarrure les écailles d'une murène. Ses bras, garnis de diamants, sortaient nus de sa tunique sans manches, étoilée de fleurs rouges sur un fond tout noir. Elle portait entre les chevilles une chaînette d'or pour régler sa marche, et son grand manteau de pourpre sombre, taillé dans une étoffe inconnue, traînait derrière elle, faisant à chacun de ses pas comme une large vague qui la suivait. (chap. 1)

Cent pas plus loin ils en virent deux autres, puis tout à coup parut une longue file de croix supportant des lions. Les uns étaient morts depuis si longtemps qu'il ne restait plus contre le bois que les débris de leurs squelettes ; d'autres à moitié rongés tordaient la gueule en faisant une horrible grimace ; il y en avait d'énormes, l'arbre de la croix pliait sous eux et ils se balançaient au vent, tandis que sur leur tête des bandes de corbeaux tournoyaient dans l'air, sans jamais s'arrêter. Ainsi se vengeaient les paysans carthaginois quand ils avaient pris quelque bête féroce ; ils espéraient par cet exemple terrifier les autres. Les Barbares, cessant de rire, tombèrent dans un long étonnement. « Quel est ce peuple, pensaient-ils, qui s'amuse à crucifier les lions ! (chap. 2)

Au-delà de Gadès, à vingt jours dans la mer, on rencontre une île couverte de poudre d'or, de verdure et d'oiseaux. Sur les montagnes, de grandes fleurs pleines de parfums qui fument, se balancent comme d'éternels encensoirs ; dans les citronniers plus hauts que des cèdres, des serpents couleur de lait font avec les diamants de leur gueule tomber les fruits sur le gazon ; l'air est si doux qu'il empêche de mourir. Oh ! je la trouverai, tu verras. Nous vivrons dans les grottes de cristal, taillées au bas des collines. Personne encore ne l'habite, ou je deviendrai le roi du pays. (chap. 11)

Fiche 60

Émile Zola, *Les Rougon-Macquart* ou la fresque du Second Empire (1871-1893)

Quelques mots sur l'auteur

Zola, né en 1840 à Paris, passe sa jeunesse à Aix-en-Provence. De retour dans la capitale, après un échec au baccalauréat il travaille à la librairie Hachette, avant de commencer une carrière de journaliste. Après des récits marqués par l'inspiration romantique, il se tourne vers le réalisme, et annonce le naturalisme* avec *Thérèse Raquin* (1867) et *Madeleine Férat* (1868). Il ébauche alors le plan des *Rougon-Macquart* dont la publication commence en 1871 pour s'achever en 1893. Le naturalisme fait école, et Zola rassemble autour de lui des écrivains comme Huysmans et Maupassant. Il présente l'esthétique naturaliste dans trois ouvrages théoriques : *Le Roman expérimental* (1880), *Le Naturalisme au théâtre* (1881) et *Les Romanciers naturalistes* (1881). Aux *Rougon-Macquart* succèdent *Les Trois villes* : *Lourdes* (1894), *Rome* (1896), *Paris* (1898). En 1898, paraît « J'accuse », article dans lequel il prend parti pour le Capitaine Dreyfus, et Zola est contraint à l'exil. De retour d'Angleterre, il commence la rédaction des *Quatre Évangiles* d'inspiration socialiste : *Fécondité* (1899), *Travail* (1901), *Vérité*, publié en 1903 après la mort accidentelle de l'auteur, et *Justice*, inachevé.

Le projet de Zola

Le naturalisme

Le terme se rattache au vocabulaire scientifique : le naturalisme est pour les savants du XVIIe siècle l'étude rationnelle de la nature. Plus tard, il désigne l'histoire naturelle et les sciences de la nature. Zola se réclame explicitement de cet héritage scientifique. Il partage les idées de Darwin et du philosophe et historien Hippolyte Taine. Pour celui-ci, partisan du déterminisme*, la psychologie est déterminée par la physiologie, les événements et les caractères, le vice et la vertu même, sont les résultats de causes qu'il appartient à la science de déterminer et d'expliquer. En empruntant au vocabulaire scientifique le terme de « naturalisme », Zola ne laisse aucun doute quant à la fonction qu'il assigne au roman : il s'agit, par l'intermédiaire d'un récit fictionnel mais rigoureusement documenté, de montrer comment les conditions de vie et le milieu, d'une part, et d'autre part l'hérédité, influent sur la construction de l'individu, faisant peser sur lui une sorte de fatalité intérieure, qui souvent le pousse à la destruction. Le roman se veut donc un outil « expérimental » destiné à permettre une meilleure connaissance de l'homme et de la société, et Zola n'hésite pas à faire référence à des biologistes comme Claude Bernard ou Prosper Lucas, pour garantir la scientificité de son entreprise.

L'Histoire naturelle et sociale d'une famille sous le Second Empire

À travers une série de vingt romans, dans une démarche inspirée de celle de la *Comédie Humaine* de Balzac, l'auteur entend montrer comment les descendants d'une même mère peuvent évoluer de manières diverses, selon les circonstances de leur vie. Le sous-titre indique bien la double perspective de Zola : rendre compte à la fois des déterminismes familiaux et des déterminismes sociaux. Mais il montre que l'objectif du romancier est également de peindre une période de l'histoire, dont il retrace les principales étapes, et un système politique, dont il stigmatise la corruption.

Une fresque aux accents épiques*

La peinture d'une société

Zola raconte du début à la fin du Second Empire (1851 à 1870) l'histoire des descendants d'Adélaïde Fouque, Tante Dide, née en 1768 et morte folle dans une maison de santé. Le premier volume, *La Fortune des Rougon* (1871), se situe en grande partie à Plassans, bourgade qui rappelle Aix-en-Provence. Du mariage d'Adélaïde et du jardinier Rougon est né un fils, Pierre, et de son concubinage avec Macquart, un contrebandier alcoolique, une fille, Ursule, et un garçon, Antoine. De ces trois enfants descendent les trois branches auxquelles appartiennent les personnages principaux de l'ensemble : les Rougon, avides d'argent et de puissance, les Mouret, du nom du mari d'Ursule, souvent héritiers de l'instabilité mentale d'Adélaïde, et les Macquart, porteurs de la double tare de la folie et de l'alcoolisme. Zola dépeint dans ce premier roman la vie de province et la prise de pouvoir de Napoléon III, et s'attache à présenter dans chacun des volumes ultérieurs un aspect de la société et le destin d'un individu : dans *La Curée* (1872) il évoque le monde la finance et la flambée des fortunes faciles dans le Paris haussmannien ; l'univers particulier des halles domine *Le Ventre de Paris* (1873), le milieu ecclésiastique *La Conquête de Plassans* (1874) et *La Faute de l'Abbé Mouret* (1875). Les trois romans suivants, *Son Excellence Eugène Rougon* (1876), *L'Assommoir* (1876) et *Nana* (1880) décrivent les cercles politiciens, le monde ouvrier et les sphères des demi-mondaines. C'est ensuite la bourgeoisie, dans *Pot-Bouille* (1882), la mort du petit commerce et la naissance des grands magasins, dans *Au Bonheur des Dames* (1883) et le dur labeur des mineurs, dans *Germinal* (1885) qui sont mis en scène. On trouve encore dans cette vasque fresque sociale un portrait d'artiste, dans *L'Oeuvre*, un tableau de la vie des paysans, dans *La Terre* (1887), ou des artisans, dans *Le Rêve* (1888). La modernité est suggérée avec l'image du chemin de fer dans *La Bête humaine* (1890) et Zola revient à l'univers de la finance avec *L'Argent* en 1891. *La Débâcle* (1892) traite des horreurs de la guerre et dans le dernier roman, *Le Docteur Pascal* (1893), qui clôt l'ensemble, Zola, se penche sur les problèmes de l'hérédité, à l'étude de laquelle se consacre le héros, Pascal Rougon, en réfléchissant à partir de sa propre famille. Deux romans plus sentimentaux, *Une page d'amour* (1878) et *La joie de vivre* (1884), se détachent un peu de l'ensemble.

L'épopée de l'humanité

L'œuvre de Zola est une œuvre engagée, prompte à dénoncer la corruption, l'injustice, les inégalités et l'hypocrisie. C'est aussi une œuvre engagée dans le sens où elle dénonce la fatalité à laquelle il est impossible d'échapper dans certains milieux, où tout est perdu d'avance. L'ampleur de l'ensemble, l'ampleur du style de l'écrivain, se mettent au service de ces thèses, et l'écriture des *Rougon-Macquart* se rapproche fréquemment de celle de l'épopée, notamment dans l'évocation des foules en révolte. L'univers de Zola est un univers en mouvement, et le souffle qui l'anime marque les limites du réalisme : peuplé d'objets monstrueux et de personnages malfaisants, doté de dimensions grandioses, il rappelle par sa grandeur et par la qualité de l'imagination certaines pages romantiques*, plus qu'il ne convainc par ses ambitions scientifiques.

À retenir

- Une oeuvre influencée par *La Comédie humaine* de Balzac, qui se présente aussi comme une suite de romans, indépendants entre eux mais regroupant des personnages récurrents.
- Une œuvre marquée par le réalisme*: tous les procédés qui concourent à l'effet de réel y sont mis en œuvre.
- Des ambitions scientifiques : Zola illustre dans cette œuvre ses idées sur le déterminisme social et familial, et ses idées sur le « roman expérimental ».
- Une œuvre engagée, qui dénonce la corruption et les injustices du Second Empire.
- Une écriture qui dépasse les limites du réalisme pour appeler par son ampleur et son imagination l'esthétique romantique.

La parole à l'œuvre

Je veux expliquer comment une famille, un petit groupe d'êtres, se comporte dans une société, en s'épanouissant pour donner naissance à dix, à vingt individus qui paraissent, au premier coup d'œil, profondément dissemblables, mais que l'analyse montre intimement liés les uns aux autres. L'hérédité a ses lois, comme la pesanteur.

Je tâcherai de trouver et de suivre, en résolvant la double question des tempéraments et des milieux, le fil qui conduit mathématiquement d'un homme à un autre homme. Et quand je tiendrai tous les fils, quand j'aurai entre les mains tout un groupe social, je ferai voir ce groupe à l'œuvre comme acteur d'une époque historique, je le créerai agissant dans la complexité de ses efforts, j'analyserai à la fois la somme de volonté de chacun de ses membres et la poussée générale de l'ensemble.

Les Rougon-Macquart, le groupe, la famille que je me propose d'étudier a pour caractéristique le débordement des appétits, le large soulèvement de notre âge, qui se rue aux jouissances. Physiologiquement, ils sont la lente succession des accidents nerveux et sanguins qui se déclarent dans une race, à la suite d'une première lésion organique, et qui déterminent, selon les milieux, chez chacun des individus de cette race, les sentiments, les désirs, les passions, toutes les manifestations humaines, naturelles et instinctives, dont les produits prennent les noms convenus de vertus et de vices. Historiquement, ils partent du peuple, ils s'irradient dans toute la société contemporaine, ils montent à toutes les situations, par cette impulsion essentiellement moderne que reçoivent les basses classes en marche à travers le corps social, et ils racontent ainsi le second empire à l'aide de leurs drames individuels, du guet-apens du coup d'état à la trahison de Sedan. »

(Préface de *La Fortune des Rougon*)

Fiche 61

Émile Zola, *La Curée* ou l'éclat de la chair (1872)

Séduction et corruption dans le Paris d'Haussmann

Le second roman des *Rougon-Macquart* raconte la fulgurante ascension d'Aristide Rougon, dit Saccard, frère du ministre Eugène Rougon qui le somme de changer de nom pour rester à l'abri des scandales. À son arrivée à Paris, Aristide obtient un petit emploi, et vit petitement avec sa femme et sa fille Clotilde, et son fils Maxime est en pension. Tout change lorsqu'à la mort de sa femme il se lance dans la spéculation : il envoie sa fille chez son frère Pascal, épouse une aristocrate compromise, Renée Béraud du Châtel, et fait revenir Maxime auprès de lui. Paris est démembré et les spéculateurs s'enrichissent éhontément : c'est la « curée », terme de chasse désignant le moment où les chiens sont lâchés sur les abats du gibier. Mais la séduisante et fragile Renée s'ennuie et bientôt une idylle se noue entre la jeune femme et le fils de son mari. Saccard profite cyniquement de la situation pour spolier son épouse, et décide par intérêt de marier Maxime à la fille d'un spéculateur, Louise de Mareuil. Ruinée et trahie, Renée meurt dans la solitude.

Le tableau d'une époque

Paris sous le Second Empire

Servant de décor à l'intrigue, la ville de Paris joue aussi un rôle de premier plan dans le roman. Aristide Rougon, à son arrivée, avant de devenir Saccard, s'émerveille de ses lumières et de ses promesses de fortune, et voit Paris comme un creuset d'alchimiste où fabriquer de l'or. Sa richesse naît en même temps que le nouveau Paris, dont le préfet Haussmann trace dès 1853 les avenues rectilignes. Mais aux quartiers des nouveaux riches et des viveurs, symbolisés par le luxe ostentatoire de l'hôtel Saccard et par les lieux de plaisir, Zola oppose le vieux Paris, marqué par l'austérité de l'hôtel Béraud du Châtel, et la misère du faubourg. C'est en quelque sorte sur les dépouilles de la ville éventrée, souvent personnifiée par Zola, que s'édifient les fortunes faciles des spéculateurs corrompus.

Les hypocrisies d'une époque

À travers le personnage d'Aristide Saccard, c'est le monde du clientélisme bonapartiste que stigmatise Zola. Contrairement à son frère Eugène, Aristide a pour seule ambition la richesse, et il témoigne pour édifier sa fortune d'une virtuosité qui semble tenir du prodige. Il se montre également dénué de tout scrupule et de tout respect humain. Mais il n'est pas seul : à ce spéculateur frénétique s'allient la finance corrompue, les entrepreneurs louches, les femmes vénales, une jeunesse passive, blasée et gâtée par l'argent, et Paris se trouve pris dans un courant irrésistible, une surenchère d'argent et de sexe, personnifiée par Saccard et par Renée, pitoyable esclave de ses pulsions, victime de la « fêlure » qui détraque son esprit et affaiblit sa volonté. Le roman paraît peu après la chute de Napoléon III, et Zola s'est méticuleusement documenté sur les opérations financières, sur la spéculation immobilière et sur les fortunes rapides et quelquefois éphémères qui ont caractérisé ce règne : le spectacle qu'il donne à voir est donc fidèle à la réalité du temps.

Les limites du réalisme*

Un tableau réaliste

La démarche de Zola lors de l'élaboration et de la rédaction de la *Curée* est bien celle d'un écrivain réaliste et naturaliste* : les repères spatio-temporels précis, les descriptions minutieuses, l'utilisation de références historiques ou géographiques aboutissent bien à la création d'un effet de réel. Par ailleurs, Zola ne perd pas de vue la thèse qu'il entend illustrer dans l'ensemble de l'œuvre : dans ce tableau aux couleurs de « chair » et d'« or », les deux thèmes se mêlent l'un à l'autre pour dénoncer l'immoralité profonde d'une société qui ne respecte plus rien.

Une tragédie

Au centre du roman, et en particulier de l'histoire d'amour entre Renée et Maxime, se trouve, mise en abyme*, la tragédie de *Phèdre* : comme la *Curée*, celle-ci évoque une passion incestueuse et destructrice. Plusieurs éléments permettent du reste de lire le roman à la lumière de la tragédie : comme l'héroïne de Racine, Renée aime le fils de son époux qui finit par l'abandonner, et comme elle, elle est la proie d'une fatalité inéluctable. Mais pour Zola, la fatalité ne provient d'aucune transcendance : c'est d'une fatalité intérieure qu'il s'agit, et Renée est victime non pas d'une divinité acharnée à la perdre, mais d'elle-même, mais de la perversité destructrice qu'elle porte en elle. De la tragédie encore, on retrouve dans la *Curée* la densité : l'essentiel de l'action se déroule en l'espace d'un an et demie environ, le temps d'une crise et de sa résolution.

Une écriture poétique

Loin de représenter sèchement la réalité, Zola l'amplifie et la métamorphose à plaisir. S'il parvient à donner à son évocation des foules une grandeur épique, ses descriptions font souvent appel à une écriture riche en images, en effets de rythme et de sonorités qui leur donnent des allures de poèmes en prose. Le monde ainsi évoqué est un monde de couleurs, de lumière et d'ombre, de chatoiements qui rappellent des techniques picturales des impressionnistes. Le style de Zola prend également volontiers une dimension biblique, et la transfiguration de la réalité se met au service du message, conférant au texte une solennité qui approche celle du mythe.

À retenir

- Un roman dominé par les thèmes de l'or et de la chair, destinés à dénoncer la corruption sociale et morale du règne de Napoléon III.
- La peinture réaliste et documentée des premières années du Second Empire, de la réorganisation de Paris et des scandales de la spéculation financière et immobilière.
- La mise en scène d'une tragédie individuelle : mais Renée, nouvelle Phèdre, porte en elle-même sa perte.
- Une écriture qui dépasse les limites du réalisme pour se rapprocher du chant lyrique*, de l'épopée*, voire du poème en prose.

La parole à l'œuvre

« *Dans l'histoire naturelle et sociale d'une famille sous le second empire, La Curée est la note de l'or et de la chair.* » (Préface)

L'hôtel [Saccard] disparaissait sous les sculptures. Autour des fenêtres, le long des corniches, couraient des enroulements de rameaux et de fleurs ; il y avait des balcons pareils à des corbeilles de verdure, que soutenaient de grandes femmes nues, les hanches tordues, les pointes des seins en avant ; puis, çà et là, étaient collés des écussons de fantaisie, des grappes, des roses, toutes les efflorescences possibles de la pierre et du marbre. À mesure que l'œil montait, l'hôtel fleurissait davantage. (chap. I)

[Saccard] connaissait son Paris sur le bout des doigts ; il savait que la pluie d'or qui en battait les murs tomberait plus dru chaque jour. Les gens habiles n'avaient qu'à ouvrir les poches. Lui s'était mis parmi les habiles, en lisant l'avenir dans les bureaux de l'Hôtel de Ville. Ses fonctions lui avaient appris ce qu'on peut voler dans l'achat et la vente des immeubles et des terrains. Il était au courant de toutes les escroqueries classiques : il savait comment on revend pour un million ce qui a coûté cinq cent mille francs ; comment on paie le droit de crocheter les caisses de l'État, qui sourit et ferme les yeux ; comment, en faisant passer un boulevard sur le ventre d'un vieux quartier, on jongle, aux applaudissements de toutes les dupes, avec les maisons à six étages. (chap. II)

Phèdre était du sang de Pasiphaé, [Renée] se demandait de quel sang elle pouvait être, elle, l'incestueuse des temps nouveaux. » (chap. V)

Fiche 62

Guy de Maupassant, *Une Vie* ou la chronique d'un malheur annoncé (1883)

Quelques mots sur l'auteur

Guy de Maupassant est né en 1850 dans la région de Dieppe, et passe une enfance heureuse dans la campagne normande. Au lycée de Rouen, il est encouragé dans ses premiers essais poétiques. En 1870, il s'engage et assiste à la défaite de Sedan, dont les épisodes reparaîtront dans plusieurs de ses nouvelles. Tout en travaillant dans une administration, il écrit des poèmes et s'exerce à la prose sous le regard de Flaubert, ami de sa mère. En 1880, l'une de ses nouvelles, *Boule de Suif*, paraît avec succès dans la revue dirigée par Zola, *Les Soirées de Médan*. Sa carrière littéraire s'étend de 1880 à 1891. Il publie six romans : *Une Vie*, (1883), *Bel-Ami* (1885), *Mont-Oriol* (1887), *Pierre et Jean* (1888), *Fort comme la Mort* (1889), *Notre cœur* (1890). À ces œuvres s'ajoutent près de trois cents nouvelles, et des récits de voyage. Mais il est atteint depuis longtemps d'une maladie nerveuse, et son état empire à partir de 1884, le conduisant à l'aliénation mentale. Il meurt en 1893 dans la clinique du docteur Blanche.

Une vie gâchée

Le roman commence en 1819 : Jeanne Le Perthuis des Vauds, fille d'un hobereau normand, a dix-sept ans et elle sort du couvent où elle a été éduquée. Heureuse et libre entre des parents aimants, elle rêve au grand amour et croit le rencontrer en la personne du vicomte Julien de Lamare. Lorsque celui-ci demande sa main, elle accepte. Choquée par la brutalité de son mari lors de la nuit de noces, elle s'éveille à la sensualité pendant le voyage qui conduit les jeunes époux en Corse. Mais le bonheur ne dure pas : très vite Julien se montre rude et mesquin. De retour en Normandie, ils s'installent au château familial, et Julien se détourne de Jeanne. Elle apprend avec horreur qu'il entretient une liaison avec sa sœur de lait Rosalie et qu'il est le père de son enfant, avant de constater peu après qu'elle est elle-même enceinte. Déçue dans sa vie de femme, elle se consacre à son fils Paul. Le couple se lie cependant à des voisins, les Fourville, jusqu'à ce que Jeanne constate à nouveau l'infidélité de Julien, qui la trompe avec la comtesse de Fourville. À la mort de sa mère, Jeanne découvre qu'elle a été elle-même infidèle à son père. Mais le Comte de Fourville a surpris les amants, et précipite d'une falaise la roulotte qui les abritait. Jeanne est veuve.

Les années passent : Paul fait au Havre des études ternes, s'enfuit à Londres d'où il réclame sans cesse de l'argent. Autour d'elle les deuils se succèdent, et bientôt seule et ruinée, elle rappelle Rosalie, vend le château et s'installe avec elle à Batteville. Paul s'est marié sans son accord, et son existence est amère et tournée vers le passé jusqu'au jour où, la femme de son fils gravement malade, elle accepte avec Rosalie de recueillir leur enfant.

Un roman naturaliste*, un regard pessimiste

Un roman naturaliste ?

Une vie est le premier roman de Maupassant : on y retrouve cependant des thèmes qui apparaissent dans nombre de ses nouvelles, de la peinture réaliste* de sa Normandie natale à la stigmatisation des travers de l'humanité – égoïsme, vanité, mensonge, avarice –. Maupassant y évoque aussi, en particulier, la condition féminine au XIXe siècle, avec une netteté et un souci d'observation qui rattachent le roman à l'esthétique naturaliste. L'intrigue rend compte par sa banalité de la médiocrité de l'existence, et le personnage de Jeanne ne présente aucun aspect héroïque : enfermée dans ses illusions, dans sa passivité et dans son statut de victime, elle apparaît comme le résultat pitoyable de l'éducation réservée aux femmes de son siècle. Maupassant souligne dans son roman la cruauté de l'univers qui entoure la protagoniste : la brutalité des hommes soumis à leurs instincts, le rôle joué par l'argent dans une société vénale, où aucun sentiment n'est idéalisé. Le corps joue aussi un rôle important dans ce texte : si les pulsions sexuelles dominent Julien, l'éveil de Jeanne à ses sensations est observé avec une précision exempte de tout sentimentalisme. Selon les principes naturalistes, les personnages – et en particulier celui de Jeanne, auquel Maupassant s'attache particulièrement – sont présentés comme fruits de déterminismes sociaux et physiologiques auxquels ils ne peuvent se soustraire. Mais Maupassant dénonce l'optimisme d'une vision rousseauiste incarnée par le baron et stigmatise les illusions romantiques*, il n'adhère totalement pas à l'esthétique naturaliste qui implique de dire « toute la vérité », préférant, dès son premier roman, choisir les traits et les événements caractéristiques plutôt que de souligner le récit par des développements explicatifs.

Le pessimisme de Maupassant

En bon disciple du philosophe pessimiste allemand Schopenhauer, en bon héritier de Flaubert, Maupassant illustre dans son roman le désenchantement face à la cruauté de la vie et à l'échec de l'amour. Au sortir du couvent, Jeanne est pleine d'espérance, d'enthousiasme et d'illusions sur ce que la vie lui réserve : une à une ses attentes seront déçues, l'ennui et l'amertume leur succèdent ; face à ces désillusions, elle ne montre aucune réaction que l'accablement et le désespoir. La religion dans laquelle elle cherche secours apparaît comme un mensonge, entre le fanatisme et la compromission. Seule la leçon finale d'acceptation et de courage donnée par Rosalie atténue cependant le pessimisme de l'ensemble. Les relations amoureuses qui lient les personnages apparaissent de façon uniformément négatives, de même que la majorité des autres liens : la fin n'est cependant pas totalement désespérée, puisque Jeanne et Rosalie recueillent la fille de Paul et installent ainsi une nouvelle cellule, soumise à un ordre matriarcal.

À retenir

- Un roman marqué par l'esthétique naturaliste dans sa thématique et son expression.
- La dénonciation de l'optimisme des Lumières et de l'idéalisme romantique
- Le choix d'éléments caractéristiques plutôt que du parti pris de la vérité exhaustive et de l'ambition didactique.
- Une vision pessimiste, mais pas désespérée, de la vie, des rapports humains et de l'humanité.
- La peinture sans complaisance de la condition féminine.

La parole à l'œuvre

“ *Le baron Jacques Le Perthuis des Vauds était un homme de l'autre siècle, maniaque et bon. Disciple enthousiaste de J.-J. Rousseau, il avait des tendresses d'amant pour la nature, les champs, les bois, les bêtes. […]*

Homme de théorie, il méditait tout un plan d'éducation pour sa fille, voulant la faire heureuse, bonne, droite et tendre.

Elle était demeurée jusqu'à douze ans dans la maison, puis, malgré les pleurs de la mère, elle fut mise au Sacré-Cœur.

Il l'avait tenu là sévèrement enfermée, cloîtrée, ignorée et ignorante des choses humaines. Il voulait qu'on la lui rendît chaste à dix-sept ans pour la tremper lui-même dans une sorte de bain de poésie raisonnable ; et, par les champs, au milieu de la terre fécondée, ouvrir son âme, dégourdir son ignorance à l'aspect de l'amour naïf, des tendresses simples des animaux, des lois sereines de la vie. (chap. 1)

Tout le monde était donc perfide, menteur et faux. (chap. 9)

La vie, voyez-vous, ce n'est jamais si bon ni si mauvais qu'on croit. (chap. 14)

Fiche 63

Guy de Maupassant, *Le Horla* ou la hantise de la folie (1887)

Une présence obsédante

Le récit se présente sous la forme d'un journal intime rédigé du 8 mai au 10 septembre. Le narrateur, à dater du jour où il voit passer sur la Seine un bateau brésilien, est sujet à des malaises étranges, et développe une obsession : il se croit hanté par un être invisible. L'existence de phénomènes paranormaux lui est confirmée par un moine, lors d'un voyage au Mont Saint-Michel : à son retour, il tente de prouver la réalité de cette présence, avant de gagner Paris, où il assiste, bouleversé, à une séance d'hypnose. Mais lorsqu'il revient les hallucinations se multiplient, les objets bougent et se brisent de leur propre chef. À l'angoisse du surnaturel s'ajoute la terreur croissante de la folie, tandis que l'information lui parvient d'une épidémie insolite à Rio de Janeiro. Persuadé de l'existence de celui qu'il nomme le Horla, il incendie sa maison en provoquant la mort de ses domestiques et envisage le suicide.

Une nouvelle fantastique

Un genre ambigu

Le Horla fait partie des quelque trois cents nouvelles de Maupassant, qui se rattachent tantôt au registre réaliste*, tantôt à l'univers fantastique*. La nouvelle elle-même se définit comme un texte narratif généralement bref, le plus souvent en prose, dont la dynamique repose sur la montée d'une tension, et le récit d'un moment de crise terminé sur une chute frappante. Il est quelquefois difficile de la distinguer du roman* et du conte*, sinon d'une façon quelque peu arbitraire, en considérant que le roman est plus long, et que le conte fait appel au merveilleux*.

Un univers inquiétant

L'univers fantastique, tel qu'il est mis en place dans une œuvre comme *Le Horla*, se distingue de celui du merveilleux en ce que ce dernier coexiste avec le réel. Le merveilleux comporte des personnages et des situations caractéristiques : fées, enchanteurs, sorcières, métamorphoses et enchantements, étrangers au fantastique, qui se caractérise par une intrusion imprévisible et inexplicable du surnaturel dans le réel. Le registre fantastique est associé à des procédés dont la plupart se retrouvent dans l'écriture du *Horla*, ce qui en fait un exemple caractéristique. La narration se fait souvent à la première personne, ce qui permet à la fois de donner au texte valeur de témoignage, et de poser la question de la validité de ce témoignage, qui peut être lié au délire, à l'hallucination ou à la folie. Le lexique est dominé par des termes exprimant le doute et l'incertitude, quant à l'interprétation des impressions ressenties, ou les différents degrés de la peur, de l'angoisse à la panique. Le fantastique se trouve fréquemment à la frontière de deux réalités : situé entre le jour et la nuit, entre le rêve et la veille, entre la vie et la mort, la raison et la folie, il entretient le malaise dans l'esprit du lecteur par des images qui soulignent le caractère inouï de l'événement et des connotations angoissantes. Enfin, et *Le Horla* est encore en ceci exemplaire de cet univers, l'interprétation des phénomènes surnaturels demeurant souvent en suspens, le doute n'est pas levé et l'angoisse persiste.

Les nouvelles de Maupassant

Dans ses nouvelles réalistes*, Maupassant dépeint volontiers un univers mesquin et sordide. On y rencontre des paysans avides et fourbes, des fonctionnaires vulgaires et routiniers, des femmes rongées d'amertume ou pitoyables victimes de leur condition, des enfants misérables. Ce tableau de la vie quotidienne, dont il s'efforce même de restituer le langage, exprime le pessimisme foncier de l'auteur que l'on retrouve aussi dans ses romans : les hommes y sont aliénés, prisonniers d'un quotidien qui se délite dans l'ennui de la répétition. L'argent les conduit à la vénalité, à la bassesse et à l'humiliation. L'amour est rabaissé à la pulsion et à l'instinct, réduit à la prostitution, et l'amitié apparaît comme une somme d'hypocrisies. Le ton de ces nouvelles est souvent ironique, et l'intention. Nettement polémique et satirique*. On y rencontre aussi le monde aristocratique, et une bourgeoisie souvent préoccupée d'économie et soucieuse des apparences, dont Maupassant évoque crûment la rudesse et l'avarice. S'il dépeint des conditions de vie difficiles, s'il stigmatise avec virulence les mesquineries des uns et les lâchetés des autres, Maupassant ne donne à son œuvre aucune intention politique, même par rapport la condition féminine, dont il dénonce souvent l'iniquité. Mais en relation avec l'évolution de sa maladie se multiplient aussi les nouvelles marquées par l'angoisse de la mort, la hantise de la folie et les obsessions suicidaires, dont le fantastique demeure le registre privilégié.

À retenir

- *Le Horla* : Une nouvelle qui fait appel aux procédés essentiels du registre fantastique*.
- L'obsession récurrente de la folie et de la mort.
- Les nouvelles réalistes de Maupassant : une peinture du monde qui stigmatise la médiocrité, la vénalité et l'hypocrisie des hommes dans une société aliénante, sans pour cela déboucher sur une remise en cause politique.

La parole à l'œuvre

“

D'où viennent ces influences mystérieuses qui changent en découragement notre bonheur et notre confiance en détresse ? On dirait que l'air, l'air invisible est plein d'inconnaissables Puissances, dont nous subissons les voisinages mystérieux. Je m'éveille plein de gaieté, avec des envies de chanter dans la gorge. – Pourquoi ? – Je descends le long de l'eau ; et soudain, après une courte promenade, je rentre désolé, comme si quelque malheur m'attendait chez moi. – Pourquoi ?

Comme il est profond, ce mystère de l'Invisible ! Nous ne pouvons le sonder avec nos sens misérables, avec nos yeux qui ne savent apercevoir ni le trop petit, ni le trop grand, ni le trop près, ni le trop loin, ni les habitants d'une étoile, ni les habitants d'une goutte d'eau... avec nos oreilles qui nous trompent, car elles nous transmettent les vibrations de l'air en notes sonores. [...] ... avec notre odorat, plus faible que celui du chien... avec notre goût, qui peut à peine discerner l'âge d'un vin !

Quand on est atteint par certaines maladies, tous les ressorts de l'être physique semblent brisés, toutes les énergies anéanties, tous les muscles relâchés, les os devenus mous comme la chair et la chair liquide comme de l'eau. J'éprouve cela dans mon être moral d'une façon étrange et désolante. Je n'ai plus aucune force, aucun courage, aucune domination sur moi, aucun pouvoir même de mettre en mouvement ma volonté. Je ne peux plus vouloir ; mais quelqu'un veut pour moi ; et j'obéis.

Il ne se manifeste plus, mais je le sens près de moi, m'épiant, me regardant, me pénétrant, me dominant et plus redoutable, en se cachant ainsi, que s'il signalait par des phénomènes surnaturels sa présence invisible et constante.

La destruction prématurée ? toute l'épouvante humaine vient d'elle ! Après l'homme, le Horla.- Après celui qui peut mourir tous les jours, à toutes les heures, à toutes les minutes, par tous les accidents, est venu celui qui ne doit mourir qu'à son jour, à son heure, à sa minute, parce qu'il a touché la limite de son existence !

Non... non... sans aucun doute, sans aucun doute... il n'est pas mort... Alors... alors... il va donc falloir que je me tue, moi !

Fiche 64

Paul Verlaine, *Jadis et Naguère* ou la nostalgie de l'innocence (1885)

Quelques mots sur l'auteur

Verlaine est né à Metz en 1844. Il fait ses études à Paris et occupe un emploi dans l'administration, qui lui laisse le temps de s'adonner à la poésie et de fréquenter les cercles d'artistes. Dès 1865 il publie dans des revues poèmes et essais critiques, et en 1866 paraît son premier recueil, les *Poèmes saturniens*. Ces textes résonnent d'une tristesse profonde, due à des deuils, mais aussi à l'alcoolisme dans lequel Verlaine commence à sombrer vers 1863. En 1869 il publie les *Fêtes Galantes*, où s'exprime sa nostalgie de simplicité et de sincérité, au travers de textes savamment travaillés. Il rencontre alors celle qui sera sa femme, Mathilde Mauté : elle lui inspire *La Bonne Chanson* (1870) et il l'épouse. Mais Verlaine, soupçonné de sympathie pour la Commune, perd son emploi, recommence à boire, et en septembre 1871 rencontre Rimbaud. Il quitte alors Mathilde et part avec le jeune homme pour l'Angleterre et la Belgique, jusqu'à la rupture, en 1873 : Verlaine, ivre, tente de tuer Rimbaud, il est condamné à deux ans de prison. Il puise dans ces errances l'inspiration des *Romances sans paroles* (1874), mais l'expérience de l'incarcération, une vaine tentative de réconciliation avec Mathilde le mènent à la conversion : de cette époque datent les poèmes de *Sagesse* qui paraîtra en 1884. Libéré en 1875, il essaie sans succès d'accorder sa vie à son idéal chrétien, et revient à l'alcool. Il publie en 1885 *Jadis et Naguère* et quelques autres recueils, dont *Parallèlement*. Sans ressources, il vit misérablement, mais son œuvre est reconnue et il est sacré en 1894 « Prince des Poètes ». Il meurt en 1896.

Verlaine et l'art poétique

Le lyrisme

La poésie verlainienne est essentiellement une poésie lyrique*, faite de confidences personnelles et empreinte d'une apparente simplicité. Elle exprime la nostalgie, l'aspiration au bien et à la pureté perdue, un pathétique besoin d'amour et d'innocence. Par l'aveu à demi consenti, par la recherche d'un idéal inaccessible, par la hantise de l'angoisse et de la faute, mais aussi par l'émerveillement devant l'amour ou l'extase religieuse, elle s'inscrit dans la tradition d'une inspiration qui n'est pas sans évoquer Villon.

*Le symbolisme**

Dans les poèmes de Verlaine, les sentiments abstraits revêtent souvent l'apparence de moments du jour ou de paysages, se rattachant ainsi au domaine concret de la sensation. La poésie verlainienne, surtout après sa conversion, prend ainsi une dimension mystique et spirituelle traduite par des visions épurées et des images à la suggestive naïveté. S'il ne fait pas à proprement parler partie de l'école des Symbolistes, Verlaine sera considéré par ces derniers comme un précurseur.

La musicalité

C'est surtout son souci constant de musicalité qui fait l'originalité de Verlaine. Sans aller jusqu'aux audaces du vers libre*, il a contribué à assouplir l'écriture poétique, en employant en particulier des vers impairs, le plus souvent de neuf, onze et treize syllabes, qu'il jugeait plus harmonieux. Lorsqu'il utilise des vers plus conventionnels, comme l'alexandrin, il se plaît à jouer sur les accents toniques, les césures*, les rejets* et les enjambements*, de manière à en briser le rythme ; s'il demeure respectueux de la rime, il multiplie les rimes intérieures et les effets de sonorités qui en atténuent l'importance. De façon subtile et discrète, il a ainsi ouvert la voie à la poésie moderne.

Jadis et naguère

Après l'échec de sa tentative de conversion, Verlaine exprime dans ce recueil de trente-deux poèmes, quelquefois bien antérieurs, sa résignation à la déchéance et à l'approche de la mort, effrayante et fantomatique. Il juxtapose dans le titre deux temporalités, un passé lointain, dont il ressent la douloureuse nostalgie, et les jours à peine enfuis, mais déjà perdus. Dans ce recueil se trouve également l'« Art poétique », considéré comme l'un des textes fondateurs du symbolisme, dans lequel Verlaine propose sa définition de la poésie.

À retenir

- Une œuvre où l'on retrouve les grands thèmes privilégiés du lyrisme* et le souci de musicalité propre à ce registre.
- Une conception de la poésie qui fait de Verlaine l'un des précurseurs du symbolisme*.
- Un « Art poétique » dans lequel Verlaine contribue à libérer la poésie des contraintes conventionnelles.

“ La parole à l'œuvre

De la musique avant toute chose,
Et pour cela préfère l'Impair
Plus vague et plus soluble dans l'air,
Sans rien en lui qui pèse ou qui pose.

Il faut aussi que tu n'ailles point
Choisir tes mots sans quelque méprise
Rien de plus cher que la chanson grise
Où l'Indécis au Précis se joint.

C'est des beaux yeux derrière des voiles,
C'est le grand jour tremblant de midi,
C'est, par un ciel d'automne attiédi,
Le bleu fouillis des claires étoiles !

Car nous voulons la Nuance encor,
Pas la Couleur, rien que la nuance !
Oh ! la nuance seule fiance
Le rêve au rêve et la flûte au cor !

Fuis du plus loin la Pointe assassine,
L'Esprit cruel et le rire impur,
Qui font pleurer les veux de l'Azur,
Et tout cet ail de basse cuisine !

Prends l'éloquence et tords-lui son cou !
Tu feras bien, en train d'énergie,
De rendre un peu la Rime assagie.
Si l'on n'y veille, elle ira jusqu'où ?

O qui dira les torts de la Rime !
Quel enfant sourd ou quel nègre fou
Nous a forgé ce bijou d'un sou
Qui sonne creux et faux sous la lime ?

De la musique encore et toujours !
Que ton vers soit la chose envolée
Qu'on sent qui fuit d'une âme en allée
Vers d'autres cieux à d'autres amours.

Que ton vers soit la bonne aventure
Éparse au vent crispé du matin
Qui va fleurant la menthe et le thym...
Et tout le reste est littérature.

(« Art poétique »)

Fiche 65

Arthur Rimbaud, *Les Illuminations* ou les visions d'un poète (1886)

Quelques mots sur l'auteur

Arthur Rimbaud est né en 1854 à Charleville. Après une enfance triste, passée sous la férule d'une mère aigrie et rude, il fait de brillantes études, et son professeur de lettres, Georges Izambard, remarque et encourage ses talents de poète. Mais l'adolescent se révolte : en 1870 il tente sans succès une fugue vers Paris, et écrit des poèmes virulents contre Napoléon III, la religion et la bourgeoisie routinière. Il envoie des textes à Verlaine, qui l'accueille à Paris, et l'accompagne en 1872 en Belgique et en Angleterre, jusqu'à leur dramatique rupture en 1873. De cette époque datent quelques textes qui seront publiés dans les *Illuminations*, et certaines des expériences qui conduisent Rimbaud à sa théorie du « poète voyant ». En multipliant, en affinant et en portant à l'extrême toutes les sensations, par des moyens naturels et artificiels, Rimbaud entend reculer les limites de l'exprimable. Dès 1871, dans le «Bateau ivre », il tente de rendre compte de sa démarche. Il va plus loin à partir de 1872, dans des textes où s'entrechoquent images et perceptions, et c'est lui qui pour la première fois, dans « Marine », fait usage du vers libre*. En 1873, dans *Une Saison en Enfer* il fait ses adieux à ses « folies » : pourtant, la majorité des textes des *Illuminations* seront écrits en 1874 ou 1875. Ce n'est qu'après 1875 que Rimbaud se détourne de l'écriture pour mener une existence aventureuse qui le conduit jusqu'en Arabie et en Abyssinie. Malade, il rentre en 1890 et meurt en 1891.

Le « poète voyant »

Dès 1871, Rimbaud exprime sa révolte contre les conventions et sa volonté de rompre avec la tradition poétique. Le poète, pour lui, doit ouvrir la voie vers l'inconnu, et ne peut donc se satisfaire de formes déjà existantes : c'est une langue nouvelle qu'il s'agit d'inventer. Pour se donner les moyens de le faire, le poète doit recourir à des expériences inouïes, sans hésiter à mettre en danger sa santé physique et mentale, et jusqu'à sa vie : jeûne, insomnie, alcool, drogues, tout est bon pour appréhender le monde dans toute son intensité. Voyant, le poète l'est littéralement : sujet à des hallucinations systématiquement provoquées, à des délires où se confondent les sensations, à des ivresses où se mêlent le réel et l'imaginaire, il parvient aux confins de la folie. C'est ce voyage erratique que relate le « Bateau ivre », dans des limites qui sont encore celles de la poésie traditionnelles, et dont les *Illuminations* rendent compte avec une liberté qui exempte le texte de toute contrainte formelle, et quelquefois même des contraintes du sens.

Histoire d'une folie

Le titre des *Illuminations* est en fait le terme anglais qui désigne les enluminures, mais les cinquante-quatre poèmes en prose ou en vers libres qui constituent le recueil renvoient moins aux naïves représentations des « painted plates » évoquées par le poète dans le sous-titre qu'à la magie de visions hallucinatoires. Rimbaud tente ici de pousser jusqu'aux limites de la confusion des sensations la théorie baudelairienne de la synesthésie*. Pour restituer ce chaos créateur, il ne peut que reculer également les limites de la langue et de la raison : les *Illuminations* se caractérisent par une désarticulation constante de la syntaxe, et quelquefois de la typographie, une revendication impérieuse de la nouveauté et de la modernité, une langue violente et incantatoire qui se rapproche du cri. Pour Rimbaud la création poétique est indissociable du vécu : réinventer la poésie suppose aussi réinventer la vie et les rapports humains, et son invitation à la révolution poétique est aussi une invitation à renouveler la société. Il revendique explicitement l'héritage de Baudelaire, qui est pour lui le « premier voyant », tout en lui reprochant de se plier trop aux conventions de la forme : lui-même marque l'avènement de la poésie moderne, ouvre la voie aux expériences surréalistes* et contribue à libérer définitivement le texte poétique des impératifs conventionnels du vers et de la rime.

À retenir

- L'un des textes fondateurs de la poésie moderne, avec les premiers vers libres*.
- La relation d'une expérience des limites : l'expression de l'inouï et de l'indicible.
- Une conception visionnaire de la poésie : le poète « voyant » expérimente l'ineffable et ouvre la voie de la libération.
- Une langue désarticulée et chaotique, qui se libère des contraintes de la forme et du sens.

La parole à l'œuvre

“ *Je dis qu'il faut être voyant, se faire voyant.*

Le Poète se fait voyant par un long, immense et raisonné dérèglement de tous les sens. Toutes les formes d'amour, de souffrance, de folie ; il cherche lui-même, il épuise en lui tous les poisons, pour n'en garder que les quintessences. Ineffable torture où il a besoin de toute la foi, de toute la force surhumaine, où il devient entre tous le grand malade, le grand criminel, le grand maudit, – et le suprême Savant ! – Car il arrive à l'inconnu ! Puisqu'il a cultivé son âme, déjà riche, plus qu'aucun ! Il arrive à l'inconnu, et quand, affolé, il finirait par perdre l'intelligence de ses visions, il les a vues !

(Lettre à Demeny du 15 mai 1871)

J'ai embrassé l'aube d'été.
Rien ne bougeait encore au front des palais. L'eau était morte. Les camps d'ombre ne quittaient pas la route du bois. J'ai marché, réveillant les haleines vives et tièdes, et les pierreries se regardèrent, et les ailes se levèrent sans bruit.
La première entreprise fut, dans le sentier déjà empli de frais et blêmes éclats, une fleur qui me dit son nom.
Je ris au wasserfall blond qui s'échevela à travers les sapins: à la cime argentée je reconnus la déesse.
Alors je levai un à un les voiles. Dans l'allée, en agitant les bras. Par la plaine, où je l'ai dénoncée au coq. À la grand'ville, elle fuyait parmi les clochers et les dômes, et, courant comme un mendiant sur les quais de marbre, je la chassais.
En haut de la route, près d'un bois de lauriers, je l'ai entourée avec ses voiles amassés, et j'ai senti un peu son immense corps. L'aube et l'enfant tombèrent au bas du bois.
Au réveil, il était midi.

(« Aube »)

Les chars d'argent et de cuivre,
Les proues d'acier et d'argent,
Battent l'écume,
Soulèvent les souches des ronces.
Les courants de la lande,
Et les ornières immenses du reflux,
Filent circulairement vers l'est,
Vers les piliers de la forêt,
Vers les fûts de la jetée,
Dont l'angle est heurté par des tourbillons de lumière.
La cascade sonne derrière les huttes d'opéra-comique. Des girandoles se prolongent, dans les vergers et les allées voisins du méandre, — les verts et les rouges du couchant. Nymphes d'Horace coiffées au Premier Empire, — Rondes sibériennes, — Chinoises de Boucher. »

(« Marine »)

Fiche

66 Stéphane Mallarmé, *Les Poèmes* ou les arcanes du langage (1866-1897)

Quelques mots sur l'auteur

Stéphane Mallarmé est né à Paris en 1842. Orphelin de mère, il passe ses années de scolarité dans une pension, et très tôt écrit des poèmes. En 1861, la découverte des *Fleurs du Mal* est pour lui une révélation. Après un séjour à Londres, où il écrit *Les Fenêtres*, il devient professeur d'anglais au collège de Tournon, et éprouve l'ennui de la routine familiale et professionnelle. Hanté par l'inaccessible, il connaît les affres de la stérilité devant la feuille blanche et souffre de son incapacité à exprimer ses aspirations à l'idéal. En 1866, il publie dix poèmes dans le *Parnasse contemporain*, tandis qu'il travaille à *Hérodiade*, un drame lyrique resté inachevé, et à *L'Après-midi d'un Faune* (1876). Après Besançon et Avignon, Mallarmé est nommé à Paris en 1871. Il publie en 1873 un *Toast funèbre* en hommage à Théophile Gautier, et en 1877 *Le Tombeau d'Edgar Poe*, où s'affirme son orientation vers l'hermétisme*. Révélé au public par les *Poètes maudits* de Verlaine, il est reconnu comme maître de l'école symboliste*. En 1885, il propose un « art poétique » dans sa *Prose pour des Esseintes*. En 1897 ses *Divagations* rassemblent des textes théoriques sur la poésie, et il publie son poème le plus célèbre, *Un coup de dé jamais n'abolira le hasard*. Il meurt en 1898.

De Baudelaire à Mallarmé

Même si ses conceptions ont évolué de ses premiers à ses derniers textes, Mallarmé demeure fidèle à une idée : pour lui, la poésie constitue un idéal, auquel le poète doit vouer son existence s'il veut parvenir à communier avec l'essence du monde et à la révéler dans ses vers. Les premiers textes de Mallarmé (1862-1865) sont marqués par l'influence de Baudelaire et de Poe : on y retrouve l'opposition entre la beauté de l'Idéal et la médiocrité du réel, le spleen, qu'il appelle l'Ennui, la nostalgie de l'ailleurs. Mais des aspirations personnelles s'affirment, en particulier le caractère métaphysique de sa recherche de l'idéal. Son rêve d'écrire en un seul livre la somme de son expérience poétique n'aboutit pas : obsédé par son sentiment d'impuissance à s'exprimer par un langage trop limité, par le vide, il se tourne vers la pratique d'une poésie ardue, difficile à interpréter dans sa volonté de dire l'intraduisible. Sa dernière œuvre, *Un coup de dés jamais n'abolira le hasard*, tente de rendre compte, par les sons et le sens, mais aussi par la disposition typographique inhabituelle, du mystère de la création poétique.

L'hermétisme* mallarméen

La volonté de Mallarmé est de faire de la poésie un langage réservé aux initiés, mais aussi de traduire, par ses textes obscurs, la nature même de la poésie : par un travail de ciselure du vers, de précision du lexique, par un souci de concision qui le pousse fréquemment à l'ellipse, il tente d'échapper à la banalité du vulgaire. Le poème est l'écho de cette recherche : à l'intérieur d'un vers qui demeure classique* (hormis dans *Un coup de dés...*), la phrase est volontiers désarticulée, le vocabulaire difficile. Dans la mesure où la nature même de la poésie est insaisissable, indicible, elle ne peut parvenir à l'expression que par l'intermédiaire du symbole et le détour de l'allusion. L'hermétisme mallarméen est donc une incitation à pénétrer dans un univers mystérieux et sacré, par l'intermédiaire d'une écriture souvent incantatoire, préoccupée de musicalité autant que de sens.

À retenir

- La poésie conçue comme inaccessible idéal.
- Une œuvre difficile, hermétique, réservée aux initiés, qui tente de dire l'inexprimable et de révéler le mystère de la création poétique.
- Un langage nouveau, fait de préciosité et de concision, où les sons et les sens se conjuguent pour approcher au moyen du symbole l'essence même du monde.

La parole à l'œuvre

« *Une dentelle s'abolit*
Dans le doute du jeu suprême
À n'entr'ouvrir comme un blasphème
Qu'absence éternelle de lit.

Cet unanime blanc conflit
D'une guirlande avec la même,
Enfoui contre la vitre blême
Flotte plus qu'il n'ensevelit.

Mais chez qui du rêve se sore
Tristement dort une mandore
Au creux néant musicien

Telle que vers quelque fenêtre
Selon nul ventre que le sien,
Filial on aurait pu naître. »

Le XXe siècle

Repères

Annoncé par Victor Hugo comme le siècle de la justice et de l'égalité, le XXe siècle s'est vu infliger des traumatismes qui ont profondément transformé la vision que l'homme a de lui-même et du monde dans lequel il vit. L'affaire Dreyfus, la politique anticléricale du bloc des gauches, la proclamation de la séparation de l'Église et de l'État en 1905, une agitation sociale permanente et, à l'extérieur, la menace grandissante de l'Allemagne, marquent les premières années du siècle. La Première Guerre mondiale, dont la France sort victorieuse mais exsangue, se termine par le traité de Versailles qui lui restitue en 1919 l'Alsace et la Lorraine. Mais si le pays parvient à redresser son économie, des difficultés liées à l'inflation et à l'augmentation de la dette publique subsistent. Les idées socialistes s'affirment et en 1920 est créé le Parti communiste français. De 1929 à 1936, la France est victime de la crise économique et d'une instabilité aggravée par des scandales politiques et financiers, et les émeutes de février 1934. Le Front populaire remporte les élections de 1936 et Léon Blum, à la tête du gouvernement initie des réformes sociales décisives. Devant la menace de guerre et l'expansionnisme allemand, Daladier, chef de gouvernement en 1938-1939, tente de traiter avec Hitler en signant les accords de Munich. Mais la Seconde Guerre mondiale éclate en 1939 et la France est occupée. Le 18 juin 1940, le Général de Gaulle appelle à la poursuite de la guerre, le 22 est signé l'armistice qui avalise l'occupation d'une partie du pays, tandis que la « zone libre » est gouvernée depuis Vichy par le maréchal Pétain. Les Alliés débarquent en Normandie en 1944 et la France est alors dirigée par un Gouvernement provisoire présidé par de Gaulle. La paix est signée en 1945, mais l'Europe entière est meurtrie par le conflit, l'expérience du fascisme et l'horreur de la Shoah. De 1946 à 1958, la IVe République assure le redressement économique, tandis que les guerres d'Indochine et d'Algérie, et la difficile décolonisation en menacent la stabilité. Rappelé au pouvoir lors de la crise algérienne (1954-1962), de Gaulle fonde la Ve République, marquée par un renforcement du pouvoir exécutif ;

il reste au pouvoir jusqu'en 1968. La crise qui agite alors la France aboutit à une remise en cause du régime et des valeurs, et l'échec du référendum de 1969 accule le chef de l'État à la démission. Après les mandats de Georges Pompidou (1969-1974) et de Valéry Giscard d'Estaing (1974-1981), marqués par la volonté de développement industriel et commercial et par la politique européenne, la gauche revient au pouvoir avec l'élection de François Mitterrand et met en place des réformes, dont l'abolition de la peine de mort et un plan de régionalisation. En 1986 la victoire de l'opposition aux législatives impose la « cohabitation », et le Premier Ministre Jacques Chirac met en œuvre une politique libérale. En 1988 Mitterrand est réélu, et la France prend part aux côtés de l'Amérique à la guerre du Golfe en 1991. La cohabitation se renouvelle en 1993, et la droite revient au pouvoir en 1995 avec l'élection de Jacques Chirac, avant la nouvelle cohabitation en 1997, avec le gouvernement de gauche plurielle.

Le XXe siècle culturel et littéraire

Les premières années du siècle

Le début du XXe siècle est marqué par les progrès de la science et de la technologie, qui ont contribué à l'élaboration d'une vision nouvelle du monde et de ses représentations, et par un esprit de liberté dans lequel s'épanouissent les recherches les plus diverses. Si le roman demeure conventionnel et se fait volontiers l'écho de l'actualité, la poésie, forte de l'héritage symboliste et des tentatives libératrices du siècle précédent, connaît un grand essor et poursuit son avancée dans l'exploration des potentialités du langage et s'efforçant de restituer les caractéristiques de la modernité. La peinture connaît une évolution parallèle : les fauvistes prônent la primauté de la couleur et des contours sur le détail, tandis que le douanier Rousseau ouvre la voie au primitivisme. De cette époque aussi datent les œuvres expressionnistes d'un Rouault, et les premières expériences du cubisme, qui, comme Delaunay sur la trace des futuristes italiens, progressent vers l'abstraction. Un art nouveau naît avec le siècle : le cinéma, avec les premiers films de Méliès en 1894, et la musique illustre la même volonté novatrice avec des compositeurs comme Satie ou Ravel.

L'entre-deux guerres

Après la secousse de la guerre de 1914-1918, bon nombre des valeurs morales et des principes esthétiques en vigueur jusqu'alors s'effondrent. De la tentative de faire table rase et d'inventer de nouvelles règles naissent en particulier le dadaïsme* et le surréalisme*, tant en littérature qu'en peinture, et même au cinéma, qui systématisent la provocation et font de l'art une arme révolutionnaire et un outil d'exploration de l'inconscient. La réflexion sur l'art s'enrichit par ailleurs des œuvres de Proust, Valéry et Gide, qui s'interrogent sur le processus de la création. Au théâtre, la tragédie refleurit avec les œuvres de Giraudoux ou d'Anouilh qui ne répugnent pas à faire appel aux grands mythes antiques, et le roman emprunte des voies multiples, renouant avec le roman psychologique ou s'aventurant dans la réflexion métaphysique, sociale ou humaniste. Mais la naissance du communisme, et les menaces fascistes favorisent, avant même la période de l'occupation, le développement d'une littérature engagée, vers laquelle s'orientent, avec certains surréalistes, des auteurs comme Malraux.

La seconde moitié du siècle

Plus encore que la première, la Seconde Guerre mondiale provoque une rupture : c'est la condition humaine, c'est l'humanité même que met en question l'atrocité du nazisme. Si la Résistance a su inspirer un renouveau du lyrisme en même temps que donner un sens à l'action, l'après-guerre voit se répandre la philosophie de l'absurde* et l'existentialisme*, qui posent en particulier le problème de la liberté et de la responsabilité humaines, dans un monde privé de transcendance et de sens : la littérature se fait alors, dans le roman comme au théâtre, l'écho de ces réflexions. Parallèlement se développent dans tous les domaines de la création des tendances qui visent à bouleverser les structures et redéfinir les genres. Le nouveau théâtre* et le nouveau roman* tentent d'adapter les modalités génériques et le langage aux préoccupations et au monde actuel, prenant acte en particulier de la déshumanisation des conditions de vie, même si des formes plus traditionnelles continuent d'exister. Avec ces tentatives s'ouvre l'ère du postmodernisme*, qui tend à la fois à poursuivre les recherches formelles initiées par le modernisme au début du siècle, et à les contester en intégrant de manière syncrétique des formes anciennes. La poésie quant à elle s'engage, se faisant avec Prévert poésie du quotidien, ou s'efforce de se renouveler en renouant avec la prose, comme chez Michaux ou Saint-John Perse, ou encore en devenant porte-parole de cultures lointaines, avec des voix comme celles de Césaire ou de Senghor. Elle se rapproche aussi de la musique, dans cet art populaire mais exigeant qu'est la chanson, telle du moins que la représentent des auteurs-compositeurs comme Brassens ou Brel. Les dernières décennies du siècle, pour lesquelles il est difficile d'établir des courants définitifs, semblent marquées par une littérature volontiers autobiographique, le développement de la critique, et pour ce qui est du théâtre une liberté et une créativité accrues des metteurs en scène.

Fiche 67

Guillaume Apollinaire, *Alcools* ou le lyrisme revisité (1913)

Quelques mots sur l'auteur

Wilhelm-Apollinaris de Kostrowitzky est né à Rome en 1880. Sa mère, aristocrate et aventurière, entraîne l'enfant et son jeune frère dans une existence errante qui les conduit des stations balnéaires de la Riviéra à Paris. Il y occupe divers emplois avant de partir en 1901, pour un an, comme précepteur au château de Neu-Glück, en Rhénanie. Il s'y familiarise avec l'Allemagne et sa culture, et s'éprend de la jeune gouvernante anglaise Annie Playden, qu'il poursuit en vain jusqu'en Angleterre. De retour à Paris en 1902, il se lie avec des peintres, comme Picasso ou Derain, des poètes, comme Max Jacob, lance en 1903 une revue, *Le Festin d'Ésope*. Il rencontre en 1908 Marie Laurencin qui partage sa vie jusqu'en 1912. Il publie des contes, des poèmes, et des critiques d'art, découvre avec enthousiasme la peinture naïve avec le Douanier Rousseau, et défend la peinture moderne. En 1908 paraît *L'Enchanteur pourrissant*, et la *Chanson du Mal-Aimé*, inspirée par Annie, est publiée en 1909, suivie en 1910 d'un recueil de contes, *L'Hérésiarque et Cie*, et en 1911 du *Bestiaire ou cortège d'Orphée*. C'est l'époque où Apollinaire, impliqué dans une affaire de vol d'œuvres d'art, séjourne brièvement à la prison de la Santé. En 1913 il publie un recueil d'articles critiques, *Les Peintres cubistes, méditations esthétiques*, et le recueil *Alcools*. En 1914, il écrit ses premiers calligrammes*, rencontre Lou de Chatillon-Coligny, avec laquelle il noue une liaison, et s'engage. Il part pour le front en 1915 : il écrit des poèmes, et entretient une correspondance avec Lou et avec une jeune oranaise rencontrée dans un train, Madeleine Pagès. Blessé et trépané, il rejoint Paris en 1916 et publie *Le Poète assassiné*. Après avoir donné à la scène en 1917 *Les Mamelles de Tirésias*, une farce qui au-delà de l'absurde et du grotesque présente des aspects novateurs, il publie en 1918 *Calligrammes*. Il meurt de la grippe espagnole en novembre de la même année, après avoir épousé « la jolie rousse », Jacqueline Kolb. D'autres œuvres importantes, comme *La Femme assise* (1920), *Il y a* (1925), *Le Guetteur mélancolique* (1952) ; et les *Poèmes à Lou* (1957) ont fait l'objet de publications posthumes.

Les voies du modernisme*

L'œuvre d'Apollinaire demeure remarquable par la souplesse avec laquelle le poète adopte les tendances de son époque, jusqu'à incarner cet « esprit nouveau » qui la caractérise. Il sait reconnaître l'importance des peintres d'avant-garde et des recherches formelles qu'ils entreprennent. Comme eux, il cède à la fascination de la vie quotidienne et de la modernité : comme leur art, sa poésie se donne pour mission, par l'innovation technique, de trouver une expression adéquate à la vie moderne, et d'intégrer celle-ci par la rupture de ton, par la technique d'un vers qui peut se faire volontairement discordant. Apollinaire se fait ainsi le chantre de la rue et des automobiles, il révèle la poésie des prospectus et des affiches. Le goût du mouvement et de la vitesse, l'évocation des vertus poétiques des machines, de la ville et du décor urbain, jusqu'à la fascination de la guerre, rappellent les principes du futurisme* italien. La postérité a fait d'Apollinaire le précurseur du surréalisme* : c'est lui en effet qui le premier emploie ce terme, que Breton et Soupault reprendront pour lui rendre hommage. Ils reconnaissent en lui la volonté de surprendre et d'innover, l'esprit d'aventure intellectuelle indispensables à l'esthétique révolutionnaire qu'ils défendent. Plus largement, le lyrisme à la fois moderne et élégiaque d'Apollinaire a su correspondre à la sensibilité du siècle neuf.

Alcools

Le goût de la nouveauté

Le recueil a paru sous son premier titre, *Eaux de vie*, en 1913 : les deux titres suggèrent le thème dionysiaque de l'ivresse dans une œuvre qui rassemble des textes antérieurement publiés dans des revues de 1898 à 1912. On y retrouve donc différentes époques de la vie du poète, ainsi que différents moments de son inspiration poétique, mais le poète a choisi d'ouvrir l'ensemble par « Zone », le texte le plus récent, dans lequel il exprime explicitement son aspiration à la nouveauté. Juste avant la publication, Apollinaire a décidé de supprimer toute la ponctuation des poèmes, libérant ainsi l'écriture poétique de cette contrainte, car il défend l'idée que la diction des vers répond à un rythme intime, et que l'absence de signes permet de démultiplier les lectures. En ce qui concerne la structure du recueil, elle privilégie la diversité et crée volontiers des effets de surprise, génératrice essentielle de la poésie à ses yeux en juxtaposant des textes différents par leur facture et leur tonalité. Étonné, le lecteur l'est aussi par des textes inattendus, comme « Les femmes », le premier poème-conversation, dans lequel l'auteur met bout à bout des bribes de dialogues, juxtaposant discours et narration, français et allemand, dans une scène empreinte de la poésie du quotidien. Il utilise toutes les ressources du vers et du langage, touchant quelquefois, comme dans « Lul de Faltenin », aux limites du sens. *Alcools* se place ainsi délibérément sous le signe d'une modernité* qui joue en virtuose sur la convention et l'innovation, sur la régularité et la liberté.

*L'inspiration lyrique**

L'oeuvre est très profondément marquée par l'expression des sentiments personnels du poète, en particulier de ses sentiments amoureux, de son désespoir et de ses espérances, de sa nostalgie devant la fuite du temps, autant de thèmes élégiaques*, souvent mis en relief par des vers harmonieux et rimés, regroupés en strophes régulières, ou l'usage de refrains dont « Le pont Mirabeau » ou la « Chanson du Mal-Aimé » fournissent de magistraux exemples. Cette inspiration se trouve cependant renouvelée par la richesse dans l'univers des références, des images évocatrices qui rappellent l'écriture symboliste*, et la multiplication des lectures possibles. Mais les textes demeurent authentiques : la recherche n'y est pas emphase, l'humour affleure sous la mélancolie, la tentation de l'hermétisme se conjugue à la fantaisie et Apollinaire recourt avec bonheur à une mythologie personnelle qui se réfère aux légendes germaniques aussi bien qu'à l'antiquité ou aux contes asiatiques, dans une œuvre où la confidence s'associe aux chatoiements d'une langue rare et se plaît à l'inattendu.

À retenir

- Une œuvre élégiaque à l'inspiration personnelle.
- Le recours aux grands thèmes lyriques.
- Un recueil placé sous le signe de l'« esprit nouveau », par son souci de rendre compte de la modernité et de se placer en adéquation avec elle.
- La recherche formelle d'une expression accordée à la vie moderne, associée au souci de musicalité et d'harmonie propre au lyrisme.
- L'innovation créatrice, avec l'absence de ponctuation et les poèmes-conversations.

“ La parole à l'œuvre

À la fin tu es las de ce monde ancien
Bergère ô tour Eiffel le troupeau des ponts bêle ce matin
Tu en as assez de vivre dans l'antiquité grecque et romaine
Ici même les automobiles ont l'air d'être anciennes
La religion seule est restée toute neuve la religion
Est restée simple comme les hangars de Port-Aviation
Seul en Europe tu n'es pas antique ô Christianisme
L'Européen le plus moderne c'est vous Pape Pie X
Et toi que les fenêtres observent la honte te retient
D'entrer dans une église et de t'y confesser ce matin
Tu lis les prospectus les catalogues les affiches qui chantent tout haut
Voilà la poésie c matin et pour la prose il y a les journaux
Il y a les livraisons à 25 centimes pleines d'aventures policières
Portraits des grands hommes et mille titres divers »
[...]

(« Zone », vv. 1-14)

Sous le pont Mirabeau coule la Seine
Et nos amours
Faut-il qu'il m'en souvienne
La joie venait toujours après la peine
Vienne la nuit sonne l'heure
Les jours s'en vont je demeure
Les mains dans les mains restons face à face
Tandis que sous
Le pont de nos bras passe
Des éternels regards l'onde si lasse
Vienne la nuit sonne l'heure
Les jours s'en vont je demeure
L'amour s'en va comme cette eau courante
L'amour s'en va
Comme la vie est lente
Et comme l'espérance est violente
Vienne la nuit sonne l'heure
Les jours d'en vont je demeure
Passent les jours et passent les semaines
Ni temps passé
Ni les amours reviennent
Sous le pont Mirabeau coule la Seine
Vienne la nuit sonne l'heure
Les jours s'en vont je demeure

(« Le pont Mirabeau »)

Fiche 68

Paul Claudel, *Partage de Midi* ou le drame du pécheur (1906)

Quelques mots sur l'auteur

Claudel, né en 1868, passe son enfance en province jusqu'à l'installation de sa famille à Paris en 1882. Il commence alors à écrire, et souffre pendant son adolescence d'un sentiment de frustration intellectuelle et spirituelle que combleront l'activité poétique et la démarche religieuse. La révélation poétique lui vient des *Illuminations* de Rimbaud, qui lui rendent perceptible le lien entre la libération du langage et la libération de l'esprit. La révélation religieuse date de Noël 1886, où Claudel eut la conviction d'avoir été touché par la grâce. Sa vie se place sous le signe de la foi et de la littérature : il donne en 1889 *Tête d'Or*, et *La Ville* en 1890, et fréquente le cercle de Mallarmé, tout en s'orientant vers une carrière diplomatique. Il publie successivement deux œuvres dramatiques : *La Jeune Fille Violaine* (1892) et *L'Échange* (1894). Après un séjour aux États-Unis, il part pour l'Extrême-Orient, où il demeure de 1895 à 1909. Il écrit alors *Connaissance de l'Est* (1895-1905), *Connaissance du Temps* (1903), et deux traités réunis en un *Art Poétique* (1904), *Partage de Midi* (1906) et les *Grandes Odes* (1904-1908). La diversité de son œuvre masque la volonté d'inventer un mode d'expression nouveau, une poésie totale valide pour tous les genres, reconnaissable dans l'utilisation du verset* claudélien. Sa carrière diplomatique le conduit de l'Asie à l'Europe, puis au Brésil. Il revient à Copenhague en 1920, avant d'être nommé ambassadeur à Tokyo (1922), Washington (1928) et Bruxelles (1933-1936). Il poursuit cependant sa carrière dramatique : après *L'Otage*, en 1909, il reprend en 1910 *La Jeune Fille Violaine* qui devient *L'Annonce faite à Marie*. En 1914 paraît *Le Pain Dur*, en 1916 *Le Père humilié*, et *Le Soulier de Satin* en 1924. Claudel est élu en 1946 à l'Académie française. En 1922 est créé à l'Opéra son oratorio *Jeanne au Bûcher*. Il consacre ses dernières années à la méditation spirituelle, à des commentaires bibliques et meurt en 1955.

Le drame claudélien

Une poésie propre

L'œuvre de Claudel se caractérise par une unité profonde, quel que soit le genre abordé. Cette unité tient essentiellement à la présence d'un rythme et d'un ton particuliers, que l'on retrouve dans les poèmes et les drames aussi bien que dans les œuvres théoriques. L'écriture claudélienne se rattache délibérément à la racine orale du langage, tentant de reproduire les pulsations et les souffles de la parole. Ses textes se présentent volontiers sous les formes alternées du monologue et du dialogue, introduisant dans le discours dramatique* l'ampleur de l'inspiration lyrique*, et dans la poésie la dynamique de la parole théâtrale. Afin de marquer cette réconciliation, Claudel opte pour le verset qui confère à son texte une cadence biblique et allie à la régularité du rythme métrique la liberté et la spontanéité de la prose. Pour Claudel, la poésie est un acte de création et le poète démiurge imite l'acte de création divin : il réconcilie ainsi foi et poésie, dans la mesure où la seconde rétablit dans le monde l'harmonie et la vérité premières, au milieu du chaos humain. De la discordance entre ces deux réalités naît le drame.

Une dramaturgie du conflit

Les pièces de Claudel se font l'écho des luttes qui déchirent l'esprit et l'âme des hommes : la lutte entre le temporel et l'éternel, résolue par l'acceptation pour l'homme de se fondre dans la divinité ; la lutte entre la chair et l'esprit, la tentation et la pureté, l'appel du péché et l'aspiration à la rédemption. Après une première période, qui se clôt sur *Partage de Midi*, il donne à ses œuvres dramatiques un souffle plus large, avec une trilogie historique (*L'Otage*, *Le Pain dur* et *Le Père humilié*), qui évoque la nécessité de concilier passé et avenir et affirme la pérennité de la foi. C'est avec *Le Soulier de Satin* que culmine son œuvre dramatique : cette œuvre immense renoue avec le baroque* par sa démesure, par la pratique du mélange des genres et par son aspect romanesque, et fait la somme des thèmes et des principes esthétiques claudéliens.

De l'amour et de la mort

Sur un paquebot qui vogue vers la Chine se trouvent réunis Ysé, mariée à de Ciz, Amalric, un aventurier, et Mesa, un jeune homme mélancolique et taciturne. Ysé et Mesa ont une brève et intense liaison, dont naîtra un enfant, mais Ysé quitte de Ciz pour Almalric. En Chine gronde la révolte : sa maison prise d'assaut par les émeutiers, Amalric y met une bombe pour échapper à la vindicte populaire. Mais Mesa survient, porteur d'un laissez-passer salvateur pour Ysé et son enfant. Amalric blesse Mesa et part avec Ysé qui, croyant ne pas pouvoir sauver son enfant, lui a donné la mort. Mais avant l'explosion de la bombe, Mesa voit revenir Ysé, qui le rejoint dans la mort.

L'œuvre, composée en 1906, reprend un épisode essentiel de la vie de l'auteur : le rencontre, lors du voyage vers la Chine, d'une jeune Polonaise mariée : séduisante, et pourtant interdite, elle représente la Femme fatale, mais aussi l'initiatrice rayonnante. C'est cette douloureuse contradiction que le drame met en scène, et qui ne peut se résoudre que dans la mort, instant médiateur, « midi » qui sépare la vie temporelle de la vie éternelle.

À retenir

- Une dramaturgie qui renoue avec le baroque, rejetant les contraintes et développant une intrigue romanesque et foisonnante.
- Une écriture caractérisée par l'utilisation du verset claudélien, qui imprime aux dialogues un rythme proche de la diction poétique.
- La mise en œuvre de grands thèmes claudéliens, en particulier celui de la tension entre la tentation de la chair et les exigences du spirituel, et celui de la rédemption à travers le péché.

La parole à l'œuvre

“ *YSÉ : Supportez le temps.*
MESA : Je l'ai tellement supporté ! j'ai vécu une telle solitude entre les hommes ! Je n'ai point trouvé
Ma société avec eux.
Je n'ai rien à leur donner, je n'ai point à recevoir la même chose.
Je ne sers à rien à personne.
Et c'est pourquoi je voulais Lui rendre ce que j'avais.
Or je voulais tout donner,
Il me faut tout reprendre. Je suis parti, il me faut revenir à la même place. Tout a été vain.
Il n'y a rien de fait. J'avais en moi
La force d'un grand espoir ! Il n'est plus. J'ai été trouvé manquant.
J'ai perdu mon sens et mon propos.
Et ainsi je suis renvoyé tout nu, avec l'ancienne vie, tout sec, avec point d'autre consigne
Que l'ancienne vie à recommencer, l'ancienne vie à recommencer, ô Dieu ! la vie, séparé de la vie.
Mon Dieu, sans autre attente que vous seul qui ne voulez point de moi,
Avec un cœur atteint, avec une force faussée !
Et me voilà bavardant avec vous ! qu'est-ce que vous comprenez à tout cela ? qu'est-ce que cela vous regarde ou vous intéresse ?
YSÉ : Je vous regarde, cela me regarde. »

(Première version, I)

« MESA : Adieu ! je t'ai vue pour la dernière fois !
Par quelles routes longues, pénibles,
Distants encore que ne cessant de peser
L'un sur l'autre, allons-nous
Mener nos âmes en travail ?
Souviens-toi, souviens-toi du signe !
Et le mien, ce n'est pas de vains cheveux dans la tempête, et le petit mouchoir un moment,
Mais, tous voiles dissipés, moi-même, la forte flamme fulminante, le grand mâle dans la gloire de Dieu,
L'homme dans la splendeur de l'août, l'Esprit vainqueur dans la transfiguration de Midi ! »

(Première version, III)

Fiche 69

Marcel Proust, *À la Recherche du Temps perdu* ou l'archéologie de la conscience (1913-1927)

Quelques mots sur l'auteur

Proust est né à Paris en 1871, d'un père médecin, originaire d'Illiers (le village qui sert de modèle à Combray) et d'une mère issue de la grande bourgeoisie juive. L'enfant se partage entre Paris et Illiers, entre les jeux et l'étude, entourée de la profonde affection de sa mère et de sa grand-mère. Lycéen de constitution fragile, passionné de littérature, il s'oriente après son service militaire vers des études éclectiques où s'associent sciences politiques, philosophie et lettres, et commence à publier des articles et des chroniques dans diverses revues. De 1892 à 1895 il mène l'existence de dilettante que lui permet la fortune familiale et fréquente les milieux mondains. Il y fait des rencontres importantes, comme celle du musicien Reynaldo Hahn, et y trouve les modèles pour de nombreux personnages de son œuvre ; il commence aussi à analyser les mécanismes de cette société, et publie en 1896 *Les Plaisirs et les Jours*. En 1900 il part pour Venise et publie plusieurs articles, en particulier sur le peintre, poète et critique anglais John Ruskin. En 1903 il perd son père, en 1905 sa mère : malgré la douleur, ces deuils le libèrent en particulier en raison de son homosexualité, et il se consacre à une œuvre déjà commencée avec *Jean Santeuil*, un roman écrit entre 1896 et 1904 mais publié en 1953 seulement. Il partage son temps entre Paris et Cabourg – le Balbec de la *Recherche* – et se met au travail dès 1906. En 1913 paraît *Du Côté de chez Swann*, publié à compte d'auteur. Proust cesse de publier pendant les quatre années de guerre, tandis que sa santé se dégrade et qu'il continue d'écrire. En 1919 *À l'Ombre des Jeunes Filles en fleurs* reçoit le Goncourt. Désormais, Proust se consacre à son œuvre. Il publie successivement *Le côté de Guermantes* I (1920) et II (1921), *Sodome et Gomorrhe* I (1921) et II (1922). L'œuvre est sans cesse reprise et complétée, jusqu'à sa mort en novembre 1922. *La Prisonnière*, *La Fugitive* et *Le Temps retrouvé* ne paraissent qu'en 1927.

Le projet de la *Recherche*

Fiction ou autobiographie ?

L'ensemble de l'œuvre se présente comme un récit à la première personne, excepté *Un Amour de Swann*, et évoque sous une forme transposée des épisodes de la vie de l'auteur, souvent reconnaissable derrière le narrateur qui porte son prénom. Celui-ci est en effet issu de la bourgeoisie parisienne et rêve de devenir écrivain. Il se laisse prendre au piège de la mondanité, des salons de l'aristocratie aux stations balnéaires en vogue et se détourne de l'art en même temps qu'il fait l'expérience de la vie et de l'amour. Malade, il renonce finalement à cet univers superficiel pour tenter de ressusciter le passé par son œuvre, comme il avait eu l'intuition qu'on pouvait le faire de manière aléatoire et intermittente par la sensation. Outre les éléments historiques ou autobiographiques, on retrouve dans l'œuvre des réflexions, en particulier sur l'art, qui rappellent l'intérêt de l'auteur pour la peinture et la musique : l'évocation des toiles d'Elstir est l'occasion de commentaires sur l'impressionnisme et la musique de Vinteuil suscite l'analyse à laquelle auraient pu donner lieu les œuvres de Ravel ou Debussy.

Une société et des individus

L'objectif de l'œuvre est double : il s'agit pour Proust d'analyser et de restituer à la fois les mécanismes d'une société et les mécanismes de la conscience, dans une démarche qui associe introspection et observation. Les thèmes abordés sont universels : l'amour et la jalousie, la mort, le temps et le souvenir, y occupent une grande place. Mais à ces réflexions Proust ajoute le portrait, lucide et quelquefois cruel, d'une partie de la société qu'il connaît bien pour l'avoir assidûment fréquentée : l'aristocratie arrogante et imbue d'elle-même jusque dans sa générosité, la bourgeoisie parvenue et ses prétentions ridicules, les artistes, grands dans leur art et faibles dans leur personne ; le peuple demeure le grand absent de l'œuvre, exception faite pour les domestiques souvent présentés, comme Françoise, sous un jour pittoresque. Proust ne se contente pas pour autant de brosser un tableau social : à y bien regarder, ce tableau est composé d'individus, souvent inspirés de personnes bien réelles, auxquels il a su donner vie, en leur prêtant un comportement et un langage caractéristiques, qui les rattachent à la fois au type social et au modèle psychologique.

La mémoire retrouvée

L'œuvre se propose de retracer l'aventure de la conscience et de la mémoire : les êtres qu'elle met en scène sont des êtres en devenir, de même que la vie est une succession incessante de moments, de sensations et de sentiments passagers. Ce que Proust entend montrer dans la *Recherche*, c'est que la magie de la mémoire permet de ressusciter l'instant, en particulier grâce au déclic d'une perception à nouveau ressentie. Mais plus encore, c'est l'intensité de la vie qu'il s'agit de faire resurgir : de cela, seul l'art est capable.

L'écriture proustienne

Les lecteurs sont trop souvent rebutés par la longueur et l'enchevêtrement de la phrase proustienne. Ce style est étroitement lié au projet d'ensemble de l'œuvre : rendre compte d'une réalité dans sa multiplicité, dans sa complexité et dans sa profondeur, dans un souci de la nuance que l'on a pu rapprocher de la technique des impressionnistes. Dans sa volonté de témoigner simultanément des aspects les plus divers d'un être ou d'un art, d'une sensation ou d'un instant, Proust ne les évoque pas de façon linéaire, mais en dévoile les liens et les correspondances. Il privilégie pour ce faire une écriture métaphorique*, alors qu'il restitue avec une précision réaliste* le langage de chacun de ses personnages. Par ailleurs, il use volontiers d'un registre ironique et d'un humour plein de lucidité lorsqu'il dépeint les travers de ses personnages : le snobisme bavard de Madame Verdurin, l'égoïsme de la Duchesse de Guermantes, l'affectation du baron de Charlus, la condescendante arrogance de la Princesse de Luxembourg en sont d'éloquents exemples.

À retenir

- Une œuvre située entre fiction et autobiographie.
- Une œuvre dense et complexe, que l'on a pu rapprocher de la *Comédie humaine* et des *Rougon-Macquart*, à la fois fresque sociale et galerie de portraits.
- Une écriture sinueuse et chatoyante qui s'efforce de saisir la réalité dans sa fugacité et ses nuances.
- Un regard lucide, sur les mécanismes psychologiques, les sentiments et les motivations, un regard critique sur les travers des classes et des individus, mettant en œuvre l'humour et l'ironie.

La parole à l'œuvre

“ *Et tout d'un coup le souvenir m'est apparu. Ce goût, c'était celui du petit morceau de madeleine que le dimanche matin à Combray (parce que ce jour-là je ne sortais pas avant l'heure de la messe), quand j'allais lui dire bonjour dans sa chambre, ma tante Léonie m'offrait après l'avoir trempé dans son infusion de thé ou de tilleul. La vue de la petite madeleine ne m'avait rien rappelé avant que je n'y eusse goûté [...]. Mais, quand d'un passé ancien rien ne subsiste, après la mort des êtres, après la destruction des choses, seules, plus frêles mais plus vivaces, plus immatérielles, plus persistantes, plus fidèles, l'odeur et la saveur restent encore longtemps, comme des âmes, à se rappeler, à attendre, à espérer, sur la ruine de tout le reste, à porter sans fléchir, sur leur gouttelette presque impalpable, l'édifice immense du souvenir.*

(« Du côté de chez Swann »)

Fiche 70

Marcel Proust, *Un Amour de Swann* ou les illogismes du cœur (1913)

Histoire d'une passion

Swann, ami de longue date de la famille du narrateur, est un dilettante fortuné et distingué, amoureux d'art, esthète sensuel et mondain. Lorsqu'il rencontre Odette de Crécy, une demi-mondaine au passé obscur, il ne lui trouve guère d'attraits, sinon sa ressemblance avec la Zéphora de Botticelli. Pourtant il s'éprend d'elle, jusqu'à abandonner ses brillantes fréquentations pour devenir l'un des fidèles des soirées de Madame Verdurin : c'est que dans ce salon snob et vulgaire est né son amour pour Odette, alors qu'ils écoutaient ensemble une sonate de Vinteuil. Désormais, Swann, devenu amant en titre de la jeune femme, subit une passion qui le tourmente comme une maladie. Douloureusement jaloux, il épie et harcèle Odette qui, veule, menteuse et volage, le trompe sans scrupules, et se reproche sa faiblesse sans parvenir à s'en guérir. Lorsque cette passion s'éteint pourtant , plus tard, il épouse Odette, sans illusions.

Un Amour de Swann dans la *Recherche*

Le roman occupe une place particulière dans l'ensemble de l'œuvre : il s'agit en effet de la seule partie racontée à la troisième personne : Marcel, le narrateur, n'y occupe plus la première place, mais fait de Swann le héros de cette aventure sentimentale. Les liens avec le récit à la première personne sont cependant solides : d'une part, si l'histoire racontée se situe dans une temporalité antérieure à celle de ce récit, dans une période depuis longtemps révolue de la vie de Swann, celui-ci fait partie des familiers du narrateur, puisqu'il est ami de ses grands-parents et apparaît dès la première partie de l'œuvre. D'autre part, Swann est également le père de Gilberte Swann, qui jouera un rôle important dans la vie sentimentale de Marcel. Enfin, ce récit mis en abyme* dans la *Recherche* fournit un reflet et une préfiguration du récit des amours et des souffrances du narrateur, comme Swann tourmenté et jaloux.

L'amour, l'art et la mémoire

Proust analyse le sentiment amoureux, dans ses différentes phases, pour découvrir que la continuité de l'amour est illusoire, et qu'il est constitué d'une succession de sentiments changeants et fugaces. De l'œuvre ne sont pas absentes les réflexions sur l'importance de l'art et sur le rôle fondamental du souvenir.

À retenir

- Un récit à la troisième personne mis en abyme* dans un ensemble à la première personne, qui renvoie à une temporalité antérieure, avec pour thèmes l'amour et à la jalousie, éléments essentiels de l'ensemble.
- Une analyse lucide et minutieuse des mécanismes de la passion.

La parole à l'œuvre

“ *Il la regardait ; un fragment de la fresque apparaissait dans son visage et dans son corps, que dès lors il chercha toujours à y retrouver, soit qu'il fût auprès d'Odette, soit qu'il pensât seulement à elle ; et, bien qu'il ne tînt sans doute au chef-d'œuvre florentin que parce qu'il le retrouvait en elle, pourtant cette ressemblance lui conférait à elle aussi une beauté, la rendait plus précieuse. Swann se reprocha d'avoir méconnu le prix d'un être qui eût paru adorable au grand Sandro, et il se félicita que le plaisir qu'il avait à voir Odette trouvât une justification dans sa propre culture esthétique.*

Et cette maladie qu'était l'amour de Swann avait tellement multiplié, il était si étroitement mêlé à toutes les habitudes de Swann, à tous ses actes, à sa pensée, à sa santé, à son sommeil, à sa vie, même à ce qu'il désirait pour après sa mort, il ne faisait tellement plus qu'un avec lui, qu'on n'aurait pas pu l'arracher de lui sans le détruire lui-même à peu près tout entier : comme on dit en chirurgie, son amour n'était plus opérable.

Et avec cette muflerie intermittente qui reparaissait chez lui dès qu'il n'était plus malheureux et que baissait du même coup le niveau de sa moralité, il s'écria en lui-même : 'Dire que j'ai gâché des années de ma vie, que j'ai voulu mourir, que j'ai eu mon plus grand amour, pour une femme qui ne me plaisait pas, qui n'était pas mon genre !'

Fiche 71

André Gide, *Les Faux-Monnayeurs* ou le roman de l'imposture (1925)

Quelques mots sur l'auteur

Gide est né en 1869 dans une famille de la bourgeoisie protestante. Enfant fragile et nerveux, il suit des études irrégulières et, à partir de la mort de son père en 1880, vit dans un milieu exclusivement féminin. Sa fortune personnelle lui permet de se consacrer à l'écriture : proche de Valéry et de Mallarmé, il fréquente les symbolistes* et publie dès 1891 *Les Cahiers d'André Walter* et le *Traité du Narcisse*, suivis en 1892 des *Poésies* et du *Voyage d'Urien* en 1893. En octobre 1893 il entreprend en compagnie d'un ami un voyage en Tunisie qui marque un tournant dans sa vie : gravement atteint par une maladie qu'il croit mortelle, pénétré de l'idée du péché et de la chasteté, lié d'un amour spirituel et fraternel à sa cousine Madeleine, il se rétablit et, libéré de l'emprise religieuse et morale qui s'exerçait sur lui, assume son homosexualité. De retour en 1895, il perd sa mère et tente avec Madeleine l'expérience d'un mariage blanc qui le conduit à une crise morale. Après *Paludes*, en 1895, il publie en 1897 *Les Nourritures Terrestres* et *L'Immoraliste* en 1902. En 1909 paraît *La Porte Étroite*, tandis que Gide s'engage dans la création de la *Nouvelle Revue Française* et voyage. En 1914 il devient célèbre avec *Les Caves du Vatican*. Les années de guerre sont marquées par une tentation de retour à la religion, dont Gide s'éloigne cependant. Il publie en 1919 *La Symphonie Pastorale*, et en 1920 les aveux explicites de *Si le Grain ne meurt*, que suit en 1924 *Corydon*, apologie d'une sexualité libérée de la morale. Sa notoriété est alors liée à une œuvre qui fait scandale, y compris dans les milieux littéraires, avec la publication en 1925 des *Faux-Monnayeurs*, œuvre qui met en question les fondements même du récit romanesque. Il entreprend alors un voyage en Afrique, qui aboutit en 1926 à la publication en 1927 du *Voyage au Congo*. Mais sa pensée prend une orientation moins narcissique : en 1931 il exprime dans *Œdipe* sa confiance dans l'humanité, il participe en 1932 au Congrès Mondial pour la Paix et adhère brièvement au parti communiste. Il entreprend en 1936 un voyage en Union soviétique, d'où il reviendra déçu et conscient des dangers du stalinisme, exprimant ses réserves dans *Le retour d'U.R.S.S.* (1936). Veuf depuis 1938, il publie en 1939 le *Journal* qu'il a commencé à rédiger en 1889. La guerre le force à l'exil et il retourne en Tunisie, où il prépare *Thésée*, publié en 1946. Le prix Nobel couronne son œuvre en 1947, et Gide meurt en 1951, laissant une dernière œuvre de confidence, *Et nunc manet in te*.

Un roman multiple

Bernard Profitendieu est en train de préparer le baccalauréat lorsqu'il découvre qu'il n'est pas le fils de son père. Il fugue et trouve refuge chez son ami Olivier, neveu du romancier Édouard. À l'arrivée de l'écrivain, il s'empare de sa valise dans laquelle il découvre des notes mentionnant une œuvre en cours, intitulée *Les Faux-Monnayeurs*. Édouard fait de Bernard son secrétaire, et l'emmène en villégiature, suscitant la jalousie d'Olivier qui se lie par dépit au comte de Passavant. L'intervention d'Édouard soustrait le jeune homme à l'influence néfaste de comte, et Olivier, après une tentative de suicide, reste au près de son oncle, devenu son amant, tandis que Bernard retourne chez son père. Auprès de cette intrigue se développent encore plusieurs histoires. Ainsi celle de Vincent, frère aîné d'Olivier : il abandonne sa lointaine cousine Laura, enceinte, pour suivre Lady Griffith qu'il finira par assassiner ; celle de Georges, leur frère cadet ; celle d'Armand, ami d'Olivier, tenté par le nihilisme. Le roman évoque encore le destin du père de Bernard et du père d'Olivier, et surtout celui, tragique, du jeune Boris, que Bernard et Édouard rencontrent lors de leur séjour à la montagne, et qu'ils ramènent à Paris, chez son grand-père. Chacun de ses personnages entretient avec les autres des liens particuliers, qui tissent la trame complexe de l'œuvre.

Un roman en train de se faire

Les Faux-Monnayeurs est le seul de ses récits que Gide ait qualifié de « roman » : c'est pourtant une œuvre qui remet radicalement en cause les conventions du genre, annonçant ainsi le nouveau roman* et ses bouleversements.

*Une œuvre polyphonique**

En multipliant les personnages et les points de vue, Gide produit une oeuvre où plusieurs voix se juxtaposent et se superposent, où s'accumulent les effets de rupture narrative, dans un ensemble à la fois cohérent et éclaté, qui tente de rendre compte des difficultés, voire de l'impossibilité, de l'entreprise romanesque. L'effet de profondeur et de multiplicité est accentué par la mise en abyme* sur laquelle est construit le roman, puisque l'œuvre en question est en fait un roman en train de s'écrire, et que les personnages de l'œuvre méditée par Édouard se reflètent souvent dans ceux de l'œuvre cadre.

Une image de la multiplicité du monde

Résolument moderne dans sa conception et dans son écriture, Gide entend rompre avec la tradition du roman chronologique, où l'histoire se développe selon un schéma linéaire. Il tente de reproduire les effets de simultanéité, et de mettre en scène non pas un segment d'existence pris dans une temporalité donnée, mais cette même temporalité dans son dynamisme, en multipliant et en disséminant les personnages de manière à produire un foisonnement, qui soit celui de la vie même.

La démarche gidienne

On reconnaît dans l'œuvre nombre de thèmes et d'idées qui sous-tendent l'œuvre de Gide : le titre même suggère la thématique souvent traitée de la recherche de l'authenticité au-delà des apparences, de la lucidité derrière la bonne conscience et les faux-semblants. Mais le propos de Gide n'est pas didactique. Il s'efforce de réduire son récit à l'essentiel, afin de ne pas tomber dans le piège d'un réalisme* illusoire. Un roman ne peut selon Gide prétendre à reproduire la vie : il n'échappe à ses propres limites que dans la démarche de la réflexivité, lorsqu'il devient lui-même son propre objet.

À retenir

- Un roman novateur par sa conception du genre, qui rompt avec les conventions du genre et annonce les expériences du nouveau roman.
- Une œuvre réflexive, construite sur le procédé de la mise en abyme.
- La tentative de rompre avec la structure et la chronologie linéaires du roman traditionnel.

La parole à l'œuvre

C'est l'heure où, dans une triste chambre d'hôtel, Laura, sa maîtresse d'hier, après avoir longtemps pleuré, longtemps gémi, va s'endormir. Sur le pont du navire qui le ramène en France, Édouard, à la première clarté de l'aube, relit la lettre qu'il a reçue d'elle, lettre plaintive où elle appelle au secours. Déjà, la douce rive de son pays natal est en vue, mais, à travers la brume, il faut un œil exercé pour la voir. Pas un nuage au ciel, où le regard de Dieu va sourire. La paupière de l'horizon rougissant déjà se soulève. Comme il va faire chaud à Paris ! Il est temps de retrouver Bernard. (I, 5)

« Et... le sujet de ce roman ?

– Il n'en a pas, repartit Édouard brusquement ; et c'est là ce qu'il a de plus étonnant peut-être. Mon roman n'a pas de sujet. Oui, je sais bien ; ça a l'air stupide ce que je dis là. Mettons si vous préférez qu'il n'y aura pas un sujet... « Une tranche de vie », disait l'école naturaliste. Le grand défaut de cette école, c'est de couper sa tranche toujours dans le même sens ; dans le sens du temps, en longueur. Pourquoi pas en largeur ? ou en profondeur ? Pour moi, je voudrais ne pas couper du tout. (II, 3)

Fiche

72 Paul Valéry, *Charmes* ou les sortilèges de la poésie (1922)

Quelques mots sur l'auteur

Valéry est né à Sète en 1871. Lecteur de Hugo, Gautier et Baudelaire, il entame des études de droit. Pendant son service militaire à Montpellier, en 1889, il découvre Verlaine et Mallarmé, et commence à écrire des poèmes. En 1890 il rencontre l'écrivain Pierre Louÿs qui le présente à Mallarmé, Heredia et Gide ainsi qu'au musicien Debussy et l'aide à publier quelques vers. En 1892, en proie à une violente crise sentimentale, Valéry décide de privilégier la vie intellectuelle, et abandonne l'écriture poétique. Il s'installe à Paris en 1894, et publie en 1895 *l'Introduction à la méthode de Léonard de Vinci*, et 1896 *La Soirée avec M. Teste* et un ouvrage à vocation économique, *La conquête allemande*, en 1897. Il occupe à partir de 1897 un emploi dans l'administration militaire, mais à partir de 1900, il devient jusqu'en 1922 secrétaire particulier d'un administrateur, ce qui lui permet de côtoyer des milieux différents et de disposer d'un temps libre qu'il consacre dans un premier temps aux mathématiques. Systématiquement, il note ses réflexions les plus diverses, qui fourniront matière aux *Cahiers*, et rédige un conte, *Agathe*. Gide lui propose en 1912 de publier ses premiers vers : il les reprend et écrit *La jeune Parque*, texte publié en 1917. De 1918 à 1922, il revient à la poésie, avec notamment le *Cimetière Marin*, publié à la NRF en 1920, en même temps que l'*Album de Vers Anciens*. En 1922 paraît le recueil *Charmes*, sa dernière œuvre poétique. Dès lors Valéry, très célèbre, assume des fonctions honorifiques, écrit des essais et des préfaces, prononce des conférences, réunis ultérieurement dans *Variété*, *Tel Quel* ou *Pièces sur l'Art*. Il est nommé en 1937 professeur au Collège de France. Pendant l'occupation, il fait acte de résistance avec l'éloge funèbre de Bergson (1941), adhère au Comité National des Écrivains et travaille à son œuvre ultime, *Mon Faust*, publiée en 1945 après sa mort.

La poésie selon Valéry

Parallèlement à son activité de poète, Valéry a tenté de comprendre et d'expliquer les mécanismes de la création poétique. Pour lui, la poésie n'a pas pour fonction essentielle d'exprimer des idées, mais constitue un langage qui obéit à ses impératifs propres à l'intérieur même du langage. Le texte poétique n'est pas soumis aux lois du sens et de la logique, il n'est pas destiné à fournir une information, mais à permettre l'accès à un univers particulier, magique, qui est celui de la poésie même. Il ne s'agit donc pas de plaquer artificiellement rimes et rythmes sur de la prose : la poésie est d'une autre nature et trouve en elle-même sa propre justification et sa plénitude. Valéry souligne encore l'importance du travail du poète, et l'exigence d'une prosodie rigoureuse.

Charmes

Le titre de l'œuvre évoque à la fois le caractère magique que le poète attribue à la création poétique, et la musicalité du texte incantatoire, mais l'ensemble des poèmes renvoie à un itinéraire intellectuel : de l'espoir à l'attente, de la prise de conscience aux illusions, de la science à la méditation, de l'appel de la vie à l'exaltation de l'effort, pour parvenir à la récompense de l'éternité, ce sont les étapes de sa propre réflexion qu'il livre dans ce recueil.

À retenir

- Une conception austère du travail poétique, en rupture avec le mythe romantique du poète inspiré.
- La recherche de la perfection formelle.
- Une conception originale de la poésie, véritable langage dans le langage.

La parole à l'œuvre

“

Ce toit tranquille, où marchent des colombes,
Entre les toits palpite, entre les tombes ;
Midi le juste y compose de feux
La mer, la mer, toujours recommencée !

O récompense après une pensée
Qu'un long regard sur le calme des dieux !
Quel pur travail de fins éclairs consume
Maint diamant d'imperceptible écume,

Et quelle paix semble se concevoir !
Quand sur l'abîme un soleil se repose,
Ouvrages purs d'une éternelle cause,
Le Temps scintille et le Songe est savoir.

(« Le Cimetière Marin », vv. 1-12)

Fiche

73

André Breton, *Le Manifeste du surréalisme*, ou la révolte des poètes (1924)

Quelques mots sur l'auteur

Né en 1896 dans une famille catholique, Breton y reçoit une éducation austère. Avant d'entreprendre des études de médecine, il découvre Baudelaire et Huysmans et publie ses premiers poèmes. En 1914 il rencontre Valéry et lit assidûment Rimbaud, avant d'être engagé, en 1915, comme artilleur d'abord, puis à l'hôpital de Nantes, d'où il entame une correspondance avec Apollinaire. Intéressé par la psychanalyse naissante, il obtient son affectation dans un centre de neurologie, puis il part au front comme brancardier. Il revient à Paris en 1917 et y rencontre Reverdy, puis Soupault et Aragon, en compagnie desquels il découvre le mouvement Dada*, venu de Suisse et d'Allemagne et fonde, en 1919, la revue *Littérature*, avec la collaboration d'Éluard. Après avoir publié dans *Mont de Piété* ses premiers poèmes, Breton publie en 1920 *Les Champs magnétiques*, recueil de textes écrits avec Soupault selon le principe de l'écriture automatique. En rupture avec les traditions, déçu par l' «esprit nouveau », il accueille Tzara avec enthousiasme et organise à Paris de sulfureuses manifestations dadaïstes, mais s'éloigne bientôt du mouvement. Crevel, Desnos, Vitrac le rejoignent : ensemble, ils pratiquent le sommeil hypnotique, afin de libérer le discours des contraintes de la conscience. En 1924 paraissent le *Manifeste du Surréalisme** dans lequel Breton définit le projet libérateur du groupe, et le premier numéro de la *Révolution surréaliste*. Breton rapproche la révolution littéraire de la révolution politique et adhère au parti pommuniste (1927-1935). C'est à cette date qu'il commence à rédiger *Nadja* (1928), en souvenir de sa rencontre avec la jeune femme. Mais le groupe surréaliste se défait, malgré la publication en 1929 du *Second Manifeste du Surréalisme*. Le recueil *Les Vases communicants* paraît en 1932. Breton rencontre en 1934 Jacqueline, qui lui inspire *L'Amour fou* (1937) et organise en 1938 une exposition surréaliste*. Il a rompu avec presque tous ses amis. Brièvement mobilisé en 1939, il part en 1941 pour New York, où il fonde avec Duchamp la revue *VVV*, et écrit *Arcane 17* (1945). Après une courte expérience d'attaché culturel à Pointe-à-Pitre, Breton rentre en France en 1946. Il tente alors de relancer les activités surréalistes, dans l'objectif de « transformer le monde et changer la vie ». Polémiquant sans relâche (contre Tzara, Sartre, Camus), organisant des expositions, lançant une nouvelle revue (1956), il signe en 1960 le *Manifeste des 121*, qui revendique le droit à l'insoumission dans le contexte de la guerre d'Algérie. Il meurt en 1966.

Le surréalisme

Les origines

Avant le surréalisme, en 1918, le mouvement Dada voit le jour à l'instigation du suisse Tristan Tzara : il prône une révolte totale et violente, qui doit aboutir à la révolution politique aussi bien qu'à une rénovation absolue du langage, dont témoigne le choix du nom du groupe, proche du cri inarticulé : « Je détruis les tiroirs du cerveau et ceux de l'organisation sociale », proclame Tzara dans le *Manifeste du dadaïsme*. Un moment proche du dadaïsme, Breton en récuse bientôt l'aspect nihiliste et envisage le surréalisme comme une entreprise non seulement créatrice sur le plan artistique mais génératrice d'un nouveau mode de vie et de pensée.

L'esthétique surréaliste

Le surréalisme ne se limite pas à la littérature et procède d'une remise en cause violente de toutes les valeurs esthétiques et morales en cours jusqu'à la Première Guerre mondiale. Si le mot est employé par Breton en hommage à Apollinaire, les surréalistes se réclament également de Rimbaud et Lautréamont, de Blake ou de Nerval, s'inspirant de leur expérience de l'irrationnel. Pour eux, l'art fournit une clef à l'expérience de l'inconnu, de l'insolite, de l'inouï et de l'inconscient : avec lui ils explorent les limites de la conscience, franchissent les frontières du rêve et de la folie dans la perspective d'une libération totale, à travers la pratique de l'écriture automatique ou du récit de rêve, révélateurs du psychisme.

Un art poétique

Dans le premier *Manifeste*, Breton définit le surréalisme* et insiste sur le caractère créateur d'un automatisme et d'un hasard susceptibles de produire des œuvres d'art indépendamment des censures morales, sociales ou esthétiques. Il prône l'abandon des formes narratives traditionnelles et définit la poésie comme résultant du choc entre des éléments incompatibles, images, registres, supports : ainsi les surréalistes pratiquent-ils le collage, le cadavre exquis ou l'humour noir, dans la perspective de rendre au langage sa liberté.

À retenir

- Un mouvement qui dépasse le cadre de la littérature, et associe la révolution esthétique à la révolution sociale et à la libération des forces de l'inconscient.
- Une rupture avec les conventions littéraires, dans le but de libérer le langage.
- La mise en œuvre de pratiques expérimentales de la création.

La parole à l'œuvre

“

Si les profondeurs de notre esprit recèlent d'étranges forces capables d'augmenter celles de la surface, ou de lutter victorieusement contre elles, il y a tout intérêt à les capter, à les capter d'abord, pour les soumettre ensuite, s'il y a lieu, au contrôle de notre raison.

Pourquoi n'accorderais-je pas au rêve ce que je refuse parfois à la réalité, soit cette valeur de certitude en elle-même, qui, dans son temps, n'est point exposée à mon désaveu ?

Je crois à la résolution future de ces deux états, en apparence si contradictoires, que sont le rêve et la réalité, en une sorte de réalité absolue, de surréalité, si l'on peut ainsi dire.

Le merveilleux est beau, n'importe quel merveilleux est beau, il n'y a que le merveilleux qui soit beau.

Surréalisme : n.m. Automatisme psychique pur par lequel on se propose d'exprimer, soit verbalement, soit par écrit, soit de toute autre manière, le fonctionnement réel de la pensée. Dictée de la pensée, en l'absence de tout contrôle exercé par la raison, en dehors de toute préoccupation esthétique ou morale.

(« Manifeste du Surréalisme »)

L'absence bien connue de frontière entre la non-folie et la folie ne me dispose pas à accorder une valeur différente aux perceptions et aux idées qui sont le fait de l'une ou de l'autre. Il est des sophismes infiniment plus significatifs et plus lourds de portée que les vérités les moins contestables : les révoquer en tant que sophismes est à la fois dépourvu de grandeur et d'intérêt. Si sophismes c'étaient il faut avouer que ceux-ci ont du moins contribué plus que tout à me faire jeter à moi-même, à celui qui du plus loin vient à la rencontre de moi-même, le cri, toujours pathétique, de « Qui vive ? » Qui vive ? est-ce vous, Nadja ? Est-il vrai que l'au-delà, tout l'au-delà soit dans cette vie ? Je ne vous entends pas. Qui vive ? Est-ce moi seul ? Est-ce moi-même ?

(« Nadja »)

Tous dorment, à l'exception des derniers scorpions à face humaine qui commencent à cuire, à bouillir dans leur or. La beauté féminine se fond une fois de plus dans le creuset de toutes les pierres rares. Elle n'est jamais plus émouvante, plus enthousiasmante, plus folle, qu'à cet instant où il est possible de la concevoir unanimement détachée du désir de plaire à l'un ou à l'autre, aux uns ou aux autres. Beauté sans destination immédiate, sans destination connue d'elle-même, fleur inouïe faite de tous ces membres épars dans un lit qui peut prétendre aux dimensions de la terre !

(« Les Vases communicants »)

Fiche 74

Paul Éluard, *Capitale de la Douleur*, ou le désespoir sublimé (1926)

Quelques mots sur l'auteur

Eugène Grindel est né en 1895 en banlieue parisienne. Tuberculeux, il séjourne au sanatorium de Davos où il rencontre Gala, qu'il épouse en 1917. Lecteur de Nerval, Baudelaire, Lautréamont, Apollinaire, celui qui a pris le nom d'Éluard se rapproche de Dada* et du surréalisme* et se lie avec Breton. En 1924 paraît son premier recueil, *Mourir de ne pas mourir*, suivi en 1926 de *Capitale de la Douleur*. C'est à cette date qu'Éluard adhère au parti communiste, comme Breton et Louis Aragon. Peu après, Gala le quitte pour Salvador Dali, et il rencontre Nusch, qui lui inspire en particulier *L'Amour la Poésie* (1929). Le recueil *La Rose publique*, dernière œuvre vraiment surréaliste du poète, paraît en 1934. Éluard revient alors à un langage plus traditionnel, avec *Les Yeux fertiles* (1936) et s'engage contre le franquisme en 1936, puis dans la Résistance. Ses poèmes témoignent de ses prises de position : *Le Livre ouvert* (1942), *Poésie et Vérité* (1942-1943), *Au Rendez-vous allemand* (1944) appellent à la liberté, même si la recherche poétique demeure essentielle dans *Poésie ininterrompue* (1946). La mort brutale de Nusch en 1946 l'accable, mais il rencontre Dominique, qu'il épouse en 1951 : retour au bonheur dont rend compte le recueil *Le Phoenix*, publié la même année. Éluard meurt en 1952.

Un chant d'amour et de souffrance

Capitale de la Douleur, recueil écrit pour Gala, comprend des poèmes anciens mais aussi des textes composés dans l'urgence d'une crise, et la structure de l'œuvre suit cette chronologie. Éluard s'y fait le chantre de l'amour et de la femme, au-delà des souffrances que la vie et la passion peuvent engendrer. Cette veine lyrique* et personnelle, qui évoque aussi comme autant de *leitmotive* la solitude, le mal-être et la maladie, se caractérise par l'expression harmonieuse, en vers, libres ou réguliers, et en prose, d'une émotion qu'Éluard veut commune à tous les hommes.

L'inspiration surréaliste

Des éléments caractéristiques des recherches surréalistes apparaissent dans le recueil, en particulier l'univers onirique et ses images surprenantes souvent liées à celles du miroir qui reflète et métamorphose. L'univers de la peinture se trouve aussi souvent évoqué dans l'œuvre avec les tableaux de Picasso, Miro ou Ernst, dont Éluard restitue l'atmosphère par des juxtapositions d'images. Mais la forme des textes est également tributaire de la démarche novatrice du groupe : si Éluard est trop soucieux d'harmonie et de musicalité pour abandonner tout à fait les effets de rime, de rythme et de sonorités, même dans les poèmes en prose, s'il ne se contente pas de pratiquer l'écriture automatique, il utilise volontiers l'ellipse et la rupture, joue sur les associations de mots et d'idées et les hasards du langage, la typographie et la ponctuation. Les textes illustrent ainsi avec bonheur la démarche libératrice du mouvement, qui est demeurée celle d'Éluard même lorsqu'il s'est éloigné du groupe : pour lui, la poésie c'est avant tout « donner à voir », et le poète est celui qui a la capacité de transfigurer le monde, et de transfigurer sa propre souffrance.

À retenir

- Une œuvre marquée par la volonté de rénovation et de libération de la poésie et du langage caractéristique du mouvement surréaliste.
- Une œuvre lyrique et personnelle, dominée par le thème de la douleur et de l'amour.
- Des textes novateurs par leur forme mais soucieux de musicalité et d'harmonie.

La parole à l'œuvre

« *Elle est debout sur mes paupières*
Et ses cheveux sont dans les miens,
Elle a la forme de mes mains,
Elle a la couleur de mes yeux,
Elle s'engloutit dans mon ombre
Comme une pierre sur le ciel.

Elle a toujours les yeux ouverts
Et ne me laisse pas dormir.
Ses rêves en pleine lumière
Font s'évaporer les soleils,
Me font rire, pleurer et rire,
Parler sans avoir rien à dire. »

(« L'Amoureuse »)

Fiche 75

François Mauriac, *Thérèse Desqueyroux* ou l'envers du décor (1927)

Quelques mots sur l'auteur

Mauriac est né en 1885 dans une famille de la bourgeoisie catholique bordelaise. Orphelin de père, il reçoit de sa mère une éducation austère et passe son enfance entre Bordeaux et des vacances landaises : ces lieux occupent dans son œuvre une place importante. Étudiant à Paris, il s'oriente très vite vers la littérature, et publie en 1909 un recueil de vers, *Les Mains jointes*. C'est cependant comme romancier qu'il s'affirme : après de premiers essais antérieurs à 1914, il publie en 1921 *Préséances*, roman dans lequel il dénonce déjà l'hypocrisie bourgeoise, et en 1922 son premier grand roman, *Le Baiser au Lépreux*. Ce récit est suivi, de 1923 à 1927, de quatre autres : *Le Fleuve de Feu*, *Genitrix*, *Le Désert de l'Amour* et *Thérèse Desqueyroux*. En 1933 il est élu à l'Académie française. Son œuvre se poursuit sous le signe de la réflexion spirituelle et de l'inspiration chrétienne : après *Ce qui était perdu* (1931), il publie en 1931 *Souffrances et bonheur du chrétien*. La question du mal domine *Le Nœud de Vipères* (1932), et Mauriac évoque indirectement son enfance dans *Le Mystère Frontenac* (1933). Il écrit parallèlement des essais, des biographies et un journal, ainsi que des œuvres dramatiques. Après la guerre, il publie encore *Le Sagouin* en 1951 et *Galigaï* en 1952, l'année où il reçoit le prix Nobel de littérature, et des articles critiques. Il meurt en 1970.

La tragédie de la solitude

Thérèse Larroque est une jeune femme solitaire et passionnée, qui, se pliant à la volonté des familles, épouse un voisin, Bernard Desqueyroux. Le mariage n'est pas heureux, et Thérèse, à l'étroit finit par haïr un mari trop différent. Elle tente de l'empoisonner, mais Bernard survit et, désireux comme son entourage de sauvegarder les apparences, il la disculpe et étouffe l'affaire, la réduisant au silence et l'enfermant dans l'hypocrisie des conventions. Mais Thérèse est à bout de résistance, et Bernard lui rend sa liberté.

Une confession sans espoir

Le roman se présente en grande partie comme une analepse* ; dans le train qui la ramène chez elle à l'issue du procès, Thérèse se remémore sa vie et prépare le plaidoyer sans illusion, mais sans hypocrisie, qu'elle pourrait présenter à son mari. Si, personne ne l'ignore, elle est coupable, Mauriac nous fait entendre qu'elle est aussi victime : la technique du monologue intérieur*, l'usage fréquent du style indirect libre rapprochent le lecteur de l'héroïne en lui livrant son point de vue. Les chapitres II à VIII présentent ainsi à la fois un aveu, une analyse et une supplication. À ces pages, où la jeune femme apparaît à la fois effrayante par la froideur avec laquelle elle prépare la mort de son mari, et pitoyable dans son effort de lucidité, tout entier tendu vers l'espoir d'échapper aux terribles non-dits qui pèsent sur la famille, s'opposent les chapitres où le narrateur, se détournant de Thérèse, raconte les retrouvailles avec un Bernard impassible et cruellement sûr de son bon droit, et la fin, où Thérèse, livrée à elle-même, s'enfonce dans la nuit parisienne. Le propos de Mauriac est de dénoncer la bonne conscience, les certitudes et le pharisaïsme d'une bourgeoisie paralysée dans ses principes et incapable de se remettre en cause.

À retenir

- Une œuvre qui met en évidence les contradictions et les paradoxes de l'humanité.
- La volonté de dénoncer les faux-semblants et l'hypocrisie d'une société oublieuse de l'humanité au nom de ses principes.
- Une écriture élégante et précise, à la fois création virtuose et instrument d'analyse psychologique.

La parole à l'œuvre

“ *Non : rien à dire pour sa défense ; pas même une raison à fournir ; le plus simple sera de se taire ou de répondre seulement aux questions. Que peut-elle redouter ? Cette nuit passera comme toutes les nuits ; le soleil se lèvera demain ; elle est assurée d'en sortir, quoi qu'il arrive. Et rien ne peut arriver de pire que cette indifférence, que ce détachement total qui la sépare du monde et de son être même. Oui, la mort dans la vie ; elle goûte la mort autant que peut la goûter une vivante.* (chap. IX)

Fiche 76

Jean Giraudoux, *La Guerre de Troie n'aura pas lieu* ou l'Antiquité renouvelée (1935)

Quelques mots sur l'auteur

Jean Giraudoux est né en 1882. Normalien et germaniste de formation. Il voyage en Allemagne et en Amérique, et publie en 1909 *Provinciales* avant de se décider pour une carrière diplomatique. Il publie *Lectures pour une ombre* (1917), *Amica America* (1919) et *Adorable Clio* (1920). Sa rencontre avec l'acteur Louis Jouvet le met en contact avec le théâtre, et il tire en 1928 de l'un de ses romans une pièce, *Siegfried*, inaugurant une longue série d'œuvres dramatiques, dont *Amphitryon 38* (1929), *Intermezzo* (1933), *La Guerre de Troie n'aura pas lieu* (1935), *Électre* (1937) et *Ondine* (1939). Il est également essayiste, critique et conférencier, et occupe au début de la Seconde Guerre mondiale le poste de Commissaire à l'Information. Il écrit encore pour le théâtre *Sodome et Gomorrhe* (1943) et meurt en 1944, laissant deux pièces posthumes, *La Folle de Chaillot* et *Pour Lucrèce*, jouées en 1945 et 1953.

Le théâtre de Giraudoux

Une oeuvre variée

Le théâtre de Giraudoux se caractérise d'abord par la diversité de l'inspiration : il puise ses sujets dans la vie de son temps, aussi bien que dans des sources antiques ou bibliques, ou dans la culture germanique qu'il connaît bien. Le même souci de variété se retrouve dans les registres mis en œuvre dans ses pièces : *Ondine* plonge le spectateur dans l'atmosphère fantastique* de la légende, et Giraudoux joue volontiers avec l'humour et la parodie*, y compris lorsqu'il renoue avec le tragique. C'est du reste semble-t-il pour mieux guérir l'homme de l'angoisse de la tragédie qu'il s'en empare et s'en amuse.

Une leçon de sagesse

L'enseignement de Giraudoux se situe dans la lignée de l'humanisme* de Montaigne : la vertu est pour lui faite de loyauté et de droiture plus que d'héroïsme, et la grandeur de l'homme consiste moins à se surpasser qu'à assumer, avec lucidité et humilité, sa condition. Pourtant, les dernières pièces témoignent d'une pensée plus sombre, et la tonalité tragique imprègne *La Guerre de Troie*... comme *Électre* et *Sodome et Gomorrhe*, rompant avec l'optimisme des pièces antérieures, et suggérant que la liberté humaine semble soumise à des forces qui la dépassent.

D'Homère à Giraudoux

L'intrigue

L'intrigue de cette pièce en deux actes est empruntée aux récits homériques, auxquels Giraudoux apporte quelques aménagements : Hector, fils du vieux Priam, le roi troyen, revient du combat. Soldat courageux, il est pourtant las des horreurs de la guerre et aspire à la paix. Il apprend donc avec consternation qu'une nouvelle menace pèse sur la ville : Pâris, son frère, a séduit et enlevé Hélène, l'épouse du roi grec Ménélas, et les Grecs s'apprêtent à la reconquérir par la violence. Deux partis divisent Troie : celui qui réclame la guerre, avec les vieillards, les représentants de la loi et les nationalistes excités par le poète Demokos, et celui qui s'attache à la sauvegarde de la paix, avec Hector, sa femme Andromaque, et Hécube sa mère, suivis par la majorité des femmes. Alors que les pacifistes semblent triompher, alors même qu'Hector parvient à s'entendre avec Ulysse pour éviter le pire, l'irréparable se produit. Un Grec ivre, Oiax, gifle Hector et insulte Andromaque : Hector parvient à se maîtriser, mais Demokos appelle les Troyens aux représailles. Furieux, Hector le tue : Demokos en mourant accuse Oiax, et c'est la mêlée.

Une œuvre impliquée dans l'actualité de son temps

Giraudoux parle allemand et connaît bien l'Allemagne, qui a inspiré son œuvre, dans *Siegfried* comme dans *Ondine*. Dans la première de ces œuvres, il montre comment d'un Français amnésique on peut fort bien faire un Allemand, récusant ainsi de prétendues différences ataviques qui feraient des deux peuples des ennemis prédestinés. Pourtant, lorsqu'il écrit *La Guerre de Troie*... le danger d'un nouveau conflit entre les deux pays menace. Conscient qu'il n'est plus temps d'appeler à la paix, Giraudoux s'indigne contre les mensonges proférés et les malentendus entretenus dans le but de conduire à la guerre, et exprime sa révolte contre les incitations à la violence et à la haine.

L'appropriation du mythe

Outre la dénonciation du cynisme et de l'hypocrisie des bellicistes, la pièce aborde des thèmes chers à Giraudoux, comme l'amour et le couple, qu'il définit non comme une cellule repliée sur elle-même mais comme à la fois union intime et ouverture généreuse sur le monde. Les véritables ennemis ne sont pas pour Giraudoux les Grecs et les Troyens, Ulysse et Hector, mais les chantres fanatiques de la guerre et les artisans de la paix. L'écriture de la pièce est également très personnelle : à partir de l'épopée* d'Homère, le dramaturge crée une pièce où se rencontrent comédie, voire farce, et tragédie, où le pathétique* s'allie au burlesque*, et le sublime au quotidien.

Giraudoux amuse en jouant de l'anachronisme, émeut en usant d'une langue aisément poétique, riche en images et en connotations, convainc avec des formules aux accents de maximes*. Les personnages se rapprochent des spectateurs par la modernité de leur discours et échappent aux limites conventionnelles de leur rôle : face à la grandeur d'Andromaque, Hélène par exemple apparaît comme un personnage presque comique par sa légèreté et son inconscience, et les outrances de Demokos en font un personnage ridicule, tout en soulignant l'absurdité cruelle des conséquences tragiques de son propos. Pourtant, Giraudoux inscrit bien sa pièce dans la tragédie, en faisant du pacifiste Hector l'élément déclencheur du conflit.

À retenir

- La réécriture d'un épisode de l'*Iliade*, qui revient, au-delà de la dimension d'actualité, à la portée universelle d'une réflexion humaniste.
- Une écriture particulière, où la fantaisie n'exclut pas la profondeur de la réflexion morale, où l'humour côtoie volontiers l'émotion.
- Une œuvre dynamique qui juxtapose les registres et mélanges les genres.
- Une prise de position sans illusion en faveur de la paix.

La parole à l'œuvre

“ *Aux approches de la guerre, tous les êtres sécrètent une nouvelle sueur, tous les événements revêtent un nouveau vernis, qui est le mensonge.* (II, 8)

Mais quand le destin, depuis des années, a surélevé deux peuples, quand il leur a ouvert le même avenir d'invention et d'omnipotence, quand il a fait de chacun [...] un poids précieux et différent pour peser le plaisir, la conscience et jusqu'à la nature, quand par leurs architectes, leurs poètes, leurs teinturiers, il leur a donné à chacun un royaume opposé de volumes, de sons et de nuances, [...] l'univers sait bien qu'il n'entend pas préparer ainsi aux hommes deux chemins de couleur et d'épanouissement, mais se ménager son festival, le déchaînement de cette brutalité et de cette folie humaines qui seules rassurent les dieux. (II, 13)

Fiche 77

André Malraux, *La Condition humaine* ou l'éloge de l'humanité (1933)

Quelques mots sur l'auteur

Malraux est né en 1901. Bibliophile, passionné d'archéologie, après des études capricieuses, il fréquente les milieux littéraires, travaille pour un libraire, et publie des articles sur l'art. De 1923 à 1927, après de nombreux voyages il séjourne en Extrême-Orient où il participe sans succès à de troubles affaires de trafic d'œuvres d'art, et s'engage dans le combat anticolonial. De retour en France, il publie un essai et travaille à un roman, *Les Conquérants* (1928). Directeur artistique chez Gallimard, il publie en 1930 *La Voie Royale*, premier volet des *Puissances du Désert*, organise des expositions et retourne plusieurs fois en Orient. *La Condition humaine* paraît en 1933, au moment où Malraux prend part à la lutte contre le fascisme, et *Le Temps du mépris*, dédié aux victimes du nazisme, en 1935. En 1936, après un séjour en Union soviétique, il s'engage dans la guerre civile espagnole aux côtés des Républicains et en 1937 paraît *L'Espoir*. En 1938 il rend compte de ce combat dans le film *Sierra de Teruel*, projeté et censuré en France en 1939. Il s'engage en 1940 ; en juin il est fait prisonnier et travaille à *Mayrena* et aux *Noyers de l'Altenburg* (1943), avant son évasion en novembre. Installé en zone libre, il prend contact avec des résistants, mais ne se joindra à eux qu'en 1944. Emprisonné, puis libéré, il prend le commandement de la Brigade Alsace-Lorraine. En août 1945, Malraux rencontre le général de Gaulle, qui lui confie le poste de conseiller à la culture et, brièvement, le ministère de l'Information. Son étude sur *La Psychologie de l'Art* paraît en trois volumes de 1947 à 1949, avant d'être remaniée. Malraux voyage en Europe et en Amérique, et devient en juin 1958 ministre des Affaires culturelles. Il commence en 1966 la rédaction des *Antimémoires*, dont le premier volume est publié en 1967, parmi d'autres œuvres. En 1971 paraît *Ces Chênes qu'on abat...*, en 1974 *La Tête* d'*Obsidienne*. Malraux meurt en 1976.

L'épopée* d'une révolte

La Condition humaine fait partie, avec *Les Conquérants* et *La Voie royale*, du cycle d'Extrême-Orient, qui évoque les guerres révolutionnaires, et constitue la somme des thèmes qui y sont traités. Shanghaï est tenue en 1927 par les « généraux du Nord » alliés des occidentaux. Les troupes nationalistes et républicaines du Kuomintang de Chang-Kaï-Shek marchent sur la ville, mais communistes et syndicalistes fomentent la révolte. Chang-Kaï-Shek se retourne contre eux et avec la complicité des occidentaux organise le massacre des ouvriers. Parmi les héros du roman, Katow, le révolutionnaire, Tchen, le terroriste, Kyo, l'idéaliste, sont emprisonnés, tués, et leurs idéaux vaincus. Mais May, l'épouse de Kyo, part pour la Russie pour continuer le combat.

L'humanité assumée

L'œuvre se veut une épopée humaine, où chacun des personnages incarne une des attitudes de l'homme devant son destin et devant l'histoire. Au-delà des contradictions inhérentes à la condition de l'homme, faite de sublime et de bassesse, Malraux enseigne la fraternité et la solidarité, seules réponses à la tragédie d'un monde où l'homme, comme pour Pascal, est écrasé mais sait ce qui l'écrase. Par l'importance qu'il donne à l'irruption du sentiment de l'existence, par la conscience de l'absurde*, par la leçon de la responsabilité assumée, il se rapproche de la pensée existentialiste*, dans un texte où se côtoient réalisme*, lyrisme* et développement abstraits.

À retenir

- Un roman philosophique qui dit la dignité humaine avec des accents pascaliens.
- Une réflexion qui se rapproche du courant existentialiste.
- Une œuvre dense, à la fois romanesque et théorique, à l'écriture expressive et puissante.

La parole à l'œuvre

“ *Toute douleur qui n'aide personne est absurde.*

Il ne faut pas neuf mois, il faut soixante ans pour faire un homme, soixante ans de sacrifices, de volonté, de… de tant de choses ! Et quand cet homme est fait, quand il n'y a plus en lui rien de l'enfance, ni de l'adolescence, quand vraiment, il est homme, il n'est plus bon qu'à mourir. (VII)

Fiche 78

Jean-Paul Sartre, *La Nausée*, ou les malheurs de la conscience (1938)

Quelques mots sur l'auteur

Né à Paris en 1905, normalien, Sartre rencontre en 1928 Simone de Beauvoir qui sera sa compagne. Agrégé de philosophie, il enseigne en province et se familiarise avec la phénoménologie à Berlin (1933-1934), avant d'être nommé à Paris. Il publie des essais : *L'Imagination* (1936), l'*Esquisse d'une Théorie des Émotions* (1939), et *L'Imaginaire* (1940), et deux ouvrages fondamentaux : *L'Être et le Néant* en 1943 et la *Critique de la Raison dialectique* en 1960. Mais Sartre est aussi romancier et auteur dramatique. En 1938 paraît *La Nausée*, en 1939 un recueil de nouvelles, *Le Mur*. En 1939, mobilisé, fait prisonnier et libéré, il rentre à Paris et s'engage dans la Résistance. En 1943 est jouée sa première pièce, *Les Mouches*, suivie en 1944 de *Huis clos*. Sartre collabore à *Combat*, dirigé par Camus, et part en 1945 pour les États-Unis, d'où il écrit des articles pour *le Figaro*. La revue qu'il dirige à partir de 1945, *Les Temps Modernes*, témoigne de ses engagements. *L'Âge de raison* et *Le Sursis*, les deux premiers volumes des *Chemins de la liberté*, paraissent en 1945 ; ils seront complétés en 1951 par *La Mort dans l'âme*. En 1946, l'année où sont joués *La P... respectueuse* et *Morts sans sépulture*, est publié le texte de sa conférence *L'Existentialisme* est un humanisme* : la pensée sartrienne est au goût du jour. En 1947 paraissent *Qu'est-ce que la littérature* et *Réflexions sur la question juive*. Dans *Les Mains sales* (1948), Sartre évoque la place de l'intellectuel dans l'action politique. En 1951 est représentée la pièce *Le Diable et le Bon Dieu*, et en 1952 paraît *Saint Genet, comédien et martyr*. Sartre se rapproche du marxisme, mais demeure critique à l'égard du parti communiste et de l'URSS ; il soutient les causes les plus diverses, de celle des Noirs américains à celle de l'indépendance algérienne. En 1964, il publie une autobiographie partielle, *Les Mots*, et refuse le prix Nobel. En 1967, il préside avec Bertrand Russel le Tribunal Russel, chargé de juger les crimes de guerre des Américains au Viêtnam. Il appuie les mouvements étudiants en mai 1968. 1971 voit la parution des deux premiers volumes de son *Flaubert*, commencé dès 1960 ; il en publie en 1972 le troisième, en même temps que le dernier volume d'essais de *Situations* (dont le premier date de 1949) et collabore en 1973 à la création de *Libération*. Presque aveugle, amoindri, il abandonne la rédaction du quatrième volume de Flaubert, mais publie des entretiens. Sartre meurt en 1980.

L'angoisse d'exister

Antoine Roquentin, âgé de quelque trente-cinq ans, célibataire, vit à Bouville, petite ville provinciale qui rappelle Le Havre, et dans laquelle il se sent mal à l'aise. Il vit de ses rentes et travaille à un ouvrage historique qu'il abandonne bientôt, n'entretenant de relations qu'avec l'Autodidacte, étonnant personnage qui a entrepris la conquête de la culture par ordre alphabétique, et la patronne du café qu'il hante. Dans son journal, il évoque sa relation ambiguë avec Anny, la femme qui l'a quitté, et les malaises qui ont modifié son rapport au quotidien : le monde qui l'entoure lui est source d'angoisse, il se détache des êtres, son projet même lui semble dérisoire. Le dégoût presque physique qui s'empare de lui métamorphose sa perception des choses, et il s'apprête à tout quitter, méditant une œuvre qui dirait l'indicible. Ainsi l'absurdité d'une existence livrée au hasard et coupée de toute nécessité peut-elle être transcendée par la création, comme il peut l'être par l'action.

Le roman d'un philosophe

Le projet de La Nausée

Le point de départ du romancier philosophe est une réflexion sur la conscience et la contingence, qui envahit de son fourmillement l'univers du narrateur, hanté par la vie imprévisible et incessante, grouillant autour de lui, dans les êtres et les objets qui l'entourent. Ce projet est lié à l'expérience personnelle de Sartre, à une angoisse authentiquement éprouvée, mais également à l'influence des romans de Kafka ou de Céline. L'originalité de l'œuvre provient de la conjonction entre la forme romanesque et l'ambition philosophique : Sartre s'inspire de la phénoménologie* allemande, mais incarne les idées abstraites dans des éléments narratifs concrets, liant ainsi efficacement son propos à l'expérience vécue : l'idée de nécessité est indispensable à la conscience, mais le monde du narrateur, décrit subjectivement, est peuplé d'éléments contingents qui menacent de l'engloutir dans leur inconsistance. Confronté à sa propre existence aléatoire, et à l'existence envahissante et hostile des êtres et des choses qu'il côtoie, l'homme cherche l'issue dans le dépassement.

Approche de l'existentialisme

La philosophie existentialiste, en germe dès les premières œuvres de Sartre, s'est développée au lendemain de la libération, et s'est souvent exprimée, en particulier chez Sartre et Simone de Beauvoir, au travers des œuvres littéraires. Elle repose sur l'idée de la prééminence de l'existence sur l'essence et s'inspire des travaux des philosophes Kierkegaard, Heidegger, Jaspers et Husserl. Pour Sartre (contrairement aux existentialistes chrétiens comme Gabriel Marcel), la pensée existentialiste va de pair avec l'athéisme, dans la mesure où l'homme se construit en existant. Il est donc libre et responsable. Sartre souligne par ailleurs que la seule façon pour l'homme d'assumer sa situation est l'acte authentique, qu'il oppose aux intentions et à la « mauvaise foi ». L'expérience de l'absurde*, née d'un sentiment d'impuissance et d'horreur devant la plénitude d'un monde d'où l'être est exclu, est source d'angoisse : mais elle peut être dépassée dans l'action ou dans l'acte créateur.

À retenir

- Une œuvre qui associe un contenu narratif et une réflexion philosophique.
- Une pensée orientée vers le dépassement de l'absurde par la création et l'action.
- Une conception humaniste*, qui place l'homme en situation, et lui octroie responsabilité et liberté pour se faire ce qu'il veut être.

La parole à l'œuvre

“ *Si on m'avait demandé ce que c'était que l'existence, j'aurais répondu de bonne foi que ça n'était rien, tout juste une forme vide qui venait s'ajouter aux choses du dehors, sans rien changer à leur nature. Et puis voilà : tout d'un coup, c'était là, c'était clair comme le jour : l'existence s'était soudain dévoilée. Elle avait perdu son allure inoffensive de catégorie abstraite : c'était la pâte même des choses, cette racine était pétrie dans de l'existence. Ou plutôt la racine, les grilles du jardin, le banc, le gazon rare de la pelouse, tout ça s'était évanoui ; la diversité des choses, leur individualité n'étaient qu'une apparence, un vernis. Ce vernis avait fondu, il restait des masses monstrueuses et molles, en désordre – nues, d'une effrayante et obscène nudité.*

Fiche 79

Jean-Paul Sartre, *Huis clos* ou l'enfer en représentation (1944)

Cohabitation forcée

Dans un salon vieillot sont réunis trois personnages : Garcin, journaliste, Inès, employée des Postes et Estelle, une séduisante jeune femme. Ils sont morts, et le salon est une des formes de l'enfer, car tous trois sont damnés. En permanence livrés au regard des autres, dans une pièce sans miroir, ils s'interrogent sur le sens de ce châtiment, en apparence bien indulgent, et tentent d'en contourner les inconvénients. Mais peu à peu chacun se révèle aux autres : lâcheté, cruauté, absence de scrupule apparaissent derrière les mensonges et la mauvaise foi. Les protagonistes, à la fois victimes et bourreaux, prennent alors conscience de ce qu'a d'intolérable la présence inéluctable du jugement d'autrui.

Un théâtre philosophique

La pièce propose une réflexion sur la relation à soi-même et à autrui. On y retrouve des thèmes essentiels de l'œuvre de Sartre : la « mauvaise foi » et le rôle du jugement extérieur dans la formation de la conscience, la culpabilité, la responsabilité et la liberté. Sartre amorce par ailleurs la critique de l'hypocrisie sociale et morale, et la mort qui oblige les personnages à demeurer dans leur enfer peut se lire comme le carcan des habitudes et des préjugés dans lesquels ils se trouvent emprisonnés. Mais Sartre ne dénonce pas le regard ou la présence de l'autre comme mauvais en soi : il montre que ce regard devient un danger à partir du moment où les rapports entre les individus sont dénaturés, dans la mesure où les hommes dépendent, pour le jugement qu'ils portent sur eux-mêmes, du jugement d'autrui. Enfermés dans une façon d'agir et d'être, incapables de se remettre en cause par confort et par lâcheté, victimes consentantes des regards portés sur eux, ils se trouvent bien dans l'immobilisme de la mort et dans les tortures de l'enfer, auxquels ils pourraient, selon Sartre, échapper en exerçant leur liberté, c'est-à-dire en réformant leur être, et donc le regard des autres, par des actes.

Sartre, la liberté et la « mauvaise foi »

Pour les existentialistes* athées, l'homme n'est soumis à aucun déterminisme* et possède la liberté de choisir ce qu'il est. Son être se définit uniquement par ses actes, dont il détient l'entière responsabilité. Sartre refuse donc les justifications freudiennes liées à l'inconscient, qui diminuent la part de liberté, comme il refuse l'idée de prédestination et de péché liées à la pensée religieuse : si l'homme doit rendre compte de ses actes, c'est à sa propre conscience et à autrui, dont il dépend pour une large part. Mais s'il ne peut se réfugier à l'abri de l'inconscient, il peut masquer ses faiblesses derrière la « mauvaise foi ». Celle-ci, en entretenant une image fallacieuse de lui-même, l'autorise à ne pas assumer ses actes, ou au contraire à renier l'action au profit de l'intention.

À retenir

- Une démarche qui renouvelle le théâtre d'idées, en donnant à une pièce de théâtre un contenu essentiellement philosophique.
- Une réflexion sur le rapport à autrui, qui met en évidence l'importance du regard d'autrui dans la conscience de soi-même.
- Une critique des rapports sclérosés qui empêchent la remise en question.
- La mise en scène des grands thèmes sartriens : la liberté, la mauvaise foi, la responsabilité, et le rappel de l'importance capitale du « faire » pour l'être.

La parole à l'œuvre

“ *Aucun de nous ne peut se sauver seul; il faut que nous nous perdions ensemble ou que nous nous tirions d'affaire ensemble.*

« Je n'ai pas rêvé cet héroïsme. Je l'ai choisi. On est ce qu'on veut. »

« Seuls les actes décident de ce qu'on a voulu. »

« Alors c'est ça l'enfer. Je n'aurais jamais cru... Vous vous rappelez : le soufre, le bûcher, le gril... Ah ! quelle plaisanterie. Pas besoin de gril, l'enfer, c'est les Autres. » (sc. 5)

Fiche 80

Louis Aragon, *Les Yeux d'Elsa* ou l'amour en liberté (1942)

Quelques mots sur l'auteur

Aragon, né en 1897, rencontre Breton en 1917 et entreprend comme lui des études de médecine. Avec lui, il participe aux manifestations Dada* et fonde en 1924 le mouvement surréaliste*. Son premier recueil, *Feu de Joie*, paraît en 1920, suivi en 1921 d'*Anicet ou le Panorama*, en 1925 du *Mouvement perpétuel* et du *Paysan de* Paris en 1926. Aragon adhère au parti communiste, et en 1928, il rencontre Elsa Triolet, elle-même écrivain, qu'il épouse et qui lui inspire de nombreux poèmes. Fidèle à son engagement politique (*Hourrah l'Oural*, 1934), qui entraîne sa rupture avec Breton et les surréalistes, il devient journaliste à *L'Humanité* et s'oriente vers la littérature sociale, avec le cycle romanesque du *Monde Réel* (1934-1944-1967). Il fait de la poésie une arme pendant la période de la guerre et de l'Occupation, tout en revenant à une écriture plus traditionnelle, dans les recueils *Le Crève-Cœur* (1941) et *Les Yeux d'Elsa* (1942). Après la guerre, il continue de célébrer sans relâche l'amour et sa foi politique, dans *Le Roman inachevé* (1956), *Elsa* (1959), *Les Poètes* (1960) et *Le Fou d'Elsa* (1963), et tente de renouveler son inspiration romanesque dans des œuvres comme dans *La Mise à mort* (1965) ou *Blanche ou l'Oubli* (1967). Aragon est mort en 1982.

Un chant d'amour et un appel à la résistance

Les Yeux d'Elsa constituent un magistral exemple de littérature engagée*. Le recueil regroupe de façon chronologique des poèmes publiés dans des revues dispersées de juin 1941 à février 1942. Il illustre les thèmes essentiels de l'inspiration amoureuse, qui fait de la femme la muse toute-puissante, et des malheurs du temps : Aragon conçoit l'écriture comme participation effective à la lutte contre l'occupant. Pour lui, l'amour de la femme ne va pas sans l'amour de l'humanité, l'un se nourrissant de l'autre, et se confondant dans une même lutte, au sein de textes sous-tendus par cette double inspiration.

Liberté et tradition

De la lecture de Rimbaud et d'Apollinaire, de ses années surréalistes, Aragon a retenu le goût d'une écriture libérée des contraintes de la syntaxe, du rythme ou de la ponctuation, la virtuosité du jeu sur les mots et les images. Mais son engagement politique le ramène vers une expression plus accessible, et il se place volontiers, en usant de formes classiques* et amples comme les longs poèmes strophiques et rimés, souvent en alexandrins, dans une veine épique* et lyrique* qui rappelle les grands textes hugoliens. Par ailleurs, l'image qu'il donne de la femme sublimée par l'amour et la poésie, l'apparente, comme la rhétorique qu'il met en œuvre à cet effet, à la tradition du lyrisme amoureux tel que peuvent l'incarner un Pétrarque ou un Ronsard.

À retenir

- La double inspiration, amoureuse et politique, d'une œuvre lyrique et engagée.
- Une expression marquée à la fois par les influences surréalistes et par le retour à des structures et à des formes traditionnelles.
- Une image idéalisée de la femme, qui préside à la création poétique et à l'action, et de l'amour, à la fois aventure personnelle et puissance universelle.

La parole à l'œuvre

“

Tes yeux sont si profonds qu'en me penchant pour boire
J'ai vu tous les soleils y venir se mirer
S'y jeter à mourir tous les désespérés
Tes yeux sont si profonds que j'y perds la mémoire

À l'ombre des oiseaux c'est l'océan troublé
Puis le beau temps soudain se lève et tes yeux changent
L'été taille la nue au tablier des anges
Le ciel n'est jamais bleu comme il l'est sur les blés

Les vents chassent en vain les chagrins de l'azur
Tes yeux plus clairs que lui lorsqu'une larme y luit
Tes yeux rendent jaloux le ciel d'après la pluie
Le verre n'est jamais si bleu qu'à sa brisure

Mère des Sept douleurs ô lumière mouillée
Sept glaives ont percé le prisme des couleurs
Le jour est plus poignant qui point entre les pleurs
L'iris troué de noir plus bleu d'être endeuillé

[...]

(« Les yeux d'Elsa », vv. 1-16)

Fiche 81

Jean Anouilh, *Antigone* ou la résistance incarnée (1944)

Quelques mots sur l'auteur

Anouilh est né à Bordeaux en 1910. Après des études de droit, il devient publiciste et secrétaire de l'acteur Louis Jouvet, avant de pouvoir se consacrer à l'écriture dramatique. Admirateur de Giraudoux, il se réclame également de Molière, Marivaux et Musset, et, plus proche de lui, de Claudel. Après un premier échec, il rencontre le succès an 1932 avec *L'Hermine*, et en 1937 avec *Le Voyageur sans bagage*. Resté neutre pendant l'occupation, Anouilh s'est vu reprocher d'avoir publié dans des journaux collaborationnistes : *Antigone*, jouée en 1944, est cependant un éloge de l'esprit résistant. Anouilh n'en connaît pas moins quelques difficultés à la Libération, avant de renouer avec un succès qui se tarit pourtant avec sa dernière pièce, *La Grotte*, en 1961. Il meurt en 1987.

Pièces roses et Pièces noires, du brillant au grinçant

Anouilh établit lui-même une distinction entre ses pièces. Les Pièces Roses, *Le Bal des Voleurs* (1938), *Léocadia* (1939), et *Le Rendez-vous de Senlis* (1941) sont marquées par la fantaisie et l'humour, et se rattachent à l'univers de la comédie ; les Pièces noires et les Nouvelles Pièces noires, dont *L'Hermine* et *Le Voyageur sans bagage*, *La Sauvage* (1938), *Eurydice* (1941), *Antigone* (1944), *Roméo et Jeannette* (1946) et *Médée* (1953) expriment le pessimisme et la révolte : Anouilh dénonce les puissances de l'argent et les inévitables bassesses de l'existence, les compromis, les mensonges et l'hypocrisie qui entachent les rapports humains, l'impossibilité de l'intégrité, de la pureté et de l'amour. Après la libération, les Pièces Grinçantes, comme *Ardèle ou la Marguerite* (1948) et les Pièces Brillantes, comme *Colombe* (1951), ou l'on retrouve le procédé du théâtre dans le théâtre, laissent place à la satire et tendent avec moins de bonheur vers le théâtre à thèse. Un peu à part, *L'Alouette* (1953) et *Becket ou l'Honneur de Dieu* (1959) s'inspirent de l'Histoire.

La défaite de l'idéal

La réécriture d'un mythe

Anouilh emprunte l'intrigue d'*Antigone* à Sophocle : au terme de la guerre qui oppose les deux fils d'Œdipe, Étéocle et Polynice, et s'achève sur la mort des deux rivaux, Créon, leur oncle et héritier du trône, interdit de donner à Polynice les honneurs funèbres. Antigone leur sœur, fiancée à Hémon, fils de Créon, ne peut se résoudre à laisser son frère sans sépulture. Créon tente de la raisonner, arguant des compromis nécessaires au métier de roi, et faisant miroiter la promesse du bonheur. Ismène, sa sœur, essaie elle aussi de la convaincre de la nécessité de composer avec la réalité et lui rappelle son goût pour la vie. Mais Antigone, malgré son désir de vivre, ou peut-être justement à cause de son désir de vivre pleinement, malgré son amour pour Hémon, qui la suit dans la mort, refuse de céder et assume son acte.

Une pièce moderne

S'il est fidèle à l'intrigue de Sophocle, si, comme dans le théâtre grec, l'action est introduite et commentée par un chœur, Anouilh actualise la pièce par l'écriture et la mise en scène. Comme c'est souvent le cas dans ses œuvres, l'héroïne côtoie des personnages issus du quotidien, et Anouilh joue sur la différence des aspirations, mais aussi des langages. À la parole fougueuse, excessive, d'Antigone, il oppose la tiédeur calculée de Créon ou la trivialité des propos du garde. Les dialogues du reste s'inscrivent dans une langue volontiers orale, quelquefois familière, et délibérément actuelle. Anouilh cultive l'anachronisme, de façon plaisante quelquefois, mais surtout dans le but de présenter des personnages à la parole vivante, intelligible pour le spectateur moderne. Cette volonté apparaît également dans la mise en scène : les costumes sont ceux du XXe siècle et non d'une antiquité de convention. Fidèle à sa conception dramaturgique, Anouilh mélange genre et registres, et si *Antigone* est bien une Pièce Noire marquée par la mort et la tragédie, et imprégnée d'un pessimisme profond, un humour sombre y affleure, nourri enparticulier par les commentaires ironiques du chœur, qui observe les personnages mais se livre aussi à des réflexions métatextuelles* sur les avantages de la tragédie.

La tragédie de la condition humaine

Antigone soulève le problème de l'opposition irréconciliable entre la justice et la raison d'État, entre le droit naturel, lié à la conscience, et le droit positif, lié aux lois : dès lors que les deux entrent en conflit, la résistance est légitime. Écrite en 1942, jouée en 1944, la pièce traite un problème d'actualité. Mais cet aspect s'inscrit dans la perspective plus large d'une réflexion sur la condition humaine. Dès le début de la pièce le déroulement de l'intrigue est clair : il n'y a pas d'issue pour Antigone. Mais Anouilh n'inscrit pas sa mort dans la perspective d'une destinée fatale, comme le fait Sophocle. Pour lui, si Antigone ne peut que mourir, c'est qu'elle est trop pure, trop entière, pour accepter de faire de sa vie un compromis, ce que, chacun pour des raisons différentes, lui suggèrent Créon et Ismène. Pour Anouilh, la vie est impossible à qui ne peut, ou ne veut, pactiser avec la médiocrité, l'hypocrisie ou la bassesse. Ainsi, c'est paradoxalement au nom même de son amour de la vie qu'Antigone ne peut qu'accepter la mort, puisque continuer de vivre en sacrifiant son idéal d'intégrité serait une trahison. Si la vie signifie l'usure des enthousiasmes, l'acceptation de l'inacceptable, si vieillir c'est cesser d'être soi-même, enseigne Antigone, alors mieux vaut la mort.

À retenir

- Une réflexion sur la légitimité de la désobéissance.
- Une vision pessimiste de la condition humaine, et sur la tragédie de l'impossible pureté.
- La modernisation d'un mythe, hérité de l'Antiquité grecque mais renouvelé grâce au langage et à la mise en scène.
- Une tragédie décalée, où un humour désabusé trouve sa place.

La parole à l'œuvre

“ *Quelle femme heureuse deviendra-t-elle, la petite Antigone ? Quelles pauvretés faudra-t-il qu'elle fasse, elle aussi, jour par jour, pour arracher avec ses dents son petit lambeau de bonheur ? Dites, à qui devra-t-elle mentir, à qui sourire, à qui se vendre ? Qui devra-t-elle laisser mourir en détournant le regard ?*

Oui j'aime Hémon. J'aime un Hémon dur et jeune ; un Hémon exigeant et fidèle, comme moi. Mais si votre vie, votre bonheur doivent passer sur lui avec leur usure, si Hémon ne doit plus pâlir quand je pâlis, s'il ne doit plus me croire morte quand je suis en retard de cinq minutes, s'il ne doit plus se sentir seul au monde et me détester quand je ris qans qu'il sache pourquoi, s'il doit devenir près de moi le monsieur Hémon, s'il doit apprendre à dire « oui », lui aussi, je n'aime plus Hémon !

Nous sommes de ceux qui posent les questions jusqu'au bout. Jusqu'à ce qu'il ne reste vraiment plus la petite chance d'espoir vivante, la plus petite chance d'espoir à étrangler. Nous sommes de ceux qui lui sautent dessus quand ils le rencontrent, votre espoir, votre cher espoir, votre sale espoir !

Fiche

82

Albert Camus, *Caligula* ou l'empire de l'absurde (1944)

Quelques mots sur l'auteur

Camus est né en Algérie en 1913 dans une famille très modeste. Son père meurt lors de la Première Guerre mondiale, et il ne doit qu'à la sollicitude de ses maîtres de pouvoir poursuivre ses études au lycée, puis en faculté de philosophie. Mais, atteint de tuberculose, il ne peut passer l'agrégation. Passionné de théâtre, il fonde une troupe, puis devient journaliste. En 1938 il publie un recueil d'essais dans lequel il exprime son attachement à sa terre natale et au monde, *Noces*. Il quitte Alger pour Paris et, déclaré inapte pour raison de santé, il s'engage dans la Résistance. En 1942 il publie *L'Étranger* et *Le Mythe de Sisyphe*. En 1944, année de parution de *Caligula* et du *Malentendu*, il devient rédacteur en chef du journal *Combat*. Camus prend la défense des humbles, soutient toutes les actions en faveur de la justice. Il plaide également, dans la tradition humaniste* d'un Hugo, en faveur de l'abolition de la peine de mort. Soucieux du respect de l'homme, mais aussi de la responsabilité qui lui incombe dans un monde sans Dieu, il nourrit de sa réflexion philosophique un roman, *La Peste* (1947) et deux œuvres dramatiques, *L'État de Siège* (1948) et *Les Justes* (1950). Il la développe en 1951 dans un essai, *L'Homme révolté*. En 1956, il tente d'apaiser les rancœurs et les révoltes qui aboutiront à la guerre d'Algérie, et publie un récit marqué par l'humour et l'amertume, *La Chute*. En 1957 il reçoit le prix Nobel. Il meurt accidentellement en 1960. *Le Premier Homme*, manuscrit inachevé d'un roman autobiographique, a été publié en 1994.

Camus et l'intuition de l'absurde*

Dans la lignée de Kafka ou du Sartre de la *Nausée*, Camus ressent profondément le caractère absurde, c'est-à-dire privé de sens et de transcendance, de la vie humaine. Plusieurs de ses œuvres, associées dans le « cycle de l'absurde » traitent ce thème : *L'Étranger*, *Le Mythe de Sisyphe*, *Caligula* et *Le Malentendu*. Elles ont en commun de mettre en relief le caractère machinal d'une existence vouée à l'anéantissement : l'absurde* naît de la juxtaposition d'un monde indifférent et d'une conscience désespérément en quête de sens. Face à cette douloureuse expérience, Camus prône la révolte, la liberté et la responsabilité assumées, en refusant aussi bien le suicide que le secours de la religion, deux façons selon lui d'éviter le face à face avec la réalité de la condition humaine. Par sa révolte, l'homme prouve qu'il ne se résigne pas au néant auquel il est condamné. La connaissance de ce destin et la lucidité avec laquelle il l'envisage lui offrent une liberté d'autant plus grande que la prise de conscience de l'absurde, et donc de la vanité des conventions, lui permet de se dégager des habitudes de pensée. Enfin, dans l'étroite limite de son existence il peut déjouer l'absurde en multipliant et en intensifiant des expériences qui sont autant d'affirmations de la vie. Mais l'homme ne peut seul échapper à l'absurde : au-delà de sa propre vie et de sa propre passion, c'est dans la solidarité avec ses semblables qu'il trouve le véritable sens de son destin. En effet, s'il n'y a d'autre fin que l'homme pour l'homme, sa grandeur sera dans le service de cette humanité.

La tragédie de l'amour et de la mort

La mise en scène du désespoir

Caligula, jeune empereur romain arrière-petit-fils d'Auguste, apprend la mort de Drusilla, sa sœur et sa maîtresse, et découvre avec horreur le caractère limité et privé de sens de la vie humaine. Jusque là soucieux de justice, il sombre dans une folie meurtrière, et, par haine et mépris pour cette existence absurde, tente de se sauver en exerçant une liberté absolue, et en reniant les valeurs jusqu'alors cultivées : l'amour, l'amitié, la solidarité, l'art, l'humanité. Son action s'inscrit dans une logique de fureur, de destruction et de révolte stérile qui finit par se retourner contre lui.

Le néant de l'homme seul

Camus pousse à l'extrême la logique meurtrière de son personnage : pourtant, même en assumant jusqu'au bout sa liberté, Caligula s'épuise à demander l'impossible, sans parvenir pour autant à surmonter le sentiment de l'absurde*, et sa vie demeure dénuée de sens. Sa liberté et sa révolte s'exercent contre les hommes, et c'est pourquoi sa démarche est vouée à l'échec. Face à Caligula deux personnages s'affirment, échappant à la médiocrité et à la lâcheté des courtisans : Chéréa, conscient de l'absurdité du monde, mais aussi des limites que l'homme doit savoir s'imposer et de l'importance de la fraternité humaine, et Scipion, l'ami de l'empereur, comme lui en quête d'absolu, et qui ne se joindra pas aux conjurés.

À retenir

- Un personnage épris de pureté et d'absolu, qui incarne la conscience de l'absurde.
- Une révolte légitime, mais vouée à l'échec car la liberté et la puissance de Caligula s'exercent contre l'humanité.
- Une œuvre apparentée au théâtre d'idées, dans laquelle Camus a mis en scène des réflexions philosophiques que l'on retrouve dans ses essais et ses romans.

La parole à l'œuvre

“ *Ce monde, tel qu'il est fait, n'est pas supportable. J'ai donc besoin de la lune, ou du bonheur, ou de l'immortalité, de quelque chose qui soit dément peut-être, mais qui ne soit pas de ce monde.* (I, 4)

Les hommes meurent, et ils ne sont pas heureux. (I, 4)

Sans doute, ce n'est pas la première fois que, chez nous, un homme dispose d'un pouvoir sans limites, mais c'est la première fois qu'il s'en sert sans limites, jusqu'à nier l'homme et le monde. (II, 2)

J'ai simplement compris qu'il n'y a qu'une façon de s'égaler aux dieux : il suffit d'être aussi cruel qu'eux. (III, 2)

On croit qu'un homme souffre parce que l'être qu'il aime meurt en un jour. Mais sa vraie souffrance est moins futile : c'est de s'apercevoir que le chagrin non plus ne dure pas. Même la douleur est privée de sens. (IV, 13)

Fiche 83

Albert Camus, *La Peste* ou l'homme face au fléau (1947)

La ville en proie au malheur

Une épidémie s'abat sur la ville d'Oran. Malgré les propos rassurants de tous ceux qui minimisent le danger et refusent l'évidence, par crainte ou par stratégie, force est de reconnaître dans la mystérieuse maladie la peste, fléau d'un autre âge. La cité se trouve bientôt en état de siège, et les habitants assistent en vase clos au développement de la maladie. Chacun des personnages présentés dans le récit affronte la menace à sa façon, jusqu'à ce que le mal recule et disparaisse, permettant aux survivants de renouer avec la vie. Autour du docteur Rieux, personnage central puisqu'il tient une place essentielle dans la narration, gravitent en particulier Grand, un homme humble et généreux, Rambert, un journaliste parisien, qui après avoir tenté vainement de fuir la ville s'engage dans le combat contre la peste, Tarrou, qui partage avec Rieux la volonté de sauver à tous prix des vies humaines, Cottard, qui profite de la situation. Le père Paneloux quant à lui inscrit le fléau dans la volonté divine. Tous prennent progressivement conscience de la nécessité de s'unir pour résister.

Une chronique engagée

Un récit réaliste

Le roman se présente sous la forme d'un récit chronologique, dont on apprend à la fin que l'un des personnages principaux, le docteur Rieux, est l'auteur. L'un de ses aspects les plus frappants est le réalisme* : sous la plume du médecin, les symptômes de la maladie, la souffrance et la mort sont évoqués avec une cruelle précision. La ville est elle aussi présentée avec précision : les repères spatio-temporels permettent de situer l'action dans une période contemporaine, les lieux sont décrits et reconnaissables. Les personnages font également l'objet de portraits circonstanciés et évoluent dans les limites de la vraisemblance et de la cohérence psychologiques. Tout est fait, y compris dans la structure chronologique, pour que le lecteur reconnaisse dans le roman le monde qui est le sien.

Le regard d'un moraliste

Camus entend conférer à son œuvre un sens métaphorique* : il s'agit moins ici de raconter une histoire que de charger cette histoire d'un enseignement, et la peste est moins la maladie redoutée qu'une représentation de tous les fléaux qui peuvent s'abattre sur l'humanité, dont le dernier en date, à l'époque où Camus commence le roman, est le nazisme. L'auteur propose une réflexion sur toutes les attitudes possibles devant cette forme collective du mal qu'il appelle la peste : à la fois psychologique et morale, son analyse prend en compte l'évolution des personnages selon leur propre histoire et leur situation. On voit ainsi comment Rieux assume la responsabilité qui est la sienne en faisant face à la catastrophe : médecin, il lui incombe d'organiser la prévention, l'information et les secours sans céder au découragement lié à sa situation personnelle et à l'apparente impossibilité de juguler le fléau.

De l'absurde à l'humanisme *

L'œuvre marque une évolution dans la pensée de Camus. Si dans *Caligula* ou *L'Étranger* il met en évidence le désespoir auquel conduit l'intuition de l'absurde, *La Peste* transmet au contraire un message de confiance. Si la vie, le monde, sont en soi absurdes, la grandeur de l'homme consiste à pouvoir, par son humanité même, donner un sens à son action et à sa vie. Cela ne peut se faire à titre individuel : un homme, enseigne Camus, ne se construit pas contre l'humanité, ni même indépendamment d'elle.

À retenir

- Une œuvre engagée qui appelle à la révolte et à la résistance contre toute forme de fléau.
- Un appel humaniste à la solidarité humaine et à la responsabilité.
- Une morale exigeante, qui fait de la lucidité, de la fraternité et de l'action les outils de la victoire sur l'absurde.

La parole à l'œuvre

« *[I]l faut être fou, aveugle ou lâche pour se résigner à la peste.* » (IIe partie)

Je dis seulement qu'il y a sur cette terre des fléaux et des victimes et qu'il faut, autant qu'il est possible, refuser d'être avec le fléau.

Je n'ai pas de goût, je crois, pour l'héroïsme et la sainteté. Ce qui m'intéresse, c'est d'être un homme. (IVe partie)

Fiche 84

Jacques Prévert, *Paroles* ou le poète dans la rue (1946)

Quelques mots sur l'auteur

Prévert est né en 1900 à Neuilly sur Seine. Son père, critique dramatique, le familiarise avec le milieu du théâtre. Esprit indépendant, il quitte très tôt l'école pour occuper divers petits emplois. Il rencontre pendant son service militaire le peintre Tanguy et Marcel Duhamel, qui lui ouvrent le milieu surréaliste*. Il le fréquente de manière sporadique, et publie des poèmes dans diverses revues. Il devient un scénariste et dialoguiste reconnu : il écrit ainsi pour Carné *Drôle de Drame*, *Le Quai des Brumes* ou *Les Enfants du Paradis*, ainsi que, dès 1933, des textes mis en musique par Joseph Kosma. En 1946, son recueil *Paroles* le rend célèbre. Il est suivi, la même année, du recueil *Histoires*, et en 1951 de *Spectacle*. Aux côtés de Queneau et de Boris Vian, il est membre du Collège de Pataphysique mais refuse par ailleurs toute appartenance et toute étiquette, exprimant infatigablement sont hostilité envers toute forme d'oppression sociale, morale, ou politique. En 1955 paraît le recueil *La Pluie et le Beau Temps*, et il faut attendre 1963 pour *Histoires et autres Histoires*, et 1966 pour *Fatras* ; Prévert publie encore *Choses et autres* en 1972. Il meurt en 1977.

Une œuvre hétéroclite, fantaisiste et engagée

On retrouve dans les quatre-vingt-quinze poèmes de *Paroles* les grands thèmes qui font de Prévert un poète engagé : l'amour, un amour délivré des contraintes et des faux-semblants, la liberté, qui s'affirme face à toutes les institutions et à toutes les obligations, la sympathie envers les humbles, la solidarité avec toutes les révoltes. L'humanisme* profond de Prévert, qui fait de lui le porte-parole de la paix, de la justice sociale, et plus amplement de l'enfance, de la vie et du bonheur, s'exprime souvent sous une forme provocante : quand il s'agit de l'exploitation, de la guerre ou de l'imposture religieuse, le poète choisit la polémique et ne recule pas devant une expression violente et iconoclaste.

Une écriture libératrice

Le titre du recueil éclaire les intentions de l'auteur : pour lui la poésie s'apparente d'abord à une oralité soulignée par l'utilisation d'un registre de langue souvent courant ou familier et le choix fréquent du vers libre*. Le recueil est caractérisé par la diversité des formes et des tonalités. On y trouve des textes de longueurs et d'inspirations différentes : histoires, scènes observées, dialogues, inventaires. Prévert a appris chez ses amis surréalistes à rejeter les contraintes et à cultiver l'image insolite. L'un des points communs entre la majorité des poèmes est l'humour : Prévert joue volontiers sur les mots et les expressions toutes faites. Cette démarche n'est pas gratuite : en faisant sourire sur la distorsion des formules, il s'attaque aux préjugés et aux idées préconçues véhiculés par les lieux communs. En usant du calembour et de l'argot, il rend au langage la force de la spontanéité et restitue le poème à l'homme de la rue. Il sait aussi parler d'amour sur le mode lyrique*, préférant le rythme à la rime, ce qui explique le succès avec lequel ses poèmes ont été mis en musique.

À retenir

- Un recueil marqué par la diversité des thèmes et des formes.
- Une poésie engagée*, qui affirme la solidarité avec les humbles et l'aspiration à la liberté.
- Une poésie du quotidien, à la portée de tous.

La parole à l'œuvre

“

Je suis allé au marché aux oiseaux
Et j'ai acheté des oiseaux
Pour toi
mon amour
Je suis allé au marché aux fleurs
Et j'ai acheté des fleurs
Pour toi
mon amour
Je suis allé au marché à la ferraille
Et j'ai acheté des chaînes
Pour toi
mon amour
Et puis je suis allé au marché aux esclaves
Et je t'ai cherchée
Mais je ne t'ai pas trouvée
mon amour.

(« Pour toi mon amour »)

Fiche 85

René Char, *Fureur et Mystère* ou le pouvoir des mots (1948)

Quelques mots sur l'auteur

René Char naît en 1907. Pendant ses études de commerce, il s'adonne avec passion à des lectures éclectiques : de Plutarque à Racine, de Villon aux romantiques allemands, de Nerval à Baudelaire. Il travaille dans le commerce, voyage, et publie en 1928 son premier recueil. Il fonde une revue, *Méridiens*, rencontre Éluard et se rapproche du surréalisme*. Il publie en 1930 *Tombeau des secrets* et un recueil de poèmes écrits avec Breton et Éluard, *Ralentir Travaux*. Cette expérience lui donne le goût des jeux sur le langage et d'une poésie mystérieuse et volontiers surprenante. En 1934 paraît *Le Marteau sans Maître*, recueil sur lequel Boulez écrit une cantate. Pendant la guerre, Char s'engage dans la résistance dans le maquis provençal, et son combat lui inspire *Seuls demeurent* (1945) et les *Feuillets d'Hypnos* (1946). À partir de là, son œuvre s'inscrit à la fois dans une esthétique poétique et dans une perspective humaniste*. Il participe en 1947, en compagnie de Jean Vilar, à la création du Festival d'Avignon, et en 1948, il reprend dans *Fureur et Mystère* ses recueils les plus importants, dont *Le Poème Pulvérisé* (1947). En 1950 est publié le recueil *Les Matinaux*. Il mène une existence retirée, fréquente artistes et philosophes, en particulier Camus, et s'engage dans les années 1960 dans le combat antinucléaire. Il peint et continue de publier des poèmes : *La Parole en Archipel* (1962), *Le Nu perdu* et *La Nuit talismanique* (1971), *Aromates Chasseurs* (1975), *Chants de la Balandrane* (1977), *Fenêtres dormantes et porte sur le toit* (1979). *Les Voisinages de Van Gogh* (1985) témoignent de son intérêt pour la peinture. Il meurt en 1988, avant la publication posthume d'*Éloge d'une soupçonnée*.

Une poésie terrienne et humaine

Marqué par l'influence surréaliste, René Char use fréquemment du vers libre* et du poème en prose, il se plaît à surprendre par des rapprochements d'images inattendus. Le langage est pour lui une terre secrète à explorer, et la poésie la meilleure façon de rendre compte de ses mystères. Mais Char ne se limite pas à des jeux incantatoires et subtils sur les sons et les sens : ses textes restituent également la beauté et la multiplicité du monde, et en particulier la densité et l'âpreté de la terre. Ils disent l'échange entre la nature et un homme dont Char n'oublie pas de chanter la dignité : sa poésie demeure engagée*, malgré la distance voulue par le poète, au service de la liberté et du respect d'une nature menacée, que le poète chante dans ses plus humbles représentants.

Un hymne à la vie

Publié en 1948, *Fureur et Mystère* rassemble des recueils écrits pendant la période qui précède et qui suit les années de guerre. Les textes, qui font le plus souvent usage des ressources musicales et rythmiques du poème en prose, mais savent se rapprocher de l'aphorisme* ou du chant lyrique*, y apparaissent à la fois comme moyen de redécouvrir la splendeur oubliée du monde, d'en dévoiler les « mystères », et d'assumer sans s'y résigner la « fureur » destructrice qui sans cesse le menace.

À retenir

- Une écriture marquée par l'influence maîtrisée du surréalisme.
- Une poésie qui témoigne de l'engagement du poète sans l'asservir à une idéologie.
- L'expression de la confiance dans l'homme et dans le pouvoir de l'art.

La parole à l'œuvre

“ *[...] Jadis l'herbe était bonne aux fous et hostile au bourreau. Elle convolait avec le seuil de toujours. Les jeux qu'elle inventait avaient des ailes à leur sourire (jeux absous et également fugitifs). Elle n'était dure pour aucun de ceux qui perdant leur chemin souhaitent le perdre à jamais.*

Jadis l'herbe avait établi que la nuit vaut moins que son pouvoir, que les sources ne compliquent pas à plaisir leur parcours, que la graine qui s'agenouille est déjà à demi dans le bec de l'oiseau. Jadis, terre et ciel se haïssaient mais ciel et terre vivaient.

L'inextinguible sécheresse s'écoule. L'homme est un étranger pour l'aurore. Cependant à la poursuite de la vie qui ne peut être encore imaginée, il y a des volontés qui frémissent, des murmures qui vont s'affronter et des enfants sains et saufs qui découvrent.

(« Jacquemard et Julia », *Le Poème pulvérisé*)

Fiche 86

Eugène Ionesco, *La Cantatrice chauve* ou les pièges du langage (1950)

Quelques mots sur l'auteur

Ionesco est né en Roumanie en 1909, dans une famille franco-roumaine. Élevé à Paris, il retourne en Roumanie en 1925, et y demeure jusqu'en 1938 : il assiste à la montée du fascisme, qui s'y étend comme une épidémie. Il revient à Paris, où il s'installe définitivement après 1940. Ses premières pièces demeurent incomprises : en 1950 est jouée *La Cantatrice chauve*, qui remet en cause les conventions génériques, langagières et sociales ; les pièces suivantes, *La Leçon* (1951), *Les Chaises* (1952), *Victimes du devoir* (1953), *Amédée* (1954), *Jacques ou la soumission* (1955) suscitent une désapprobation scandalisée. Mais en 1960 Ionesco est enfin reconnu avec *Rhinocéros*. Ses autres pièces, en particulier *Le Roi se meurt* (1962), *Jeux de massacre* (1970), *Macbett* (1972), abordent des questions à la fois contemporaines et universelles, comme le rapport de l'individu et de la masse, le problème des totalitarismes, l'angoisse devant la mort, l'absurdité de la condition humaine, et lui assurent la notoriété. Parallèlement à ses œuvres dramatiques, Ionesco publie plusieurs essais sur le théâtre, comme *Notes et Contre-notes* (1962), ou *Découvertes* (1969), dans lesquels il tente de définir une dramaturgie originale. Ionesco est élu à l'Académie française en 1970 et meurt en 1994.

Le théâtre selon Ionesco

Le refus des conventions

Dès sa première pièce, Ionesco s'est opposé aux conventions de la dramaturgie traditionnelle. Le théâtre pour lui ne constitue pas un divertissement, mais une arme qui lui permet de dénoncer les automatismes de pensée et l'absence de communication. Il n'est pas pour autant favorable à la littérature engagée*, qu'il voit comme un instrument de manipulation au service d'idéologies qu'il considère avec méfiance. Prenant ses distances avec les procédés d'un réalisme* qui n'aboutit selon lui qu'à un simulacre de vraisemblance, il prône un théâtre de la provocation à rapprocher des outrances de Jarry ou d'Apollinaire, et se réclame d'Antonin Artaud, qui défend un « théâtre de la cruauté » inspiré des traditions asiatiques du spectacle total, révolté et violent.

Le mélange des genres et des techniques

Le spectacle théâtral ne doit pas, selon Ionesco, se soumettre aux contraintes de la vraisemblance et de la psychologie, ni même s'enfermer dans les limites du langage, en s'adressant d'abord à l'intelligence. Spectacle visuel, auditif, il fait appel à toutes les ressources de la technique moderne : jeux de lumière, décors, musique sont sollicités, tandis que la scène prend des allures de music-hall ou de cirque, tandis que les dialogues distordent à plaisir les règles du langage, jouant sur les sens et les sons, se perdant dans le délire verbal ou dans le cri. Ionesco utilise volontiers les procédés de la parodie*, et pousse jusqu'à l'absurde* les règles qui régissent le théâtre : mais s'il s'inscrit souvent dans le registre comique, son théâtre bascule dans le pathétique* ou le tragique, lorsqu'il dévoile les faiblesses humaines ou le non-sens de l'existence.

La mise en scène de la banalité

Une « pièce anglaise »

La Cantatrice chauve s'ouvre sur un « décor anglais », dans lequel deux personnages, M. et Mme Smith, échangent des propos consternants de platitude, dont l'enchaînement conduit à l'absurde et au non-sens. Deux autres personnages arrivent pendant l'absence des Smith : M. et Mme Martin, dont le spectateur découvre en même temps qu'eux le lien conjugal. Le retour des Smith marque la reprise d'un dialogue poussif et conventionnel, interrompu par les histoires censément comiques du Capitaine des Pompiers. Lorsque celui-ci quitte la scène, le dialogue s'emballe, et les lieux communs font place à une succession de plus en plus mécanique, répétitive et effrénée de constatations inutiles et cocasses, de proverbes détournés, de phrases sans queue ni tête qui s'abîment bientôt dans un déchaînement d'onomatopées agressives. La lumière s'éteint brutalement, et se rallume pour éclairer M. et Mme Martin qui échangent mot pour mot les répliques avec lesquelles les Smith ouvrent la pièce.

Une « anti-pièce »

En donnant à la pièce ce sous-titre, Ionesco marque sa volonté de se démarquer du théâtre traditionnel : il la confirme en privant délibérément l'œuvre de ces éléments constitutifs que sont des personnages crédibles, une intrigue construite et cohérente, et même un titre fonctionnant comme une annonce fiable. La rupture est également perceptible à travers le décor bourgeois et le statut des personnages, qui semblent orienter le spectateur vers une pièce de boulevard, avant que ne s'enraye leur dialogue, inspiré par les manuels d'apprentissage de langues étrangères. S'il démonte par la parodie* le mécanisme de l'écriture théâtrale, Ionesco souligne également les difficultés de la communication : les propos sont vides, sans rapport avec les réalités évoquées par ailleurs, et les noms des personnages eux-mêmes ne recouvrent aucune individualité. Pas plus que l'échange des répliques, le mouvement de la pièce n'obéit à une quelconque logique, sinon celle d'un sinistre recommencement marqué par la structure circulaire, et l'action se réduit au bref passage en scène de personnages incongrus ou par l'arrivée des Martin, et par des scènes de reconnaissance parodiques qui renvoient à la tragédie ou au mélodrame, comme celle des Martin ou de Mary et du Capitaine. La raison et ses principes sont aussi mis à mal, la logique est pervertie, les signes se désolidarisent du sens. Pièce comique, débridée, surprenante, *La Cantatrice chauve* peut se lire comme remise en question des conventions théâtrales, comme réflexion pessimiste sur l'incommunicabilité et les réflexes sociaux, et comme expérience sur la vacuité et les limites du langage.

À retenir

- Une œuvre qui se détourne des conventions théâtrales : des personnages sans consistance, une intrigue inexistante et des dialogues décousus.
- L'utilisation parodique de certains lieux communs du théâtre.
- La mise en scène des réflexes langagiers poussés jusqu'à l'absurde.
- La vision pessimiste d'êtres inaptes à communiquer parce que prisonniers des conventions et victimes des incertitudes du langage.
- - Le refus d'un théâtre psychologique au profit d'un théâtre métaphysique

La parole à l'œuvre

“ *Tiens, il est neuf heures. Nous avons mangé de la soupe, du poisson, des pommes de terre au lard, de la salade anglaise. Les enfants ont bu de l'eau anglaise. Nous avons bien mangé, ce soir. C'est parce que nous habitons dans les environs de Londres et que notre nom est Smith.* (1)

Le yaourt est excellent pour l'estomac, les reins, l'appendicite et l'apothéose. (1)

Il y a une chose que je ne comprends pas. Pourquoi, à la rubrique de l'état-civil, dans le journal, donne-t-on toujours l'âge des personnes décédées et jamais celui des nouveau-nés ? C'est un non-sens. (1)

Fiche

87

Julien Gracq, *Le Rivage des Syrtes* ou le roman à la lisière du surréalisme (1951)

Quelques mots sur l'auteur

Louis Poirier, qui choisira le pseudonyme de Julien Gracq, est né en 1910. Admis à l'École normale supérieure, il passe l'agrégation d'histoire-géographie et enseigne en province d'abord, puis à partir de 1947 à Paris où il reste jusqu'à sa retraite en 1970. Proche un temps du surréalisme*, il publie en 1938 *Au château d'Argol*, roman salué par Breton. Il est mobilisé pendant la guerre, puis fait prisonnier et rapatrié en 1940. Lecteur des romantiques* allemands, il découvre en 1943 l'œuvre d'Ernst Jünger. Son œuvre est variée : du roman, *Un beau Ténébreux* (1945) au recueil de poèmes, *Liberté grande* (1946), du théâtre, avec la même année *Le Roi Pêcheur*, pièce inspirée par le cycle du Graal, à la critique, avec en 1948 un *Essai sur André Breton* et un pamphlet*, *La littérature à l'estomac*. *Le Rivage des Syrtes* obtient en 1951 le prix Goncourt. En 1958, il évoque dans *Un Balcon en forêt* son expérience militaire lors de la « drôle de guerre ». Il se consacre par la suite à des essais, des souvenirs ou des récits de voyage, comme les *Lettrines* (1967-1974), *En lisant en écrivant* (1980), *La Forme d'une ville* (1985) ou les *Carnets du grand chemin* (1992). Très discret, il vit en marge du monde littéraire et meurt en 1997. En 2002 est publié un volume posthume d'*Entretiens*.

Une intrigue ténue dans un univers mystérieux

Le *Rivage des Syrtes* raconte l'histoire d'une rivalité oubliée et d'une guerre. De part et d'autre de la Mer des Syrtes se trouvent la Seigneurie d'Orsenna et le Farghestan. Malgré le conflit qui depuis longtemps oppose les deux pays, la Seigneurie d'Orsenna est en proie à une apathie mystérieuse, jusqu'au jour où un événement anodin relance les hostilités. L'Observateur de la flotte d'Orsenna, Aldo, se rapproche imprudemment du Farghestan, malgré l'avis de son compagnon Fabrizio, et l'ennemi l'accueille de trois coups de canon, qui suffisent à mettre en marche un processus irréversible.

D'une prose poétique à l'image de la condition humaine

Gracq situe son roman hors du temps et de l'espace connu, dans un univers qui prend volontiers une dimension symbolique et mythique. Il ne s'agit ici en rien d'un roman d'aventure : le support narratif sert de prétexte à une écriture poétique, proche de celle du poème en prose, apte à suggérer, grâce à des images et à des analogies, un univers étrange et flou,rempli d'impressions, d'intuitions et de présages. La mise en place du récit aboutit à une catastrophe à la fois imprévisible et pressentie, et le narrateur, qui n'est autre qu'Aldo lui-même, entretient l'angoissé liée à l'appréhension devant le mystère et l'inéluctable. L'aspect intemporel du récit lui confère une dimension universelle, et l'on peut lire dans l'histoire d'Aldo, au-delà du pouvoir de suggestion lié à l'écriture poétique du roman, une métaphore de l'angoisse devant la condition humaine, dont la seule certitude est celle de l'anéantissement final.

À retenir

- Un roman poétique marqué par l'expérience surréaliste*.
- Une intrigue mince, au chronotope* imprécis, sous-tendue par le suspense et l'attente de la catastrophe.
- La mise en place d'une atmosphère de mystère et d'angoisse.
- Une métaphore* de l'homme devant son destin.

La parole à l'œuvre

« *Un chaudron bouillonnait soudain au-dessus de moi, sans qu'on eût besoin de prévenir qu'on venait de soulever le couvercle.*

Mais cette animation fiévreuse ne passait pas jusqu'à moi, ou plutôt elle bourdonnait à distance, comme une rumeur orageuse au-dessus de laquelle je me sentais flotter très haut, dans une extase calme. Il me semblait que soudain m'eût été donné le pouvoir de passer outre, de me glisser dans un monde rechargé d'ivresse et de tremblement. Ce monde était le même, et cette plaine d'eaux désertes où le regard se perdait la plus désespérément semblable qui fût partout à elle-même. Mais maintenant une grâce silencieuse resplendissait sur lui. (IX)

Fiche 88

Marguerite Yourcenar, *Mémoires d'Hadrien* ou la sagesse de l'empereur (1951)

Quelques mots sur l'auteur

Marguerite de Crayencour est née en 1903 à Bruxelles. Orpheline de mère, elle grandit auprès d'un père cultivé et original, suffisamment aisé pour lui permettre une vie de lectures et de voyages, qui conduiront l'adolescente en Grèce et en Italie, où elle se familiarise avec la civilisation antique. Elle publie en 1934 un roman, *Denier du rêve* et en 1936 un recueil de poèmes, *Feux*. Elle enseigne ensuite le français en Amérique, où elle se fixe en 1949 avec sa compagne Grace Frick. Son immense culture, aussi profonde que diverse, la conduit à publier un recueil de *Nouvelles Orientales* (1938), et à traduire de l'anglais Virginia Woolf (1937) et Henry James (1947) ainsi que des Negro Spirituals (1964), du grec moderne Cavafy (1958) et du grec ancien une anthologie poétique (1979). En 1939 sont publiés *Alexis ou le traité du vain combat* et *Le coup de grâce*, qui évoquent le problème de l'homosexualité. Elle reconstitue dans *Mémoires d'Hadrien* (1951) l'environnement dans lequel a vécu cet empereur romain du IIe siècle, et s'inspire encore de l'Antiquité dans *Électre ou la chute des masques* (1954), puis revient à la poésie en 1956 avec *Les Charités d'Alcippe*. En 1962 *Sous bénéfice d'inventaire* et en 1963 *Le Mythe d'Alceste ou qui n'a pas son minotaure* la ramènent à Rome et à la Grèce, tandis qu'elle se tourne avec *L'œuvre au Noir* (1968) vers la Renaissance septentrionale, dans un roman qui met en scène un personnage d'intellectuel en rupture avec les préjugés et l'obscurantisme de son temps. Yourcenar se consacre à partir de 1974 à des récits autobiographiques, qui reconstituent avec sa propre histoire celle de sa famille : *Souvenirs pieux* (1974), *Archives du Nord* (1977). En 1980, elle publie un essai sur *Mishima ou la vision du vide*. La même année, elle est la première femme élue à l'Académie française. Marguerite Yourcenar meurt en 1987, et le dernier volume de sa trilogie autobiographique, *Quoi, l'Éternité*, paraît en 1988.

L'empereur ressuscité

L'œuvre se présente sous la forme de Mémoires que l'empereur Hadrien (76-138), arrivé au terme de sa vie, entend transmettre à son petit-fils et futur successeur, Marc-Aurèle. Très solidement documentée, l'œuvre n'en demeure pas moins personnelle, et Yourcenar met en scène un monde extérieur, celui de la cour et de ses intrigues, des personnages qui gravitent autour de l'Empereur et des institutions qui fondent l'Empire, mais aussi l'univers intime d'un homme vieillissant, faisant œuvre d'historienne autant que de romancière.

Un regard sur l'humanité

À travers le personnage d'Hadrien, c'est un être humain dans toute sa complexité que Yourcenar entend faire vivre. Un être d'exception, certes, dont elle s'attache à montrer les qualités de soldat et de politique, et les faiblesses ; mais aussi un homme semblable à tout homme, qui confie avec enthousiasme ou émotion ses passions, dont son amour pour le jeune Antinoüs, qui médite sur sa condition avec la sagesse d'un humaniste*, et éprouve douloureusement ses limites. La voix de l'empereur, fin lettré, s'exprime dans une langue à la pureté classique*, associant à la profondeur de la réflexion l'harmonie d'une prose volontiers poétique.

À retenir

- Un roman historique minutieusement documenté.
- Le portrait humaniste de l'homme à travers un homme.
- Une réflexion de moraliste sur la politique et le pouvoir, l'amour et la mort, la religion et la sagesse.
- Une écriture sobre et poétique, qui s'inscrit dans l'idéal de rigueur de la tradition classique.

La parole à l'œuvre

“ *[L]'essentiel est que l'homme arrivé au pouvoir ait prouvé par la suite qu'il méritait de l'exercer.*
Je ne suis pas de ceux qui disent que leurs actions ne leur ressemblent pas. Il faut bien qu'elles le fassent, puisqu'elles sont ma seule mesure, et le seul moyen de me dessiner dans la mémoire des hommes, ou même dans la mienne propre ; puisque c'est peut-être l'impossibilité de continuer à s'exprimer et à se modifier par l'action qui constitue la différence entre l'état de mort et l'état de vivant.

Fiche

89

Samuel Beckett, *En attendant Godot* ou la comédie du désespoir (1952)

Quelques mots sur l'auteur

Beckett est né en 1906 à Dublin. Venu à Paris en 1928 comme lecteur à l'École normale supérieure, il s'éloigne de l'austérité de son éducation et se lie avec les surréalistes*. Il mène jusqu'en 1948 une vie errante qui le conduit de l'Irlande à l'Angleterre, de l'Allemagne à Paris, et se consacre d'abord à l'écriture romanesque. Il donne de nombreuses œuvres une version anglaise et une version française. *Murphy* paraît ainsi en 1938 en anglais, en 1947 en français. Il publie en 1950 *Molloy*, en 1951 *Malone meurt*, en 1953 *L'Innommable*. Beckett écrit également pour le théâtre, et fait partie des représentants de l'antithéâtre : en 1952 est publié *En attendant Godot*, en 1957 *Fin de partie*, en 1958 *La dernière bande*. *Oh les beaux jours* paraît en 1961 en anglais, en 1963 en français. Le roman *Comment c'est* est publié en 1961. L'œuvre de Beckett est couronnée par le prix Nobel de littérature en 1969. Samuel Beckett est mort en 1989.

Une attente tragi-comique

Beckett situe l'action d'*En attendant Godot* sur une route de campagne, où s'entretiennent deux clochards, Vladimir et Estragon. Ils discutent, en attendant un personnage mystérieux, et dont ils se promettent maints avantages : Godot. Mais les jours passent et Godot ne vient jamais ; il trompe leur impatience et entretient leurs espérances en leur donnant quotidiennement la certitude de sa venue pour le lendemain. Deux personnages étranges interrompent leur conversation : Pozzo, autoritaire et arrogant, promène au bout d'une laisse un vieil homme ironiquement dénommé Lucky, qui lui obéit servilement et porte ses lourds bagages. Le lendemain, Vladimir et Estragon se rencontrent de nouveau pour attendre Godot. Survient Lucky : c'est lui qui, cette fois, conduit Pozzo devenu aveugle. Ils tombent et appellent au secours, tandis que Vladimir et Estragon dissertent sur le sens à donner à cette aide, avant d'intervenir enfin. Le départ de Pozzo et Lucky les replonge dans la solitude et dans l'attente. Pour s'en délivrer ils tentent sans conviction de se pendre, et décident de partir, sans pour cela faire le moindre pas.

Beckett et l'anti-théâtre

Comme Ionesco, Beckett est l'un des représentants de l'anti-théâtre, qui prône le rejet des procédés dramatiques traditionnels. Dans un décor minimaliste, des personnages sans consistance s'agitent comme des marionnettes, mettant en évidence l'absurdité d'une condition humaine faite de conventions, d'habitudes et surtout d'un vide vertigineux qu'ils s'efforcent de masquer. Le pessimisme de Beckett prend volontiers les dehors de l'ironie ou de l'humour, bousculant les notions de comédie et de tragédie. *En attendant Godot* associe au thème de l'attente vaine ceux de la solitude, de l'absence de signification de la vie et de l'action, de la vacuité d'une parole dont le principal intérêt est pour l'homme de se prouver qu'il existe.

À retenir

- Un exemple éloquent de l'anti-théâtre, ou théâtre de l'absurde*.
- Une réflexion pessimiste sur la condition de l'homme, voué à l'inutile attente d'un hypothétique sauveur.
- Une pièce qui bouscule les genres et les registres, mettant le comique au service d'une vision tragique de l'humanité.

La parole à l'œuvre

Ne perdons pas notre temps en vains discours. [...] Faisons quelque chose pendant que l'occasion se présente ! Ce n'est pas tous les jours qu'on a besoin de nous. Non pas à vrai dire qu'on ait précisément besoin de nous. D'autres feraient aussi bien l'affaire, sinon mieux. L'appel que nous venons d'entendre, c'est plutôt à l'humanité tout entière qu'il s'adresse. Mais à cet endroit, en ce moment, l'humanité, c'est nous, que ça nous plaise ou non. Profitons-en, avant qu'il soit trop tard. Représentons dignement pour une fois l'engeance où le malheur nous a fourrés. Qu'en dis-tu ? [...] (II)

Nous naissons tous fous. Quelques-uns le demeurent. (II)

Fiche

90

Léopold Sédar Senghor, *Éthiopiques* ou la voix de la négritude (1956)

Quelques mots sur l'auteur

Senghor est né en 1906 à Joal, au Sénégal. Sa formation à l'école française le conduit à l'École normale supérieure et à l'agrégation, et il mène de front l'écriture, l'enseignement et l'action politique. Nourri de culture classique et de la tradition orale des griots son pays, et tente dans ses poèmes de faire le lien entre ses sources, tout en affirmant l'intégrité de son identité africaine. Il publie en 1945 le recueil *Chants d'Ombre* et en 1948 *Hosties noires*, recueils suivis d'*Éthiopiques* (1956) et *Nocturnes* (1961). Son poème dramatique *Chaka* paraît en 1968, et il revient à la poésie en 1969 avec *Élégie des alizés*. Il est député à l'Assemblée nationale en 1946 et, en 1948, chef du Bloc démocratique sénégalais. De l'indépendance en 1960 à sa démission en 1980, il exerce les fonctions de président de la république du Sénégal. Élu à l'Académie française en 1983, Senghor, qui a également publié des essais théoriques (*Liberté I, II, III* et IV) est mort en 2001.

L'invention de la négritude

Senghor reconnaît des influences décisives, comme celle de Claudel ou du poète Saint-John Perse. Étudiant, il rencontre à Paris le poète antillais Aimé Césaire, comme lui futur écrivain et homme politique. Ensemble, ils définissent un concept qui, renvoyant par provocation au terme injurieux « nègre », rassemble les valeurs culturelles et spirituelles des cultures noires. Si la littérature de la négritude demeure francophone, elle a l'ambition de mettre en évidence la spécificité poétique d'une Afrique entendue au sens le plus large et le plus universel, en dépassant les limites nationales dans un idéal humaniste* de réconciliation. Elle tente ainsi de rapprocher les diverses formes d'expression, de la sculpture des masques aux récits des griots en passant par le jazz américain, autant de thèmes et d'influences qui se retrouvent et se croisent dans l'œuvre poétique de Senghor.

Un chant d'Afrique

Le recueil *Éthiopiques* renvoie à une Afrique mythique, une Éthiopie carrefour des influences et des cultures, lieu de commerce et d'échange, berceau de l'humanité. Il comporte, outre les huit textes de l'Ouverture, deux parties : « Épîtres à la Princesse » et « D'autres chants », et se clôt sur une postface en prose, où Senghor dresse un bilan des influences qui ont marqué son œuvre. Dans une langue souple et riche, en vers libres ou en versets, il chante la puissance et la vitalité du continent noir, mais aussi l'amour de la femme et la nostalgie. L'Afrique n'est pas seulement un thème dans ces poèmes où Senghor utilise volontiers des termes sérères ou wolofs, et où il se plaît à ressusciter les rythmes des chants traditionnels. La plupart des textes sont assortis d'une indication musicale : Senghor renvoie la poésie à son oralité, et, par l'accompagnement qu'il suggère, instruments africains ou orchestre de jazz, à la culture africaine. Mariant les influences et les références, il se veut annonciateur d'un langage nouveau et d'un fécond métissage.

À retenir

- La revendication d'une spécificité culturelle et spirituelle.
- L'invention d'un langage mêlant sources occidentales et racines africaines.
- Une poésie sensuelle et musicale.

La parole à l'œuvre

(pour khalam)

Ce soir Sopé, ton visage est un ciel de pluie que traversent furtifs les rayons de tes yeux.

Oh ! le barrit des lamantins vers Katamague hô ! quand il ébranlait les villages nocturnes.

Le poulet blanc est tombé sur le flanc, le lait d'innocence s'est troublé sur les tombes

Le berger albinos a dansé par le tann, au tam-tam solennel des défunts de l'année.

Les Guélowârs ont pleuré à Dyakhâw mais quel prince est parti pour les Champs Méridiens ?

Comment dormir ce soir sous ton ciel qui se ferme ? Mon cœur est un tam-tam détendu et sans lune.

(« D'autres chants… »)

« *Bien sûr, ils ont évolué, pour employer un vilain mot, les Nègres, depuis le décret du 16 pluviôse an II, ils ont même terriblement évolué ; ils sont restés eux-mêmes.* »

(« Comme les lamantins vont boire à la source »)

Fiche 91

Jean Genet, *Le Balcon* ou l'illusion glorifiée (1956)

Quelques mots sur l'auteur

Genet est né en 1910 de père inconnu. Confié dès sa naissance à l'Assistance publique, il est placé dans une famille d'accueil, qui l'accuse de vol. Dès lors, sa vie devient une succession d'actes de rébellion, de délits et de fuites. Revendiquant le mal, et le refus des règles d'une société qui l'a condamné dès l'enfance, il devient vagabond, déserteur, prostitué, voleur, récidiviste, et c'est en prison, en 1942, qu'il écrit *Le Condamné à mort*, un poème dans lequel il chante l'éloge des passions homosexuelles. Ses œuvres suivantes, *Notre-Dame-des-Fleurs* (1944), *Miracle de la Rose* (1946), *Pompes funèbres* et *Querelle de Brest* (1947) sont largement autobiographiques. En 1949 il publie *Journal du voleur*. Auteur dramatique, il donne en 1947 *Les Bonnes*, en 1949 *Haute Surveillance*. Il bénéficie la même année d'une grâce présidentielle qui lui évite la relégation. Sa carrière est désormais essentiellement théâtrale : au *Balcon* (1956) succèdent *Les Nègres* (1959), et *Les Paravents* (1961), qui provoquent le scandale. Par la suite il se détourne de l'écriture et se consacre à des activités politiques : partisan des Black Panthers, il soutient les terroristes allemands de la « Bande à Baader » et les mouvements palestiniens. Il meurt en 1986, avant la publication posthume d'un roman autobiographique, *Un captif amoureux*.

Le théâtre de la provocation

La révolte

Le théâtre de Genet est un théâtre volontiers scandaleux, qui privilégie les thèmes de la mort, du désir, de la violence, de la transgression, de la révolte. Il s'en prend aux valeurs fondamentales d'une société qui l'a exclu, et se plaît à inverser le système de la morale établie, sacralisant le crime et la trahison, louant l'ignominie, prônant le triomphe définitif du mal. Genet utilise également l'arme de la satire, s'attaque au colonialisme et au militarisme, et dépeint sans complaisance l'hypocrisie des bons sentiments, la vanité des ambitions et des idéaux.

La cérémonie théâtrale

Genet rapproche son théâtre du cérémonial de la dramaturgie extrême-orientale, du rituel d'une messe parodiée et inversée, et de la capacité enfantine à « jouer le jeu » : il se plaît à confondre dans un jeu d'images et de reflets la réalité et l'illusion, mettant en œuvre, en particulier dans *Le Balcon*, le procédé du « théâtre dans le théâtre ». Il ne recherche ni dans les décors, ni dans les intrigues, ni dans les personnages, à restituer le monde et la société avec réalisme*, et vise plutôt à dépasser les limites de la dramaturgie conventionnelle en mettant un langage tour à tour raffiné et trivial, qui se décompose quelquefois jusqu'à l'inarticulé, au service de scènes violentes et crues, et fait du théâtre le lieu d'une célébration immorale et libératrice.

La « maison des illusions »

Le Grand Balcon est une maison de passe, un luxueux bordel, dans lequel les chambres répondent aux fantasmes très particuliers des clients fortunés : ils peuvent s'y croire général, évêque ou juge. Au dehors cependant, la révolte gronde, et bientôt la Reine et ses ministres disparaissent. Il faut pourtant que l'apparence d'une autorité soit maintenue : Madame Irma, la tenancière du Grand Balcon, endosse les oripeaux royaux, et ses clients entrent dans leur personnage, jusqu'à prétendre assumer réellement des responsabilités, et décider du bien et du mal. Hommage suprême et ironique, la pièce se clôt sur l'inauguration d'une chambre dans laquelle le client pourra devenir l'espace de quelques heures chef de la police.

À retenir

- Un théâtre violent et provocateur.
- L'apologie de l'« inhumanisation », renversement des valeurs sociales et morales.
- Une esthétique de l'indécision, au confluent du réel et de l'illusion.

La parole à l'œuvre

“ *Je paierai ! Je paierai ce qu'il faudra, Madame. Mais si je n'avais plus à départager le Bien d'avec le Mal, je servirais à quoi, je vous le demande ?*

Il faut rentrer chez vous, où tout, n'en doutez pas, sera encore plus faux qu'ici.

Fiche 92

Michel Butor, *La Modification* ou l'invitation au lecteur (1957)

Quelques mots sur l'auteur

Butor est né en 1926. Élevé dans des institutions catholiques, il passe son enfance à Paris, découvre Claudel et se passionne pour Kafka, Joyce et Proust. Il s'oriente vers des études philosophiques, puis part enseigner le français à l'étranger. C'est en Égypte qu'il commence à écrire en 1950 *Passage de Milan*. Il conçoit le roman comme œuvre expérimentale, non dans le sens où a pu l'entendre un Zola, mais dans la perspective d'expérimentations sur le langage et le récit. Son œuvre explore en particulier la temporalité narrative et la superposition des séries temporelles. Il publie en 1954 *Passage de Milan*, en 1956 *L'Emploi du temps*, qui renoue en renouvelant la forme avec le roman policier, en 1957 *La Modification*. Son oeuvre comporte aussi des essais et réflexions comme l'*Histoire extraordinaire* qu'il consacre en 1961 à Baudelaire et les *Répertoires* publié de 1960 à 1974, des textes expérimentaux : *Mobile* (1962), *Description de San Marco* (1964), *6 810 000 litres d'eau par seconde* (1965), et les *Illustrations* (1964-1976), en collaboration avec des peintres.

Une histoire simple

Le héros du roman se trouve dans le train de nuit qui va de Paris à Rome. Parti officiellement en voyage d'affaires, il se rend en fait chez Cécile, sa maîtresse : il lui a trouvé un emploi à Paris et s'apprête à quitter sa femme Henriette. Pendant le trajet, il observe ce qui l'entoure, réfléchit, anticipe, rêve et se souvient. Insensiblement, sa vision de sa vie, de son couple, de sa relation avec Cécile, de son passé et de son avenir se nuance et s'altère, jusqu'à transformer finalement sa décision : la « modification » n'est donc pas celle, attendue, qu'il souhaitait donner à son existence, mais celle, tout intérieure, qui infléchit sa décision première : il ne changera rien à sa vie.

Une facture originale

La forme narrative

La particularité la plus remarquable du roman, qui en cela rompt avec le récit traditionnel, est le choix de la forme narrative : Butor abandonne ici la conventionnelle troisième personne pour écrire à la deuxième personne du pluriel de politesse, comme si se confondaient personnage et destinataire. Le processus d'identification se trouve forcé par cette stratégie qui assimile le héros au lecteur, et lorsque la deuxième personne se fait impérative, l'énoncé devient injonction à la réflexion et au questionnement sur soi

La naissance d'un roman

Le héros, vendeur de machines à écrire, achète au départ un livre qu'il ne lira pas, et le roman s'achève sur le livre qu'il décide d'écrire, pour briser le cercle de sa solitude et partager son expérience. Ainsi, l'ensemble du récit apparaît comme la mise en place du matériau qui donnera naissance au livre à venir. On y trouve la constitution des éléments d'un décor, mobile mais décrit avec un réalisme minutieux. Le personnage central est présenté avec une rigoureuse cohérence psychologique, et les êtres de rencontre constituent un raccourci de l'expérience humaine. Dans ce roman en train de se faire, le temps est aussi insaisissable et multiple que l'espace : si la durée objective est limitée à la durée du trajet (une vingtaine d'heures), si les déplacements du héros sont limités à l'intérieur du train, son esprit s'échappe vers le passé, l'avenir et même l'improbable, plusieurs voyages anciens, futurs ou oniriques se succèdent et se superposent, métaphores du cheminement intérieur.

À retenir

- Un nouveau roman* qui renouvelle les techniques romanesques.
- Une œuvre originale qui inclut le lecteur dans le récit.
- Un itinéraire personnel qui prend une dimension universelle.

“ La parole à l'œuvre

Maintenant Cécile allait venir à Paris et vous demeureriez ensemble. Il n'y aurait pes de divorce, pas d'esclandre, de cela vous étiez, vous êtes bien certain ; tout se passerait fort calmement, la pauvre Henriette se tairait, les enfants, vous iriez les voir une fois par semaine à peu près ; et vous étiez certain, non seulement de l'accord, mais de la triomphante joie de Cécile, qui vous avait tant taquiné sur votre bourgeoise hypocrisie. (II)

Vous dites : je te le promets, Henriette, dès que nous le pourrons, nous reviendrons ensemble à Rome, dès que les ondes de cette perturbation se seront calmées, dès que tu m'auras pardonné ; nous ne serons pas si vieux [...] (IX)

Fiche 93

Nathalie Sarraute, *Le Planétarium* ou le roman des étoiles factices (1959)

Quelques mots sur l'auteur

Nathalie Tcherniak est née en 1900 à Ivanovo, en Russie. Après le divorce de ses parents, elle suit sa mère à Paris de 1902 à 1906, avant de retourner en Russie. Son père s'installe à Paris, où Nathalie le rejoint en 1909 et où elle commence en 1918 des études de lettres. De 1919 à 1922, elle séjourne en Angleterre et en Allemagne, et entreprend à son retour des études de droit. Elle rencontre alors celui qui deviendra son époux en 1925, et dont elle aura trois enfants, Raymond Sarraute. Elle découvre, après Proust, *Ulysse* de Joyce et *Mrs. Dalloway* de Virginia Woolf, qui lui révèlent les voies nouvelles de la littérature. Elle travaille au barreau et commence à écrire vers 1932, avec tout d'abord des textes brefs, publiés sous le titre *Tropismes* en 1939. En 1940, Nathalie Sarraute, juive, est radiée du barreau, en 1941 elle divorce de son mari, pour lui éviter de subir les lois antisémites (ils se remarieront en 1956). Elle se cache jusqu'en 1944 pour éviter la déportation. À la Libération, elle rencontre Sartre, lit Faulkner et Kafka. *Portrait d'un inconnu* est publié en 1948, et elle écrit plusieurs articles réunis en 1956 sous le titre *L'Ère du soupçon*. En 1957 paraît *Martereau*, et en 1959 *Le Planétarium*. Nathalie Sarraute devient l'une des représentantes du nouveau roman*, et une conférencière renommée. En 1963 elle publie *Les Fruits d'or*, et en 1964 une pièce de théâtre, *Le Silence*, suivie d'une seconde en 1966, *Le Mensonge*. *Entre la vie et la mort* paraît en 1968, et en 1970 est créée la pièce *Isma*. Nathalie Sarraute participe en 1971 au colloque de Cerisy sur le nouveau roman, et publie en 1972 *Vous les entendez ?* En 1975 paraît la pièce *C'est beau*, et en 1975 « *disent les imbéciles* ». Sarraute, publie encore des œuvres dramatiques (*Elle est là* en 1980 ou *Pour un oui pour un non* en 1982), un recueil de textes courts, *L'Usage de la parole* (1980), et une autobiographie, *Enfance*, en 1983. En 1990, elle retourne pour la première fois dans sa ville natale. Elle meurt en 1999.

Les faux-semblants de la vie sociale

Le roman met en scène le microcosme d'une famille bourgeoise, et un groupe d'intellectuels hantés par l'ambition. Récemment mariés, Gisèle et Alain sont confrontés aux tentatives d'ingérence et au regard de parents trop pleins de sollicitude, mais aussi d'attentes et de déceptions. Alain, thésard nonchalant, qui craint d'être rejeté d'un monde bourgeois dont il ne respecte pas les convenances et dont il a du mal à accepter les valeurs, est fasciné par Germaine Lemaire, une écrivaine à succès dont il craint le mépris. À la suite d'une remarque hâtive de la tante Berthe, sœur du père d'Alain, les jeunes gens pensent que la vieille dame accepterait de leur céder son luxueux appartement, qui leur offrirait plus de confort et les signes extérieurs de la réussite. Dès lors les démarches se succèdent : Gisèle intervient auprès de son beau-père, celui-ci auprès de Berthe. Alain lui-même finit par intervenir, sur un ton menaçant, que son père tente de minimiser. Les jeunes gens finissent par obtenir l'appartement convoité, et le roman s'achève sur une scène douce-amère : Alain y reçoit Germaine Lemaire, dans un moment qui devrait marquer l'apothéose : réussite bourgeoise et succès dans le monde littéraire. Mais la conversation est frustrante, et, renvoyé à ses propres faiblesses, il n'en retire qu'insatisfaction et déception.

Une vision et une écriture novatrices

Des personnages mis à mal

Sarraute se propose dans *Le Planétarium* de montrer des personnages pétrifiés dans leur existence, dans leur milieu social, dans l'univers matériel qui les paralyse. Son écriture témoigne moins d'un souci de réalisme, que de celui de restituer les mouvements irrépressibles de la conscience qu'elle définit comme « tropismes ».Elle n'accorde pas, comme certains représentants du nouveau roman, une valeur dominante aux objets, aux dépens des personnages : c'est parce qu'ils agissent comme déclencheurs des tropismes que les biens matériels, comme la bergère Louis XV ou l'appartement de Tante Berthe jouent un rôle important dans le roman. L'action n'est pas davantage privilégiée : elle est ténue, voire inexistante. Les êtres apparaissent dès lors comme des créatures sans consistance et sans authenticité, des apparences, qui se meuvent comme dans un planétarium se meuvent des apparences d'étoiles. Leur la réalité se métamorphose au gré des impressions qu'ils reçoivent, de leurs craintes et de leurs manques, de leurs pulsions, et du regard des autres, avec une complexité que ne sauraient dénouer les analyses freudiennes ou marxistes auxquelles se complaisent certains d'entre eux.

Un roman à plusieurs voix

Pour rendre compte de ces fluctuations, Sarraute utilise la technique de la polyphonie*. Le narrateur unique s'efface, au profit de plusieurs voix narratives qui se succèdent et se superposent, évoquent et commentent le même événement de manière discordante. Alternent dans le roman des passages de discours, dialogue ou monologue, toujours répercutés par une conscience particulière, et des passages à la troisième personne où se succèdent récit et discours au style indirect libre. Chaque personnage possède sa voix, mais cette voix elle-même s'altère et se transforme : interprète des conventions, elle tente d'enfermer les autres dans des images figées, rôle social ou schéma psychologisant, interprète des émotions, elle trahit les pensées les plus intimes et les plus contradictoires, mettant à mal l'apparente harmonie des familles bourgeoises comme l'exigence morale et intellectuelle des milieux littéraires. La distance ainsi créée entre les mots et les pensées, entre les êtres et les multiples représentations d'eux-mêmes qu'ils suscitent ou subissent, permet le jeu de l'ironie, dont Sarraute fait usage à la fois pour s'interroger sur la qualité des relations humaines et sur l'écriture romanesque, puisque c'est au lecteur en dernier recours que revient la responsabilité de définir les personnages ou d'en accepter les contours flous et changeants.

À retenir

- Une œuvre caractéristique du nouveau roman*.
- Des personnages sans consistance, que définissent les regards d'autrui et leurs propres tropismes.
- Une écriture originale, destinée à rendre le mouvement des consciences et la métamorphose des êtres.
- Un regard lucide et ironique sur le jeu entre apparence et réalité.
- Une remise en cause de l'écriture romanesque traditionnelle, fondées sur les notions d'intrigue et de personnage.

La parole à l'œuvre

“ *C'est tout un univers en petit, là, devant nous… Et nous, essayant de maîtriser quelque chose de très fort, d'indestructible, d'intolérable…*

Voyez comme je suis fait, je suis stupide, je réagis d'une façon ridicule, mais je ne parviens pas à croire à une différence fondamentale entre les gens… Je crois toujours – c'est peut-être idiot – que quelque part, plus loin, tout le monde est pareil, tout le monde se ressemble… Alors je n'ose pas juger… Je me sens aussitôt comme eux, dès que j'ôte ma carapace, le petit vernis… Pas vous ? Vous ne trouvez pas…

Des prisonniers évadés, des résistants, des juifs cachés sous de faux noms se prélassaient au soleil, bavardaient sur les places des villages, assis au bord des fontaines, trinquaient, comme si de rien n'était, dans les bistrots, proies sournoises, inquiétantes, forçant sournoisement les autres, les purs, qui n'ont rien fait, les forts, qui n'ont rien à craindre de personne, à une répugnante complicité, les attirant dans leur déchéance, narguant la loi, bouleversant l'ordre, faisant enfin se lever un beau matin, – il faut bien que quelqu'un prenne sur soi et le fasse, à la fin – sortir de chez lui et courir le long des murs, l'échine courbée, le dénonciateur…

Fiche 94

J.-M. G. Le Clézio, *Le Procès-verbal* ou l'errance du récit (1963)

Quelques mots sur l'auteur

Le Clézio est né à Nice en 1940, dans une famille mêlant les origines bretonnes et mauriciennes. Il passe une partie de son enfance en Afrique, où son père est médecin, et après des études à Nice part enseigner aux États-Unis, et par la suite choisit une errance qui le conduit même à partager la vie de tribus indiennes. Son premier roman, *Le Procès-Verbal*, paru en 1963, est couronné par le prix Renaudot. Hanté par la quête de l'identité et des racines, par la conscience de la solitude et par l'intuition de la folie, il aborde également volontiers les thèmes liés au voyage et à la découverte de l'autre, dans une œuvre multiple, marquée par deux périodes. Dans la première, qui s'étend jusqu'aux années soixante-dix, il s'inscrit tout en conservant son indépendance dans la mouvance du nouveau roman*, et tente de repousser les limites formelles de l'écriture romanesque, pour rendre compte du décalage entre la vie réelle et les perceptions subjectives. Par la suite, il revient à une forme plus classique, et ses ouvrages traitent de l'enfance et du voyage, des problèmes des minorités, des cultures étrangères. En 1967 il publie un essai, *L'Extase matérielle*, suivi en 1967 de *Terra* Amata et en 1969 du *Livre des Fuites*. La ville, la civilisation moderne et ses dangers lui inspirent *La Guerre* (1970), *Les Géants* (1973) et certaines nouvelles de *Mondo et autres histoires* (1978) et de *La Ronde*. Son intérêt pour les cultures lointaines s'exprime dans *Haï* (1971). Parmi de nombreuses œuvres se remarquent encore des romans de l'aventure et du voyage, comme *Désert* (1980) ou *Le Chercheur d'or* (1985), et en 1993 *Diego et Frida*, une biographie de Frida Kahlo. Le Clézio témoigne également de sa recherche personnelle d'une sagesse sereine, nourrie de la connaissance des hommes et du monde (*La Fièvre*, en 1965 et *Le Déluge*, en 1966), et du retour vers les origines, avec des textes autobiographiques comme *Onitsha* (1991), *La Quarantaine* (1996) ou *Hasard* (1999). Le prix Nobel de littérature lui est décerné en 2008.

Histoire d'une folie ordinaire

L'intrigue du *Procès-Verbal* est délibérément minime : on y rencontre un jeune homme, Adam Pollo, mystérieusement caché dans une villa abandonnée, sur une colline. On ignore d'où il vient : est-il évadé, déserteur, fou, la question demeure sans réponse. Il partage sa vie entre les moments où il s'enivre de soleil, ceux où il écrit, dans un cahier jaune, à une tout aussi mystérieuse correspondante, Michèle, et les longues promenades sans but en ville et au bord de la mer. Mais il est expulsé de la villa, et dans sa révolte apostrophe la foule dans un délire où se mêlent propos violents et gestes obscènes. Il est arrêté et interné, et, s'il ne refuse pas d'abord de parler aux médecins, il finit par s'enfoncer dans le silence.

Un (nouveau) roman d'initiation

La contestation du personnage

L'une des caractéristiques essentielles du nouveau roman*, auquel se rattache *Le Procès-Verbal*, est la remise en cause du personnage, en tant qu'élément constitutif fondamental du récit romanesque : le nouveau roman se refuse à entretenir l'illusion de réel par l'intermédiaire de cet être fictif, auquel on accorde un semblant de psychologie et d'existence sociale : on sait depuis Freud les incertitudes de l'âme humaine, et la société moderne réduit l'individu au statut de simple élément d'une masse anonyme et fluctuante. Le Clézio donne bien un héros à son roman, mais il le décrit à peine, de manière floue et stylisée, et borne le portrait psychologique à évoquer la peur qui l'obsède. Pollo est passif, et végétatif, il ne manifeste aucune volonté d'agir ou de communiquer – hormis par l'intermédiaire du cahier jaune – et se détache des biens matériels autant que des obligations sociales et de tentations de la consommation : il s'apparente par ces refus aux anti-héros rencontrés chez Beckett ou Perec, et sa personnalité se délite jusqu'à la métamorphose symbolique, voire à la schizophrénie

Un narrateur dédoublé

Le récit est le fait de plusieurs instances narratives : un narrateur anonyme, mais quelquefois indiscret, qui raconte à la troisième personne l'histoire d'Adam Pollo, de manière factuelle et sans éclairer totalement le personnage, c'est-à-dire sans accéder vraiment au statut de narrateur omniscient, et Adam Pollo lui-même, dont la voix parvient au lecteur à travers des extraits des lettres du cahier jaune, des extraits de correspondance (auxquels répond une lettre de Michèle), la transcription de son journal intime, et même une tentative de texte narratif, qui, renforçant ainsi l'effet de mise en abyme, s'intitule, « Procès-verbal d'une catastrophe chez les fourmis ». Cette alternance est manifestée dans le texte par des jeux typographiques, comme la présence de textes versifiés, de ratures, de textes en gras ou de pages de journal.

Le récit d'une errance

Adam Pollo se perd dans le temps autant que dans l'espace : amnésique, il est incapable de se souvenir s'il est évadé d'un asile ou déserteur. Réfugié dans une demeure qui porte les marques de l'abandon, il y vit en dehors de la temporalité, échappant ainsi dans la solitude au temps des hommes, et rêve d'une lenteur infinie, qui serait l'antidote à l'épuisement de son errance. A ce temps distendu et vide de repères, sinon approximatifs, correspond un espace non nommé, mais dans lequel Nice, la ville natale de l'auteur demeure cependant reconnaissable. Cet espace est double et contradictoire : à l'enfermement dans la maison, s'oppose l'espace ouvert de l'errance, descente vers la ville et chute vers la norme, à laquelle le héros finit par échapper par la violence de son discours aux passants. Adam le bien nommé quitte donc le paradis perdu de la maison sur la colline pour se perdre dans le labyrinthe de la cité des hommes, construite comme l'enfer de Dante en cercles concentriques, et pour sombrer dans la folie : dans ce parcours initiatique, c'est la trajectoire de l'humanité, du jardin d'Eden aux souffrances de la Terre, que relate *Le Procès-Verbal*.

À retenir

- Une œuvre marquée par l'influence du nouveau roman* : une intrigue ténue, un personnage flou, un récit à voix multiples, et une réflexion sur la difficulté de l'écriture romanesque.
- Une vision critique de la société de consommation et de l'impossibilité d'y échapper sinon par la violence, la folie ou la mort.
- Un roman d'amour, marqué par l'impossible quête d'une femme trop lointaine.
- La réécriture contemporaine du mythe d'Adam chassé du jardin d'Éden.

La parole à l'œuvre

“ *Il y avait une petite fois, pendant la canicule, un type qui était assis devant une fenêtre ouverte ; c'était un garçon démesuré, un peu voûté, et il s'appelait Adam ; Adam Pollo.* »

Ils arpentent la ville sans se douter des millions de cabanons qu'ils pourraient se faire construire dans la campagne, et y être malades, ou pensifs, ou nonchalants.

Étant partout, il lui arrivait de se croiser dans la rue, au détour d'une maison. Peut-être y avait-il, à cette heure, quatre heures moins le quart du matin, 4000 ou 5000 adams, sans contrefaçon possible, en circulation dans la ville.

Fiche

95 Albert Cohen, *Belle du Seigneur* ou la séduction baroque (1968)

Quelques mots sur l'auteur

Cohen est né en 1895 à Corfou, dans l'importante communauté sépharade de l'île. Sa famille s'installe à Marseille, où il fait l'expérience de l'antisémitisme et se lie avec Marcel Pagnol. En 1914 il part pour Genève et y entreprend des études de droit, puis de lettres, et s'engage en faveur du sionisme. Marié en 1919, veuf en 1924, il dirige à partir de 1925 la *Revue juive* et occupe entre 1926 et 1931 un poste au Bureau international du travail à Genève. Cohen se consacre parallèlement à l'écriture : il publie en 1921 un recueil de poèmes, *Paroles juives*, et en 1930 *Solal*, dont la suite, *Mangeclous* paraît en 1938, et Cohen interrompt son activité littéraire. Remarié en 1931, il quitte Genève pour Bordeaux, puis Londres en 1940, où il rencontre Bella qui deviendra sa troisième compagne ; il ne regagnera Genève qu'en 1947. La mort de sa mère en 1943 lui inspire *Le Livre de ma mère* (1954). Son œuvre majeure, *Belle du Seigneur*, paraît en 1968, et Cohen en extrait le volume des *Valeureux* en 1969. Conseiller juridique au Comité intergouvernemental pour les réfugiés, il refuse en 1957 de devenir ambassadeur d'Israël. Dans *Ô vous frères humains* (1972) il évoque la cruauté l'antisémitisme quotidien, et il publie en 1979 ses *Carnets*. Il meurt en 1981.

L'histoire d'un impossible amour

L'action se situe entre 1935 et 1937. Le jeune et séduisant Solal, venu de Céphalonie à Genève, brillant diplomate à la S.D.N., entreprend de séduire Ariane Deume, épouse de l'un de ses subordonnés. Ariane résiste, en Solal met cyniquement en œuvre l'arsenal du séducteur, tandis qu'arrivent à Genève les Valeureux, ses pittoresques parents venus d'Orient. Solal envoie Deume en mission et parvient à conquérir Ariane : les amants vivent alors dans le bonheur, au moment même où l'Europe cède à la tentation du fascisme. Après le suicide de son ancienne maîtresse Isolde, il enlève Ariane, aidé par les Valeureux, et ils se réfugient dans le sud de la France, où ils mènent une vie retirée, de plus en plus difficile Solal perd son poste, et se rend à Paris, pour tenter en vain de le retrouver. La passion qui le lie à

Ariane, pervertie par les difficultés et l'isolement, devient jalousie maladive. Revenus à Genève, les amants se suicident.

Une somme romanesque

Un regard critique sur la passion amoureuse

On retrouve dans *Belle du Seigneur* les mêmes personnages hauts en couleur, comiques et attendrissants, que dans *Solal* et *Mangeclous*. Cette permanence assure la continuité de ce vaste cycle romanesque, dans lequel reviennent également des thèmes, en particulier la vision critique d'une passion amoureuse destructrice, et des manœuvres de séduction dérisoires. Au moment où le nouveau roman* s'interroge sur les formes romanesques traditionnelles, remet en cause les notions de héros et d'intrigue, Cohen marque son appartenance à la tradition du roman d'analyse, de Balzac à Stendhal et à Proust. Il se montre soucieux de réalisme et démonte avec minutie les mécanismes de la passion amoureuse et de la jalousie. Mais héritier aussi du modernisme*, il use volontiers, à la manière de Joyce, du monologue intérieur* qui révèle dans leur authentique spontanéité les pensées les plus secrètes des personnages.

La satire sociale et morale

Cohen dépeint dans *Belle du Seigneur* des milieux qu'il connaît bien, comme la bourgeoisie genevoise et ses principes, et les cercles diplomatiques. Il dénonce avec virulence l'hypocrisie sociale et religieuse, les conventions et les préjugés, qui contribuent à nourrir l'antisémitisme. Les institutions, comme la Société des nations, apparaissent routinières et inefficaces, fondées sur une bureaucratie flegmatique, entretenant l'ambition arriviste des uns et la paresseuse médiocrité des autres.

Tragique et comique

La passion dévastatrice de Solal et d'Ariane inscrit l'ensemble de l'œuvre sous le signe du tragique, et Cohen s'attache à montrer que le lien passionnel ne peut aboutir qu'à la déchéance et à la mort. Il rattache explicitement ses héros aux couples mythiques comme Tristan et Iseult, Ariane et Thésée. Cet aspect est souligné par une écriture volontiers lyrique* qui peut prendre, avec les figures d'analogie, la pratique de l'anaphore et les longues phrases mélodieuses, des accents bibliques et rappellent le *Cantique des Cantiques*. Il contraste avec le comique de la caricature inhérent à la satire, mais aussi avec le comique bienveillant qui préside à la mise en scène des Valeureux . Avec une verve rabelaisienne, avec truculence et tendresse, Cohen dépeint l'intelligence naïve et le dévouement de Saltiel, la rouerie cynique et inoffensive de Mangeclous et l'innocence de Salomon. C'est à travers eux que s'exprime sa confiance dans une humanité dont il fait des humbles et des persécutés les représentants les plus nobles. Mêlant comique et tragique, jouant des influences diverses, roman inclassable, *Belle du Seigneur* s'inscrit dans une esthétique baroque* qui prise l'outrance et l'irrégularité des formes.

À retenir

- Une œuvre où confluent tradition et modernité, dans la rencontre d'une thématique et d'une écriture.
- L'analyse psychologique et le récit au service d'une critique de la passion amoureuse.
- La satire virulente d'une société hypocrite et de l'inefficacité des institutions.
- Le mélange baroque du comique et du tragique.
- La réhabilitation des humbles et l'appel à la fraternité.

La parole à l'œuvre

“ *Les autres mettent des semaines et des mois pour arriver à aimer, et à aimer peu, et il leur faut des entretiens et des goûts communs et des cristallisations. Moi, ce fut le temps d'un battement de paupières. Dites-moi fou, mais croyez-moi. Un battement de ses paupières, et elle me regarda sans me voir, et ce fut la gloire et le printemps et le soleil et la mer tiède et sa transparence près du rivage et ma jeunesse revenue, et le monde était né […].* (III)

Dans la salle des pas perdus, les ministres et les diplomates circulaient, gravement discutant, l'œil compétent, convaincus de l'importance de leurs fugaces affaires de fourmilières tôt disparues, convaincus aussi de leur propre importance, avec profondeur échangeant d'inutiles vues, comiquement solennels et imposants, suivis de leurs hémorroïdes, soudain souriants et aimables. Gracieusetés commandées par des rapports de force, sourires postiches, cordialités et plis cruels aux commissures, ambitions enrobées de noblesse, calculs et manœuvres, flatteries et méfiances, complicités et trames de ces agonisants de demain. (XI)

Futurs cadavres et pourtant méchants en leur court temps de vie, et ils aiment écrire Mort aux Juifs sur les murs. Aller à travers le monde et parler aux hommes ? Les convaincre d'avoir pitié les uns des autres, les bourrer de leur mort prochaine ? Rien à faire, ils aiment être méchants. (XXXV)

Du joli, la passion dite amour. Si pas de jalousie, ennui. Si jalousie, enfer bestial. Elle une esclave, et lui une brute. Ignobles romanciers, bande de menteurs qui embellissaient la passion, en donnaient envie aux idiotes et aux idiots. (CI)

Fiche 96

Michel Tournier, *Le Roi des aulnes* ou la rédemption de l'ogre (1970)

Quelques mots sur l'auteur

Tournier est né en 1924 dans une famille de germanistes qui l'initie très tôt, à travers la littérature et les voyages, à la culture allemande. Il entreprend des études de philosophie qui le conduisent à Tübingen, mais qu'il interrompt après son échec à l'agrégation en 1950, pour se consacrer au journalisme et à la traduction. Il publie en 1967 *Vendredi ou les Limbes du Pacifique*, adapté pour les enfants en 1971 sous le titre *Vendredi ou la Vie sauvage*. En 1970 *Le Roi des aulnes* est couronné par le Goncourt, et suivi en 1972 par *Les Météores*. Dans *Le Vent Paraclet* (1977), Tournier analyse la dimension mythique de ses œuvres. 1978 paraît *Le Coq de bruyère*, en 1980 dans *Gaspard, Melchior et Balthazar* Tournier réécrit l'histoire des Rois Mages. Auteur de nombreux ouvrages de littérature de jeunesse, il réunit en 1981 des articles critiques dans *Le Vol du vampire*. *Gilles et Jeanne* (1984) retrace l'histoire de Gilles de Rais, et *La Goutte d'Or* (1986) dépeint le Paris de l'immigration. Tournier écrit en outre des contes, comme les récits du *Médianoche amoureux* (1989), et des essais, comme ceux qu'il réunit en 1994 dans *Le Pied de la lettre*. Ses dernières œuvres réaffirment son attachement à l'Allemagne, avec en 2003 *Allemagne ? un conte d'hiver d'Henri Heine*, et en 2004 *Le Bonheur en Allemagne*. En 2005 dans *Les vertes lectures* il évoque les œuvres qui ont marqué son enfance.

Une histoire d'ogres

Abel Tiffauges, héros et partiellement narrateur, est garagiste à Paris. Ce géant carnivore et solitaire attend un destin d'exception dont il note les signes annonciateurs dans son journal. Il découvre un jour par hasard le plaisir de la « phorie », le fait de porter un enfant dans ses bras et hante les abords des écoles, avide de côtoyer, écouter et photographier les jeunes garçons. Du fait de ce comportement étrange, il est accusé du viol d'une fillette, et la guerre – on est en 1939 – lui évite la prison. Mobilisé, puis prisonnier, il découvre la Prusse et se reconnaît dans ses paysages. Il est mis au service de Göring, puis envoyé à Kaltenborn, dans une école de SS, où il est chargé de recruter de jeunes soldats. Tiffauges y côtoie le plaisir et la mort, jusqu'au jour où la rencontre d'Éphraïm, un jeune juif, lui fait comprendre l'horreur de cet univers. Nouveau Saint-Christophe, il trouve alors le salut en quittant Kaltenborn, le « Porte-Étoile » sur ses épaules.

Du roman au mythe

Le titre du roman renvoie au poème de Goethe qui reprend le thème traditionnel du ravisseur d'enfants. L'histoire d'Abel Tiffauges est bien l'histoire d'un ogre, qui croise les ogres de l'Histoire : au récit mythique se mêle le récit réaliste, minutieusement documenté, dans lequel Tournier ressuscite les horreurs du nazisme. Mais Tournier ambitionne aussi d'associer roman et philosophie, en donnant à l'œuvre, par le récit d'une quête rédemptrice, une dimension métaphysique.

À retenir

- La réécriture du mythe universel de l'ogre.
- Un roman réaliste* qui retrace l'histoire de l'Allemagne nazie.
- Un roman métaphysique qui illustre le thème de la quête du salut.

La parole à l'œuvre

“ *Ce n'était plus la chevauchée tumultueuse qui ramenait Tiffauges à Kaltenbron après une chasse fructueuse, serrant dans ses mains une proie blonde et fraîche. Il n'était pas porté par l'ivresse phorique habituelle qui lui arrachait des rugissements et des rires hagards. Sur sa tête, le grand bestiaire sidéral tournait lentement dans le cirque du ciel autour de l'étoile polaire. La Grande Ourse et son Chariot, la Girafe et le Lynx, le Bélier et le Dauphin, l'Aigle et le Taureau se mêlaient à des créatures sacrées et fantastiques, la Licorne et la Vierge, Pégase et les Gémeaux. Tiffauges cheminait avec une lenteur solennelle, sentant confusément qu'il inaugurait une ère absolument nouvelle en accomplissant sa première astrophorie. Sous son grand manteau, l'enfant Porte-Étoile remuait parfois les lèvres, prononçant des mots dans une langue inconnue.* » (VI)

Fiche 97

Georges Perec, *W ou le souvenir d'enfance* ou la mémoire réinventée (1975)

Quelques mots sur l'auteur

Perec est né à Paris en 1936. Fils d'immigrés juifs polonais, il voit successivement disparaître son père, mort à a guerre, et sa mère, déportée ; il passe une partie de son enfance en zone libre, en internat, puis est adopté par son oncle et sa tante. Il fait partie avec Queneau de l'Oulipo*, qui voit dans la littérature et le langage un objet d'expérimentation, et publie en 1965 *Les Choses*, roman dans lequel il montre des jeunes gens de sa génération peu à peu envahis par les préoccupations matérielles et les objets dont ils s'entourent. Passionné par les recherches sur les potentialités du langage, Perec fait de l'écriture un jeu qui obéit à des règles mathématiques tout en conservant un souci de réalisme* et une profondeur humaine qui font de ses romans des œuvres complexes et riches. Il publie en 1969 *La Disparition*, vaste lipogramme* dont est bannie la lettre « e », et en 1970 *L'Augmentation*. Ces exercices de style sont réunis en 1973 dans *Créations, Re-créations, Récréations*. Perec évoque la difficulté d'être dans *L'homme qui dort* et s'attache aussi à renouveler l'écriture autobiographique, dans des textes comme *La boutique obscure*, *W ou le souvenir d'enfance* et *Je me souviens*. Il s'essaie à la poésie dans *Alphabets* et *La clôture* et dans *Penser/classer* à la réflexion philosophique. Son roman-puzzle, *La Vie mode d'emploi*, paraît en 1978. Perec est mort en 1982.

Une œuvre double

Dans *W ou le souvenir d'enfance*, Perec tente de rassembler dans une démarche autobiographique les réminiscences de ses premières années. Né en 1936, juif, il est un enfant de la guerre et son enfance est bouleversée par la perte de ses parents et les errances successives. Les souvenirs sont fragmentaires et confus, quelquefois contradictoires, et plus qu'un récit linéaire, la partie proprement autobiographique de l'œuvre est une tentative de reconstitution. Parallèlement Perec développe un autre récit, intercalé entre les chapitres autobiographiques dont il se distingue par une typographie différente. Récit fictif celui-là, qui n'a d'autre lien apparent avec l'autobiographie que de provenir d'un texte inventé par Perec lorsqu'il était enfant, il évoque une société fondée sur l'idéal olympique d'exigence et de performance.

La fiction au service de la réalité

La parenté entre les deux récits s'affirme pourtant très vite. Comme Perec, le narrateur du texte fictif est un enfant adopté, et l'initiale de leur prénom est la même. L'un comme l'autre, ils partent à la recherche d'un enfant : Perec à la recherche de lui-même, et Gaspard Winckler à la recherche d'un disparu dont il porte le nom et dont la mère, Caecilia, est dotée d'un prénom très proche de celui de la mère de l'auteur, Cyrla, ou Cécile. L'un comme l'autre, ils vont découvrir d'un monde totalitaire et concentrationnaire, et de plus en plus en avançant dans l'œuvre, l'utopie* sportive de W va prendre des allures de dystopie* pour devenir l'image fidèle de l'univers de la mort et de l'arbitraire. Mais la tentative autobiographique demeure lacunaire et hétéroclite, faite de souvenirs, de témoignages et d'écrits antérieurs, de descriptions de photos et de compilations d'événements historiques, tandis que la partie fictive est dotée de la cohérence de l'œuvre littéraire : au bout du compte, Perec montre dans cette juxtaposition que l'essence de la réalité se trouve autant, sinon plus, dans le récit inventé que dans la recollection, patiente et désespérée, du passé vécu.

À retenir

- Une œuvre originale dans sa structure, qui juxtapose deux récits de nature différente, autobiographie et fiction.
- Une réflexion sur la démarche autobiographique et le lien entre fiction et réalité.
- Une écriture personnelle, qui associe recherche, virtuosité et authenticité.

La parole à l'œuvre

“

Je n'ai pas de souvenirs d'enfance.

Il y a deux mondes, celui des Maîtres et celui des esclaves. Les Maîtres sont inaccessibles et les esclaves s'entre-déchirent. Mais même cela, l'Athlète W ne le sait pas. Il préfère croire à son Étoile.

Fiche 98

Bernard-Marie Koltès, *Combat de nègre et de chiens* ou l'impossible fraternité (1979)

Quelques mots sur l'auteur

Koltès est né en 1948 à Metz. Issu d'une famille catholique, il fait ses études secondaires chez les jésuites, découvre tôt Molière et se passionne pour le cinéma américain. Adolescent, il lit Rimbaud et Descartes, avant d'entamer des études de journalisme en 1967. Après un voyage en Amérique il obtient en 1970 une bourse d'étude au Théâtre national de Strasbourg. C'est aussi l'époque où il écrit *Les Amertumes*, pièce suivie en 1971 de *La Marche* (jouée en avril) et de *Procès ivre* (juin). Il écrit en 1972 *L'Héritage*, et en 1973 *Récits morts*, avant d'entreprendre un voyage en URSS. *Des voix sourdes* (1974) précède *Le Jour des meurtres dans l'histoire d'Hamlet*, tandis que Koltès commence un roman, *La Fuite à cheval très loin dans la ville*, qu'il achève en 1976. Il suit une cure de désintoxication et s'inscrit brièvement au parti communiste. Il donne en 1977 *La Nuit juste avant les forêts*, et *Sallinger* et entreprend en 1978 un voyage en Amérique centrale, puis en Afrique, double expérience réitérée en 1979. Il écrit la même année *Combat de nègre et de chiens*. Il retourne à New York en 1981 et 1982, et rencontre Chéreau qui lui offre un rôle de figurant dans le film *L'Homme blessé*. En 1983, il se rend une nouvelle fois à New York, et subit les premiers symptômes du sida qui va l'emporter. Pour Chéreau, il écrit en 1984 le scénario de *Nickel Stuff*, et la même année séjourne au Sénégal. Il donne en 1986 *Tabataba* et *Quai Ouest* mis en scène par Chéreau, comme *Dans la solitude des champs de coton* (1987). En 1988 il traduit *Le Conte d'hiver* de Shakespeare, et Chéreau monte son *Retour au désert* ; c'est à ce moment qu'il commence à s'intéresser au personnage de meurtrier en série Roberto Succo. En 1989 il termine la pièce presque éponyme et voyage au Mexique et au Guatemala, puis au Portugal. Il meurt le 15 avril, *Roberto Zucco* est créé par Peter Stein à Berlin en 1990.

Une Afrique (presque) sans Africains

L'action se situe en Afrique de l'Ouest, et met en scène, à une exception près, des Européens. Sur un chantier, un contremaître colérique, Cal, a tué un ouvrier, et Alboury, le frère du mort, vient chercher le corps ; à ce moment arrive de France

Léone, la future épouse du chef de chantier. Le cadavre reste introuvable : Cal l'a jeté dans l'égout, et ne parvient pas à retrouver. Alboury persiste : il ne repartira pas sans le corps, à qui le village doit donner une sépulture, et il refuse l'argent et le compromis. Tous les personnages sont désemparés, aux prises avec leurs mensonges et leurs faiblesses : Léone, que l'Afrique fascine, et qui s'offre à Alboury, encourant son mépris ; le meurtrier, qui ne voit pas d'autre issue possible que de tuer encore ; Horn, le chef de chantier, qui tente en vain de parlementer, et se voit trahi par celle qui est venue pour être sa femme. Finalement, Cal est mystérieusement assassiné et Léone, qui rejette Horn et se défigure armée d'un tesson de bouteille, repart pour Paris, mutilée mais métamorphosée.

La tragédie réinventée

La mise en scène de la solitude

Si la pièce est incontestablement inspirée par l'expérience africaine de Koltès, de ses contacts avec les milieux blancs, pétris de préjugés racistes et sexistes et cyniquement cupides, il ne s'agit pas, de l'aveu même de l'auteur, d'une pièce sur l'Afrique. Si intention politique il y a, elle se situe plutôt dans une réflexion sur l'impossibilité des échanges, dans un monde où le plus faible est perdant, mais où finalement qui perd gagne. Chacun des personnages se trouve en demande : Alboury qui veut retrouver son frère, Cal, violent et haineux, qui implore le soutien de Horn, Horn, vieux et impuissant, qui recherche la compagnie, sinon l'amour de Léone, Léone qui tente de réaliser avec Alboury une impossible réconciliation des continents. Koltès montre une humanité plus pitoyable que condamnable, et vouée à une solitude que dit et reflète le langage, thème essentiel de l'œuvre. La communication est difficile, voire impossible entre les hommes : les dialogues illustrent les dérisoires tentatives, mais se limitent souvent à des supplications ou à des ordres, dans une parole qui tente de forcer l'autre et non de s'ouvrir à lui. Ils prennent souvent l'allure de monologues, puisque le locuteur ne s'adresse pas vraiment à son destinataire, ou bien que celui-ci ne lui donne pas de réponse. C'est paradoxalement dans la multiplicité des langages, dans une autre catégorie que celle de la compréhension, que la communication peut, fugacement, se réaliser : Léone s'adresse, en français et en allemand, mêlant discours et poème, à Alboury qui lui répond en ouoloff, et c'est au-delà du langage, et non par lui, que s'établit le dialogue entre eux. C'est autour de la jeune femme que s'articule la pièce, puisqu'elle focalise les désirs des hommes, révèle une partie de la violence dont ils sont porteurs, mais surtout se révèle la seule capable de dépasser ses propres limites, en tentant l'impossible aventure du dialogue, puis en métamorphosant son visage par des blessures qui, au-delà de leur violence, renvoient aux scarifications initiatiques.

Une tragédie moderne

Koltès a souvent fait l'éloge de la tragédie classique, et l'on retrouve dans *Combat de nègre et de chiens*, au-delà de la modernité du sujet et de l'écriture, des caractéristiques qui sont aussi celles des pièces de Racine. La simplicité de l'intrigue, qui réunit peu de personnages, est l'une d'elles. Koltès respecte également l'unité de lieu, même si la scène est divisée, et refuse le décor réaliste au profit d'un lieu métaphorique dénué de pittoresque mais chargé d'une dimension universelle : l'espace ainsi délimité est celui du désir, de la violence et de la mort, de la terreur et de la pitié. L'action se déroule en accord avec l'unité de temps, de l'arrivée de Léone, au matin, à son départ, le matin suivant. C'est le moment du paroxysme qui est ici mis en scène, où les pulsions s'exacerbent autour d'un meurtre, et jusqu'à la vengeance finale. Enfin on décèle dans la pièce la présence pesante de la fatalité, celle qui veut que Cal, jouet de son instinct, soit poussé au meurtre, et que ce meurtre appelle, sans qu'il soit possible de l'éviter, sa propre mort, causée par cette force obscure et anonyme que représentent les gardes, dans une ultime scène où Koltès joue associe la narration des didascalies*, le brouhaha d'une rumeur indéchiffrable et l'usage de l'allemand, à l'exception d'une bribe de la dernière réplique de Léone.

À retenir

- Une pièce centrée sur le thème de la solitude, et de l'impossible communication.
- Un théâtre marqué par la violence.
- Une œuvre qui traduit la volonté de renouveler la tragédie, en réconciliant la modernité avec les règles du classicisme.

“ La parole à l'œuvre

Quand je l'ai vu, je me suis dit : celui-là, je ne pourrai pas lui foutre la paix. L'instinct, Horn, les nerfs. Je ne le connaissais pas, moi ; il avait seulement craché à deux centimètres de mes chaussures ; mais l'instinct, c'est comme cela que ça marche : toi, ce n'est pas maintenant que je te foutrai la paix, voilà ce que je me disais en le regardant. (sc. III)

Souvent, les petites gens veulent une petite chose, très simple ; mais cette petite chose, ils la veulent ; rien ne les détournera de leur idée ; et ils se feraient tuer pour elle ; et même quand on les aurait tués, même morts, ils la voudraient encore. (sc. IV)

Ici, c'est un endroit de Blancs. (sc. XI)

Fiche

99

Marguerite Duras, *L'Amant*, ou l'amour révélé (1984)

Quelques mots sur l'auteur

Marguerite Donnadieu est née en 1914 en Indochine. En 1921, à la mort de son père, sa mère rentre avec ses trois enfants en métropole jusqu'en 1924. De 1924 à 1928, elle enseigne dans diverses écoles, puis achète des terres, mais ruinée dans cette opération elle reprend l'enseignement : cette expérience traumatisante marque Marguerite, qui passe son bac à Saigon avant d'entreprendre des études de sciences politiques en France. Aux côtés de son mari, Robert Antelme, elle s'engage dans la résistance, malgré une attitude ambiguë qui lui sera reprochée. En 1943 paraît son premier roman, *Les Impudents*, et elle prend le nom du village de sa famille paternelle, Duras. Son mari est arrêté et déporté en 1944, Duras écrit les *Carnets de guerre* et publie *La vie tranquille*. En 1945, Antelme revient de Dachau ; le couple divorce en 1947. *Un barrage contre le Pacifique*, inspiré par la tentative malheureuse de sa mère pour s'installer en Orient, paraît en 1950. Dès lors, Duras nourrit son œuvre de l'expérience de sa vie. En 1957 René Clément adapte *Un barrage contre le Pacifique* pour le cinéma, et Duras commence à collaborer avec des cinéastes : en 1958 elle publie *Moderato Cantabile*, et écrit pour Alain Resnais *Hiroshima mon amour*, puis pour Colpi *Une aussi longue absence*. Dans le même temps elle s'engage contre la guerre d'Algérie, et en 1965 elle fait jouer au théâtre *Des journées entières dans les arbres*. Elle participe en 1968 au mouvement de contestation, et devient en 1969 cinéaste à part entière, avec *Détruire, dit-elle*. Le cinéma est pour elle terrain d'expérimentation, avec *Nathalie Granger*, *India Song*, *La femme du Gange* ou *Son nom de Venise dans Calcutta désert*. Dans *Les Mains négatives*, elle lit elle-même un texte en voix off sur des images nocturnes de Paris. En 1978, un voyage en Israël lui inspire *Césarée*, où un texte évoquant la ville ancienne se superpose à des vues des Tuileries. Chargée d'une chronique dans *Libération*, conférencière, elle tourne en 1981 *L'Homme atlantique*, et dicte à son compagnon Yann Lemay *La Maladie de la mort*, avant de mettre en scène en 1982 *Savannah Bay*. *L'Amant* est couronné par le Goncourt en 1984, et Duras évoque sa dépendance à l'alcool en 1987 dans *La Vie matérielle*. Mécontente de l'adaptation cinématographique de *L'Amant*, elle publie avant la sortie du film, en 1992, *L'Amant de la Chine du Nord*. En 1995 paraît son dernier livre, *C'est tout*. Elle meurt à Paris en 1996.

Une histoire vécue

Duras raconte dans *L'Amant* une partie de son enfance et de son adolescence indochinoises, marquée par le voyage vers Saigon, lors duquel elle rencontre le riche Chinois qui devient son amant. Ce récit autobiographique, centré autour de l'évocation d'une expérience amoureuse et sensuelle, évoque également d'autres aspects de la jeunesse de l'auteur, en particulier ses relations avec sa mère et son frère aîné, et la séparation d'avec sa famille.

Une écriture libre

Le récit est consacré essentiellement à la reconstitution du passé et à l'analyse de soi qui caractérisent la démarche autobiographique. Son originalité consiste dans une écriture qui rappelle l'esthétique du nouveau roman*, bien que l'ensemble renoue avec le roman traditionnel : si l'on trouve bien des personnages, une intrigue, des décors réalistes, Duras joue sur les temporalités, juxtapose analepses et retours au présent, et, alternant première et troisième personne, multiplie les perspectives du récit.

À retenir

- Une évocation sans tabous de l'enfance et de l'adolescence, et de la passion amoureuse.
- Une peinture réaliste de la vie coloniale en Indochine.
- Une écriture qui renoue avec l'écriture romanesque traditionnelle tout en conservant les libertés du nouveau roman.

La parole à l'œuvre

“ *Je ne ferai plus jamais le voyage en car pour indigènes. Dorénavant, j'aurai une limousine pour aller au lycée et me ramener à la pension. Je dînerai dans les endroits les plus élégants de la ville. Et je serai toujours là à regretter tout ce que je fais, tout ce que je laisse, tout ce que je prends, le bon comme le mauvais [...].*

Fiche 100

Éric-Emmanuel Schmitt, *La Nuit de Valognes* ou Don Juan à l'heure postmoderne (1991)

Quelques mots sur l'auteur

É.-E. Schmitt est né an 1960 à Lyon. Après une adolescence indisciplinée, il entreprend à l'École normale supérieure des études de philosophie qui le conduisent à l'agrégation et au professorat. Très tôt passionné de théâtre, il écrit et met en scène des œuvres dramatiques dès le lycée, se plaisant notamment à pasticher Molière. En 1989 il écrit *La Nuit de Valognes* ; la pièce est jouée en 1991, et suivie notamment en 1993 du *Visiteur*, dont le succès lui permet de se consacrer à l'écriture. Schmitt, auteur de nombreux romans, comme *L'Évangile selon Pilate* (2000) inaugure en 1997, en même temps qu'il publie un essai sur *Diderot ou la Philosophie de la séduction*, un cycle sur les religions, avec *Milarepa* (sur le bouddhisme), que complètent en 1999 *Monsieur Ibrahim ou les Fleurs du Coran* (sur l'islam), puis *Oscar et la Dame rose* (sur le christianisme) en 2003 et *L'Enfant de Noé* (sur le judaïsme) en 2004. Passionné de musique, Schmitt a proposé en outre en 2001 une traduction du livret du *Don Giovanni* de Mozart, et plus récemment une autofiction, *Ma vie avec Mozart*.

Don Juan sur la sellette

L'action se situe dans un château normand. Quatre femmes s'y rencontrent, sur l'invitation de la duchesse de Vaubricourt. Toutes ont été séduites et abandonnées par Don Juan, et c'est pour le juger et le punir que les a convoquées la duchesse. Lorsque Don Juan arrive – après une étrange aventure – il passe de la défensive à l'offensive, mais finit par accepter son châtiment : épouser Angélique, sa dernière victime et filleule de la duchesse. Sganarelle s'étonne : Don Juan, qui accepte le mariage, semble se détourner des femmes. S'il accepte sa punition, c'est en fait qu'il n'accorde aucun crédit à la comédie sociale que représente le mariage, même si Angélique parvient à l'émouvoir. Le procès du séducteur n'a dès lors plus de raison d'être. S'il a lieu, c'est que don Juan semble s'être trahi lui-même : l'étrange aventure du premier acte est évoquée dans un retour en arrière. C'est la rencontre amoureuse de Don Juan et du Chevalier, le frère d'Angélique, qui s'enfuit et semble sombrer dans la démence. Don Juan alors séduit Angélique, et le Chevalier, sous prétexte d'un duel, se laisse tuer, et meurt après une déclaration réciproque. Ayant connu l'amour, don Juan revient vers Angélique, qui le refuse.

Un mythe revisité

Schmitt transpose son personnage au XVIIIe siècle, dans un contexte plus favorable que le XVIIe à la remise en cause des préjugés sociaux et moraux. Il entend rompre le cercle monotone des éternelles conquêtes d'un séducteur lui-même victime de ses pulsions, et foncièrement en quête de stabilité amoureuses. Dans les trois actes de la pièce, il se joue avec brio des conventions : la journée qui voit se développer l'action devient une nuit, l'être et le paraître se mêlent, l'amour et le sexe s'opposent et se complètent, les registres se juxtaposent à plaisir et les genres se confondent. L'opéra rejoint le théâtre, lorsqu'à la scène 5 de l'acte I la duchesse reprend au chiffre près le catalogue du Leporello de Mozart ; les rivalités féminines donnent lieu à des échanges à l'humour grinçant, et l'ironie se fait tragique lorsque le Chevalier de Chiffreville endosse le rôle de la statue (III, 4). Représentatif en cela de l'esthétique postmoderne, Schmitt émaille son texte de pastiches* ou d'emprunts d'illustres prédécesseurs, dont évidemment Molière, ou Giraudoux, dont la touchante *Ondine* transparaît derrière les répliques d'Angélique à la scène 2 de l'acte III.

À retenir

- La réécriture et la réactualisation d'un mythe : don Juan, plus humain, perd l'amour au moment même où il le découvre.
- Une pièce qui mélange volontiers les registres et les genres.
- Un œuvre marquée par les emprunts et le panachage, techniques privilégiées du postmodernisme*.

La parole à l'œuvre

“ *De mes victimes, pour l'heure, je n'en ai jamais vu. Vous savez, les généraux se contentent de remporter les victoires : c'est aux ambulanciers de ramasser les cadavres.* (I, 6)

Vous appréciez le sexe, et le destin vous envoie l'amour sous une forme que vous ne pouvez désirer. Puni ! Moi j'étais fait pour aimer, mais pas là où il fallait, ni comme il le fallait. Puni aussi. Mais pour quoi ? Pour quelles fautes ? Est-ce Dieu ou les hommes qui sont mauvais ? […] Pourtant Dieu existe, Don Juan, Dieu existe. Car ce que j'ai senti pour vous, c'est cela, Dieu. (III, 9)

GLOSSAIRE

Absurde : mouvement philosophique et littéraire qui a marqué le milieu du XXe siècle et met en évidence l'absence de sens du monde et de la condition humaine, que ne justifie aucune transcendance.

Allitération : retour répétitif d'une consonne.

Analepse : retour en arrière dans le déroulement du récit (communément appelé « flash-back » ou encore rétrospective).

Anaphore : répétition d'un terme en tête de vers, de verset, de phrase, de strophe ou de paragraphe. La répétition en fin de segment est une épiphore.

Anciens : voir Querelle des Anciens et des Modernes

Animisme : croyance qui dote d'une âme les animaux, les objets et les phénomènes naturels.

Antithèse : figure qui consiste à rapprocher deux termes de sens opposé.

Aphorisme : formule à visée réflexive, qui associe brièveté de l'expression et profondeur de la pensée.

Apologie : éloge d'une personne ou d'une idée.

Apologue : récit d'une anecdote dont les personnages humains, animaux ou même végétaux illustrent un enseignement moral. Ce genre très ancien est magistralement représenté dans la littérature française par La Fontaine.

Assonance : en poésie, c'est la répétition en fin de vers de la dernière voyelle accentuée ; de manière générale, le terme désigne le retour répétitif d'une voyelle.

Ballade : poème à forme fixe, généralement composé de trois strophes terminées par un refrain, auquel s'ajoute vers le XIVe siècle un envoi en général adressé à un personnage éminent, réel ou fictif.

Baroque : l'esthétique baroque suggère la volonté de surprendre, le goût de l'excès, de l'ostentation et de la métamorphose. Elle prône le mouvement et la ligne courbe, le fluctuant et les images qui renvoient à l'instabilité de la vie humaine, à l'illusion et à la vanité de toutes choses. Le mouvement baroque en France est généralement situé, pour la littérature, de la fin du XVIe siècle à la première moitié du XVIIe.

Burlesque : registre comique, qui consiste à traiter familièrement les sujets nobles, ou noblement les sujets triviaux.

Calligramme : poème dont la disposition typographique forme une image. Si le terme a été inventé par Apollinaire, la pratique des « vers figurés » existe depuis l'Antiquité, et l'on en trouve chez Rabelais.

Catharsis : selon Aristote, effet produit par la tragédie qui, en suscitant la terreur et la pitié, libère l'esprit du spectateur.

Césure : à l'intérieur d'un vers, pause qui suit une syllabe accentuée.

Chanson de geste : poème narratif, le plus souvent en décasyllabes épiques assonnancés, composé par des trouvères, qui raconte les exploits (en latin *gesta*) de personnages illustres, historiques ou fictifs. On en a conservé un peu moins d'une centaine, et les plus anciennes datent de la fin du XIe ou du début du XIIe siècle. Les thèmes récurrents dans les chansons de gestes sont les guerres, les épreuves subies par le héros et les louanges à Dieu. Organisées en strophes ou laisses de dimensions variables, elles sont moins souvent rimées qu'assonancées (une assonance est ici la répétition en fin de vers de la dernière syllabe accentuée), et le plus souvent en décasyllabes, quelquefois en octosyllabes ou alexandrins. Cette forme s'explique par le fait que, comme les épopées auxquelles elles s'apparentent, les chansons de gestes ne sont à l'origine pas lues, mais récitées.

Chiasme : figure de style qui consiste à opérer un croisement entre deux groupes de deux mots construits parallèlement (comme dans l'expression « blanc bonnet et bonnet blanc »).

Chronotope : terme appliqué par Bakhtine à l'ensemble des indices spatio-temporels qui structurent le récit.

Classicisme : en tant que mouvement littéraire, ce courant se limite pour la France à la seconde moitié du XVIIe siècle, de 1661 à 1685. En relation avec la stabilité et le goût de l'ordre du système monarchique, le classicisme invite à la symétrie, à l'harmonie des structures, à la pureté des lignes. S'il n'exclut pas la représentation de la passion, il a le sens de l'analyse, de la retenue, et se soumet à l'impératif de la vraisemblance.

Commedia dell'arte : forme théâtrale venue d'Italie, reposant essentiellement sur le comique de geste, l'improvisation, le mime et les jeux de scène.

Conte : genre narratif caractérisé par la brièveté. Difficile à distinguer de la nouvelle, il peut aller du conte de fée ou du conte fantastique au conte philosophique.

Correspondances : la théorie baudelairienne affirme les correspondances verticales, entre l'univers matériel et le monde des Idées, et les correspondances horizontales entre les différentes sensations (synesthésies).

Courtoisie : affinement des mœurs et de la sensibilité lié aux XIIe et XIIIe siècles à la naissance d'une vie mondaine, et à l'évolution des usages dans une aristocratie de plus en plus soucieuse d'élégance et de politesse. La littérature courtoise, destinée à un public de cour, élabore un nouvel « art d'aimer », la « fin'amor », fondé sur des valeurs de générosité, de discrétion et de fidélité mutuelles.

Dadaïsme : mouvement artistique qui s'est développé entre 1916 et 1923, sous l'égide du poète roumain Tristan Tzara. Caractérisé par un humour provocateur et la volonté de faire table rase des valeurs établies, il rejette les canons esthétiques aussi bien que les valeurs morales et les systèmes politiques. C'est dans le mouvement dada que se trouve l'origine du surréalisme.

Déisme : croyance en un Dieu créateur en dehors de toute religion révélée, annonciatrice de l'athéisme. L'Être Suprême des déistes est le dieu des philosophes et renvoie à l'idée d'une religion naturelle. La croyance du déiste reste imprécisée, contrairement à celle du théiste.

Déterminisme : conception philosophique qui suppose que tout phénomène est l'effet d'une cause déterminée.

Didascalies : indications scéniques dans une pièce de théâtre.

Diérèse : décompte en deux syllabes d'un ensemble de deux voyelles qui généralement constituent une seule syllabe (li-on).

Dilemme : situation dans laquelle un individu se trouve dans la nécessité de choisir entre deux attitudes comportant des avantages ou des inconvénients.

Drame : (du grec « drama » : action) pièce de théâtre représentant une action sérieuse, qui peut juxtaposer les registres comique et pathétique. Le genre est essentiellement illustré par le « drame bourgeois » au XVIIIe siècle, volontiers réaliste et moralisant et par le « drame romantique » au XIXe siècle, qui renoue avec la tragi-comédie baroque.

Dramatique : (dans un contexte littéraire) en rapport avec l'action théâtrale.

Dystopie : voir « utopie ».

Élégie : poème qui exprime des sentiments tendres et mélancoliques.

Éloge paradoxal : éloge apparent qui vise en réalité à critiquer la notion ou le personnage évoqué.

Enjambement : procédé rythmique qui consiste à rejeter sans pause au vers suivant des termes liés par le sens au vers précédent.

Éponyme : (dans un contexte littéraire) qui donne son nom au titre de l'oeuvre.

Épopée : récit des épreuves et des exploits d'un héros, sous forme de chant, de tradition orale. L'épopée se caractérise par une thématique, mais aussi par une dimension didactique, par l'expression d'un sentiment communautaire et par des accents incantatoires liés à des procédés comme répétitions, reprises, refrains.

Évolutionnisme : ensemble des théories expliquant l'évolution des espèces.

Existentialisme : mouvement philosophique et littéraire de l'immédiat après-guerre qui affirme la contingence d'une existence humaine que rien ne justifie. Pour les existentialistes, l'homme naît libre et se définit par ses choix et ses actes.

Fable : récit en vers ou en prose qui comporte une visée morale.

Fantastique : registre qui suppose l'irruption de l'irrationnel dans un univers réaliste. Devant les phénomènes ou les personnages mystérieux du récit fantastique, l'explication demeure ambiguë, et l'hésitation dans l'interprétation des faits, souvent cautionnée par un narrateur témoin, est l'une des caractéristiques du registre.

Formalisme : tendance à privilégier la forme. Le formalisme russe est une école de critique littéraire de la première moitié du XXe siècle, qui s'attache à définir selon des critères formels le caractère littéraire d'une œuvre.

Futurisme : mouvement initié en Italie en 1909 par Marinetti, qui exalte au mépris des valeurs du passé l'« homme moderne » et ses valeurs : la force, la guerre, la vitesse, le sexe, la vie urbaine, le progrès technique. En peinture, comme en littérature et en musique, ce mouvement se caractérise par un éclatement des structures et une expression brute et violente.

Grotesque : catégorie esthétique caractérisée par le goût du bizarre, du bouffon et de l'outrancier poussé jusqu'au fantastique.

Hermétisme : le terme désigne à l'origine une doctrine née au IIe siècle, qui affirme la correspondance entre le macrocosme et le microcosme, entre l'homme et l'univers. Plus généralement, il désigne une esthétique de l'obscurité, qui recourt volontiers à l'utilisation de termes rares ou archaïques et de références cryptées.

Humanisme : Mouvement intellectuel né en Italie, développé en Europe à la Renaissance, qui redécouvre la civilisation gréco-latine et se caractérise par l'exercice de l'esprit critique et le goût du savoir. L'humanisme a pour objectif l'épanouissement de l'homme par la culture et l'exploitation de toutes ses capacités. Le terme renvoyait à l'origine à une formation fondée sur les humanités, c'est-à-dire la culture classique. Il désigne aussi, de façon plus générale, toute attitude philosophique qui tient l'homme pour la valeur suprême et revendique pour chaque homme la possibilité d'épanouir librement son humanité, ses facultés proprement humaines.

Idéalisme : tendance philosophique qui affirme la prééminence de la pensée sur la matière.

Idéologues : philosophes français de la fin du XVIIIe siècle, qui à la suite de Gérando ou de Destutt de Tracy, se réclament de la méthode expérimentale et de l'« idéologie » ou « science des idées », ne reconnaissant d'autre autorité que celle de la raison.

Incipit : premiers mots (dans un sens élargi, première phrase ou premier paragraphe) d'un livre.

Jansénisme : doctrine religieuse élaborée par le théologien Jansénius (1585-1638), qui affirme la supériorité de l'initiative divine sur la liberté humaine. Foncièrement pessimiste et austère, le jansénisme suppose que la grâce divine n'est pas offerte à tous les hommes, ni même à tous les justes, mais dépend de la miséricorde de Dieu, et que si les hommes n'ont pas le pouvoir de se sauver, les pécheurs encourent la responsabilité de leur damnation.

Libertins : écrivains et philosophes qui, au XVIIe siècle, font le lien entre les humanistes de la Renaissance et les philosophes des Lumières. Les libertins, persécutés pour hérésie, tentent de dégager la pensée de l'emprise des religions, affichent le non-conformisme moral, prônent le scepticisme voire l'athéisme, et affirment leur foi dans le progrès et leur confiance en l'humanité.

Lipogramme : exercice ludique consistant à écrire un texte en excluant une ou plusieurs lettres.

Littérature engagée : littérature conçue comme moyen d'expression d'une prise de position religieuse ou politique.

Lumières : mouvement philosophique et littéraire du XVIIIe siècle, issu du courant libertin. Les Lumières expriment la confiance dans la raison et le progrès, s'attachent à la lutte contre l'irrationnel et les superstitions, prônent la mise en œuvre inlassable de l'esprit critique et le respect du droit naturel. L'œuvre emblématique des Lumières est l'*Encyclopédie*, initiée par Diderot et publiée de 1751 à 1772.

Lyrisme : associée au chant d'Orphée, accompagné de la lyre, la poésie lyrique est destinée à évoquer les sentiments dans leur diversité. Le lyrisme est lié à l'idée de musicalité, voire d'incantation (même lorsqu'il s'agit de textes en prose), de même qu'à l'expression de la subjectivité du poète. Parmi les thèmes de prédilection du chant lyrique se trouvent l'amour et la mort, le sentiment de la nature et l'angoisse devant la fuite du temps.

Matérialisme : doctrine philosophique selon laquelle seule existe la matière, dont dépendent également la pensée et l'esprit. Les courants matérialistes s'opposent aux courants spiritualistes qui définissent l'esprit comme une réalité indépendante de la matière et supérieure à elle.

Maxime (ou sentence) : formule brève qui énonce une vérité universelle, souvent à caractère moral.

Mélodrame : genre dramatique issu du drame bourgeois, en vogue dans la première moitié du XIXe siècle, et qui fait largement usage du registre pathétique, en opposant aux personnages vertueux des traîtres en général châtiés.

Mémoires : récit des événements d'une période historique par un narrateur qui y a participé ou en a été le témoin.

Métaphore : figure de signification qui met en évidence la ressemblance ou l'identité de deux éléments, souvent l'un abstrait et l'autre concret, sans l'aide d'outils de comparaison.

Métatextuel : le discours métatextuel est un procédé réflexif qui introduit dans le discours théâtral un discours sur le théâtre, ou dans le roman ou la poésie un questionnement sur le genre romanesque ou le genre poétique.

Merveilleux : registre suscitant l'enchantement et l'admiration, en particulier par l'intervention du surnaturel, concrétisé par des personnages ou des objets dotés de pouvoirs extraordinaires.

Mise en abyme : procédé qui consiste à insérer dans un texte ou un tableau un autre texte ou une autre image, qui produisent un effet de miroir. Cet effet peut aussi bien être de l'ordre de la ressemblance que de l'ordre de l'opposition ou de la déformation.

Modernes : voir Querelle des Anciens et des Modernes

Modernisme : mouvement artistique du début du XXe siècle, caractérisé par la volonté d'innover et le rejet des principes esthétiques du XIXe siècle.

Modernité : caractère de ce qui est moderne, quelle que soit l'époque donnée.

Monologue intérieur : procédé qui consiste à reproduire le plus fidèlement possible la pensée d'un personnage romanesque dans son processus d'élaboration spontanée.

Naturalisme : le terme désigne au XVIIIe siècle un système philosophique qui renvoie à la nature comme principe premier, et que Diderot assimile à une religion naturelle. À la fin du XIXe siècle, il désigne un mouvement littéraire initié par Zola, qui confère au récit romanesque, à travers l'observation précise de la réalité, le statut d'instrument de connaissance. Ce mouvement s'inspire des méthodes expérimentales liées aux découvertes scientifiques de l'époque et développe des idées déterministes sur l'influence du milieu et de l'hérédité.

Nouveau roman : mouvement initié après la deuxième guerre par des romanciers qui comme Sarraute, Duras, Butor, Robbe-Grillet, refusent les conventions romanesques. Le nouveau roman ne s'attache pas à restituer une réalité stable ou un univers porteur de sens, mais le mystère de l'expérience et de la perception. Les éléments constitutifs du roman traditionnel, comme le personnage, l'intrigue ou la structure spatio-temporelle, sont à ce titre remis en cause.

Nouveau théâtre : mouvement informel initié vers 1950, qui remet en cause les principes du théâtre traditionnel, et substitue à la représentation du réel la représentation du fantasme.

Ode : poème à forme fixe. C'est Ronsard qui écrit les premières odes en s'inspirant des Anciens. Il reprend le schéma de l'ode pindarique, qui comprend des séries de trois strophes, dont deux de structure identique. L'ode est un genre noble et aborde généralement des thèmes mythiques.

Orientalisme : mouvement pictural et littéraire très en vogue au XIXe siècle, qui se plaît à représenter des scènes ou à raconter des aventures exotiques, inspirées essentiellement de l'Afrique du Nord et du Moyen-Orient.

Oulipo : l'Ouvroir de Littérature Potentielle est un groupe de littérature expérimentale créé en 1960 par François Le Lionnais et Raymond Queneau.

Oxymore : rapprochement dans un même groupe syntaxique (nom-adjectif qualificatif, ou verbe-adverbe) de deux termes de sens apparemment contradictoire.

Pamphlet : écrit satirique, généralement bref et virulent, dirigé contre un individu, un groupe ou une institution.

Parnasse : groupe de poètes partisans des théories de l'Art pour l'Art, formé entre 1860 et 1866 autour de Théophile Gautier, Leconte de Lisle ou Heredia.

Parodie : une parodie est au sens strict une œuvre qui transforme à des fins ludiques, satiriques ou comiques une autre œuvre préexistante. La parodie peut également porter sur des langages, des genres ou des écoles littéraires. On s'accorde à reconnaître aux pratiques parodiques un pouvoir de revitalisation que le critique Mikhaïl Bakhtine associe aux pratiques carnavalesques.

Pathétique : registre qui vise à susciter l'émotion en montrant ou en décrivant le spectacle de la douleur.

Pastiche : genre imitatif qui consiste à imiter au plus près, sans intention caricaturale, le style d'un artiste.

Périphrase : procédé qui consiste à définir un être, un objet ou un concept sans le nommer directement, par une formule descriptive.

Période : phrase longue et complexe, formée de plusieurs segments coordonnés ou subordonnés, et qui est à la prose ce que la strophe est au texte poétique.

Phénoménologie : mouvement inspiré de la méthode initiée par le philosophe allemand Husserl (1859-1938), qui se présente comme l'étude scientifique des expériences de la conscience.

Pièce à machines : pièce de théâtre à grand spectacle recourant à de nombreux effets spéciaux produits par des mécanismes sophistiqués, très en vogue au XVIIe siècle.

Picaro : héros d'un roman picaresque, c'est-à-dire jeune aventurier peu scrupuleux (« picaro » veut dire vaurien) en quête de fortune et d'ascension sociale.

Polysémie : caractère d'un mot qui possède plusieurs sens.

Polyphonie : terme musical qui désigne à l'origine une pièce comprenant plusieurs parties vocales superposées. En littérature on parle d'œuvre polyphonique lorsque se juxtaposent plusieurs voix narratives.

Postmodernisme : mouvement culturel né dans le dernier quart du XXe siècle, et caractérisé par la liberté formelle et l'éclectisme des références, qui autorisent en particulier le recours aux réécritures parodiques, au pastiche et au mélange des influences antérieures les plus diverses.

Préciosité (précieux) : mouvement développé au début du XVIIe siècle en particulier dans les salons et caractérisé par le raffinement de l'expression et des manières et par la subtilité des sentiments.

Positivisme : système philosophique initié au XIXe siècle par Auguste Comte, qui affirme la prééminence de l'étude scientifique aux dépens de l'idéalisme et de la métaphysique. Le mouvement naturaliste doit beaucoup au positivisme.

Prosopopée : figure de style proche de la personnification, qui consiste à donner la parole un mort, un absent, un objet ou une notion abstraite.

Querelle des Anciens et des Modernes : sous ce nom sont désignés les débats qui ont opposé à la fin du XVIIe siècle les admirateurs et imitateurs des auteurs antiques, comme Boileau, La Fontaine et La Bruyère, et ceux qui, tels Perrault ou Fontenelle, prônaient l'indépendance par rapport aux modèles du passé et affirmaient la supériorité des contemporains.

Quiétisme : cette doctrine mystique, défendue au XVIIe siècle par Madame Guyon et Fénelon, définit la perfection chrétienne comme amour de Dieu et attente passive de la grâce.

Réalisme : en littérature, le terme désigne un mode de représentation qui s'attache à la reproduction de la nature sans idéalisation. Il ne faut pas confondre le mode réaliste, précédemment défini, et dans lequel s'inscrivent de nombreuses œuvres d'époques et de genres divers, et le mouvement réaliste, qui date du XIXe siècle et compte parmi ses chefs de file Stendhal, Balzac ou Flaubert.

Rejet : enjambement avec maintien de la pause rythmique.

Roman : forme poétique narrative née vers 1150 en territoire de langue française. Le roman se caractérise par son ouverture sur le monde (descriptions), son goût de l'action (aventure), son souci de présenter le destin individuel d'un héros. La peinture de l'amour et la volonté didactique y sont aussi très présentes. Contrairement aux chansons de gestes, destinées à un auditoire souvent populaire, le roman médiéval, écrit en vers ou en prose, est apprécié par un public aristocratique, qui y reconnaît ses idéaux.

Roman d'éducation : le terme, traduction de l'allemand *Bildungsroman* désigne des récits qui racontent les aventures d'un jeune héros qui découvre le monde, et accède à l'âge adulte en tirant les enseignements de sa découverte.

Roman picaresque : le roman picaresque, qui tire son nom du mauvais sujet, ou « picaro », qui en est le héros, naît en Espagne au milieu du XVIe siècle. Écrit le plus souvent sous la forme d'une autobiographie fictive, il raconte le parcours spatial et social d'un personnage agile et volontiers ironique, dont les aventures débouchent au-delà de l'attrait narratif sur une interrogation sur la destinée humaine et le sens de la vie.

Roman romanesque : roman dont l'intrigue laisse une large place aux aventures amoureuses et aux développements sentimentaux.

Romantisme : mouvement né en Angleterre et en Allemagne dès la fin du XVIIIe siècle, et initié en France au début du XIXe par des auteurs influencés par Rousseau, comme Madame de Staël ou Chateaubriand. La grande période du romantisme s'étend de 1820 à 1843, autour de Lamartine et Hugo, Vigny et Musset. Les romantiques réclament la liberté de l'art, le rejet des règles classiques, en particulier au théâtre, redécouvrent le Moyen Âge et l'esthétique baroque, et marquent la naissance d'une sensibilité nouvelle, centrée sur l'exaltation du « moi », l'expression de la passion et l'exploration de l'univers onirique et irrationnel.

Satire : la satire littéraire vise à dénoncer, à corriger et à instruire au moyen du rire, en faisant usage de tous les procédés du comique, et en s'étendant à tous les genres littéraires.

Sensualisme : courant philosophique lié à l'empirisme, qui voit dans la sensation l'origine de la connaissance.

Sonnet : poème à forme de quatorze vers, généralement répartis en deux quatrains et deux tercets avec le schéma de rimes abba abba ccd eed/ede. Le sonnet, d'origine italienne, est introduit en France au XVIe siècle. Abandonné au XVIIIe siècle, il renaît au XIXe avec les Parnassiens, et Baudelaire, Verlaine et Rimbaud l'utiliseront librement.

Caen 2019

Scepticisme : ce courant de la philosophie antique refuse à l'homme le pouvoir d'accéder à la vérité et donc de juger ; ultérieurement, le scepticisme de Hume (1711-1776) conteste que l'homme puisse atteindre à la certitude de la vérité ou de la connaissance, tout en reconnaissant la possibilité d'accéder à la connaissance du monde par la démarche scientifique et expérimentale.

Stoïcisme : le stoïcisme, apparenté aux courants rationalistes, associe logique, morale et physique, et considère l'univers comme un tout soumis aux principes de la raison. Le sage stoïcien agit en conformité avec la nature, demeure solidaire de l'humanité et accepte la douleur et la mort comme inévitables.

Surréalisme : ce mouvement influencé par la psychanalyse a marqué le XXe siècle, depuis ses premières manifestations en 1919. Les surréalistes ont l'ambition de libérer l'imagination et de dévoiler l'univers du rêve et du fantasme, à l'aide de techniques nouvelles comme le collage, l'écriture automatique, ou la pratique de l'hypnose, en se détachant des inhibitions liées à la morale ou aux impératifs de la raison.

Symbolisme : mouvement littéraire de la fin du XIXe siècle, par opposition au positivisme, qui affirme la primauté de l'idée sur la réalité matérielle. Selon cette conception, l'artiste a pour fonction d'exprimer l'idée par un symbole.

Syncrétisme : système philosophique ou religieux qui mélange et assimile plusieurs doctrines.

Synérèse : décompte en une seule syllabe de deux voyelles généralement prononcées en deux syllabes.

Synesthésie : voir « Correspondances ».

Théisme : croyance en un dieu dont l'existence peut être démontrée par la raison.

Tragi-comédie : genre dramatique créé au XVIe siècle. Il juxtapose les registres pathétique, tragique et comique, et se caractérise par un grand nombre de personnages et de péripéties et un dénouement heureux. La tragi-comédie est le genre baroque par excellence.

Utopie : terme dérivé du grec (u-topia : nulle part) et formé par Thomas More (1478-1535) pour désigner « la meilleure des républiques », c'est-à-dire une société idéale, décrite dans l'ouvrage éponyme (1516). Il y eut d'autres utopies humanistes célèbres : celle d'Érasme dans l'*Éloge de la Folie* (1511), la *Cité du Soleil* de l'Italien Tommaso Campanella (1523). L'utopie renversée devient dystopie, par exemple au XXe siècle dans *1984* de George Orwell (1949).

Vers libre : vers qui n'obéit pas aux contraintes de la rime et du décompte des syllabes, tout en respectant le retour à la ligne et en général le regroupement en strophes.

Verset : unité de longueur variable, en général libre, utilisée dans la poésie depuis la fin du XIXe siècle.

Cet ouvrage a été achevé d'imprimer en novembre 2008
dans les ateliers de Normandie Roto Impression s.a.s.
61250 Lonrai (Orne)
N° d'impression : 08-3742
Dépôt légal : novembre 2008

Imprimé en France